KB092748

고대신라에서 현재에 이르기까지

섬유풍속, 2100년간의 이야기

대구경북섬유를 일구어 온 사람들

박 원 호 편저

FACTORIAL
BOOKS

고대신라에서 현재에 이르기까지

섬유풍속, 2100년간의 이야기

대구경북섬유를 일구어 온 사람들

편저자 박원호

인쇄일 2012년 11월 30일

펴낸곳 팩토리얼북스
　　　　대구광역시 중구 중앙대로65길 28

전　화 053)253-2441~2

팩　스 053)256-4138

ISBN 978-89-963542-9-1 03380

가격 28,000원

자료엮음에 대하여

■ 섬유풍속, 참 아름다운 그 숨결

조선시대 실학자인 이수광님은 섬유산업에 있어 섬유제직업을 '학문(學問)' 정진에, 섬유염색업을 '문장(文章)'을 만듦에 견주어 그 중요성을 은유적으로 비유해 주고 있기도 한데, 그는 그의 저서 지봉유설 학문편에서 '대체로 학문한다는 것은 활 쏘는 것과 같다. 활 쏘는 사람은 마음을 과녁에 두어야 한다. 그리고 모든 실은 누에고치에서 나온다. 마음을 쏟아 온갖 정성을 다하여 제직을 하면 금(錦, 색깔이 매우 고운 비단)이 되고, 그렇지 않으면 증(繒, 거칠고 험한 비단)이 되고 만다. 나는 말한다. 무릇 사람도 또한 만들어 이루어지기에 달렸다.'고 한다. 또 같은 책 의복편에서 '중국의 황제(黃帝)는 문장을 만들어서 사람의 귀하고 천한 것을 표했다고 하는데 이때의 문장이란 곧 의복의 종류이다 라고 하고 있으나 주례(周禮)에 의하면 푸른빛과 붉은 빛을 문(文)이라 하고, 붉은 빛과 흰 빛을 장(章), 흰 빛과 검은 빛을 보(黼), 검은 빛과 푸른빛을 불(黻), 이것을 다 합한 것을 수(綉)라고 하고 있다. 따라서 여기서 문장은 의복의 빛깔을 나낸 것, 즉 섬유염색업을 의미하는 것이라 할 수 있겠다'하고 있다.

2100년 이상 유구한 전통이 이어져 오고 있는 대구경북섬유의 역사적 줄기는 신라시대의 비단과 삼베, 고려와 조선시대의 문익점님의 면, 현대의 이병철님의 모와 이원만님의 나일론, 폴리에스테르, 그리고 대구경북섬유직물 등으로 장구한 세월동안 참 아름다운 숨결이 면면히 이어져 오고 있다. 이와 같은 우리의 장구한 섬유풍속사는 매우 유구한 세월만큼이나 때로는 혁명적인 발명으로, 때로는 크고 작은 선진지식의 습득으로, 또 때로는 흥미진진한 민담에 대한 자발적 발신으로 복잡한 세상사를 씨줄과 날줄로 겹겹이 엮어가며 끈질긴 생명줄을 이어오고 있기도 하다. 이러한 역정을 꾸준히 지탱해 주고 있는 것의 실상은 양지에서 보다 음지에서 이름없이 더 많이 수고한 수많은 지역 민초(民草)들에 의해서라 할 수 있다. 즉, 이 땅을 굳건히 지켜온 민초들이 대대를 이어가며, 가가호호를 중심으로 섬유풍속의 습속승계 등 전통적 섬유기술 축적과 그에 대한 산 경험을 전승해 준 선인들이 있었기 때문에 오늘날과 같은 우리 섬유산업의 세계적 위상 확보가 가능할 수 있었을 것으로 확신한다.

실제, 옛 사람들은 굶어 죽은 것 보다 혹독한 겨울 추위에 얼어 죽은 경우가 더 많았던 것 같다. 물론 고래로부터 일부 계층에 사치풍조가 없지 않았지만 그것은 서민생활과는 먼 이야기일 뿐이다. 조선후기 실학자인 박제가님이 '북학의' 에서 밝힌 것처럼 일반 서민의 의생활문화는 비참하기 그지없었던 것 같기 때문이다. 따라서 헐벗고 굶주렸던 이같이 아픈 옛 기억을 굳이 들추어내고 싶지 않은 마음도 여러 번 있었으나 현대에 있어 일부에서 우리의 이 아름다운 섬유풍속을 낡음의 표본으로 여기거나, 섬유습득을 손쉬운 생산품으로 치부하며 맹목적인 물질만능주의에 젖어 무조건 소비가 미덕이라는 풍조가 만연되어 있는 것 같아 옛 아픔을 더듬어 봄으로써 근검절약의 정신도 한번쯤 반추해 볼 필요성을 느끼기도 하였다.

이처럼 역사적으로 그 유래를 찾아보기가 쉽지않을 정도로 긴 궤적(軌跡)을 지닌 대구경북섬유는 현대에 이르러서는 수 천년간 이어져 온 가난에 찌들고 헐벗었던 애옥살이를 일거에 해소시켜 주었을 뿐 아니라 우리나라를 선진국 반열에 올려놓는데에도 지대한 기여를 하기도 하였다고 본다. 즉, 한 없이 수고스러운 제조활동을 마다하지 않았기 때문에 고귀한 전통적 섬유풍속 문화가 창출되었고, 고된 노동을 묵묵히 행하여 온 끈기가 있었기 때문에 오늘의 섬유풍속 역사가 만들어 졌다고 할 수 있다. 우리가 오늘날처럼 비교적 풍요를 누리게 된 것은 불과 30년에서 40여년 안팎이 아닌가 생각한다. 1980년대 후반 이전까지만 해도 모든 게 부족하고 빈한하기 그지없어 모두가 절대적 빈곤에 허덕였음으로 상대적인 박탈감도 그만큼 적었다고 할 수 있다. 그리고 의복이 해결되면서 수명도 더 연장된 것 같다. 그래서 대구의 섬유인들 대부분은 나름대로의 '섬유전문가'라 할 수 있을 만큼 자부심이 대단하기도 하다. 한 때 지역민의 90% 가까이가 섬유와 직간접적으로 연결된 생업을 영위하였거나, 하고 있었기 때문에 섬유에 대해 모르는 사람도 없고, 그렇다고 두루 모두 섭렵한 사람도 실상은 그리 많지 않은 것 같다.

그러나 이러한 섬유풍속 관련 사료와 흔적들이 아직까지 너무 난삽하게 산재해 있거나 의견이 제 각각이며, 우리가 사용하고 있는 섬유관련 품목이 다양한 만큼 그의 생산환경도 매우 복잡하고 나종하며, 섬유풍속의 흔적 또한 시대적, 공간적 상황도 매우 상이한게 사실인데 이들을 일목요연하게 정리해 놓은 자료가 잘 보이지 않고 있는 것 같기도 하고, 아울러서 이와 관련한 자료와 정보들이 근자에 와서는 빠르게 소실되거나 잊혀져 감을 안타깝게 여기고 여러모로 부족하지만 그 족적을 살펴보기로 하였다. 따라서 본 자료가 섬유풍속과 관련한 연구희망자나 이야기 거리를 찾고자 하는 분들에게 미력하나마 일말의 도움이 될 수 있기를 소망한다. 그래서 우리의 섬유가 선조들에 대한 결초보은의 정신을 이어감으로써 그들의 공적을 상시 기념하면서 우리 경제발전에 굳건한 초석으로서의 영원한 자리매김 뿐 아니라 인류생활사에 있어서도 지속적으로 혁혁한 족적을 남길 수 있었으면 한다.

■ 자료 엮음의 방향

'지역'은 '대구경북지역'을 의미하는데, 이는 '대구'가 지리적 지정학과 함께 '경상북도'가 고래로부터 동일 생활권, 동일 경제권역을 형성하고 있기 때문에 한 권역으로 본 것이며, 실제로 현대에 있어서도 '대구'와 '경북'은 모든 면에 있어서 불가분의 관계를 맺고 있을 뿐 아니라 동반성장, 동반생존을 기해오고 있기 때문이다.

본서는 시간적 공간으로는 원삼국시대인 신라의 건국년도인 '기원전 57년'을 연대시작의 시원으로 삼으면서, 고려시대, 조선시대, 현대 순으로 정리하였으며, 지리적 공간으로는 현재의 '대구광역시' 지역을 주 중심축으로 하되, 동일 생활경제권역으로 형성되어 있는 '경상북도' 지역을 적극 수용하려 하였다. 물리적 공간으로는 섬유관련 자료와 그 주변 사항을 살펴보려 하였으며, 내용적 공간으로는 섬유관련 일상적 생활습속을 비롯하여 섬유생산의 육성정책과 경제산업적 상황에 대해 '대구경북섬유를 일구어 온 사람들'을 중심으로 더듬어 보려 노력하였다.

각 시대별 한자사용은 그 뜻이 워낙 오묘하고 신비하여 시기마다 지역마다 그 표현 의미가 다 다를 수도 있고, 또 애초에 원저자가 잘못 표현하였을 수도 있거나 또는 역자가 달리 해석한 경우도 많이 있었으나 현대의 번역본을 최대한 존중하려 하였다. 그리고 본서의 '농경수공업시대'편에 있어서는 옛 선인들이 알려주려는 정보에 대해 1차원적인 자료 찾아내기에 머무르게 하였으며, 2차적인 연구서나 분석자료, 평서, 논문 등에 대한 참조는 가급적 자제하려 노력하였다. 또 내용 중에는 현대적 시각으로 보면 황당무계하고 허무맹랑한 표현도 없지 않으나 대부분의 사료와 자료가 당시의 시대상을 나타내 주는 귀중한 정보임으로 인식하고, 신화, 설화, 전설, 서간문, 일기, 심지어 신변잡기까지 모두 수용하려 노력하였다.

자료편집의 구성체계는 '농경수공업시대'와 '산업자동화시대'로 구분하였는데 이는 섬유생산설비의 가동에 있어 '전적인 인력사용'과 '전기를 활용한 동력사용'을 큰 분기점으로 하여 자료를 분류, 추적하려 하였기 때문이다.

■ 감사의 말

마침내 자료수집 착수 25년, 집필시작 4년만에 부족하고, 미흡하고, 아쉬운 면이 많지만 비로소 이 이야기집을 세상에 내놓게 되었다. 직장인으로서 시간 제약이 많아 주로 주말과 공휴일, 때로는 밤샘을 하면서 이어진 기간이라 본의 아니게 많은 사람들에게 피해를 끼치게 되기도 한 것 같아 송구스럽기 그지없게 생각한다.

먼저, 현재에도 섬섬옥수로 잘 빚어지고 있는 우리 '섬유풍속, 2100년간의 이야기'는 저간에도 숱한 우여곡절이 끊임없이 이어지며 사그러질 듯 말듯한 위험스러움이 수 없이 반복되어 왔음에도 그때마다 천의무봉을 향한 청출어람의 정신으로 그 어렵고 힘든 환경을 천신만고를 통해 슬기롭게 극복하면서 강력한 존재감으로, 끈질긴 생명력을 유지시키면서 오늘을 미래로 이어주고 있는 '섬유인들'의 노고에 정말 감사드리고, 심심한 경의를 표한다. 현재 국내외적인 환경 열악으로 많은 어려움이 상존하고 있지만 '섬유의 끈'을 놓지 않으려는 그 분들의 의지에 탄복할 따름이다. 이 난국을 슬기롭게 극복하는데 이 미천한 자료가 조금이나마 도움이 되기를 빌 뿐이다.

그리고 이 자료가 이만큼이나마 정리될 수 있도록 인내를 잃지 않게 지원해주신 하나님, 온갖 요구를 마다 않고 흔쾌히 자료수집에 적극 협조하여 주신 강영옥여사님, 어려운 조건이지만 인쇄출판을 선뜻 맡아주신 박희준사장님, 그리고 고인이 된 백욱기님과 류재선님, 홍재선님, 박노욱님, 박호생님, 조상호님, 이춘식님, 문철환님, 류종우님, 김숙래님을 비롯하여 김석정님, 강신정님, 이석영님, 이재규님, 유한우님, 권오경님, 김진만님, 김진일님, 김대영님, 한선주님, 그리고 이밖에도 본 자료의 구상을 비롯하여 자료수집, 분석정리, 목차구성, 집필, 검증, 인쇄교정 등에 있어 뒤에서 말없이 수 많은 도움을 준 많은 분들에게 이 지면을 빌어 심심한 감사를 드린다.

또한, 이 책은 지역경제활성화 지원차원에서 기획된 2011년도 단행본 발간사업의 일환으로 '대구경북연구원의 지원을 받아 집필'되었는데, 두 번이나 이의 출간기간까지 연장을 허락해 주시면서 소중한 기회를 끝까지 부여해주신 본 연구원과 관계자분들께 더불어 깊은 감사를 드린다.

끝으로, 부족함이 많은 이 자료로 인해 불편해하는 분이 없기를 빌며, 미흡한 부분은 추후 증보판으로 보강할 예정이다. 아무쪼록 이 자료가 세계적인 섬유국가로 발돋음한 우리의 옛 섬유풍속을 더듬어 보는데 조그마한 보탬이라도 되기를 다시한번 간절히 소망할 뿐이다.

고대신라에서 현재에 이르기까지

섬유풍속, 2100년간의 이야기

대구경북섬유를 일구어 온 사람들

제2편 대구경북의 섬유기업과 기업인들

제3편 대구경북섬유, 현대 환경의 흐름

제4편 섬유의 역사와 전통섬유 이야기들

제1편

대구경북섬유의 환경변천기

제1장
농경수공업시대

제1절 우리나라 섬유의 환경변천기

본 절은 우리나라 역사 중에서 대구경북지역 섬유농경수공업의 환경변천에 직·간접적으로 영향을 끼쳤을 것으로 사료되는 신라시대, 고려시대, 조선시대의 시대사(時代史) 가운데서 섬유와 관련되는 사료와 각종 자료를 중심으로 인용, 발췌 정리해 보기로 한다.

1. 신라시대

가. 개관

신라는 기원전 57년에 박혁거세가 개국하여 935년 고려에 복속될 때까지 56왕 992년간 존속하였다. 신라 최전성기 때는 9주 450소가 있었다고 하나 이러한 정확한 신라강역에 대해서는 아직까지 이론(異論)이 많다. 신라는 시조로부터 3대로 구분하여 살펴 볼 수 있는데 시조로부터 진덕왕까지 28왕을 '상대'라 하고, 태종무열왕으로부터 혜공왕까지 8왕을 '중대'라 하고, 선덕여왕으로부터 경순왕까지 20왕을 '하대'라고 한다.

신라는 건국초기부터 섬유산업 육성을 국가의 주요 정책으로 정하고 뽕밭(상전 桑田) 관리를 국유화하는 등 수도인 금성(현재의 경북경주)을 중심으로 섬유제품 생산의 집적화를 기함과 함께 한때 점령지에서의 섬유가공을 금지시키기도 하였으며, 기술기능직의 공무원화 등으로 생산기반을 적극 강화하기도 하였다.

나. 섬유농정의 기원

■ 신라 초기 섬유발흥을 이끈 사람들

신라는 개국 초기부터 섬유산업 육성을 국가의 주요 정책으로 추진하였던 것으로 보인다. 삼국사기에 의하면, 기원전 41년 신라 시조인 혁거세왕(재위기간 : 기원전 57 - 기원전 4년)은 왕비 알영과 함께 신라 수도인 금성 일원에 있는 6부를 순행하며 백성들을 위문할 때에 농사와 양잠을 적극 권장하고, 농토를 충분히 잘 이용하도록 하였다고 한다.

☞ 삼국사기(三國史記) : 삼국사기(三國史記)는 1145년(고려 인종 23년)년에 고려시대 문신인 김부식(金富軾, 1075 -1151)이 왕명을 받아 우리나라 삼국시대 역사를 기전체(紀傳體)로 엮은 50권 10책의 사서(史書)로서, 신라, 고구려, 백제의 왕실 활동을 중심으로 기록되어 있다.

82년 신라 파사왕은 '지금 나라 창고가 비었고 병기는 무디어 졌다. 혹시라도 홍수나 가뭄, 또는 변방에 변고가 생기면 이에 어떻게 대처하겠는가. 마땅히 유사로 하여금 농사와 양잠을 장려하고 군사를 훈련시켜 의외의 상황에 대비토록 하라'라고 명하였으며, 144년 신라 일성왕은 '농사는 정치의 근본이요, 먹는 것은 백성들에게 하늘처럼 귀중한 것이다. 모든 주와 군에서는 제방을 수리하고 밭과 들을 개간하여 넓히도록 하라'고 명하기도 하였다. 318년 신라 흘해왕은 '지난해에는 가뭄으로 농사가 잘 되지 못하였다. 이제 땅이 기름지고 생기가 돌아 농사가 바야흐로 시작되었으니 백성들에게 농잠 이외에 노역을 시키는 일을 모두 중단하라'는 명령을 내리기도 하였다고 한다.

438년 신라 눌지왕 때 국가에서 우거(牛車 : 농기구의 일종)만드는 법을 가르쳤으며, 502년 지증왕 때에는 농경업 장려와 함께 처음으로 소를 이용한 밭 갈기가 시작되었다고 한다.

따라서 642년 신라 선덕여왕 때 고구려와 군사동맹을 맺으려 가는 김춘추에게 대매현(代買縣)의 두사지사간(豆斯支沙干)이 청포(靑布) 300단을 증여했다는 것이나, 675년 신라 문무왕 때 아달성(阿達城)의 태수인 한선(漢宣)이 백성들에게 올 해 봄 날에는 모두가 들에 나아가 마(麻)를 심도록 하라. 이 영을 거스르지 말라고 한 것에서도 신라시대 초기에 섬유원료의 일종인 마섬유 재배 등 섬유농경수공업이 이미 지방에까지 널리 보편화되어 있었음을 미루어 짐작할 수 있다 하겠다. 그리고 786년 신라 원성왕 재위 2년 4월에 동부지방에 비와 우박이 많이 내려 뽕나무와 보리가 대부분이 상하였다는 기록도 보인다.

한편, 고구려는 시조왕인 동명성왕(재위기간 : 기원전 37-기원전 17년) 때부터 농잠을 적극 장려하였다고 하며, 583년 고구려 평원왕도 백성들에게 영을 내려 농잠을 권장하였다고 한다. 백제도 마찬가지로 시조왕인 온조왕(재위기간 : 기원전 18-28년) 때부터 농잠을 장려하였다고 하며, 백제 초고왕(166-214년) 때에 이르러서는 양잠법과 직조법을 일본 왜나라에 전파하여 줌으로서 일본 잠사업 발달의 근원을 만들어 주기도 하였다고 한다.

☞ 신라의 개국과 신라 시조 혁거세왕에 대하여 : 신라의 시조는 박혁거세이다. 삼한이 분립해서 전쟁이 쉬는 날이 없으니 진한 6부가 모여 나라의 안정을 위해 박혁거세를 왕으로 추대하였는데, 이에 기원전 57년에 왕위에 올랐으며, 처음 왕호는 거서간(居西干, '왕', 또는 '귀인'을 지칭하는 것이라고 함)이었다. 당시 박혁거세의 나이는 열 세 살이었으며 나라 이름을 처음에는 '서라벌(徐羅伐, 또는 서야벌徐耶伐, 서나벌徐那伐, 사라斯羅, 사로斯盧, 신라新羅 라고도 함)이라고 하였다. 65년 탈해왕 때 '계림(鷄林)' 으로 고쳤다가, 307년 기림왕 때 '신라'로 복귀하기도 하였다. 그러다가 503년 지증왕 때 여러 신하들이 왕에게 건의하기를 시조가 나라를 창건한 이래로 나라 이름을 아직 완전히 정하지 못하여 혼란이 많은데 신들은, '신(新)'은 덕업이 나날이 새로워진다는 뜻이요, '라(羅)'는 사방을 모두 덮는다는 뜻이므로 '신라'를 나라 이름으로 삼는 것이 옳다고 생각합니다. 또한 예로부터 나라의 군주를 살펴보면, 모두 '제(帝)'나 '왕'으로 칭호를 삼았는데, 우리 시조가 나라를 창건하고 지금까지 22대가 되도록 오직 방언으로 왕호를 삼았을 뿐 아직도 존귀한 칭호를 정하지 못했으니, 이제 여러 신하들이 한 뜻으로 삼가 '신라 국왕'이라는 칭호를 올립니다 라고 하자 왕이 이를 따랐다고 한다. 고허촌장 소벌공이 어느날 양산 기슭을 바라보니 나정(우물) 옆의 숲 사이에 말이 꿇어 앉아 울고 있었다. 그가 즉시 가서 보니 말은 갑자기 보이지 않고 다만 큰 알이 있었다. 이것을 쪼개자 그 속에서 어린아이가 나왔다. 그는 이 아이를 거두어 길렀다. 아이의 나이 10여 세가 되자 지각이 들고 영리하며 행동이 조신하였다. 진한 6부 사람들이 그의 출생을 기이하게 여겨 높이 받들다가, 이 때에 이르러 임금으로 삼은 것

이다. 진한 사람들은 호(匏)를 '박'이라고 하였는데, 처음의 큰 알이 박의 모양과 비슷하게 생겼으므로 그의 성을 '박'이라고 하였다.

또한, 기원전 53년 용이 '알영' 우물에 나타나서 오른 쪽 옆구리로 여자아이를 낳았다. 한 노파가 이를 보고 기이하게 여겨 데려다 길렀다. 우물 이름으로 그녀의 이름을 지었다. 그녀는 자라면서 덕스러운 용모를 갖추었다. 왕이 이를 듣고 그녀를 왕비로 삼았다. 그녀는 행실이 어질고 내조가 훌륭하여 당시 사람들은 그 두 사람을 '성인(聖人)'이라고 불렀다.

한편 기원전 37년 시조왕 때 거주 지역에 성을 축조하고, 수도를 '금성(金城, 지금의 경주)'이라 하였으며, 101년 파사왕 때 월성(경주 월성)을 쌓았다. 개국 이전 신라인들은 여섯 마을(村 촌)을 이루고 있었는데 알천의 양산촌, 돌산의 고허촌, 취산의 진지촌(혹은 간진촌), 무산의 대수촌, 금산의 가리촌, 명활산의 고야촌으로, 즉 진한 6부이다. 32년 유리왕 때 이 6부의 이름을 고치고 각 지역에게 각각의 성을 하사하였다. 양산촌은 양부로 성은 '이'씨, 고허촌은 사량부로 성은 '최'씨, 대수촌은 점량부(또는 모량)로 성은 '손'씨, 간진촌은 본피부로 성은 '정'씨, 가리촌은 한기부로 성은 '배'씨, 고야촌은 습비부로 성은 '설'씨로 정하였다. 또한 관직을 17등급으로 제정하였는데 '이벌찬, 이척찬, 잡찬, 파진찬, 대아찬, 아찬, 일길찬, 사찬, 급벌찬, 대나마, 나마, 대사, 소사, 길사, 대오, 소오, 조위' 등이었다. ※

■ 신라왕들의 지방순행 민심 돌보기와 섬유류의 선물 제공

신라시대 때에는 가뭄이나 메뚜기 떼 등의 피해로 인해 농사가 잘 되지 않아 백성이 굶주리면 왕들은 지방을 순행하며 백성을 보살폈다는 기록이 자주 나오고 있는데, 서기 28년 신라 유리왕은 겨울인 11월, 국내를 순행하다가 어떤 노파가 굶주림과 추위로 죽어가는 것을 보고 '내가 세상을 똑바로 보지 못하는 몸으로 왕위에 앉았으나, 백성을 먹여 살릴 수도 없고, 노인과 어린이로 하여금 이토록 극한 상황에 이르게 하였으니, 이는 나의 죄이다'라고 말하면서 옷을 벗어 덮어 주고 밥을 주어 먹게 하였다고 한다. 그리고 관리에게 명하여 현지에서 홀아비, 과부, 고아, 자식 없는 노인을 위문하게 하고, 늙고 병들어 혼자의 힘으로 살아 갈 수 없는 자들을 부양하게 하였다. 이렇게 되자 이웃 나라의 백성들이 이 소식을 듣고 신라에서 살기 위해 찾아오는 자들이 많았다고 한다. 이 해에 백성들의 생활이 즐겁고 편안하여 처음으로 도솔가를 지어 불렀다고 한다. 이것이 신라음악의 시작이라고 한다.

156년 신라 아달라왕은 장령진에, 그리고 481년 신라 소지왕은 비열성에 행차하여 주둔하는 병사를 위로하고 군사들에게 사기진작의 일환으로 각각 군복용인 정포(征袍)를 하사하였다고 하며, 423년 눌지왕은 연로한 노인들을 왕궁으로 모셔와 음식을 대접하면서 차등이 있게 '비단(帛 백)'을 나누어 주기도 하였다고 한다. 이와 같은 신라왕들의 민심 돌보기와 관련한 기록은 이후의 사료에도 많이 보이고 있기도 하다.

다. 섬유생산 문화 창출과 지원제도의 도입

■ 섬유생산기술의 장려와 민속문화

신라의 섬유산업은 '먹거리' 농사와 함께 '입을 거리' 해소를 위해 개국 초기부터 왕실을 중심으로 정책적으로 강하게 권장되었으며, 이로 인해 신라의 섬유산업은 국가의 기간산업으로서 폭넓고 빠르게 뿌리를 내리면서 일찍부터 비교적 왕성한 생산활동을 영위하였던 것으로 보인다.

32년 신라 유리왕은 서라벌 6부를 두 편으로 나누고, 두 왕녀로 하여금 각각 부내의 여자들을 거느려 편을 짜게 하였다. 이들 두 편은 매년 가을 7월 16일부터, 매일 새벽에 6부의 큰 뜰에 모여 삼(마 麻)으로 길쌈을 하게 하였는데, 밤 열시 경(을야 乙夜 : 대체로 밤 9시에서 11시 사이를 가리킴)에 끝내게 했다. 그들은 8월 15일이 되면 길쌈을 얼마나 했는지를 심사하게 하여 길쌈을 적게 한 편에서는 술과 음식을 차려 길쌈을 많이 한 편에 사례를 하게 하였다. 이때 노래와 춤과 여러 가지의 오락(가무백희 歌舞百戲)을 하였다고 한다. 이 행사를 '가배(嘉俳)'라고 하였으며 오늘날의 추석의 기원이 된 것으로 알려지고 있다. 이 행사를 할 때, 진 편에서 한 여자가 일어나 춤을 추면서 탄식하는 소리로 '회소(回蘇), 회소'라고 하며 노래 부르게 하였는데 그 소리가 너무 슬프고도 우아하여, 뒷날 사람들이 이 곡에 노래 말을 붙이고, '회소곡'이라고 하였다고 한다.

한편, 회소곡의 '회소'에 대한 해석은 아직까지 정확히 밝혀진 정설은 없는 것으로 알려지고 있으며, 여러 가지 가설만 무성한 실정이다. 어떤 이는 그 의미를 '아서라, 말아라', 또는 '아소(아소서, 지 知)', 또는 '모이소(집 集)', 또는 '마소'라는 뜻이 아닌가 짐작해 보기도 하는 등 그 풀이하는 견해가 매우 다양함을 알 수 있으며, 최근에는 이와 별도로 최근에는 또 다른 가설이 나오고 있기도 하다.

그리고 이 회소곡이 우리나라 '길쌈노래'의 한 원류로 알려지고 있기도 하며, 조선시대 때 대 유학자인 김종직은 시조로 남기고 있기도 하다.

▌ 회소곡 - 김종직

회소곡이여
　: 會蘇曲(회소곡)
회소곡이여
가을바람 넓은 뜰에 불어오고
　: 西風吹廣庭(서풍취광정)
달은 밝아 넓고 화려한 집에 가득 차네
　: 月明滿華屋(월명만화옥)
왕녀들은 상좌를 차지하고 물래질을 관장하고
　: 王姬壓坐理繅車(왕희압좌이소거)
여섯 고을 여자들은 떨기처럼 모여드네
　: 六部兒女多如簇(육부아녀다여족)
너희 광주린 가득 차고 우리 광주린 비어있네
　: 爾筐旣盈我筐空(이광기영아광공)
술 빚으며 놀려대며 노래하며 서로 쫓네
　: 醲酒揶揄歌相逐(시주야유가상축)
한 아낙이 노래하니 천 아낙이 힘을 받네

: 一婦歎千室勸(일부탄천실권)

앉은 자리에서 명을 내리니 온 나라가 길쌈바람

: 坐令四海動杼柚(좌령사해동저유)

가배 명절이 비록 규중법도 잃었지만

: 嘉俳縱失閨中儀(가배종실규중의)

영차 영차 다투는 줄다리기보다 낫구나

: 猶勝跋河爭嗃嗃(유승발하쟁학학)

☞ 김종직(金宗直) : 김종직(金宗直)은 조선 초기의 문신학자로서 경남 밀양 생이며, 1431에 태어나 1492에 죽음. 그는 성리학적 정치질서를 확립하려 했던 사림파의 사조(師祖)이며, 세조의 즉위를 비판하여 지은 '조의제문'으로 무오사화를 불러일으키기도 하였음.

☞ '회소곡'에 대한 역사적 궁금증 : 신라의 '회소곡'과 관련한 비 역사학계의 관심사항 중의 하나가 '회소곡의 가사에 담긴 의미가 무엇인지', '종교적 의미가 있는 것이 아닌지'에 대한 의문이다. 통설적으로는 '길쌈'의 고된 애환의 슬픔을 읊은 것으로 인식되고 있지만 일각에서는 '원시 기독교'와 연관지어 해석하려 하고 있기도 하다. 그 중의 하나는 가락국의 왕비가 된 아유타국의 공주가 당시 예수의 한 제자인 도마가 인도에 기독교를 전래한 비슷한 시기에 우리나라에 들어 왔기 때문에 이때 초기 기독교도 전래된 것이 아닌가 보는 시각이다. 그리고 또 하나는 네스토리우스(429-451)가 창시한 것으로 알려지고 있는 기독교의 일파인 경교(景敎)가 당시 중국 당나라와 몽골, 인도 등지에 전파되어 한 때 매우 융성했던 것으로 알려지고 있는데 이러한 종교문화가 신라 등 고대 삼국에도 전래되지 않았을까 하는 의문이다. 이는 연대적으로 많은 차이가 있기도 하다. 그리고 1956년 경북 경주(신라시대의 수도) 불국사에서 출토된 유물 중에 십자가 형상의 쟁반만한 돌이 발견되어 학계의 큰 이목을 끈 바가 있기도 하다. 또한 우리나라 대옥편에 의하면 언제부터 사용하였는지는 불분명하지만 회소곡에서 쓰이고 있는 '소(蘇)'자의 많은 뜻 풀이 해석 중에 '예수를 가리킨다'라고 하는 부분이 나오고 있기도 하기 때문이다.

☞ 가락국기와 아유타국공주 : 삼국유사에 의하면 천지가 개벽한 후로 이곳에는 아직 나라 이름도 없었고, 또한 군신의 칭호도 없었다. 이 지역에는 구간이 있었는데 각각의 추장들이 백성들을 통솔하였으며 이는 모두 1백여 가호로 7만5천명이었다. 이의 사람들은 대부분이 산과 들에 모여서 살았으며, 우물을 파서 물을 마시고 밭을 갈아 먹었다. 42년 그들이 살고 있는 북쪽 구지(龜旨, 산봉우리의 이름)에서 이상한 기운이 일며, 수상한 소리가 들렸다. 마을 사람들이 2-3백명이 그 곳에 모였는데 사람 소리와 같기도 하였으나 그 모습은 보이지 않는데 소리만 들려왔다. '하늘이 나에게 명령하기를 이 곳에 새로운 나라를 세우고 임금이 되라고 하므로, 이를 위하여 여기에 내려왔다. 너희들은 산 꼭대기의 흙을 뿌리며, 거북아, 거북아, 머리를 내 밀어라. 만약 내 밀지 않으면 구워 먹겠다'하고 노래를 부르고 뛰며 춤을 추어라. 그러면 곧 너희들은

21

대왕을 맞이하여 기뻐서 춤추게 될 것이다.' 구간들은 이 말에 따라 마을 사람들과 함께 모두 기뻐하며 노래하고 춤추었다. 얼마 후 하늘을 우러러 보니 한 줄기 자주색 빛이 하늘로부터 드리워져 땅에 닿는 것이 었다. 줄 끝을 찾아가 보니 붉은 보자기에 금합이 싸여 있었다. 열어 보니 해처럼 둥근 황금빛 알 여섯 개가 있었다. 여러 사람들은 모두 놀라고 기뻐하여 다 함께 수 없이 절을 했다. 조금 있다가 그 알을 다시 싸서 안고 아도간의 집으로 돌아와 걸상 위에 놓아 두고 무리는 제각기 흩어졌다가 하루가 지나가고 그 이튿날 아침에 마을 사람들이 다시 모여 그 합을 열자, 여섯 개의 알은 화하여 아기가 되어 있었는데 용모가 매우 깨끗했으며 이내 평상 위에 앉았다. 사람들은 모두 절하고 하례하면서 극진히 공경했다...그 달 보름에 왕위에 올랐는데 세상에 처음 나타났다고 하여 이름을 수로라 하거나 혹은 수릉이라 했다. 나라를 대가락이라 하고, 또 가야국이라고도 했으니 곧 여섯 가야 중의 하나이다. 나머지 다섯 사람도 각기 가서 다섯 가야국의 임금이 되었다.

48년 구간 등이 '대왕께서 강림하신 후로 아직 좋은 배필을 구하지 못했습니다. 신들이 기른 처녀 중에서 가장 좋은 사람을 궁중에 뽑아 왕비로 삼게 하시기 바랍니다.' 그러나 왕이 말했다. '내가 이곳에 내려옴은 하늘의 명령이다. 나에게 짝을 지어 왕후로 삼게 함도 역시 하늘의 명령이 있을 것이니 그대들은 염려하지 말라.' 왕은 드디어 유천간에게 명하여 가벼운 배와 빠른 말을 주어 망산도에 가서 기다리게 했다...문득 바다 서남쪽에서 붉은 빛의 돛을 단 배가 붉은 기를 휘날리며 북쪽을 바라보며 오고 있었다...구간 등을 보내어 목련으로 만든 키를 바로잡고 계수나무로 만든 노를 저어 그들을 맞이하여 곧 모시고 대궐로 들어가려 하자 왕후가 말했다. '나는 너희들과 본디 모르는 터인데 어찌 감히 경솔하게 나를 따라오라 할 수가 있느냐?' 유천간 등이 돌아가서 왕후의 말을 왕에게 전달했다. 왕은 그 말을 옳게 여기고 유사를 데리고 행차하여 대궐 아래에서 서남쪽으로 60보쯤 되는 산기슭에 장막을 쳐서 임시 궁전을 만들어 놓고 기다렸다. 왕후는 산 밖의 별포 나루터에 배를 대고 육지로 올라와 높은 언덕에서 쉬었다. 그리고 자기가 입었던 비단 바지는 벗어 산신에게 폐백으로 바쳤다. 또 시종해 온 잉신(시집갈 때 따라가는 시신) 두 사람이 었었는데, 그 이름은 신보, 조광이었다. 그들의 아내는 모정, 모량이라고 했으며, 또 노비까지 있었는데 모두 합하여 20여명이었다. 가지고 온 금수(비단의 일종), 능라(비단의 일종)의 옷과 필단, 금은, 주옥과 구슬로 만든 패물 등은 이루 다 기록할 수 없을 만큼 많았다. 왕후가 이제 왕이 계신 곳에 가까이 이르니 왕은 친히 나아가 맞이하여 함께 장막궁전으로 들어갔다. 잉신 이하 모든 사람들은 뜰 아래에서 뵙고 즉시 물러갔다. 왕은 유사에게 명하여 잉신 내외를 안내하라고 말했다...그리고 그들에게 난초로 만든 음료와 혜초로 만든 술을 주고, 무늬와 채색이 있는 자리에서 자도록 했으며, 심지어 옷과 비단과 보화까지 주고는 많은 군인들을 모아 그들을 보호하게 했다. 이에 왕이 왕후와 함께 침전에 들자 왕후가 조용히 말했다. '저는 아유타국(인도 중부에 있던 고대의 왕국)의 공주인데 성은 허씨이고 이름은 황옥이며, 나이는 16세입니다. 본국에 있을 때 지난 5월에 부왕과 모후께서 저에게 말씀하시기를 우리가 어젯밤 꿈에 하늘의 상제를 뵈었는데, 상제께서 '가락국왕 수로는 하늘이 내려 보내어 왕위에 앉게 했으니 신령스럽고 성스러운 분이다. 또 새로이 나라를 다스림에 있어 아직 배필을 정하지 못했으니, 그대들은 공주를 보내 배필이 되게 하라는 말을 마치고 하늘로 올라 가셨습니다. 꿈을 깨었으나 상제의 말이 아직도 귓 가에 생생하니 너는 이 자리에서 곧 우리와 작별하고 그곳으로 떠나라 하셨습니다. 그래서 저는 배를 타고 멀리 증조(蒸 棗-신선이 사는 곳에 열리는 좋은 과일)를 찾고, 하늘로 가서 번도(3000년에 한번씩 열리는 복숭아)를 찾아 이제 모양을 가다듬고 감히 용안을 가까이 하게 되었습니다.' 왕이 대답했다. '나는 태어나서 부터 신성하여 공주가 멀리서 올 것을 이미 알았으므 로 신하들이 왕비를 맞으라는 청을 따르지 않았소. 이제 현숙한 공주께서 이렇게 스 스로 오셨으니 이 사람에게는 참으로 다행이오.' 드디어 혼인하여 두 밤을 지내고 하 루 낮을 지냈다. 이에 그들이 타고 왔던 배를 돌려보냈는데 뱃사공이 모두 15명이었 다. 이들에게 각각 쌀 10석씩과 베 30필씩을 주어 본국으로 돌아가게 했다. ※

이처럼 신라는 개국 초기부터 농잠기반 확보와 풍부한 섬유원료의 조달과 생 산기기개발 등으로 섬유생산 환경이 체계적이고도 조직적으로 번성하였음을 살 펴 볼 수 있으며, 그 베짜기 기술도 상당하였음을 추정해 보게도 한다. 에에 대 한 한가지의 일화가 '연오랑과 세오녀'의 설화이다.

▌ '연오랑과 세오녀' 이야기

삼국유사에 의하면 157년 신라 제8대 아달라왕이 4년 동해안 바닷가에 연오 랑과 세오녀라는 부부가 살고 있었는데, 어느날 연오가 바닷가에 나가 해조를 따고 있던 중 갑자기 바위 하나가 다가와 연오를 싣고 일본으로 가버렸다. 그 나라 사람들은 연오를 보고 '이는 범 상치 않은 사람이다' 하고 그를 그들의 왕 으로 삼았다. 세오는 남편이 돌아오지 않음을 괴이하게 여기고 여기저기를 찾아 보다가 바닷가에 남편이 벗어놓은 신이 있음을 보고 그곳에 있는 바위에 올라가 니 바위는 다시 그 전처럼 세오를 싣고 갔다. 그 나라 사람들이 이를 보고 놀라 서 왕께 아뢰니 부부가 다시 서로 만나게 되고, 이로써 세오는 귀비가 되었다. 이즈음 신라에서는 해와 달이 광채를 잃었다. 일관이 아뢰기를, '해와 달의 정기 가 우리나라에 있던 것이 일본으로 가버렸기 때문에 이러한 괴변이 일어난 것입 니다'고 하였다. 왕이 일본에 사신을 보내어 두 사람을 찾으니 연오가 말하기를 '내가 여기 온 것도 하늘이 시킨 일이거늘 어찌 그냥 돌아갈 수 있겠소. 나의 왕비가 짠 고운 비단이 있으니 이것을 가지고 가서 하늘에 제사를 지내면 될 것 입니다.' 하면서 그 비단을 주었다. 사신이 돌아와서 자초지종을 왕께 아뢰었다. 그의 말대로 제사를 지냈더니 해와 달이 그 전과 같이 되었다. 그 비단을 임금은 창고에 잘 간직하게 하여 국보로 삼았다. 그 창고를 귀비고(貴妃庫)라 하였다. 또 하늘에 제사를 지낸 곳을 영일현, 또는 도기야(都祈野)라고 하였다. ※

☞ 삼국유사(三國遺事) : 고려 충렬왕(忠烈王) 때 승려 일연(一然 : 1206-1289)이 1285년 신라, 고구려, 백제 등 3국 중심의 역사와 야사 외에 단군(檀君)의 사적(史蹟), 신화, 전설, 설화, 향가(鄕歌) 등 각종 유사(遺事)를 모아 지은 5권3책의 사서(史書)로서 국보 제306호로 지정되어 있다. 일연은 이 삼국유사를 경북 군위군의 인각사에서 저술한 것으로 알려지고 있다.

▍'신라'와 '신라누에'에 대한 설화 한 토막

신라시대 양잠생산의 전래에 대한 설화를 다음에서 찾아 볼 수 있다.

단성식의 '유양잡조(酉陽雜俎 : 정환국 역)'와 '태평광기(太平廣記 : 김장환 역)'의 신라(新羅)편에 의하면, 신라국은 동남쪽으로 일본(日本)과 가깝고 동쪽으로 장인국(長人國)과 인접해 있다. 장인국의 사람들은 키가 3장(丈)이나 되고 톱 같은 이에 갈고리 같은 손톱을 하고 있다. 또 그들은 불에 익힌 음식을 먹지 않고 짐승을 사냥하여 먹으며, 벌거벗고 사는데 검은 털이 몸을 덮고 있다. 그 나라의 경계는 수천 리에 걸쳐 산이 이어져 있으며 중간에 있는 산골짜기는 철문으로 봉쇄했는데 그것을 철관(鐵關)이라 부른다. 항상 수천 명의 궁노수(弓弩手)로 하여금 그곳을 지키게 하기 때문에 함부로 그곳을 통과할 수가 없다. (원전 : 기문 紀聞)

신라국에는 제1품 귀족인 김가(金哥)라는 이가 있는데 그의 먼 조상인 방이(旁㐌)에게는 재산이 아주 많은 동생이 한 명 있었다. 형인 방이는 동생과 분가해서 살았기 때문에 너무 가난해서 항상 입을 것과 먹을 것을 구걸해야 했다. 그 나라의 어떤 사람이 방이에게 빈 땅 한 무(畝 : 한 무는 100보步. 한 보는 사방 여섯 척)를 주자 방이는 동생에게 누에 알과 곡식 씨앗을 빌려 달라고 했다. 동생은 누에알과 곡식 씨앗을 쪄서 방이에게 주었지만 방이는 그 사실을 몰랐다. 누에알이 부화했을 때 단 하나만 살아남았었는데, 그것은 날마다 한 촌

남짓씩 자라나 열흘 만에 소만큼 커졌으며 몇 그루의 뽕 잎을 먹어도 부족했다. 동생은 그 사실을 알고 틈을 엿보아 그 누에를 죽여 버렸다. 그랬더니 하루 뒤에 사방 100리 안에 있던 누에들이 모두 방이의 집으로 날아와 모여 들었다. 그 나라 사람들은 그때 죽은 누에를 거잠(巨蠶)이라 부르면서 누에의 왕이라고 생각했다. 방이의 사방 이웃들이 함께 고치를 켰지만 일손이 부족했다. 방이가 심은 곡식 씨앗 중에서 단 한 줄기만 자라났는데 그 이삭의 길이는 한 척이 넘었다. 방이는 늘 그 이삭을 지켰는데 어느 날 갑자기 새가 그것을 꺾어서 물고 가버렸다. 방이가 그 새를 뒤쫓아 산으로 올라가서 5-6리를 갔더니 새가 한 바위틈으로 들어갔다. 그때는 해가 져서 길이 어두웠으므로 방이는 그 바위 옆에서 머물렀다. 한 밤 중에 달이 밝게 빛날 때 보았더니 한 무리의 아이들이 모두 붉은 옷을 입고 함께 놀고 있었다. 그 중에서 한 아이가 말했다. 너는 뭐가 필요하니? 다른 한 아이가 말했다. 술이 필요해. 그러자 그 아이가 금방망이 하나를 꺼내 바위를 두드렸더니 술과 술그릇이 모두 차려졌다. 또 다른 한 아이가 음식이 필요해 라고 하자, 그 아이가 또 금방망이를 두드렸더니 떡과 국과 불고기 등이 바위 위에 차려졌다. 한참 후에 그들은 음식을 다 먹고 떠나면서 금방망이를 바위틈에 꽂아두었다. 방이는 크게 기뻐하며 그 방망이를 가지고 집으로 돌아왔다. 방망이를 두드리는 대로 원하는 것이 마련되었기 때문에 이로 인해 방이는 나라와 맞먹을 정도로 큰 부자가 되었다. 방이는 늘 진주와 구슬을 동생에게 넉넉히 주었는데 동생이 말했다. 나도 어쩌면 형처럼 금방망이를 얻을 수 있을 겁니다. 방이는 동생이 어리석다는 것을 알고 있었기에 그를 깨우쳐 주었으나 듣지 않자 그의 말대로 하게 내버려 두었다. 동생도 누에알을 부화시켜 단 하나의 누에를 얻었지만 이는 보통 누에와 똑 같았다. 또 곡식 씨앗을 심었더니 역시 한 줄기가 자라났는데, 그것이 장차 익을 무렵에 또 새가 물어가 버렸다. 동생은 크게 기뻐하며 그 새를 따라 산으로 들어가서 새가 들어간 곳에 이르러 한 무리의 도깨비를 만났다. 그러자 도깨비가 화를 내며 말했다. 이 놈이 우리의 금방망이를 훔쳐간 자이다! 라고 하고는 곧장 그를 붙잡고서 말했다. 너는 우리를 위해 세 판(版 : 성장城牆의 높이와 길이를 재는 단위로, 한 판은 두 척

높이에 여덟 척 길이를 말함)에 이르는 담장을 쌓겠느냐? 아니면 네 코를 한 장(丈)으로 길어지게 해주길 바라느냐고 하자 방이의 동생은 세 판에 이르는 담장을 쌓겠다고 청했는데, 3일이 지나자 배고프고 피곤하여 담장을 쌓지 못했다. 그래서 도깨비에게 봐달라고 애원했더니, 도깨비가 그의 코를 잡아 뽑았다. 결국 동생은 코끼리 같은 코를 들쳐 메고 집으로 돌아왔다. 나라 사람들이 괴상해 하면서 그를 구경하려고 몰려들자 그는 부끄럽고 분통이 터져서 죽고 말았다. 나중에 방이의 자손들이 장난삼아 금방망이를 두드려 이리 똥을 요구하자, 천둥과 번개가 치면서 금방망이가 어디론가 사라져 버렸다.(원전 : 유양잡조 酉陽雜俎)

또 등주(登州)의 상인 마행여(馬行餘)가 바다를 항해하다가 곤산현(昆山縣)의 해로를 통해서 동려현(桐廬縣)으로 갈 작정이었는데, 당시 서풍을 만나는 바람에 신라국으로 떠 날려 갔다. 신라국의 임금은 마행여가 중국에서 왔다는 말을 듣고는 빈객의 예를 갖춰 그를 접견하면서 이렇게 말했다. 우리는 비록 이적(夷狄)의 나라이지만, 해마다 유학을 공부한 사람이 천자의 조정에 천거되어 과거에 급제한 뒤 영광스럽게 귀국하면, 나는 반드시 아주 후한 봉록을 주고 있소. 그래서 공자(孔子)의 도(道)가 화하(華夏, 중국) 전체에 널리 퍼져있다고 알고 있소. 그러고는 마행여와 함께 경적(經籍)에 대해 논하려고 하자, 마행여가 자리를 피하며 말했다. 저는 용렬하고 비루한 장사꾼으로, 비록 중화(中華, 중국)에서 성장하기는 했지만 그저 각지의 특산물에 대해서만 들었을 뿐 시서(詩書)의 뜻은 알지 못합니다. 시서를 잘 알고 예의에 밝은 사람은 오직 사대부들 뿐이며 그건 저 같은 소인들의 일이 아닙니다. 그러고는 사양하자 신라국의 임금이 의아해 하며 말했다. 나는 중국 사람이라면 모두 경전의 가르침을 받았을 것이라고 생각했는데, 오히려 이런 무지하고 속된 사람이 있을 줄은 전혀 생각지도 못했소 라고 했다. 마행여는 고향으로 돌아온 뒤, 입을 것과 먹을 것만 탐하고 아끼다가 우매하게도 도학을 배울 줄 몰라 이적에게 비웃음당한 것을 스스로 부끄러워했다. 그러니 하물며 총명한 영재임에랴! (원전 : 운계우의 雲溪友議)

중국 당나라 현동 천보연간(天寶年間 : 742-756)에 조정에서 찬선대부(贊善大夫) 위요(魏曜)를 신라국에 사신으로 보내 어린 임금을 책립(冊立)하게 했는데, 위요는 연로했기 때문에 그 일을 심히 꺼렸다. 당시 신라를 다녀온 적이 있는 빈객이 있었기에 위요가 그를 찾아가서 신라로 가는 여정에 대해 물었더니, 그 빈객이 다음과 같은 이야기를 해주었다. 당나라 고종 영휘연간(永徽年間 : 650-655)에 당나라는 신라, 일본과 모두 우호관계를 맺고 있었기에, 두 나라에서 사절을 보내오면 당나라 조정에서도 사신을 보내 두 나라에 모두 보답했다. 사신이 신라에 도착한 후에 장차 일본으로 가려 했는데, 해상에서 풍랑을 만나 수십 일 동안 그치지 않고 파도가 크게 일었다. 사신은 파도를 따라 표류하면서 어디로 가는지도 몰랐는데, 갑자기 바람이 멈추고 파도가 잠잠해지더니 어떤 해안가에 도착했다. 그때는 해가 막 지려고 했으므로 몇 척의 배에 함께 타고 왔던 사람들이 곧장 배를 대고 해안으로 올라갔는데 약 100여 명이었다. 해안의 높이는 20-30장(丈) 가량 되었는데, 멀리 집들이 보이자 사람들은 그곳으로 다투어 달려갔다. 그 집에서 거인들이 나왔는데 키가 2장이나 되고 몸에 옷을 갖춰 입었으며 말이 통하지 않았다. 그들은 당나라 사람들이 온 것을 보고 크게 기뻐하며 당나라 사람들을 에워싸서 집안으로 몰아넣은 뒤 바위로 문을 막고 나서 모두 떠나갔다. 얼마 후 같은 거인 종족 100여 명이 서로 뒤따라 도착하더니 당나라 사람들 중에서 몸이 포동포동한 자를 검열하여 50여 명을 뽑은 뒤 모두 삶아서 함께 모여 먹었다. 아울러 진한 술을 꺼내와 함께 잔치를 즐기면서 밤 깊도록 모두 취했다. 아직 살아남은 당나라 사람들은 그 틈에 여러 정원으로 빠져나갈 수 있었다. 후원(後院)에 30여명의 부인이 있었는데, 그녀들은 모두 지금까지 풍랑에 표류하다가 사로잡혀온 사람들이었다. 그녀들이 스스로 말했다. 저들은 남자들은 모두 잡아먹고 부인들만 남겨놓아 옷을 만들게 했습니다. 당신들은 지금 저들이 취한 틈을 타서 도망가지 않고 뭐합니까? 우리가 길을 안내하겠습니다. 중국 당나라 사람들은 그 말을 듣고 몹시 기뻤다. 부인들은 자신들이 누인 명주실 수백 필을 꺼내 짊어지고 난 후에 칼을 가지고 가서 취해 있던 거인들의 목을 모두 베었다. 그리고는 도망쳐서 해안에 도착했는데 해안이 너무 높은데다가 날이 어두워서 내려갈 수 없었다. 그래서 모두 명주비단으로 몸을 묶어 매달린 채 내려오는 방법으로 서로를 매달아 내려 주어 물가에 도착한 뒤 모두 배에 오를 수 있었다. 날이 밝을 무렵 배가 출발할 때 산꼭대기에서 고함치는 소리가 들리기에 내려왔던 곳을 뒤돌아보았더니, 이미 거인 천여 명이 쫓아오고 있었다. 거인들은 줄줄이 산을 내려와 순식간에 해안에 이르렀지만 이미 배를 따라잡을 수 없게 되자 호랑이처럼 울부짖으며 펄쩍펄쩍 뛰었다. 그리하여 사신 일행과 부인들은 모두 고향으로 돌아올 수 있었다. (원전 : 기문 紀聞)

근자에 어떤 해상(海商)이 신라로 가던 중에 한 섬에 잠시 정박했는데, 그곳은 온 땅이 모두 검은 칠을 한 숟가락과 젓가락으로 덮여 있었다. 그곳에는 커다란 나무가 많았는데, 그 사람이 나무를 올려다보았더니 숟가락과 젓가락은 바로 그 나무의 꽃 잎과 꽃 술이었다. 그래서 그는 숟가락과 젓가락 100여 쌍을 주워가지고 돌아와서 사용해보았는데 너무 투박해서 쓸 수가 없었다. 그러다가 우연히 그것으로 차를 저어보았더니 젓는 대로 녹아 없어졌다. (원전 : 유양잡조 酉陽雜組)

육군사(六軍使) 서문사공(西門思恭)이 한번은 어명을 받들고 신라에 사신으로 갔는데, 바람과 물살이 순조롭지 못하여 어디가 끝인지도 모를 망망대해에서 몇 달 동안 표류했다. 그러다가 어느 날 갑자기 남쪽의 한 해안에 도착했는데, 그곳에 있는 밭두둑과 경물이 보이자 마침내 육지로 올라가서 사방을 둘러보았다. 얼마 후 신장이 5-6장이나 되는 거인 한 명이 나타났는데, 옷차림이 특이하고 목소리가 천둥치는 것 같았다. 거인은 서문사공을 내려다보며 마치 경탄하는 듯하더니, 곧장 다섯 손가락으로 그를 집어 들고 100여 리를 가서 한 바위동굴 속으로 들어갔다. 그곳에는 늙고 어린 거인들이 모여 있다가 번갈아 서로를 불러모아 다투어 와서 서문사공을 구경하며 가지고 놀았다. 그들이 하는 말은 알아들을 수 없었지만 모두들 기뻐하는 얼굴을 하며 마치 신기한 물건을 얻은 듯한 표정이었다. 마침내 그들은 구덩이 하나를 파고 서문사공을 그곳에 넣어 두었으며, 또한 때때로 와서 그를 지켰다. 이틀 밤이 지난 후에 서문사공은 마침내 기어 올라가 구덩이를 뛰어나온 뒤에 곧장 이전에 왔던 길을 찾아 도망쳤다. 서문사공이 겨우 배로 뛰어 들어갔을 때, 거인이 이미 뒤쫓아 이르러서 곧장 거대한 손으로 뱃전을 붙잡았다. 이에 서문사공이 검을 휘둘러 거인의 손가락 3개를 잘랐는데 손가락이 지금의 다듬이 방망이보다도 굵었다. 거인이 손가락을 잃고서야 물러가자 서문사공은 마침내 닻 줄을 풀고 배를 출발시켰다. 배 안에서 서문사공은 물과 식량이 다 떨어져 한 달 동안 아무것도 먹지 못하다가 결국 몸에 걸치고 있던 옷을 씹어 먹었다. 나중에 그는 마침내 북쪽 해안에 도착하여 거인의 손가락 3개를 조정에 바쳤는데, 조정에서는 그것에 옻 칠을 하여 궁중 창고에 보관했다. 서문사공은 주군(主軍 : 육군사六軍使)이 되고 나서부터 차라리 금옥(金玉)은 남에게 줄지언정 평생 음식은 손님에게 대접하지 않았는데, 그것은 지난날 식량이 떨어져서 당한 어려움을 잘 알고 있기 때문이었다. (원전 : 옥당한화 玉堂閒話)

☞ '태평광기'에 대하여 : 태평광기(太平廣記)는 중국 북송 태종(976-984) 때인 978년 이방(李昉)이 서현(徐鉉), 후몽(扈蒙) 등 12명과 함께 완성한 필기문학의 총집으로서 981년에 처음 판각된 것으로 알려지고 있다. 태평광기는 주로 중국 한대(漢代)부터 당대(唐代)에 이르는 소설, 필기(筆記), 야사(野史) 등의 전적에 기록되어 있는 고사들을 광범위하게 채록하여 총 500권으로 엮은 다음, 그 내용에 따라 다시 92 대류(大類)로 나누고, 이를 150여 소류(小類)로 세분했으며 총 7000여 분야에 달하는 고사를 수록하고 있는데 지괴(志怪), 일사, 잡기(雜記)가 대부분이다.

☞ 단성식에 대하여 : 단성식(段成式)은 중국 당나라 태종 때 태상(太常)으로 '유양잡조전집(酉陽雜俎前集)'을 지었는데 이의 44권 중 제1권 지낙고상(支諾皐上) 편에는 신라가 비단의 나라라는 숨은 일화를 소개하고 있다.

또한 이수광의 지봉유설에도 신라비단과 관련 있는 듯한 설화가 한 토막 나오는데, 성호선(成好善)은 운치있고 고상한 말을 잘 하였다. 집이 남산 기슭에 있었는데 일찍이 임자순(林子順)에게 말 하기를 우리 집에는 괴상한 돌이 있는데 무척 기이하다고 했다. 임자순이 그것을 빌어다가 보게 해 주기를 요청하니 성호선이 승낙하자 종에게 그 돌을 가져 오라 하였다. 종이 성호선의 집에 오자 그는 남산의 잠두(蠶頭 : 누에의 머리처럼 생긴 산봉우리)를 가리키면서 저것이 우리의 괴석이니 네 힘이 있거든 가져 가거라 하니 종은 뒤돌아보지도 않고 달아나 버렸다고 한다. 이의 남산은 신라의 수도였던 금성(지금의 경북 경주)에 있던 남산을 일컫는 것이 아닌가 사료되며, 신라 비단의 융성한 뿌리를 상징적으로 표현하려는 설화의 일종으로 보이기도 한다.

☞ 이수광(李晬光) : 조선시대의 학자. 1563-1628. 호는 지봉(芝峯). 1614년 발간된 그의 저서 '지봉유설'은 우리나라 문화백과사전의 효시로 일컬어지고 있으며, 이익의 '성호사설', 안정복의 '잡동산이', 이규경의 '오주연문장전산고' 등 개방적이고 박학한 학풍이 자리를 잡는데 큰 역할을 하였다고 한다.

근세에 까지 우리나라 생활문화에 밀접히 적용되었던 각종 길쌈 관련 농경문화와 '다듬이질' 등 생활풍습도 이미 이때 어느 정도 일반 풍습으로 정착되어 갔을 것으로 추정해 볼 수 있으며, 신라건국 초기 끊임없는 전쟁발발과 제대로 갖추어지지 않은 원시적 농경문화 등도 일반 백성들의 삶을 매우 고단하게 하였을 것으로 사료된다. 이에 대한 당시의 고단한 길쌈노동과 관련한 서민의 애환과 아픔의 일단을 시로 잘 노래해 주고 있는 것이 있는데 중국 당나라 때 시인 이백의 '자야오가'를 잠시 감상해 보기로 한다.

▌자야오가(子夜吳歌) - 이백

봄의 노래-春歌(춘가)

진나라 땅 나부라는 여인 : 秦地羅敷女(진지라부녀)

푸른 물가에서 뽕잎을 따고 있었네 : 採桑綠水邊(채상록수변)

하얀 손은 푸른 가지 위에 움직이고 : 素手靑條上(소수청조상)

붉은 화장은 밝은 햇빛에 더욱 선명하네 : 紅妝白日鮮(홍장백일선)

누에가 배고파 저는 빨리가야 하니 : 蠶飢妾欲去(잠기첩욕거)

태수여 나 붙들지 마세요 : 五馬莫留連(오마막류련)

여름의 노래-夏歌(하가)

거울 같이 맑은 호수 삼백리 : 鏡湖三百里(경호삼백리)

연봉오리에서 연꽃이 피는구나 : 菡萏發荷花(함담발하화)

오월에 서시가 연꽃을 캐는데 : 五月西施採(오월서시채)

사람들이 약야에 몰려 길이 막혔구나 : 人看隘若耶(인간애약야)

달이 채 떠지도 않았는데 : 回舟不待月(회주불대월)

월나라 왕궁으로 데려가 버리는구나 : 歸去越王家(귀거월왕가)

가을의 노래-秋歌(추가)

장안의 한 조각 달 : 長安一片月(장안일편월)

집집마다 다듬이 소리 : 萬戶擣衣聲(만호도의성)

가을바람 불어불어 그치지 않으니 : 秋風吹不盡(추풍취불진)

모두 옥관의 임 그리는 마음 : 總是玉關情(총시옥관정)

언제 오랑캐 평정되어 : 何日平胡虜(하일평호로)

그대 원정에서 돌아올까 : 良人罷遠征(량인파원정)

겨울의 노래-冬歌(동가)

내일 아침 역사가 떠나니 : 明朝驛使發(명조역사발)

온 밤을 서방님 솜옷을 짓는다네 : 一夜絮征袍(일야서정포)

흰 손은 바늘 노려 차갑고 : 素手抽針冷(소수추침랭)

차가운 가위를 어찌 잡을까 : 那堪把剪刀(나감파전도)

옷을 지어 먼 길에 부치니 裁縫寄遠道(재봉기원도)

몇 일만에야 임조에 닿을까 : 幾日到臨洮(기일도림조)

☞ 이백(李白) : 중국 당나라 때 시인, 호는 태백, 701-762.

라. 신라비단의 우수성

신라가 비단제조의 기술이 매우 우수하였음을 나타내는 한 가지 사례로, 650
년 진덕여왕이 신라비단에 손수 수를 놓은 5언율시인 '태평송(王織錦作五言太平

頌 왕직금작오언태평송)'을 중국 당나라 태종에게 헌사한 것에서 엿볼 수 있다 하겠다. 이는 당시 중국 당나라에 인질로 잡혀있던 신하 김흠순을 풀어달라는 의미로 보낸 것이라 하는데, 그 내용 중 우리나라를 소개한 부분을 살펴보면 다음과 같다. '...시골이나 도시에나 풍속이 순박하고, 멀리서 가까이서 좋은 일 다투어 일어나네. 빛나고 밝은 조화 사계절과 어울리고, 해와 달과 오성이 만방을 도는구나...'

또한 김춘추가 고구려 연개소문에게 동맹제의를 하려 갈 때 3백여필의 베를 가져갔다는 이야기와 김유신의 여동생이 김춘추와 사귀기 위해 비단을 주고 언니의 꿈을 구입했다는 것은 신라시대 때 비록 비단생산기술이 매우 보편화되어 있었음에도 그 가치 또한 매우 높았음을 알 수 있다.

그리고, 왕실과 마찬가지로 민가에서도 비단의 생산이 매우 활발하였던 것 같은데 500년 소지왕 때의 일화가 이를 뒷받침 해주고 있기도 하다. 왕이 날이군에 행차하였는데 이곳에 사는 파로라는 사람에게 딸이 있었다. 그녀의 이름은 벽화라고 하였다. 나이는 열 여섯 살인데 실로 일국의 미인이었다. 그녀의 아버지가 그녀에게 비단 옷을 입혀 가마에 태우고 채색비단을 덮어 왕에게 바쳤다. 왕이 음식을 진상하는 것이라고 생각하여 열어 보니 얌전한 어린 소녀였다. 왕은, 이는 정상적인 일이 아니라고 여겨 받지 않았다. 그러나 왕이 대궐에 돌아오자 그녀에 대한 생각을 버릴 수가 없었다. 왕은 두 세 차례 평복으로 갈아입고 그 집으로 찾아가 그녀와 관계를 맺었다. 어느 날 궁궐로 돌아오는 도중에 고타군을 지나다가 한 노파의 집에 묵게 되었다. 왕이 노파에게 물었다. '오늘날 백성들은 국왕을 어떤 사람이라고 생각하는가?' 노파가 대답하였다. '많은 사람들이 성인이라고 생각하지만 나는 그렇게 보지 않소. 왜냐하면, 내가 듣건대 왕은 날이군에 사는 여자와 관계하면서 자주 평복을 입고 다닌다 하오. 무릇 용의 겉모습이 고기와 같이 생겼다면 어부의 손에 잡히는 것이라오. 지금의 왕은 만승의 지위에 있는데 스스로 신중하지 못하니 이런 사람이 성인이라면 누가 성인이 아니겠소?' 왕은 이 말을 듣고 몹시 부끄러워하여, 즉시 남모르게 그녀를 맞이하여 별실에 두었다. 그녀는 아들을 하나 낳았다.

▌ '만파식적' 이야기

삼국유사에 의하면, 신라 제31대 신문왕은 아버지 문무왕을 위하여 동해 바닷가에 감은사(경북 월성군 양북면 용당리)를 세웠다. 문무왕이 왜병을 진압하기 위하여 이 절을 지었으나, 공사를 다 마치지 못하고 돌아가자 바다의 용이 되었다고 한다. 682년 마침내 그 공사를 마치고 금당 뜰아래 동쪽을 향해 구멍을 하나 뚫어 두었는데, 이는 용이 절에 들어와서 돌아다니게 하기 위한 것이었다. 대개 유언으로 유골을 간직한 곳은 대왕암이라고 하고 절 이름은 감은사라고 하였는데, 후에 용이 나타난 것을 본 곳을 이견대라고 하였다. 이듬해 5월 초하루 해관(海官) 파진찬 박숙청이 왕에게 아뢰었다. '동해에 있는 작은 산 하나가 바다에 떠서 감은사를 향하여 왔다갔다 합니다.' 왕이 이를 기이하게 생각하여 일관 김춘질에게 점을 치게 하였다. 일관이 말하기를, '대왕의 아버지께서 지금 해룡이 되어서 삼한을 진호(鎭護)하시고, 또한 김유신공도 삼십삼천의 한 아들이 되어 지금 지상에 내려와 대신이 되었습니다. 두 성인이 동덕(同德)하여 성을 지키는 보물을 내려 주려 하니 만약 폐하께서 바닷가로 나가시게 되면 값으로 칠 수 없는 보물을 얻게 될 것입니다'라 하였다. 왕은 크게 기뻐하여 그 달 7일에 이견대로 가서 그 산을 바라보고 사자를 보내어 살펴보게 하였다...다음날 오시에 대나무가 합하여져서 하나가 되니 천지가 진동하고 바람과 비가 일어나며 7일 동안이나 계속되고 낮은 캄캄하였다. 그 달 16일이 되어서야 바람이 자고 파도가 평온하여 졌다. 왕이 배를 타고 바다에서 그 산으로 들어가니 용이 검은 옥대를 받들어서 왕에게 바치었다...왕은 놀라웁고 기쁘기 그지 없었다. 5색 비단과 금, 옥을 용에게 주었다. 왕이 돌아와 그 대나무로 피리를 만들어서 월성의 천존고례에 보관하여 두었다. 이 피리를 불면 적병이 물러나고, 병이 나으며, 가물 때에는 비가 오고, 비가 올 때는 맑아지고, 바람은 가라앉고 물결은 평온하였다. 그래서 이 피리를 만파식적(萬波息笛)이라고 불렀다.

▎ 김춘추와 김유신의 여동생에 대하여 : 귀한 비단과 봉제에 대한 추론

신라시대 비단의 귀함과 만간에서의 봉제, 즉 바느질에 대한 일화는 김춘추가 김유신의 여동생과의 인연에서 간단히 유추해 볼 수도 있을 것 같다.

삼국유사에 의하면, 신라 제29대 태종무열왕의 이름은 김춘추이며 성은 김씨이다. 용수 각간으로 추봉된 문흥대왕의 아들이며, 어머니는 진평대왕의 딸인 천명부인이다. 왕비는 문명황후 문희이니, 곧 김유신의 끝 누이이다. 처음 문희의 언니인 보희가 꿈에 서악에 올라가 오줌을 누는데, 그 오줌이 서울에 가득찼다. 다음날 그 꿈 얘기를 동생 문희에게 했더니, 그녀가 듣고 나서 말하기를 '내가 그 꿈을 사겠어요 언니'라고 하였다. 언니가 말하기를 '무엇을 주겠느냐?' 하자 문희가 '비단치마를 주면 되겠지요' 하니, 언니가 '그래' 하며 승낙을 하였다. 문희가 치마폭을 벌리고 꿈을 받을 때 언니가 말하기를 '어젯밤의 꿈을 너에게 준다' 하였다.

문희는 그 값으로 비단 치마를 주었다. 10여일이 지나 김유신이 김춘추와 함께 정월 상오 기일에 자기 집 앞에서 공을 찼다. 이 때 김유신이 짐짓 김춘추의 옷을 밟아 옷 고름을 떨어뜨리게 하고, 청하여 말하기를 '우리 집에 들어가서 옷 고름을 답시다'라고 하니 김춘추가 그의 말을 따랐다. 김유신이 아해 보희에게 봉침(奉針 : 바느질)을 좀 하라고 하니, 그녀는 '어찌 사소한 일로 해서 가벼이 귀공자와 가깝게 한다는 말입니까'하고 사양하였다. 이에 다음으로 아지 문희에게 명하자 승락하였다. 김춘추가 김유신의 그 속 뜻을 알아차리고 마침내 문희와 관계하였는데, 이후 김춘추가 김유신의 집에 자주 왕래를 하였다.

김유신이 그 누이가 임신한 것을 알고 꾸짖기를 '네가 부모도 모르게 임신을 하였으니 무슨 까닭이냐?' 하고서는 온 나라에 말을 퍼뜨려 문희를 불태워 죽인다고 하였다. 하루는 선덕여왕이 남산에 거동을 한 틈을 타서 뜰에 나무를 가득 쌓아 놓고 불을 지르니 연기가 일어났다. 왕이 그것을 바라보고 연기가 나는 까닭을 묻자 좌우에서 시중하는 신하들이 아뢰기를 '김유신이 그 누이를 불태워 죽이는가 봅니다' 하였다. 왕이 그 까닭을 물었다. '그 누이가 남편도 없이 몰래 임신하였기 때문입니다.' 왕은 '그것이 누구의 소행이냐?'고 물었다. 때 마침 김춘추가 왕을 모시고 앞에 있다가 얼굴색이 크게 변했다. 왕이 말했다. '그것은 너의 소행이니 속히 가서 구하도록 하여라.' 김춘추가 임금의 명을 받고 말을 달려 왕명을 전하여 문희를 죽이지 못하게 하고 나서 그 후 떳떳이 혼례를 올렸다. 진덕여왕이 세상을 떠나자 654년에 김춘추가 왕위에 올랐다. 나라를 다스린 지 8년째인 661년에 세상을 떠나니 그때 그의 나이가 59세였고, 애공사 동쪽에 장사를 지내고 비를 세웠다. 왕은 김유신과 함께 신비스러운 꾀와 육력(戮力 : 서로 힘을 모음)으로 삼국을 통일하여 나라에 큰 공을 이룩하였다. 그렇기 때문에 사직에 묘호를 태종이라 하였다. ※

▌ 원효대사와 설총에 대하여

삼국유사에 의하면 원효(元曉)의 속성은 설씨이며, 617년 신라 진평왕 때 압량군(경북 경산) 자인현 불지촌 장산 밑에서 태어났다. 어머니가 만삭으로 골짜기를 지나다가 밤나무 밑에서 남편의 옷을 나무에 걸어놓고 그 안에서 문득 해산하게 되었다.

원효는 어느날 풍전(風顚 : 상례를 벗어난 행동)을 하여 거리에서 이렇게 노래했다. '누가 자루 없는 도끼를 내게 빌려주려는가. 나는 하늘을 떠받칠 기둥을 찍으리라'. 사람들은 누구도 그 노래의 뜻을 알지 못했다. 이 때 태종무열왕 김춘추가 이 노래를 듣고, '이 스님은 귀부인을 얻어 귀한 아들을 낳으려 하는구나. 나라에 큰 현인이 있으면 이 보다 더 좋은 일이 있겠는가.'라고 하였다. 이 때 요석궁에 과부 공주가 지내고 있었으므로 궁리를 시켜 원효를 찾아 요석궁으로 맞아들이게 했다. 궁리가 명령을 받들어 원효를 찾으니, 이미 그는 남산에서 내려와 문천교를 지나오고 있어서 곧 만나게 되었다. 원효는 이때 일부러 물에 빠져서 옷을 적셨다. 궁리가 스님을 궁으로 데리고 가서 그 곳에서 묵게 했다. 공주는 과연 태기가 있더니 설총을 낳았다. 설총은 나면서 부터 지혜롭고 민첩하여 경서와 역사에 두루 통달하여 신라 10현 중의 한 사람이 되었다. 방언으로 중국과 외지의 각 지방 풍속, 물건이름 등에도 통달하고, 이어서 6경과 학문을 훈해하였다.

한번은 원효가 도성 남쪽 교외에 이르자 흰 옷을 입은 여인이 논 가운데서 벼를 베고 있었다. 법사가 희롱삼아 그 벼를 달라고 청하자, 여인은 벼가 영글지 않았다고 대답했다. 법사가 또 가다가 다리 밑에 이르자 한 여인이 월수백(月水帛 : 월경때 입었던 옷)을 빨고 있었다. 법사가 물을 달라고 청하니 여인은 그 더러운 물을 떠서 바쳤다. 법사는 그 물을 엎질러 버리고 다시 냇물을 떠서 마셨다.

원효는 이미 계를 범하여 설총을 낳은 후에는 속인의 옷으로 바꾸어 입고, 스스로를 소성거사라고 하였다. 우연히 그는 광대들이 가지고 노는 큰 박을 얻었는데 그 모양이 괴상했다. 스님은 그 모양에 따른 도구를 만들어 화엄경의 한 구절인 '일체의 무애인(부처를 이름)은 한 길로 생사에서 벗어난다.'라는 문귀를 따서 이름을 '무애'라 하고 계속 노래를 지어 세상에 유행하게 했다. 이 도구를 가지고 일찍이 수 많은 마을을 돌며 노래하고 춤을 추며 교화시키고 읊다가 돌아오니 이로 말미암아 상추옹유(가난한 사람의 집), 확후(몽매한 사람)의 무리들도 다 부처의 이름을 알고, '나무아미타불'을 일컫게 하였으니 원효의 교화는 참으로 커다란 것이었다. 스스로의 이름을 '원효'라 한 것은 모두 불교를 처음으로 빛나게 하였다는 뜻이고, 원효란 이름도 역시 방언이며 당사 사람들은 모두 향언으로 원효를 일러 '새벽'이라고 했다.

마. 신라시대 때 섬유생산 기술의 현황

▌관장제 도입의 추진

신라 초기에는 영토의 확장과 주변국과의 교역을 통해 신지식을 빠르게 습득해 나간 것으로 보이며, 356년경부터는 세습왕권 제도의 정착으로 중국과의 교류를 통한 선진 섬유제품의 유입(내물왕 356-402년), 나제동맹(417-458년)에 따른 백제의 세마포(細麻布 : 고급 마직물)에 대한 기술의 도입, 불교문화와 함께 들어 온 북방계 섬유제품, 가야 등 낙동강 유역의 양잠기술과 자원생산 기반 확보 등으로 섬유산업의 기반을 점차적으로 구축해 나갔다.

신라는 651년경 정부조직 내에 공장부(工匠府)를 설치하는 등 삼베 재배와 양잠 기반을 국유화를 더욱 강화하면서 엄격한 국가관리 체제를 구축해 나갔으며, 세금으로 섬유를 납부하게 함에 따라 섬유생산기반을 더욱 활성화시켜 나갔다. 당시 염색기반을 미루어 짐작할 수 있는 것으로 군기에 사용된 색상이 록(綠), 자(紫), 백, 청, 황, 적, 흑, 벽(碧) 등 8가지에 이를 만큼 다종다양한 섬유제품이 생산되었던 것으로 보인다.

삼국통일(668년)을 이룩한 후 신라의 섬유산업은 일취원장의 성장을 기한 것으로 보인다. 즉, 신라의 섬유산업은 삼국통일 후 강력한 민족동질화 촉진시책 수행으로 사회기강을 강화함과 함께 행정구역 조정에 의한 농업의 분산, 분업화 시행 등에 따라 국가적 기간산업으로서의 위상에 부합하는 안정된 발전기반을 다져나가게 되었다. 아울러서 고구려와 백제의 섬유기술자를 적극 포용하고 중국 당나라 등의 선진문물에 대한 적극적 유입과 수용 등으로 생활필수품인 섬유의 생산기반과 생산기술도 한층 안정화시켜 나갔다. 이처럼 관영수공업과 농민의 가내수공업 등 2원적 산업기반을 형성한 신라의 섬유산업은 670년 경부터는 모직물과 자수직물, 천막지 등도 대량으로 생산하였으며, 염색기술도 표백기술 도입 등 다양한 기법이 소개되는 등 상당한 진전이 있었음을 삼국사기는 밝혀주고 있다.

실제로, 신라시대에는 왕족이나 관리, 지배계층을 위한 관영수공업제가 매우 활성화되어 있었는데 그 중에서도 섬유직물분야와 관련한 중앙정부 조직의 세부부서가 10개에 이를 정도로 그 비중이 매우 컸던 것으로 보인다.

757년 신라 경덕왕은 관료에 대한 등급체제 개정과 지방제도를 정비하였으며, 759년에는 '공장부(工匠府), 채전(彩典) 등 정부조직개편과 함께 왕실기능을 더욱 강화하기도 하였다.

삼국사기 직관지에 따르면 759년 경덕왕 시기에 고급 견직물을 생산하던 기전(綺典, 배치인원 여자 8명) 외에도 비단생산부서인 조하방(朝霞房 : 또는 조하문朝霞紋, 직원은 여자 23명)과 비단생산을 맡은 금전(錦典 : 후에 직금방織錦房), 염색을 담당한 염궁(染宮, 직원은 여자 11명), 표백을 맡은 표전(漂典, 직원은 여자 10명), 삼베를 생산한 마전(麻典, 직원은 13명), 모직물을 생산한 모전(毛典 : 후에 취모방취모방), 봉제를 담당한 침방(針房, 직원은 여자 16명), 여러 행사와 다용도로 사용되는 천막을 제작한 급장전(給帳典), 그리고 피혁물을 제조한 피전(皮典)과 갓바치처럼 가죽제품 봉제를 담당한 추전(鞦典 후에 운공방) 등이 있었다고 한다. 이들 조직의 직원 구성은 간(干), 사(史), 그리고 옹(翁), 조(助), 모(母), 종사지(從舍知), 여자 등이 있었다고 하며, 시대에 따라 조직운용에 약간씩의 변동도 있었던 것 같다.

섬유기술도 매우 발달되어 마직물의 경우, 830년경에 이르러서는 최고급품인 30승(升)를 비롯하여 28승, 26승, 25승, 20승, 18승, 15승, 13승, 12승 등 9종의 다양한 품질의 마직물이 시장에 통용되었다.(승升은 '새'로 표기, 도는 발음하고 있기도 함)

당시 마직물의 품질기준은 실 가늘기에 따라 품질표시를 하였는데 1승을 40올이라 하였을 때 10승 마직물은 그 올 수가 400올에 달할 정도로 기술이 매우 섬세하였던 것으로 알려지고 있다. 당시에 이미 '안동포'인 세마포 생산지로 유명세를 떨친 경북 안동에서는 지금도 10승 정도의 고급 마직물을 생산할 수 있는 이가 그리 많지 않은 점으로 미루어 짐작하건데 신라시대 당시 그의 기술이 매우 발달되어 있었음을 추론할 수 있다 하겠다.

700년에서 800년 사이 신라의 최고 번성기에 생산되었던 견직물의 물품명을 살펴보면, 품질과 등급에 따라 조하주(朝霞紬), 조하금(朝霞錦), 대화어아금(大花魚牙錦), 소화어아금(小花魚牙錦), 금채(錦綵), 서문금(瑞文錦), 오색라채(五色羅綵), 계라(罽羅), 금라야(錦羅野), 야초라(野草羅), 사라(紗羅), 세라(繐羅), 포방라(布紡羅), 중소문릉(中小文綾), 소문릉(小文綾), 시견(絁絹), 릉견(綾絹), 주포(紬布), 금주포(錦紬布)로 구분되었으며, 이들 직물제품은 또 9가지 색상으로 염색가공되어 사용되었다.

또한 당시의 고급 자수직물로는 계수라(罽繡羅), 금수라(錦繡羅), 계수금(罽繡羅) 등이 있었으며, 이들 섬유제품에 금은사(金銀絲), 공작미(孔雀尾), 금은니협힐(金銀泥夾纈)을 가미하여 사용되기도 하였다. 이밖에 날염직물과 교직물 등도 많이 생산된 것으로 보인다.

한편, 5-6세기 무렵의 신라 왕릉으로 추정되는 천마총(天馬塚 : 경북 경주시 황남동 소재 신라 155호 고분)의 발굴에서 신라시대 때 생산품으로 보이는 품질이 매우 우수한 평직물과 능직물이 출토되기도 하였다.

이러한 신라시대 때 섬유생산의 전통적 방식인 길쌈의 흔적은 여러 가지로 추정해 볼 수도 있는데, 먼저 비단류 생산의 경우 뽕나무 재배(栽桑)와 누에치기(양잠 養蠶), 또는 자연산 누에의 수집(야잠 野蠶)을 거쳐 고치실 켜기(소사 繅絲), 연사(練絲, 실 가공), 직물제조(직조 織調), 염색(染色, 인염 印染), 봉제(縫製, 제의 製衣) 순으로 진행되었을 것으로 보인다. 또 삼베생산의 경우 마 재배(재마 栽麻), 또는 자연산 수집을 거쳐 삼 켜기(소사) 이후의 순서는 비단 생산과 비슷하였던 것으로 보인다.

신라시대 때 직물류 등에 대한 섬유제품의 생산기구는 아직까지 제대로 알려진 바가 거의 없으며, 다만 고구려 벽화 등에서 나타나고 있다고 하는 원시적 형태의 베틀과 같은 비슷한 직기(織機)가 있었을 것으로 추정되고 있을 뿐이다. 이밖에 고대 때부터 섬유생산에 사용된 생산기기로 그물 형태의 직물을 짤 수 있는 토제 망추(網錘), 방직도구인 방추차(紡錘車), 골침(骨針) 등의 유물이 간혹 발굴되고 있기도 하다.

신라시대 때의 염색기법 또한 큰 틀에서 보면 고대부터 근대에 이르기까지 자연에서 채집한 식물성 천연염료를 사용하여 섬유소재를 채색하는 전통적 기법이 도입되었을 것으로 보이며, 이러한 전통은 근대에 이르기까지 유유히 전승되어 왔으며, 현대에 와서는 섬유예술가를 비롯하여 일부 자연염색 작가와 취미인들에 의해 옛 기법이 발굴, 또는 재현되고 있기도 하다.

각종 사서와 자료에 의하면 원삼국시대 이전인 진한시대에 이미 협힐법(夾纈法 : 울퉁불퉁한 기구에 꽃무늬 등을 새긴 얇은 판자 두 장 사이에 원사나 직물을 단단히 끼워 염료, 또는 발염제를 칠하여 무늬를 찍는 방법)을 비롯하여, 홀치기염법인 교힐(絞纈), 납방염법인 갈힐(蝎纈) 등 인염법(印染法)이 잘 고안되어 있었던 것으로 보이며, 신라 중대에 와서는 신분에 따른 복식을 정할 수 있을 만큼 다양한 염색법이 개발되었다. 따라서 이를 관장하는 왕실 부서까지 따로 두어 관리하게 하였다.

그리고 문헌에 따르면 중국 진(秦)나라 시대 때 이미 일반에 널리 상용화되었다고 알려지고 있는 '쪽'에의 의한 염색기법이 어떤 경로에 의하였던 시라시대에도 도입되었을 것으로 추측해 볼 수도 있겠다. 따라서 대구경북지역 일원에 널리 자생하고 있는 많은 자연적 섬유염색재료 가운데 하나인 쪽에 대한 염색은 신라시대 때부터 '천상의 색', '시원(始原)의 색'으로 불리며 이의 파란 색을 발현하기 위한 염색의 한 기법으로 그 기술의 극치를 청출어람(靑出於藍)이라고도 한다. 아울러 그에 대한 기술적 표현방법은 여러 가지로 알려지고 있으나 어떠한 경우이든 완성품은 잘 얻을 수 없는 경지이기도 하지만 신라시대 이후 우리나라에서는 많은 섬유인들이 숱한 우여곡절(迂餘曲折)과 천신만고(千辛萬苦)를 겪으면서도 이의 자연색 재현에 매달려 오고 있기도 하다.

한편 이수광의 지봉유설에 의하면, 계림지(鷄林志)에 고려 사람들은 물감을 잘 들이는데 특히 붉은 빛과 자주 빛 물을 잘 들인다. 지금도(조서시대)도 중국 보다 더 낫다. 또 고려의 황칠(黃漆)은 섬에서 나는데 매년 유월에 긁어 모은 최상품을 신라칠(新羅漆)이라고 부른다고 하고 있기도 하다.

신라의 봉제기술은 섬유생산 활성화, 의복의 변천 등과 함께 한 것으로 보이는데 초기에는 자연상태의 초근목피나 동물가죽을 자연상태로 이용하다가 점차 복식의 형태를 갖추어 나가면서 봉제기술의 진전도 뒤 따랐던 것으로 추정되기도 한다.

바. 신라의 복식풍습과 문화

■ 신라복식 문화의 개요

신라시대 등 고대시대 때 우리나라의 복식문화는 고분벽화나 그림, 유물, 유적 등에 나타난 바와 같이 여자는 장의와 치마, 남자는 두루마기와 바지류 형태가 주류임을 알 수 있는데 이와 같은 습속은 몽골을 비롯한 동아시아 전역의 의복형태가 거의 비슷하였던 것으로 학계에서는 보고 있다. 그리고 삼국유사에 의하면 신라시대 때 의복의 재료는 잠(蠶, 누에)와 삼(마)를 비롯하여, 칡, 짚, 나뭇잎, 동물가죽 등이었다고 하며 이것으로 만든 신발을 신기도 하였다고 한다.

528년 법흥왕 때 불교문화가 전래될 당시 신라의 민간에는 '요박한 풍습'과 '이상한 복장(異服 이복 : 일부 자료에 의하면 의복에 구멍을 내어 목을 위로 드러낸 통의복을 입었다는 기록이 보이고 있기도 함)'이 착용되고 있기도 하였다고 한다.

거문고(琴 금)의 대가인 백결선생(百結先生)은 낭산(狼山) 밑에서 아주 가난하게 살고 있었는데, 그는 옷을 백 군데나 기워 마치 메추라기를 달아맨 것 같은 옷을 입고 다녔기 때문에 당시 사람들은 그를 동리(東里) 백결선생이라고 부르기도 하였다고 한다. 839년 전쟁에 패한 김흔이라는 사람은 소백산에 들어가 칡옷을 입고 나물 밥을 먹으며 지냈다고 하며, 신라말 최치원이 지었다는 향악잡영 중에 '털 가죽은 헤어지고 먼지가 쌓였는데(毛衣破盡着塵埃, 모의파진착진애)'에서도 알 수 있듯 모피 옷을 입었다는 흔적이 보인다

삼국유사에 의하면, 982년 신라 때에 관기와 도성이란 두 성사(聖師)가 있었는데 수창군(현재 대구광역시) 등으로 돌아다니며 오랫동안 산골에 숨어서 지내므로 일반적 세상 사람과는 잘 사귀지 않았다고 한다. 그들은 모두 나뭇잎을 엮어 옷을 대신하여 추위와 더위를 겪었으며 습기를 막고 하체를 가릴 뿐이었다. 일연은 이들 둘을 위해 다음과 같은 글을 남겼다. '자모(剌毛, 식물이나 동물의 가죽)와 황정(黃精, 죽대의 뿌리)으로 배를 채웠고, 입은 옷은 나뭇잎, 누에 쳐 짜낸 베가 아닐세 / 찬바람 쌩쌩 불고 돌은 험한데, 해저문 숲 속으로 나무해 돌아오네 / 밤 깊어 달 밝은데 그 아래 앉으면, 반신은 바람따라 삽연히 나는 듯 / 떨어진 포단에 자노라면, 속세엔 꿈 속에도 아니 가네라 / 운유는 가버리고 두 암자는 폐허인데, 인적 드문 산 사슴만 뛰노누나'

신라 때 번성한 불교에 있어서도 옷차림에 따라 사람에 대한 차별적 풍습이 있었던 것 같다. 이와 관련한 한 일화가 삼국유사에 전한다. 어느 날 한 스님이 절에 들어가려 하자 그의 옷이 누추하다 하여 문지기는 문을 막고 못 들어가게 했다. 여러 번 들어가려 했으나 추한 옷 때문에 번번히 거절당하자 그는 다른 방편을 썼다. 인근 마을에 가서 좋은 옷을 한 벌 빌려 입고 절레 들러가려 하니 그제서야 문지기는 막지 않고 들어 가게 했다. 이렇게 하여 그 자리에 참례하게 되자 여러가지 좋은 음식을 얻어 그것을 옷에게 먼저 주니 여러 사람들이 물었다. 왜 그렇게 하는가? 그는 대답했다. 내가 여러 번 여기에 왔으나 매번 들어올 수 없었는데 이 옷 때문에 이 자리에 오게 되어 여러 가지 음식을 대했으니 이 옷에게 주어야 할 것이다 라고 하였다 한다.

한편, 935년 신라가 복속되자 태자는 곧장 개골산으로 들어가서 바위로 집을 삼고 삼베옷을 입고, 풀뿌리를 캐어 먹으며 지내다 세상을 마쳤다고 하기도 한다.

■ 신라 때 의복에 대한 제도적 정착
삼국사기 본편에 의하면 신라는 504년 지증왕 때 상복법(喪服法)을 제정하였으며, 520년 법흥왕 때 처음으로 신라 6부 복색의 존비제도를 정하였다고 한다. 당시 제정된 관리들의 관복은 붉은 빛과 자줏빛으로 하여 등급을 표시하였다. 그러나 이러한 삼국사기 복색(色服 : 색복)편 만으로는 신라 초기의 의복 형태나 색채에 대한 정확한 고찰이 많이 불가능하며, 일부 자료에는 옛 동이(東夷)의 풍속을 그대로 유지하기도 하였다고 한다.

528년 법흥왕 때 이차돈(異次頓)의 순교와 함께 처음으로 신라에 불법(佛法)이 시행됨으로서 의복 등에도 불교문화가 전래되었으며, 당시에는 민간의 '이상한 복장'이 정리되는 계기가 되기도 하였다고 한다. 즉, 불교문화가 유입될 시기를 전후하여 신라의 의복에 두루마리와 바지, 치마 등의 의복 형태도 갖추어지기 시작하였던 것 같기도 하다.

648년 진덕여왕 때 당나라에 사신으로 간 김춘추는 당나라 태종에게 신라 관리들의 휘장과 복식을 바꾸어 중국의 제도를 따르겠다고 요청하자 이에 태종은 승낙과 함께 내전으로 하여금 진귀한 의복을 김춘추와 그 수행원들에게 하사하였다고 한다. 귀국한 김춘추는 왕에게 고하여 남자들에게 유교식 의례에 기초한 중국식 의복을 입게 하였으며, 그리고 664년 문무왕은 교서를 내려 부인들도 중국식 의복을 입게 하였다.

이후로 신라의 의복과 일부 생활관습에 있어 중국과 비슷한 부분이 많이 생겨났다고 한다. 그러나 당시 이러한 중국식 복식과 생활문화의 경우 신라 왕족과 관리들에게는 그 문물이 빠르게 전래된 듯 하나 일반 백성들에게 있어서는 지역별 계층별로 과거의 습속 즉, 기존의 우리나라 풍속을 그대로 전승 유지해 간 경우가 대부분이었던 것 같기도 하다.

삼국사기에 '신라는 연대가 오래 되었으며 문헌과 사서들이 인멸되어 그 제도를 자세히 말할 수 없다. 다만 그 중에서 찾아 볼만한 것을 대강 기록하기로 한다.'고 하였는데 이를 옮기면 다음과 같다.

▎법흥왕 때(520년) 제정된 복식제도

- 태대각간(太大角干)에서 대아찬(大阿湌)까지 자색 옷을 입었으며, 아찬으로
  부터 급찬까지는 붉은 옷에 상아홀을 들었으며, 대나마와 나마는 푸른 옷,
  대사로부터 선저지까지는 황색 옷을 입는다고 되어 있다.

- 이찬과 잡찬은 비단 관을 쓰고, 파진찬, 대아찬, 금하는 진홍빛 관을 쓰며,
  상당 대나마와 적위 대사는 실로 짠 갓끈을 매었다

▎흥덕왕 때(834년) 제정된 복식제도

834년 흥덕왕은 교지를 내려 '사람에게는 상하가 있고, 지위에도 높고 낮음이
있어서, 명칭과 법식이 같지 않으며, 의복도 다른 법이다. 풍속이 점점 각박하여
지고, 백성들이 다투어 사치와 호화를 일삼고, 진기한 외래품만을 좋아 한 나머
지 도리어 순박한 우리의 것을 싫어하니, 예절은 곧잘 분수에 넘치는 폐단에 빠
지고 풍속이 파괴되는 지경에 이르렀다. 이에 삼가, 옛 법전에 따라 명확하게
법령을 선포하노니, 만일 고의로 이를 어기면 국법대로 처벌할 것이다.'라고 하
며 의복제도, 생활용품제도 등을 제정비하고, 사회생활 질서 준수를 강화하기도
하였다. 이때 제정된 의복제도에는 남자와 여자별로 의복의 종류와 사용할 수
있는 섬유소재, 색상, 규격, 신분별 등에 대해 매우 자세하게 밝혀주고 있다.

- 진골과 대등 이상의 남자는, 복두는 임의로 하되 겉 옷과 반소매 옷, 바지
  에는 모직(罽 계)이나 수 놓은 비단(繡錦羅 수금라)의 사용을 모두 금한다.
  허리 띠에는 연문 백옥의 사용을 금한다. 장화(靴 화)에는 자색 가죽(紫皮
  자피)의 사용을 금하며, 장화 끈(靴帶 화대)에는 은문백옥의 사용을 금한다.
  버선(襪 말)은 능직 이하를 임의로 사용한다. 신발(履 리)에는 가죽, 실(絲
  사), 베(布 포)를 임의로 사용하되, 베는 26새 이하를 사용한다.

- 진골 이상의 여인은, 겉 옷은 모직과 수 놓은 비단의 사용을 금하며, 내의,
  반소매 옷, 바지, 버선, 신발은 모두 모직과 수 놓은 비단의 사용을 금한다.
  목도리에는 모직과 금은 실로 수 놓은 것과 공작 꼬리, 비취 털의 사용을

금하며, 빗에는 슬슬(瑟瑟)을 박은 것과 대모의 사용을 금한다. 비녀에는 금실을 새겨 넣거나 구슬 다는 것을 금하며, 모자에는 슬슬을 박은 것을 금하며, 베는 28새 이하를 사용하며, 아홉 색깔 중에서 자황색의 사용을 금한다.

- 6두품의 남자는, 복두에는 가늘고 성긴 비단(繐羅 세라), 거친 비단과 베(絁絹布 시견포)를 사용하며, 겉 옷에는 다만 면주(綿紬 면직물)와 주포(紬布)를 사용한다. 내의에는 잔 무늬 능직과 거친 견포만을 사용하며, 바지에는 거친 비단과 면주포만을 사용한다. 띠는 검은 무소 뿔, 놋쇠, 철, 구리만으로 장식하며, 버선은 거친 면주포만을 사용한다. 장화에는 검은 사슴 가죽으로 주름진 무늬를 입히는 것을 금하며 자색 가죽의 사용도 금한다. 장화 끈은 검은 무소뿔, 놋쇠, 철, 구리를 사용한다. 신발은 가죽과 베만을 사용하며, 베는 18새 이하를 사용한다.

- 6두품의 여인은, 겉 옷은 다만 중소 무늬 능직과 거친 비단만을 사용하며, 내의에는 모직과 수 놓은 비단과 야생 비단의 사용을 금한다. 반소매 옷은 모직, 수 놓은 비단, 가늘고 성긴 비단의 사용을 금하며, 바지에는 모직과 수 놓은 비단, 가늘고 성긴 비단에 금박 올린 것의 사용을 금한다. 목도리에는 모직과 수놓은 비단 나직에 금은박 올리는 것을 금하며, 배자와 잠방이와 짧은 옷에는 모두 모직과 수 놓은 비단 비단과 베실 비단과 야생 비단에 금은박 올리는 것을 금한다. 겉치마에는 모직과 수놓은 비단과 가늘고 성긴 비단, 야생 비단, 금은박 올린 채색 비단의 사용을 금하며, 허리끈과 옷끈에는 모직과 수놓은 것을 금한다. 속치마는 모직과 수놓은 비단, 야생 비단을 금하며, 허리띠는 금은실, 공작 꼬리, 비취 털로 술 만드는 것을 금한다. 버선목은 털 비단과 가늘고 성긴 비단을 금하며, 버선은 모직과 수 놓은 비단과 가늘고 성긴 비단, 야생 비단을 금한다. 신은 모직과 수 놓은 비단 비단과 가늘고 성긴 비단을 금하며, 빗에는 슬슬의 장식을 금하며, 비녀에는 순금에 은을 새겨 넣거나 구슬매다는 것을 금한다. 모자에는 가늘고 성긴 비단과 엷은 비단을 사용하며, 베는 25새 이하를 사용한다. 색은 자황색과 자색과 자색 분과 금가루 빛과 붉은 빛의 사용을 금한다.

- 5두품의 남자는, 복두에는 비단과 거친 비단을 사용하며, 겉옷은 다만 베를 사용한다. 내의와 반소매 옷은 잔 무늬 능직과 거친 비단만을 사용한다. 바지는 면주포만을 사용하며, 허리띠는 다만 철로 장식한다. 버선에는 다만 면주를 사용하며, 장화는 주름 무늬로 된 검은 사슴 가죽과 자색 가죽을 금한다. 장화끈은 다만 놋쇠, 철, 구리로 장식한다. 신은 가죽과 베를 사용하며, 베는 15세 이하를 사용한다.

- 5두품의 여인은, 겉옷은 무늬 없는 홑 천을 사용하며, 내의는 잔무늬 능직만을 사용하며, 반소매 옷은 모직, 수 놓은 비단, 야생 비단, 가늘고 성긴 비단의 사용을 금한다. 바지는 모직, 수 놓은 비단, 가늘고 성긴 비단, 야생 비단과 금박을 금한다. 목도리에는 능직과 견직 이하를 사용한다. 배자와 잠방이에는 모직과 수 놓은 비단과 야생 비단, 베실 비단, 금은박 올린 채색 비단의 사용을 금한다. 짧은 옷은 모직과 수 놓은 비단, 야생 비단, 베실 비단, 가늘고 성긴 비단, 금은박 올린 무늬 있는 비단의 사용을 금한다. 겉치마에는 모직과 수 놓은 비단, 야생 비단, 가늘고 성긴 나직, 금은박 올린 무늬있는 비단의 사용을 금하며, 허리끈과 옷끈은 모직과 수 놓은 비단의 사용을 금한다. 속치마에는 모직과 수 놓은 비단, 야초 비단, 금은박 올린 무늬 있는 비단의 사용을 금한다. 허리띠에는 금은실, 공작 꼬리, 비취 털로 만든 수술의 사용을 금한다. 버선목은 모직과 수 놓은 비단, 가늘고 성긴 비단의 사용을 금한다. 버선은 모직과 수 놓은 비단, 가늘고 성긴 비단, 야생 비단의 사용을 금하며, 신은 가죽 이하만을 사용하며, 빗은 대모 이하를 사용한다. 비녀는 백은 이하를 사용하며, 모자는 쓰지 않는다. 베는 20세 이하를 사용한다. 색은 자황색과 자색과 자색 분과 누른 가루와 진홍빛의 사용을 금한다.

- 4두품의 남자는, 복두는 다만 얇은 비단과 거친 비단만을 사용하며, 겉옷과 바지는 다만 베만을 사용한다. 내의와 반소매 옷은 다만 거친 비단, 면주포만을 사용하며, 허리띠는 다만 철과 구리만으로 장식한다. 장화에는 주름 무

늬의 검은 사슴가죽과 자색 가죽의 사용을 금하며, 장화끈에는 다만 철과 구리만으로 장식하며, 신은 소가죽과 베 이하를 사용하며, 베는 13세 이하를 사용한다.

- 4두품의 여인은, 겉 옷은 다만 면주 이하만을 사용하며, 내의는 다만 잔 무늬 능직 이하만을 사용하고, 반소매 옷과 바지는 잔 무늬 능직과 거친 비단 이하만을 사용한다. 목도리와 짧은 옷은 다만 생 비단 이하만을 사용하며, 배자와 잠방이는 다만 능직 이하만을 사용하고, 겉 치마는 다만 거친 견직 이하만을 사용한다. 허리끈은 치마와 같으며 옷끈은 월라를 사용한다. 속치마는 입지 않으며 허리띠는 수 놓은 것과 땋은 것, 야생 비단, 승천 비단, 월라의 사용을 금하고 다만 면주 이하만을 사용한다. 버선목은 다만 잔 무늬 능직 이하만을 사용한다. 버선은 다만 잔 무늬 능직과 거친 면주포만을 사용하며, 신은 가죽 이하를 사용한다. 빗은 흰색의 뼈, 뿔, 나무 등을 사용하며, 비녀는 금실을 새겨 넣거나 구슬을 다는 것과 순금의 사용을 금한다. 모자는 쓰지 않는다. 베는 18세를 사용한다. 색은 자황색과 자색과 자색 분, 황색 가루, 진홍색, 홍색, 멸자색을 금한다.

- 평민의 남자는, 복두는 거친 비단만을 사용하며 겉옷과 바지는 베만을 사용한다. 내의는 거친 비단만을 사용하며 허리띠는 구리와 철로만 장식한다. 장화는 주름 무늬로 된 검은 사슴가죽과 자색 가죽의 사용을 금한다. 장화끈은 철과 구리로만 장식한다. 신발은 베 이하를 사용하며 베는 12세 이하를 사용한다.

- 평민 여인은, 겉옷은 면주포만을 사용하며 내의는 거친 비단과 면주포만을 사용한다. 바지는 거친 면주 이하를 사용하며 겉 치마는 거친 비단 이하를 사용한다. 옷끈은 능직 이하를 사용하며 띠는 다만 능직과 거친 비단 이하를 사용한다. 버선목은 무늬 없는 베를 사용하며 버선은 거친 면주 이하를 사용한다. 빗은 흰색의 뼈와 뿔 이하를 사용하며 비녀는 황동 이하를 사용한다. 베는 15세 이하를 사용하며, 색의 사용은 4두품 여자와 같다.

이수광의 지봉유설에 의하면, 동방 사람의 남자는 모두 깨끗한 흰 띠에 검정 갓 차림이고 여자는 모두 채색 옷을 입는다. 항상 공손히 앉아서 서로 다투는 일이 없이 서로 칭찬하며 서로 헐뜯지 않는다. 남의 어려움을 보면 죽음에 뛰어들어 서로 구제하며 창졸간에 그들을 보면 어리석은 것 같으나 다 착한 사람들이라고 하고 있다. 이의 동방은 신라를 지칭하는 것이 아닌가 사료된다.

■ 신라시대 때 섬유관련 생활용품에 대하여

삼국사기 거기(車騎)편에 의하면 침구류 등 신라시대 생활용품과 그의 사용 제한에 대하여 비교적 구체적으로 밝혀주고 있는데 이는 당시의 생활상의 일면을 더듬어 볼 수 있는 소중한 자료가 될 것 같다. 그 개략을 살펴보면 다음과 같다.

- 진골은 수레 재목으로 자단과 침향을 쓰지 않고 대모를 붙이지 못한다. 또한 감히 금, 은, 옥으로 장식하지도 못한다. 요는 능직과 비단 이하를 사용하되 두 겹을 넘지 못한다. 방석은 금꽃 비단과 두 가지 색깔의 능직 이하를 사용하고 가장자리는 비단 이하를 사용한다. 수레의 앞뒤 휘장은 잔 무늬 능직과 엷은 비단, 거친 면주 이하를 사용하되 색깔은 짙은 청색, 짙은 녹색, 자색과 자색 분으로 한다. 말머리 장식은 삼실(絲麻 사마)을 사용하되 색깔은 홍색, 진홍색 청녹색, 짙은 녹색으로 한다. 겉 장식은 거친 비단과 베를 사용할 수 있고, 색깔은 홍색, 진홍색, 청색, 당청색으로 한다. 소 굴레와 멍에끈은 거친 견직물을 사용하며, 고리에는 금, 은, 황동의 사용을 금한다. 말방울도 금, 은, 황동의 사용을 금한다.

- 6두품은, 요에는 거친 견직물 이하를 사용한다. 방석은 거친 견직물과 베를 사용하되 가장자리를 꾸미지 못한다. 수레의 앞 뒤 휘장은, 진골 이상의 귀인을 수행할 때는 치지 않고, 혼자 다닐 때만 대발이나 왕골 자리를 사용한다. 가장자리는 거친 견직물 이하로 꾸민다. 말머리 장식은 베를 사용하되, 색깔은 붉은 빛과 푸른 빛으로 한다. 소 굴레와 멍에끈은 베를 사용한다. 고

리는 놋쇠와 구리와 철을 사용한다.

- 5두품은, 요에는 다만 전 혹은 베를 사용한다. 수레의 앞 뒤 휘장은 대발과 왕골 자리만을 사용하되, 가장자리는 가죽과 베로 꾸민다. 굴레는 사용하지 않으며 멍에끈은 삼(麻 마)을 사용하고, 고리는 나무와 철을 사용한다.

- 진골 이상의 남자는, 안장에 자단과 침향의 사용을 금한다. 안장 언치는 모직과 수 놓은 비단의 사용을 금하며, 안장은 모직과 수 놓은 비단을 금한다. 말 다래는 다만 마유로 염색한다. 재갈과 등자에 금과 황동으로 도금하거나 구슬을 다는 것을 금한다. 말 가슴 걸이에는 땋은 줄과 자색 줄의 사용을 금한다.

- 진골 이상의 여인은, 안장에 보석 장식을 금한다. 안장 언치와 방석은 털비단의 사용을 금하며, 말등 장식물은 모직과 수 놓은 비단의 사용을 금한다. 재갈과 등자는 도금하거나 구슬 다는 것을 금한다. 말 가슴걸이는 금, 은실을 섞어 땋는 것을 금한다.

- 6두품은, 안장에 자단, 침향, 회양목, 괴목, 산뽕나무(柘 자) 등을 사용하거나, 금, 은을 사용하거나 구슬을 다는 것을 금한다. 안장 언치로는 가죽을 사용한다. 안장 방석은 면주, 거친 베, 가죽을 사용하며, 말 다래는 마유로 염색한다. 재갈과 등자는 금, 은, 황동 등을 쓰거나 도금, 도은과 구슬 다는 것을 금한다. 말의 가슴걸이로는 가죽과 삼을 사용한다.

- 6두품 여인은, 안장에 자단과 침향을 사용하는 것과 도금을 하거나 구슬을 다는 것을 금한다. 안장 언치와 안장 방석은 모직과 수 놓은 비단, 가늘고 성긴 비단의 사용을 금한다. 말등의 장식물은 능직과 거친 견직물을 사용한다. 재갈과 등자에 금, 은, 황동 등을 사용하거나 도금, 도은과 구슬을 다는 것을 금한다. 말 다래로는 가죽을 사용하며, 말 가슴걸이에 땋은 줄을 사용하지 않는다.

- 5두품 남자는, 안장에 자단, 침향, 회양목, 괴목, 산뽕나무의 사용을 금하며, 금, 은을 사용하거나 구슬을 다는 것도 금한다. 안장 언치는 가죽을 사용한

다. 말 다래는 마유로 염색한다. 재갈과 등자는 금, 은, 황동의 사용을 금한다. 또한 금, 은으로 도금을 하거나 새겨 넣지도 못한다. 말 가슴걸이로는 삼을 사용한다.

- 5두품 여인은, 안장에 자단과 침향의 사용을 금하고, 금, 은, 옥으로 장식하는 것도 금한다. 안장 언치와 안장 방석은 모직과 수 놓은 비단, 능직 비단, 호피를 금한다. 재갈과 등자는 금, 은, 황동 등을 금하고, 금, 은으로 장식하는 것도 금한다. 말 다래로는 가죽을 사용하며, 말 가슴걸이는 땋은 줄과 자색과 자색 분으로 아롱지게 만든 줄의 사용을 금한다.

- 4두품 남자로부터 백성들에 이르기까지는, 안장에 자단, 침향, 회양목, 괴목, 산뽕나무의 사용을 금하고, 금, 은, 옥으로 장식하는 것도 금한다. 안장 언치로는 우마(牛馬 : 소와 말)의 가죽을 사용한다. 안장 요는 가죽을 사용하며, 말 다래는 버들과 대를 사용한다. 재갈은 철을 사용하며, 등자는 나무와 철을 사용한다. 말 가슴걸이는 힘줄 혹은 삼으로 꼰 끈을 사용한다.

- 4두품 여인으로부터 민간 여인에 이르기까지는, 안장에 자단, 침향, 회양목, 괴목의 사용을 금하고, 금, 은, 옥으로 장식하는 것도 금한다. 안장 언치와 안장 방석은 모직과 수놓은 비단, 가늘고 성긴 비단, 능직, 비단, 호피의 사용을 금한다. 재갈과 등자는 금, 은, 황동의 사용을 금하고, 금, 은으로 장식하는 것도 금한다. 말 다래로는 가죽만을 사용하며, 말 가슴걸이로는 땋은 줄과 자색과 자색 분으로 아롱지게 만든 줄의 사용을 금한다.

기타 기물(器用 기용)사용에 있어서도 6두, 5두품은 금, 은. 도금, 도은의 사용을 금하며, 또한 호피와 모직 보료와 모포를 사용하지 않는다. 4두품에서 백성에 이르기까지는, 금 은 황동과 붉은 바탕에 금 은의 도금을 한 칠그릇의 사용을 금하며, 또한 모직 보료, 모포, 호피, 중국 당나라산 담요의 사용을 금한다.

그리고 가옥의 꾸밈에 대해서도 다음과 같이 기술하고 있다. 진골은 방의 길이와 폭이 24자를 넘지 못한다. 당기와를 덮지 못하며, 부연을 달지 못하며, 조각한 현어를 달지 못하며, 금, 은, 황동과 오채색으로 장식하지 못한다. 계단 돌은 갈아 만들지 못하며, 3중의 돌 층계를 놓지 못하며, 담에 들보와 상량을 설치하거나, 석회를 바르지 못한다. 발의 가장자리는 비단과 모직으로 수를 놓지 못하고 야생 비단의 사용을 금한다. 병풍에 수를 놓을 수 없고, 상은 대모나 침향으로 장식하지 못한다.

6두품은, 방의 길이와 폭이 21자를 넘지 못한다. 당기와, 부연, 덧보, 도리 받침과 현어를 설치하지 못하며, 이에 금, 은, 황동, 백랍과 오채색으로 장식하지 못한다. 층계와 이중 층계를 설치하지 못하며, 섬돌을 갈아 만들지 못한다. 담장의 높이는 8자를 넘지 못한다. 담장에 들보와 상량을 설치하지 못하며 석회를 바르지 못한다. 발 가장자리는 모직과 수 놓은 능직비단의 사용을 금한다. 병풍에는 수를 금한다. 상을 대모와 자단과 침향, 회양목으로 장식하지 못하며 또한 비단 깔개의 사용을 금한다. 겹문과 사방문을 설치하지 못하고, 마굿간은 말 5필을 둘 정도로 만든다.

5두품은 방의 길이와 폭이 18자를 넘지 못하며, 느릅나무 재목이나 당기와를 사용하지 못한다. 수두를 놓지 못하며, 부연과 덧보와 조각한 도리 받침과 현어를 설치하지 못하고, 금, 은, 황동, 구리, 백랍과 오채색으로 장식하지 못한다. 섬돌을 갈아 만들지 못하고, 담장은 높이가 7자를 넘지 못하며, 그 곳에 들보를 설치하거나 석회를 바르지 못한다. 발 가장자리는 비단, 모직, 능직비단, 견직물, 베의 사용을 금한다. 대문과 사방문을 내지 못한다. 마굿간은 말 3필을 둘 정도로 만든다.

4두품에서 백성에 이르기까지는, 방의 길이와 폭이 15자를 넘지 못하며, 느릅나무 재목을 사용하지 못한다. 무늬있는 천정을 설치하지 못하며, 당기와를 사용하지 못한다. 수두와 부연과 도리 받침과 현어를 설치하지 못하며, 금, 은, 황동, 구리, 백랍으로 장식하지 못한다. 층계와 섬돌에 산돌을 쓰지 못한다. 담장의 높이는 6자를 넘지 못하고, 거기에 들보를 설치하지 못하며, 석회를 바를 수 없다. 대문과 사방문을 내지 못한다. 마굿간은 말 2필을 둘 정도로 만든다.

이수광의 지봉유설에 의하면 신라는 산 계곡에 의지하여 살면서 풀과 띠로 지붕을 덮으며, 모든 성곽을 만들 때에도 높은 산을 의지하였다고 한다.

■ 신라시대에 있어 섬유관련 기타 풍속에 대하여

섬유제품은 신라시대 대 화폐의 대용, 또는 세금의 주요 물목으로 취급되었다고 한다. 한국문화사대계에 따르면 품목과 품질을 가늠할 수는 없지만 신라시대 때 시장에서 거래되던 고급직물 1필은 벼 20석으로 거래되었으며, 국가의 세금으로 직물이 납품되기도 하였다. 당시 직물 1필은 10심(尋 : 양팔을 좌우로 벌려 양손의 끝까지의 길이)이라 하였으니 현재의 도량형법으로 환산하면 대략 10미터 내외였던 것으로 보인다. 신라시대에 이미 이와 같이 섬유제품에 대한 계량단위와 환산단위에 통일을 기하여주었기 때문에 추후 우리나라 섬유산업이 발전하는데 커다란 도움이 된 것으로 학계는 보고 있기도 하다.

☞ 신라의 도량형 제도도입의 흔적 : 665년 신라 문무왕은 일선주, 거열주 등 2주의 백성들을 동원하여 군수품을 하서주로 운반하게 하였는데 예전에는 비단(생지)이나 베의 열 발을 한 필이라고 했는데 이를 고쳐서 길이 일곱 보, 넓이 두 자를 한 필로 정하였다(絹 '絹'布舊以十尋爲一匹, 改以長七步廣二尺爲一匹 견 '초'포구이십심위일필, 개이장칠보광이척위일필)고 한다 ※

☞ 역법 도입의 흔적 : 674년 신라 문무왕 때 중국 당나라에 갔던 숙위 대내마 덕복전이 역술을 배우고 돌아와, 그 때까지 사용하던 역법을 새로운 역법으로 고쳐 사용하게 하였다고 한다. ※

☞ 차의 전래 : 828년 신라 흥덕왕 때 중국 당나라에 갔다가 귀국한 사신 대렴이 차나무 종자를 가지고 왔는데 왕은 그것을 지리산에 심게 하였다. 차는 신라 선덕왕 때부터 통용되고 있었으나, 크게 유행한 것은 이 시기부터라 한다. ※

▌ 신라의 번성기와 우사절유택

삼국사기에 의하면 880년 신라 헌강왕은 신하들과 월상루에 올라가 사방을 바라보니, 서울(금성, 경북 경주)에 민가가 즐비하고, 노래 소리가 연이어 들렸다. 왕이 시중 민공을 돌아 보면서 '내가 듣건대 지금 민간에서는 짚이 아닌 기와로 지붕을 덮고, 나무가 아닌 숯으로 밥을 짓는다 하니 과연 그러한가?'라고 물었다. 민공이 '저도 일찌기 그렇다는 말을 들었습니다'라고 대답하고, 이어서 '왕께서 즉위하신 이후로 음양이 조화를 이루고, 바람과 비가 순조로워져서 해마다 풍년이 들고, 백성들은 먹을 것이 넉넉하며, 변경이 안정되고 시정이 즐거워하니, 이는 왕의 어진 덕에 의하여 이루어진 것입니다'라고 말했다. 왕이 즐거워하며 '이는 그대들의 도움 때문이지, 나에게 무슨 덕이 있겠는가?'라고 말했다.

삼국유사에 의하면, 신라의 전성기에는 서울인 금성에 17만8천9백36가호, 1천3백60방, 55리, 서른 다섯 개의 부유한 금입택(金入宅)이 있었다고 하며, 봄에는 동야택, 여름에는 곡량택, 가을엔 구지택, 겨울엔 가이택에서 놀았는데 이를 우사절유택(又四節遊宅)이라 일렀다고 한다. 신라 제49대 헌강왕 때(875년-886년)에는 도성 안에 초가로 된 집은 하나도 없고 집의 처마와 담들이 이웃과 서로 붙어 있었으며, 노래소리와 피리부는 소리가 길거리에 가득하여 밤낮으로 끊이질 않았다고 한다.

이수광의 지봉유설에 의하면, 신라가 나라를 향유한 것이 거의 1천년이나 된다. 그 중엽에 이르러 삼한을 통일하고 세상은 태평하며 해마다 풍년이 드니 사람들이 성대(聖代)라고 말하였다. 세상에서 '신라성대'라고 일컫는 것이 이것이다. 산해경(山海經)에 말하기를 해동에 군자의 나라가 있으니 의관을 갖추고 칼을 차며 사양하기를 좋아하며 서로 다투지를 않으며 근화초(槿花草)가 있으니 아침에 나서 저녁에 죽는다고 하였고, 또 고금기(古今記)에 군자의 나라로서 지역은 천리이며, 목근화(木槿花 무궁화)가 많다고 하고 있다고 하고 있다.

▌ 신라시대 때 음악복식에 대하여

삼국사기 잡지 음악편에 의하면, 신라의 음악은 세 가지 관악기와 세 가지 현악기, 박판, 대고 그리고 가무로 구성되었다. 춤 출 때는 두 사람이 함께 했는데, 방각복두(放角幞頭)를 쓰고, 자대수공란(紫大袖公襴)을 입고, 홍정도금과요대를 띠고, 오피화를 신는다고 하였다. 세 가지 현악기(三絃 삼현)는 현금, 가야금, 비파이며, 세 가지 관악기(三竹, 삼죽)는 대함, 중함, 소함이었다고 한다. 한편 현금 등은 중국의 악기를 모방하였으나 제작법과 연주법 중 상당부분을 신라가 자주적으로 개발하기도 하였다고 한다.

신라 애장왕 8년에 음악을 연주할 때 처음으로 사내금을 연주하였다고 한다. 무척 4명은 푸른 옷을 입었으며, 금척 1명은 붉은 옷을 입었고, 가척 5명은 채색 옷을 입고 수 놓은 부채를 들고 금을 새겨 넣은 띠를 띠었다. 다음으로 대금무를 연주할 때 무척은 붉은 옷을 입었으며, 금척은 푸른 옷을 입었다고 하며, 신라시대 때 악공을 모두 척(尺)이라고 불렀다고 한다.

▌ 처용무와 무용의상의 등장

처용무의 등장은 춤과 노래를 좋아 하였다는 우리나라 전통문화에 있어 무용의 무대 의상을 시원으로 여겨지기도 한다. 삼국유사에 의하면, 신라 제49대 헌강대왕 때(875-886년) 신라 수도인 금성에서 각 지방에 이르기까지 집과 담이 연이어져 있었으며 초가는 하나도 없었다. 풍악과 노래 소리가 길거리에서 끊어지지 않았고, 바람과 비는 철마다 순조롭게 내렸다. 때 마침 대왕이 개운포(지금의 경남 울산)에 놀러갔다가 왕궁으로 돌아가려고 물가에서 쉬고 있는데 문득 구름과 안개가 자욱해져 길을 잃게 되었다. 왕이 괴이하게 여겨 좌우 신하들에게 물으니 일관이 아뢰었다. 이것은 동해 용왕의 조화이오니 마땅히 좋은 일을 하여 풀어 주어야 할 것입니다 라고 하였다. 이에 왕은 일을 맡은 관리에게 명하여 용을 위하여 근처에 절을 짓도록 했다. 왕이 명령을 내리자 구름과 안개는 걷혔다. 이로 말미암아 그곳을 '개운포'라 이름했다. 동해 용왕은 기뻐하며, 아들 일곱을 데리고 왕 앞에 나타나 왕의 덕을 찬양하며 춤을 추고 음악을 연주했다. 그 중에서 일곱째 아들이 왕을 따라 서라벌로 들어가 왕의 정사를 도왔는데, 그의 이름이 '처용'이다. 왕은 아름다운 여자를 그의 아내로 삼게하여 그를 치하했으며, 또한 급간이란 관직을 주었다. 그런데, 처용의 아내가 무척 아름다웠으므로 역신이 그녀를 흠모하여 밤이면 사람으로 변하여 그 집에 가서 몰래 그녀와 동침했다. 처용이 밖에서 돌아와 보니 아내가 다른 남자와 잠자리를 같이하고 있는 것을 보고는 노래를 부르며 춤을 추면서 물러나왔다. 이 때 처용이 부른

노래가 '동경 밝은 달에, 밤 드리 노니다가 / 들어와 자리를 보니, 다리가 넷일 러라 / 둘은 내 것인데, 둘은 뉘 것인고 / 본디 내 것이지만, 남에게 안겼으니 어이하리.'이다. 노래를 들은 역신은 본디의 모습을 나타내며 처용 앞에 꿇어 앉으며 말했다. 제가 공의 아내를 사모하여 이렇게 잘못을 저질렀아오나, 공은 노여움을 나타내지 않고 노래를 부르니, 감동하여 칭송하는 바 입니다. 맹세하노니, 이제부터는 공의 모습이 그려진 것 만 보아도 그 문안에 들어가지 않겠습니다 라고 하였다. 이 일로 말미암아 나라 사람들은 처용의 형상을 문에 그려 붙여서 사귀를 물리치고 경사로운 일을 맞아들려는 습속이 생겨 났다고 한다.

또 신라 헌강왕이 왕이 포석정에 행차했을 때 남산의 신이 나타나 왕 앞에서 춤을 추었다. 그러나 왕에게만 보일 뿐 다른 사람들의 눈에는 보이지 않았다. 사람으로 변한 신이 나타나 춤을 춤으로 왕 자신도 이를 따라 춤을 추면서 그 형상을 나타내었다. 그 신의 이름은 '심상'이라고 했으며, 지금까지 사람들은 이 춤을 전해 '어무상심(御舞祥審)', 또는 '어무산신'이라고 한다. 어떤 이는 말하기를 신이 이미 나와서 춤을 추었으므로 그 모습을 살펴 공인에게 명하여 새기게 하여 후세 사람들에게 보이게 했기 때문에 '상심'이라고 했다고도 한다. 혹은 '상염무(霜髯舞, 상염은 흰 수염을 가리킴)'라고도 하니 그것은 그 형상에 따라 일컬은 것이다. 또 왕이 금강령에 갔을 때 북악의 신이 나타나 춤을 추었는데 이를 '옥도령'이라 했으며, 또 동례전에서 잔치를 할 때에는 지신이 나와서 춤을 추었는데 이 신의 이름을 '지백급간'이라 했다.

성현의 용재총화에 의하면, 처용무는 '불교의 불공을 모방한 것'으로 처음에는 한 사람으로 하여금 검은 베옷에 사모를 쓰고 춤추게 하며 그 뒤에 오방처용(五方處容)이 있게 하였다. 조선 세종이 그 곡절을 참작하여 가사를 고쳐 지어 봉황음(鳳凰吟)이라 이름하고 마침내 나라의 정악(正樂)으로 삼았으며, 조선 세조가 그 제도를 크게 늘려 악(樂)을 합주하게 하였다. 기생들이 영산회상불보살을 제창하며 외정(外廷)에서 돌아 들어오면 악공들이 각각 악기를 잡는데 쌍학인

(雙鶴人)과 오처용의 가면을 쓴 사람 열 명이 모두 따라가면서 느리게 세 번 노래하고 자리에 들어가 소리를 점점 돋우다가 큰 북을 두드리고 영인과 기생이 한참 동안 몸을 흔들며 발을 움직인 후 연화대놀이를 시작한다...처음에 만기를 연주하면 처용이 열을 지어 서서 때때로 소매를 당기어 춤을 추고, 다음에 중기를 연주하면 처용 다섯 사람이 각각 오방으로 나누어 서서 소매를 떨치고 춤을 춘다. 그 다음에 촉기를 연주하는데 신방곡(神房曲)에 따라 너울너울 어지러이 춤을 추고, 끝으로 북전을 연주하면 처용이 물러가 자리에 열지어 선다.

☞ 성현(成俔) : 조선 전기의 문인 관료, 1439-1504. 조선 초기의 관각문학(館閣文學)을 계승하면서 민간의 풍속을 읊거나 농민의 참상을 사실적으로 노래하는 등 새로운 문화발전을 모색했으며 저서에는 '용재총화(慵齋叢話)'와 '악학궤범(樂學軌範)' 등이 있다.

■ 불교식 전통 무용문화를 노래한 조지훈의 '승무'와 의상

신라불교는 일반 민중문화의 근간이 되면서 생활습속의 정착 뿐 아니라 복식문화 창달에도 크게 기여하기도 하였는데 조지훈은 그의 시로 불교 춤사위의 아름다움을 노래해 주고 있기도 하다.

얇은 사(紗) 하이얀 고깔은
고이 접어서 나빌레라.
파르라니 깎은 머리
박사(薄紗) 고깔에 감추오고,
두 볼에 흐르는 빛이
정작으로 고와서 서러워라.
빈 대(臺)에 황촉(黃燭) 불이 말 없이 녹는 밤에
오동잎 잎새 마다 달이 지는데,
소매는 길어서 하늘은 덮고
돌아설 듯 날아가며 사뿐히 접어 올린 외씨보선이여.
까만 눈동자 살포시 들어

먼 하늘 한 개 별 빛에 모두 오고,

복사꽃 고운 뺨에 아롱질 듯 두 방울이야

세사에 시달려도 번뇌(煩惱)는 별빛이라.

휘어져 감기우고 다시 뻗어 접는 손이

깊은 마음 속 거룩한 합장(合掌)인 양하고,

이 밤사 귀또리도 지새는 삼경(三更)인데

얇은 사(紗) 하이얀 고깔은 고이 접어서 나빌레라

☞ 조지훈 : 본명은 동탁(東卓), 경북 영양 생, 1920-1968, 청록파 시인 가운데 한 명으로 박두진, 박목월과 시집인 '청록집'을 간행함. 대표작으로 '승무'가 있으며, 불교, 도교사상에 심취하였다고 하며, '한국문화사대계' 기획에 참여하기도 함

사. 신라시대 섬유분야 등의 사용 규제

82년 신라 파사왕은 국가경제가 어려워지자 일반 백성에게 금, 은, 주옥(珠玉) 등의 보석 사용을 금지시키도 하였다.

☞ 명주(明珠)에 대하여 : 434년 신라 눌지왕은 백제 비유(毗有)왕이 좋은 말 두필과, 이어서 흰 매를 보내오자 '황금과 명주(黃金明珠 황금명주)'로 백제에 답례하기도 하였다는데 여기서의 '명주'는 밝은 빛이 나는 '옥(구술)'이 아닌가 여겨진다. ※

신라 경문왕(861-875년)은 18세에 국선이 되었는데, 어느 날 헌안왕(857-861년)이 베푼 궁중잔치에 초대되어 '낭은 국선이 되어 사방을 두루 돌아다녔는데 무슨 이상한 일이라도 본 건 없는가?'라는 질문을 받자 '신은 행실이 아름다운 세 사람을 보았습니다...남의 윗자리에 있을 만한 사람이면서도 겸손하여 남의 밑에 있는 이가 그 하나요, 세력이 있고 부자이면서도 옷차림은 검소하게 하는 사람이 둘이요, 본래부터 귀하고 세력이 있는데도 그 위력을 부리지 않는 사람이 그 셋입니다.'라고 하였다. 그 말을 들은 왕은 그의 어짐을 깨닫고는, 자기도 모르게 눈물을 흘리며 말했다. '나에게 두 딸이 있는데 낭의 건즐(巾櫛 : 수건과 빗, 이것을 든다는 것은 남의 아내가 된다는 것을 일컫는다고 함)을 들게 하겠네'라고 하였다.

하지만 신라는 하반기에 들어오면서 국가 기강이 문란해지고, 정치적 혼란 등으로 무분별한 사치풍조가 만연하였던 것으로 보인다. 757년부터 사치금지가 강력하게 시행된 국가규율에도 불구하고 장보고 등에 의한 중국 당나라를 비롯한 일본 여러 제국 등과의 교역 활발로 외국 문물이 무분별하게 유입되었으며, 여기에다 정치적 혼란까지 겹치면서 사회질서가 흐트러지고, 경제적 산업적 기반마저 매우 취약해져 간 것으로 보인다.

실제로 신라가 국가적 안정기로 접어들었을 즈음 일부 왕족과 귀족들의 사치가 매우 극심했던 것 같은데, 삼국유사에 의하면, '비단주머니 차기를 좋아하고 도사(道流 도류)와 어울려 희롱하고 노니...죽임을 당하였다'는 기록이 있기도 하다. 또 신라시대 때에는 절집을 짓는데 비단이 사용되기도 하였던 것 같은데, 삼국유사에 의하면 668년경 '채색 비단(彩帛 채백)으로 절'을 만들자는 제안이 있었으며, 이에 채백으로 절을 짓고 풀로써 오방신상을 만들었다는 기록이 있다. 이에 따라 국가에서는 절 지음을 금지시키기고 비단사용도 못하게 하였다.

아. 신라시대 섬유의 교역

■ 개요

479년경 부터 신라 수도인 금성에 개설되기 시작한 시장경제(경시 京市) 체제로 인해 많은 농경제정보가 교류하게 되었으며, 이로 인한 안정된 농업기반의 정착도 섬유생산의 활성화를 기하는 계기가 되었다. 654년경 시장에서 거래된 직물 1필(匹)의 가격은 벼 30석(石)으로 오늘날과 비교하였을 때 매우 고가였음을 추론해 볼 수 있다 하겠다. 그리고, 660년경 신라도성에서의 물건값은 베 한 필의 가치가 벼 30석에서 60석까지 였다고 한다.

사료에 의하면, 신라시대에 있어 대내외 교역의 기준은 물물교환이 원칙이었으며 그 교역품 중 가장 중요한 물품은 섬유였던 것 같다. 신라의 대외교역 물품에 있어 신라 비단은 항상 빠지지 않고 있기 때문이다. 그리고 신라는 섬유산업을 국가운영의 주요 정책으로 중점 관리하였기 때문에 대외교역에 있어서도 국가가 직접 교역을 관리하였던 것으로 여겨진다. 이러한 교역의 형태로는 주로 '조공교역(朝貢交易)'과 '조문교역(弔問交易)'의 형태로 시행되었던 것으로 보이며, 통일전쟁 시기에 있어서는 전쟁 군수물자로 많은 섬유가 조달되기도 하였던 것 같다.

이처럼 신라시대 섬유교역의 중심지는 수도였던 금성(경북 경주)였지만 대구지역(達句伐 달구벌)을 비롯한 상주(沙伐州 사벌주), 성주 등의 비단, 안동, 청도 등의 삼베 등 각종 섬유작물의 재배와 직물의 생산이 활발하게 이루어진 지역이 주요 공급처가 되었으며, 이와 같은 연유로 훗날 그 유명한 대구 광견(廣絹 : 비단의 일종)의 생산기반이 다져져 나간 곳이기도 하다.

■ 대외교역

〈 조공교역 〉

723년 신라가 국가적 안정기를 맞이한 성덕왕 때 중국 당나라와의 조공교역이 매우 활발하게 전개되기도 하였는데 이때 신라에서 당나라로 보낸 섬유물품 중에는 비단의 일종인 조하주(朝霞紬)와 어아주(魚牙紬), 그리고 동물가죽섬유제품인 해표피(海豹皮 : 바다표범류의 가죽)가 들어가 있으며, 다음 해에 당나라에서는 비단 웃옷과 금 띠, 채색 비단, 흰 비단을 합하여 2천필을 보내오기도 하였다고 한다. 이후 계속된 교역에서 730년에는 백색 비단(絹 견) 1백필과 자주빛 옷(紫袍 자포) 등을 보내자 중국 당나라에서는 능직 채색비단 5백필, 일반 비단 2천5백필(卿綾綵五百匹, 帛二千五百匹 경릉채오백필, 백이천오백필)로 답례하기도 하였다. 그리고 733년에는 중국 당나라에서 자주색 비단에 수 놓은 웃옷과 무늬 넣은 비단, 오색 비단 등 3백필 등 각종 물품을 보내오자 성덕왕은 감사편지에서 '...비단의 채색 무늬는...보는 자의 눈을 부시게 하고, 듣는 자의 마음을 놀라게 하였습니다...'라며 극찬하고 하고 있는데 사료를 더듬어 볼 때 당시 신라의 섬유제품도 이와 유사하였던 것으로 추정된다.

즉, 756년 경덕왕 때 중국 당나라 현종이 5언10운시를 지어 신라를 칭송한 내용 중에 신라비단의 우수성을 빠뜨리지 않고 있기 때문이다. ' … 사방은 위도로 나뉘어져 있으나 / 만물은 모두 중심을 가지고 있네. / 옥과 비단은 천하에 두루 퍼져 있으며 / …. / 아득히 먼 곳 땅의 끝 / 푸른 바다 한 구석에 자리하건만 / … / 깃발 세우고 우리처럼 백성을 다스리니 / … / 바람 서리 맞아도 영원히 변하지 않으리 '라 하였다. 또한 786년 원성왕 때 중국 당나라 덕종도 신라의 안위를 칭송하며, 각종 비단물품 등을 보내주며 양국의 우의를 더욱 돈독히 하기를 희망하기도 하였다.

〈 조문교역 〉

621년 신라 진평왕 때 중국 당나라에 보내 조공물품 중에 '비단 3백단(錦綵三百段 금채삼백단)'이 포함되어 있으며, 632년 중국 당나라는 조문 답례품으로 비단 2백단(贈物段二百 부물단이백)을 보내오기도 하였다.

이처럼 신라와 중국 당나라는 부조물품을 통한 조문교역을 매우 활발히 전개하였는데 654년 신라 진평왕이 죽자 중국 당나라 태종은 비단 3백단(綵段三百 채단삼백)를 부조하기도 하였다. 그리고 661년 신라 태종무열왕이 죽었을 때에도 당나라는 부조물품으로 채색 비단 5백단(雜彩五百段. 잡채오백단)을 보내주었다.

또한 중국 당나라는 신라의 왕 뿐만 아니라 주요 귀족이 죽었을 때에도 부조물품을 보내오기도 하였는데 665년 신라의 왕자인 문왕이 죽자 중국 당나라 황제는 사신을 보내 조문하고, 동시에 자주빛 의복 한벌, 허리띠 한벌, 채색 능직 비단 1백필, 생초 2백필(兼進贈紫衣一襲 腰帶一條 彩綾羅一百匹 綃二百匹. 겸진증자의일습, 요대일조, 채릉라일백필, 초이백필)을 보내주기도 하였다. 신라 문무왕은 이러한 당나라 사자에게 답례로 황금과 비단을 더욱 후하게 주어 보내었다고 한다.

865년 신라 경문왕 때에도 중국 당나라 의종은 선대왕인 헌안왕의 부조로 비단 1천필과 함께 신임 왕에게도 비단 5백필. 의복 두벌, 금은그릇 일곱개, 왕비에게 비단 50필, 의복 한벌, 은그릇 두개, 왕태자에게 비단 40필, 의복 한 벌, 은그릇 한개, 대재상에게 비단 30필, 의복 한 벌, 은그릇 한개, 재상에게 비단 20필, 의복 한 벌, 은그릇 한개 씩을 보내 주기도 하였다고 한다.

이의 답례로 869년 경문왕은 왕자인 소판 김윤 등을 당에 보내 사은하고, 동시에 여러 물품을 보내주기도 하였다. 그 가운데 섬유관련 물품만 살펴보면 비단의 일종인 대화어아금 10필, 소화어아금 10필, 조하금 20필, 그리고 40새 흰세모직물 40필, 30새 모시직물 40필, 4자5치의 머리털 150냥, 3자5치의 머리털 3백냥, 오색댕기, 바늘 1천5백개 등이 포함되어 있었다고 한다.

한편, 조문교역 이외에도 신라와 중국 당나라 간에는 위로교역도 하였던 것 같은데 이수광의 지봉유설에 의하면, 중국 당나라 명황제가 내란이 일어나 중국 촉나라 수도인 성도(成都)로 피신하였을 때 신라 경덕왕은 그 험난한 길로 사신을 보내어 위로와 함께 물품을 제공하여 주자 중국 당나라 명황제는 다음과 같은 십운시(十韻詩)로 그 감사함을 표하였다고 한다. '의관은 예를 지킬 줄 알고, 충신은 높은 선비도 따를 수 없도다. 이처럼 신라는 당나라 때에 발해국에 앞서는 서열의 사신 교역국이기도 하였다고 한다.

〈 사교역 〉

신라의 섬유농경수공업은 대부분이 관영중심제로 관리되었고 섬유 등 국가의 모든 주요 물품의 대외거래 또한 왕실을 중심으로 이루어짐으로 인해 개인에 의한 사교역은 생각할 수도 없었으며, 모든 교역은 조공교역과 조문교역에 의해 이루어 졌다고 할 수 있다. 따라서 신라시대 때 '사교역(私交易)'에 대한 특별한 활동기록은 찾아보기가 어려우나 신라 융성기 때 장보고 등에 의한 해상교역이 매우 활발하였다 고 하는데 당시 무역에 포함된 섬유물품이 어떠하였는지, 또 이것이 어떻게 조달되어 어떤 가격으로 어떻게 거래하였는지에 대한 구체적 기록은 없다.

삼국사기에 의하면, 828년 신라 홍덕왕 때 전라남도 완도에 청해진이 설치되면서 신라가 해상교역의 중심지가 되기도 하였다. 장보고가 왕에게 '중국을 두루 돌아다녀 보니, 우리나라 사람들을 노비로 삼고 있었습니다. 해로의 요충지인 청해에 진영을 설치하여 해적들이 사람들을 약취하여 서쪽으로 데려가지 못하게 하시기 바랍니다.'라고 건의하자 왕이 군사 1만명을 주어 청해에 진영을 설치케 하였다. 그 뒤로는 바다에서 우리나라 사람들을 노비로 파는 자가 없어졌다고 한다.

이후 장보고는 828년 중국 당나라와, 849년 일본 등과의 교역길을 개척하고 나섬으로서 비로소 신라의 우수한 섬유가 오늘날 '실크로드(Silk road)'로 불리워지고 있는 동남아 제국과 인도, 사라센제국, 로마 등으로의 까지 교역진출을 기하게 되는 중요한 계기가 되지 않았나 사료되기도 한다.

☞ 실크로드와 리히트호펜에 대하여 : '실크로드(Silk Road, 또는 Silk Route)'라는 명칭은 우리나라 언어로 '비단길'을 일컫는 것으로서 19세기말 독일의 지질학자인 리히트호펜이 처음으로 사용했다고 하는데, 고대 동양과 서양간의 무역현황을 설명하면서 교역통로를 지칭하기 위함이었다고 한다. 이는 당시의 동양쪽 교역물품 중에 '비단'이라는 상품이 매우 중요한 위치를 점하고 있었기 때문이다. 고대 동서양 문물교류사에 있어서 커다란 기여를 한 이 실크로드는 '중국, 타클라마칸사막, 파미르고원, 중앙아시아, 이란과 지중해 연안 각 지역(로마, 터키, 시리아 등)'을 연결하는 무역교역로서 총 연장이 약 6,400㎞에 이르렀다고 하나 그 갈래가 복잡하고 많아 정확한 견해는 아닌 것으로 지적받고 있기도 하다.
리히트호펜(Richthofen, 1833-1905)은 독일의 지질학자로서 19세기말 스리랑카, 일본, 대만, 인도네시아, 필리핀, 태국, 미얀마, 중국 등지를 답사하고, 각 지역에 대한 지리적 자료 뿐 아니라 문물자료, 역사자료 등을 많이 수집한 것으로 알려지고 있으며, 이를 저서와 연구보고서로 간행해 놓았다.
한편, 최근 일부 학계에서는 이 실크로드의 동쪽지점(출발, 또는 종착지) 중 하나가 '신라'라는 의견이 제시되고 있기도 한데 이는 실제 당시 교역활동이 매우 활발하였다고 알려지고 있는 7세기 전후에 있어 신라의 '비단'에 대한 품질 수준도 상당한 위치에 올라와 있었으며, 이와 관련한 각종 자료가 최근 속속 밝혀지고 있기도 하기 때문이다.

☞ '실'과 '실크'에 대하여 : 우리나라 섬유학자인 조환은 영어 '실크(Silk)'의 어원이 우리

나라 언어인 '실'에서 비롯되었다는 학설을 내어놓고 있기도 하다. 신라 비단의 우수성이 중국 뿐 아니라 중앙아시아 제국과 로마제국에 까지 널리 알려지면서 이와 같은 단어가 생겨났다는 것이다. 이와 유사한 학설은 이외에도 많이 제기되고 있기도 한데 이는 우리나라 뿐 아니라 중국, 일본의 고대사와도 깊이 연관되는 사안임으로 인해 좀 더 많은 연구를 요하는 분야라 사료된다.

그러나 이러한 대외교역 활성화에 있어 신라교역의 섬유제품은 품질이 매우 우수한 일부 비단(견직물)에만 국한되었을 뿐 중국 당나라의 여러 직물류와, 중아아시아, 서양 등의 모직물 수입이 더 많음으로 인해 국내 섬유생산의 자급적 기반이 허물어짐으로 인해 커다란 혼란을 겪게 되기도 하였던 것으로 보인다. 삼국사기에 따르면 865년 중국 당나라와의 교역물품 중 직물류의 수입량은 1천필에 이르는데 반해 869년 신라직물의 수출품은 110필에 불과하였기 때문이다.

■ 섬유군수물자 조달과 대외 전쟁물품 제공

661년 신라가 고구려와의 전쟁 때 사용한 섬유관련 군수품 중에는 소와 말의 가죽, 그리고 면의류(...懸牛·馬皮綿衣...현우마피면의)가 사용되었다고 한다. 그리고 662년 신라가 고구려지역에 진출한 중국 당나라 군대의 노고를 기리기 위해 중국 당나라 장수인 소정방에게 은 5천7백푼, 가는 베 30필, 머리털 30량, 우황 19량(以銀五千七百·分細布三十匹·頭髮三十兩·牛黃十九兩　이은오천칠백·분세포삼십필·두발삼십량·우황십구량)을 군수품으로 제고해 주었으나 소정방은 이를 얻고는 곧 전투를 그만두고 돌아가 버리기도 하였다고 한다.

이외에도 신라는 당시 전장에 나가있는 중국 당나라 군사들에게 의복을 만들어 주기도 하였는데 이로 인한 신라인들의 참상은 실로 매우 비참하였던 것 같다. 671년 전쟁 중에 중국 당나라 장수 설인귀가 문무왕에게 보낸 편지 중에 '...일시에 대규모의 군사를 동원하여 바다와 육지, 사방 천리 땅 도처에서 전투가 벌어졌으니, 누에 치는 여인들은 뽕 따는 시기를 놓쳤고, 김 매는 농부들은 밭갈이 할 시기를 잃었습니다...중국 당태종은 요청하는 것을 기꺼이 들어 주었으며, 가벼운 수레와 빠른 말, 좋은 의복과 훌륭한 약품을 하루에도 여러 번

주어 특별히 우대하였습니다...'라며 군수품 제공을 독려하자 신라 문무왕의 답신으로 '...소국인 신라가 남으로는 웅진, 북으로는 평양으로 두 군데로 나누어 닌 군대에게 전쟁물품을 공급을 하고 보니, 인력은 극도로 피로하고 소와 말은 모두 죽었으며, 농사지을 시기를 놓쳐서 흉년이 들고, 저축해 두었던 창고의 양식 또한 두 지역으로의 수송으로 모두 없어졌으므로 신라 백성들에게는 풀뿌리도 모자라는데, 웅진에 있는 중국 당나라 군사들에게는 식량이 남아 돈다하니 안타깝습니다. 또한 각 진에 주둔하는 중국 당나라 군사들은 집 떠난 지가 오래되어 옷이 헤어져 몸에 걸칠 성한 의복이 없다 하여 이에 따라 신라에서는 백성들을 독려하여 철에 맞는 의복을 지어 보냈읍니다. 1만명이니 되는 중국 당나라 군사가 4년 동안이나 신라의 식량을 먹고 신라의 의복을 입었으니, 중국 당나라 장수인 유인원 이하 모든 병사들의 가죽과 뼈는 비록 중국 땅에서 났으나, 피와 살은 모두 신라의 것이라 할 수 있습니다...'라고 하고 있다.

672년 신라가 중국 당나라 군대에 제공한 물품 중에는 '은 3만3천5백푼, 구리 3만3천푼, 바늘 4백개, 우황 1백20푼, 금 1백2십푼, 40승포 6필, 30승포 60필'을 진상하게 됨으로서 신라의 백성들이 많이 굶주렸다고 한다(兼進貢銀三萬三千五百分, 銅三萬三千分, 針四百枚, 牛黃百二十分, 金百二十分, 四十升 '綜' 布六匹, 三十升 '綜' 布六十匹 겸진공은삼만삼천오백분, 동삼만삼천분, 침사백매, 우황백이십분, 금백이십분, 사십승 '종' 포육필, 삼십승 '종' 포육십필). 그런데 특이한 사항은 '바늘'도 제공물품 목록에 들어있다는 것인데 어떤 형태의 바늘인지는 알 길이 없다.

그리고 668년 신라는 전쟁 중 자국의 군인 전사자에게도 비단으로 전공을 보상해 주기도 하였는데 '종자'에게는 베 20필이 주어졌다(從者二十匹 종자20필)는 것이다.

670년 신라는 전쟁에 패한 고구려의 왕족인 안승의 귀순을 받아들여 그를 보덕왕으로 칭하게 하고, 옛 고구려지역의 일부를 관리하게 함과 함께 멥쌀 2천석, 무장마 한 필, 능직 비단 다섯 필, 견직과 베 각 열 필, 면화 열다섯 칭(兼送粳米二千石, 甲具馬一匹, 綾五匹, 絹·細布各十匹, 綿十五稱 겸송갱미이천석, 갑구마일필, 릉오필, 견·세포각십필, 면십오칭)을 주어 위로하기도 하였다. 이어서 680년에도 금은으로 만든 그릇과 잡색 비단 백단을 내려주고(以金銀器及雜綵百段 이금은기급잡채백단), 문무왕의 누이를 보덕왕 안승의 아내로 삼게 하였다고 한다.

자. 신라시대 섬유농경수공업의 붕괴

신라의 섬유농경수공업은 신라 하대의 정치적 혼란과 신라의 패망으로 인하여 관영수공업제가 붕괴되고, 생산체제가 민간으로 이관되면서 기술적인 측면에서는 일시적으로 일부 쇠퇴하기도 하였다. 즉, 정치환경 변화로 섬유장인들 중 상당 수는 후백제로 잡혀가거나, 고려로 수도인 개경으로 강제이주 당하였고 또 일부는 일본으로 이탈하는 등 사회적, 경제적 혼란이 한동안 크게 가중되면서 지역의 섬유농경수공업 기반도 많이 붕괴되었으나 잔존한 거주민을 중심으로 각 지역은 가내수공업을 중심으로 섬유생산 능력에 대해 다음 시대로 명맥을 이어 갔던 것으로 보인다.

927년 신라 경애왕 4년 9월 후백제 견훤이 신라를 침공하여 왕을 자살케 하고 공공의 재물이나 사사로운 재물을 거의 모두 약탈하여 갔다고 한다. 삼국유사에 의하면, 신라의 국고에 있는 진귀한 보물이며 자제들과 함께 여러 종류의 공인(工人 : 백공, 장인) 중에서 솜씨있는 우수한 자들을 모두 붙잡아 갔다고 한다. 그 중에는 대구경북지역의 섬유 장인도 많이 있었을 것으로 보이는데 실제로 이긍익의 연려실기술에 의하면, '후백제 견훤은 신라 왕의 족제인 김부를 신라왕으로 삼게 하고, 자녀와 보배, 신라 각 지역의 우수한 백공(百工)과 병장(兵仗)을 모두 탈취하여 돌아갔다'고 한다.

한편, 927년 대구 팔공산에서는 고려와 후백제 간의 '공산동수전투(公山棟藪戰

鬪)'가 있었는데 삼국유사에 의하면, 신라의 청병요청을 받은 고려 태조 왕건은 정예한 기병 5천명을 이끌고 공산(현재의 대구 팔공산) 아래에서 견훤을 맞아 크게 싸웠다. 이때 고려 태조의 장수인 김락과 신숭겸이 죽고, 모든 군사들이 패배했으며, 태조는 겨우 죽음을 면했을 뿐 대항하지 못했으므로 그로 하여금 낳은 죄악을 범하도록 내버려 둘 수 밖에 없었다. 견훤은 전쟁에 이긴 기세를 몰아 대목성과 경산부, 그리고 강주를 노략질하고 부곡성을 곡역했는데, 의성부의 태수 홍술은 대항하여 싸우다가 목숨을 잃었다. 청천에서 전투할 때 직심 등 서너 명이 머리를 바쳤다. 동수의 군사는 깃발만 보고도 도망하였고, 경산의 군사는 구슬을 물고 와서 항복하였으며, 강주고을은 남쪽으로부터 항복해 왔고, 나주고을은 서쪽으로부터 귀순하였다고 한다.

935년 경순왕 9년 10월 신라는 고려에 복속되었고, 12월에 신라의 수도인 금성은 고려 태조 왕건으로 부터 '경주(慶州 : 경사스러운 지역)'라는 지명으로 개칭받았다고 한다. 한편 삼국유사에 의하면, 당시 신라의 태자는 울면서 왕을 하직하고, 곧장 개골산으로 들어가서 바위로 집을 삼고 삼베 옷을 입고, 풀 뿌리를 캐어 먹으며 지내다 세상을 마쳤으며, 막내 아들은 머리를 깍고 스님이 되었다고 한다.

차. 신라시대 섬유풍속의 단상 : 계원필경

최치원은 '계원필경(桂苑筆耕)'에서 당시의 섬유풍습의 시대상을 유추해 볼 수 있는 여러 가지 서간문을 수록해 주고 있는데 이 가운데 몇 편을 살펴보기로 한다.

■ 어의와 필단을 올린 장문(進御衣段狀 진어의단상)

본도가 앞서 염철사(鹽鐵使)를 겸하며 직조(織造)한, 중화(中和) 4년(884년) 이전의 어의(御衣)와 나절조포(羅折造布)와 능금(綾錦) 등 먼저 바쳐 올린 것을 제외하고, 이어서 직조한 9,678단(段)을 하기(下記)의 물색(物色)대로 삼가 갖추어 올립니다. 신이 오래도록 관화(筦貨)의 권한을 행사하면서도 본래 경영하는 능력이 없어서 산해(山海)의 물자를 많이 훼손하기만 하고 운천(雲天)의 은택에 보답하지 못하였습니다.

상기(上記) 어의와 능견(綾絹), 금기(錦綺) 등으로 말하면, 얇기는 매미 날개에 부끄럽고 가볍기는 기러기 털에 뒤지지만, 펼쳐 놓으면 빙설(氷雪)의 투명한 빛이 교차하고 서로 포개 놓으면 저녁노을의 채색을 다툽니다. 이미 봉저(鳳杼, 베틀의 미칭)에서 공을 이루었으니, 용의(龍衣)에 쓰이기를 희망합니다. 검소한 덕이 더욱 드러나는 가운데 먼저 불면(黻冕)에 아름다움을 다 하시고, 황상의 은혜가 멀리 비추는 가운데 사호(絲毫)를 바치는 정성을 반드시 살펴 주시리라 믿습니다. 이 필단(匹段)의 물건 등을 신이 삼가 모관(某官) 모(某)를 차견하여 압령하게 해서 장문과 함께 받들어 올리는 바입니다. 삼가 올립니다.

■ 능견과 금기 등을 올린 장문(進綾絹錦綺等狀 진릉견금기등상)

진봉(進奉)하는 능견(綾絹)과 금은기(錦銀綺) 등 10만 필단냥(疋段兩)을 하기(下記)의 물색(物色)대로 삼가 색목(色目)을 갖추어 올립니다. 신이 삼가 생각건대, 병화가 극심해서 군읍이 쇠잔해진 나머지, 어련(御輦)이 순유(巡遊)하는 이때에 공부(貢賦)를 제대로 바치지 못하는 것이 한스럽기만 합니다. 더구나 본도(本道)가 관할하는 지역 안에는 초항(招降)한 무리가 상당히 많은데, 그들이 모두 머물러 있겠다고 청하고 있는 만큼 그들에게 장차 물자를 공급해 주어야 할 형편이니, 아무래도 도적의 환란을 막기 위해서는 진헌(進獻)하는 의식을 풍성하게 행하기가 어렵습니다.

상기 능견과 금기 등은 비록 원앙(鴛鴦)의 베틀에서 만들었다고 하더라도 가치를 교실(鮫室)에 비교하면 부끄럽기만 하니, 멀리 팔잠(八蠶)의 이름과는 거리가 멀고, 겨우 삼품(三品)의 명칭을 얻었을 뿐 입니다. 단지 임토(任土)의 의무를 행한 것일 따름이니, 어떻게 하늘을 깁는 용도에 충당할 수 있겠습니까. 너무나도 보잘 것 없는 하찮은 물건이라서 마음이 불안하여 떨리기만 합니다. 이

67

필단(匹段) 물색을 삼가 절도산병마사(節度散兵馬使) 왕심구(王審球) 등을 차견하여 압령(押領)하게 해서 장문과 함께 받들어 올리는 바입니다. 삼가 올립니다.

■ 옷감을 준 것을 사례한 장문(謝衣段狀 사의단장)

삼가 은자(恩慈)께서 내려 주신 여름 옷감 10필(疋)을 잘 받았습니다. 삼가 생각건대, 바람은 비록 수심(愁心)을 풀어 주었으나, 햇빛은 그 위엄이 두렵기만 한데, 한증막처럼 찌는 계절이 시작되는 때에 곱고 화려한 옷감을 외람되게 받았습니다. 감히 팔공(八公)의 무리를 본받아 육수의(六銖衣)를 자랑하려고 하겠습니까. 다만 백성의 기쁨을 함께하며 '오고가(五袴歌)'를 노래하고자 합니다. 더구나 모로 말하면 다행히 태계(台階)를 추종하면서 영광스럽게 덕문(德門)에 의탁하고 있는 데야 더 말해 무엇 하겠습니까. 그야말로 천년에 한번 만날 수 있는 행운이라고 할 것인데, 여기에 또 매양 사시(四時)의 복식(服飾)을 마련해 주시곤 하니, 안타깝게 여겨 보살펴 주는 정은 부모보다도 낫고, 칭찬하며 높여 주는 예(禮)는 다른 빈료(賓僚)와 다릅니다. 이번에 가벼운 비단의 적삼감과 곱게 누인 소창옷감을 주시어, 검막(儉幕)에 나아와 추거(鄒裾)를 끌도록 하셨습니다. 은혜는 먼 나그네를 빛내며 교실(鮫室)의 고운 솜씨를 자랑하기에 충분합니다만, 이름은 비범한 선비가 되기에 부끄러우니 제량(鶺梁)의 풍자를 달게 받아야 하겠습니다. 아랫사람으로서 그지없이 감격스러운 심정을 금하지 못하겠습니다.

■ 필단을 사례한 장문(謝疋段狀 사필단장)

비라(緋羅), 자릉(紫綾), 자천정사(紫天淨紗), 자평사(紫平紗), 황평사(黃平紗), 황릉(黃綾), 황견(黃絹), 숙면릉고단(熟綿綾袴段).

삼가 인은(仁恩)께서 특별히 전건(前件)의 옷감을 내려 주시는 은혜를 입었습니다. 봉루(鳳縷)에 붉은 놀이 펼쳐지고, 교초(鮫綃)에 흰 눈이 덮였는데, 외람되게 강장(絳帳)의 나머지를 나누어 받아, 거친 베옷의 복식(服飾)을 바꾸게 되었습니다. 왕니(王尼)의 교묘한 말솜씨를 배우지 않고서도, 노지(盧志)의 특수한 영예를 갑자기 차지하였는바, 개미처럼 보잘 것 없는 자질이라서 부유(蜉蝣)의 시편(詩篇)에 맞지 않는 것이 오직 부끄러울 따름입니다. 단지 소원은 쓰디 쓴 소태나무를 씹고 맑은 얼음물을 마시며 굳게 절조를 지켜, 붉은 관복을 입고 자주색 인끈을 차게 한 은혜를 갚는 것입니다. 그지없이 감격하고 황공하며 체읍(涕泣)하는 심정을 가눌 길 없어서, 삼가 장문을 받들어 사례하는 바입니다. 삼가 아룁니다.

☞ 최치원 : 최치원(崔致遠)은 신라시대의 학자이자 문장가로서 경북경주 사량부(沙梁部) 출신이다. 857에 출새하였으나 사망연대는 알려져 있지 않다. 자는 고운(孤雲), 또는 해운(海雲)으로 868년 12세 때 중국 당나라에 유학하여 18세의 나이에 장원으로 급제하였다고 한다. 중국 당나라 때 '황소의 난'이 일어났을 때 '토황소격문(討黃巢檄文)'을 지어 문장가로서 이름을 높였으며 저서에는 '계원필경(桂苑筆耕(20권)' 등이 전하여지고 있다.

2. 고려시대

가. 개관

고려는 918년 태조 왕건이 건국한 왕조로서 1392년 조선 왕조에게 멸망하기까지 475년간 34명의 왕이 우리나라를 다스렸다. 신라시대 말기 송악지방의 호족인 왕건이 919년 그 지역의 지명을 '개경(開京 : 현재의 북한 개성)'으로 지명을 고치고 새로운 왕조의 수도로 삼았으며, 936년에 후삼국(고려, 신라, 후백제)을 완전히 통합하였다.

고려는 994년 성종 때 지방 관제를 개정하였는데 개주를 개성부로 하고, 관내도, 중원도, 하남도, 강남도, 영남도, 영동도, 산남도, 해양도, 삭방도, 패서도 등 9도를 두었다.

☞ '고려(高麗)'라는 국명에 대하여 : 이수광의 지붕유설에 의하면 '고려'라는 나라 이름은 '산이 높고(高 고) 물이 곱다(麗 려)'는 뜻에서 붙여졌다고 한다.

나. 고려의 섬유 농정

고려사절요에 의하면, 1033년 고려 덕종은 '농사짓고 누에 치는 것은 옷 입고 밥 먹는 것의 근본이니, 모든 도와 주, 현의 관리들은 힘써 조정의 명령에 따라 농정의 삼시(三時)를 놓치지 말고, 만백성을 편안케 하라'고 하였다고 한다. 따라서 고려도 신라와 마찬가지로 '입는 것'과 '먹는 것'의 농정을 국시로 삼았던 것 같다.

☞ 고려사절요 : 고려사절요(高麗史節要)는 조선 초기 김종서(金宗瑞) 등이 왕명을 받아 편찬한 고려왕조의 편년체(編年體) 역사책으로 1452년 조선 문종 2년에 간행되었으며, 활자본(活字本)으로 35권 35책으로 이루어져 있다.

태조 왕건은 즉위한 즉시 영을 내려 3년간 전조(田租)를 면제하여 농상을 권장하였고, 983년 고려 성종은 '몸소 신농씨에게 제사하고, 후직(중국 주나라의 시조로서 농예법을 마들었다고 전하여 짐)에게도 배향'하는 등 섬유 등의 농정을 강화하기도 하였으며, 985년 고려 성종은 '나라는 백성을 근본으로 삼고, 백성은 먹는 것을 하늘로 삼는다. 만약 모든 백성의 마음을 기쁘게 한다면 다만 삼농(三農)의 일할 시기를 빼앗지 않아야 될 것이다... 관리는 봄부터 가을까지 모든 잡무는 정지하고 오로지 농사를 장려하는 데만 힘 써야 할 것이다. 장차 사자를 현지에 보내 조사하여 부지런하고 태만한 것에 대해 책임'을 물어 신상 필벌하겠다고 하였다고 한다.

987년 고려 성종 때, 이양이 소를 올리기를, '월령에 의하면 입춘 전에 토우(土牛, 흙으로 소의 형상을 만들어 봄을 맞이하던 옛 풍속)를 내어 농사의 이름과 늦음을 보였으니, 청컨대 고사에 의하여 제 때에 맞추어 이를 행해야 할 것입니다. 주례에 정월에 왕후에게 명하여 육궁의 사람들을 거느리고 늦 벼와 올벼의 종자를 싹 티워서 왕에게 바치게 한다고 하였읍니다. 지금 주상께서는 풍년을 빌고 적전(籍田)을 가는데 있어 왕후도 반드시 종자를 바치는 예를 행하게 하여야 할 것입니다. 또 월령에, 정월 중기 후에는 희생에 암 짐승을 쓰지 말고, 나무 베는 것을 금지하고, 새끼와 알을 취하지 말고, 여러 사람을 모으게 하지 말고, 드러난 해골을 덮어 묻어 주라고 하였사오니, 원컨대 봄에 행할 일의 영을 펴서 모두 절후에 따라 금지할 조항을 알도록 하게 하소서' 하니, 왕이 이 말을 따라 교서를 내려 서울과 지방에 반포(頒布)하여 전국에 알렸다.

1012년 고려 현종은 '요즈음 사람들이 부박(浮薄)하게 살려는 것이 습속이 되어버려서 본업인 농업을 버리고, 말업(末業 : 상업)에만 힘써 농사지을 줄을 알지 못하니 여러 도(道)의 잡직과 장수(匠手)들을 모두 줄여서 농업에 종사하게 하라'고 하였으며, 1016년 고려 현종은 '강남의 군, 현에 지난 해에 흉년이 들어 백성 중에 굶주리고 헐벗는 사람이 많으니 소재지의 관아에서는 양식과 종자를 주어 농경을 권장하라'고 명하는 등 고려 왕들은 수시로 농잠업 장려를 적극 강화하기도 하였다.

1028년 고려 현종은 각 도의 주현(州縣)에 영을 내려 매년 상묘 15~20주씩을 밭머리에 심도록 하였다. 1034년 고려 덕종은 농상은 의복의 근본이니 농민이 주력하도록 하라는 교시를 내려 농잠을 장려하기도 하였다.

고려 문종은 농상을 잘 권장하여 민생을 보살핀 관장들을 중용하기도 하였는데 1046년 문종 때 양대춘이 '방어부사 소현이 부임해 오면서부터, 농사짓고, 누에치는 것을 권장하고, 백성들을 어루만져 행정의 업적이 현저하니, 백성 1백여명이 이것을 반드시 조정에 알게 해 달라'고 하였으며, 영흥진의 군사 32명은 장을 올려 '진장 정작염이 농상을 권장하고, 부역을 고르게 하며, 성랑을 수리하고 전구를 준비하고, 또 농사를 지을 수 없는 사석 땅에는 잡곡을 심으라 하여, 한 해에 2백 여석을 수확하여 성적 고사가 제일이 되었으니, 비록 임기가 만기되었으나, 그대로 유임시켜 주시기를 원합니다 하니, 왕이 감탄하고, 허락하였다'고 한다. 1066년 고려 문종은 '농사일은 오직 때를 맞추어 해야 할 것이다. 농부가 농지를 갈지 아니하면 반드시 굶주리는 자가 생긴다. 수령 맡은 자의 직무는 농상(農桑)이 급한 일이니 여러 도의 외방 관직의 장은 모두 권농사(勸農使)의 직무를 띠게 하라'고 하였다.

1128년 고려 인종은 영을 내려 농상을 권장하여 의식을 풍족하게 함은 성왕의 급무라 하였고, 1145년에는 수양도감(輸養都監)의 상주에 따라 땅이 밭으로 적합하지 않은 곳에는 뽕나무, 밤나무, 닥나무 등을 심을 것을 권장하였다.

그러나 조정의 이러한 정책이 모두 좋은 성과를 거두 나간 것은 아니었던 것 같다. 1151년 고려 의종 때 국가기강이 문란해지자 일부 관리들이 관아의 비단(絹布 견포)을 훔치거나 굵고 엉성한 사포(私布)를 품질이 우수한 관포(官布)와 몰래 바꿔치기 하는 사례를 찾아 징벌하게 하기도 하였다고 한다. 1056년 고려 문종은 '선대에는 여러 도에 백성을 다스리는 사람들이 모두 청렴한 것을 힘써서 백성들을 편안하였는데 근래에 와서는 기강이 해이해지고 문란한데다가 또 징계하고 개혁하는 일이 없어서 공사는 부지런히 안하고 다만 사리만을 꾀하고 권호(權豪)와 결탁하여 제 낭탁으로 거두는 것이 많고, 밭과 언덕에 뽕나무와 삼을 심으라고 권하는 일이 드물며, 혹 땅에서 고기와 소금 등 좋은 재목이 나는 것이 있거나 재물이 있으면 백성은 모두 빼앗기게 되고, 만일 주지않으려 하면 곧장 다른 일로 트집잡아 엄하게 매질을 하여 목숨을 잃게 되니 아무리 억울하고 원통하여도 하소연 할 곳이 없으며 간혹 그런 일을 받아보려 하는 사람이 있다가도 또 권력있는 이의 청탁을 받아 마침내 능히 시행하지 못하고 말게 되니 백성이 어떻게 살아갈 수 있으랴. 짐이 새벽부터 밤 늦게까지 애를 써가며 어떻게 하면 그 많은 폐단을 없애 줄까 하는데 국정을 맡은 이들이 옳은 일을 옳다고 하지는 않고 이런 말 저런 말이 분분한 것은 무슨 때문이냐'고 하면서 문제가 있는 많은 관리들을 대폭 교체해 버리기도 하였다.

1188년 고려 명종은 상묘는 적기에 심도록 하였으며 1325년 고려 충숙왕은 전국에 8개 항목의 교시를 내리기도 하였는데, 이 중 첫째 항목이 농상은 왕정에 있어 가장 우선하는 것이니 적기에 이를 권장하여 실작하지 않도록 하라고 하는 것이었다. 1356년 고려 공민왕은 인가에 뽕나무와 삼을 심는 것은 가족 수로써 그 율을 정하라 하였고, 1371년에도 교지를 내려 농상은 의식의 근본이므로 수령의 종상간전(種桑墾田)의 다소를 고찰하여 출척(黜陟 : 못된 사람을 내쫓고 착한 사람을 올려 씀.)의 자료로 하라고 하였다.

이와 같이 고려시대에도 전 기간에 걸쳐 역대 왕들은 농상 권장을 왕정의 최우선으로 삼아왔으나 고려 말에 이르러서는 잠사업이 일시적으로 침체상태를 보이게 되었기도 하였다. 이것은 중국 원나라로부터 목면이 전래된 것도 원인이 되었지만 고려 말의 정치적, 사회적인 혼란이 그 원인이 되었다고 보아야 할 것이다.

다. 고려시대의 복식제도

■ 개관

고려시대 때 의복의 재료는 일반적으로 가장 널리 이용된 갈의(葛衣 : 칡으로 만든 옷)를 비롯하여 997년 고려 성종 사후 장례 때 내려졌다는 마의(麻衣 : 삼베 옷), 그리고 라견(羅絹), 단사(丹絲), 포백(布帛), 고려후기에 전래된 면포(綿布) 등 식물성 섬유류를 비롯하여 1003년 목종이 군사들에게 하사하였다는 초서피(貂鼠皮 : 담비의 털가죽)의 의복 등 각종 동물가죽 등이 의복으로 널리 사용되기도 하였던 것 같으며 모섬유(毛纖維)도 일부 통용되었던 것 같다.

963년 광종 때 왕이 군신에게 잔치를 베풀고, 김책에게 갈의(褐衣 : 거친 베옷)를 벗게하고 공복(公服)을 내려주어 잔치에 참여하게 하였다고 하며, 976년 경종 때에도 진사시험에 급제한 사람에게 갈의를 벗게 하고 공복을 주었다고 한다.

■ 고려시대, 관리복의 제정

959년 고려 광종 때 백관의 관리복인 공복제를 제정하였으며, 975년 고려 경종 때 직관(職官)과 산관(散官)에게도 각 품계의 전시과(田柴科)를 정하였다. 이때 관품의 높고 낮은 것은 논하지 않고, 다만 인품으로써 이를 정하였다고 한다. 한편 983년 고려 성종 때 군인의 복색이 제정되었으며, 1071년 고려 문종 때 예복제도를 다시 정하기도 하였다.

981년 고려 성종 때 최승로는 '신라 때에는 공경백관, 그리고 서민의 의복, 신발, 버선이 각기 품색이 있어, 공경백관은 조회할 때에는 공복을 입었고, 가죽신을 신었고, 홀(笏)을 가졌으나 조회에서 물러나오면 편리한 대로 옷을 입었으며, 서민은 문채있는 옷을 입지 못하게 했으니 이는 귀천을 구별하고 존비를 분별한 때문이었을 것입니다. 이로 말미암아 공복은 비록 토산제품은 아니라 하더라도 백관들 스스로가 준비해 썼던 것입니다. 우리 왕조에서는 태조 이후로 귀하고 천한 것은 논하지 않고, 공복을 마음대로 입고 있으니 벼슬이 비록 높다 하더라도 집이 가난하면 공복을 능히 갖추지 못하고 비록 관직은 없더라도 집만 넉넉하면 비단인 능라(綾羅)나 금수(錦繡)를 사용하고 있습니다. 우리나라의 토산제품은 좋은 물건이 적고 나쁜 물건이 많은데, 문채있는 물건은 모두 토산제품이 아닌데도 사람마다 이를 입게 된다면 다른 나라 사신을 영접할 때에 백관의 예복이 법대로 되지 않아서 수치를 당할까 염려됩니다. 원하옵건대, 백관으로 하여금 조회할 적엔 한결같이 중국과 신라의 제도에 의거하여 공복을 입고, 가죽신을 신고, 홀을 가지게 하고, 조정에서 일을 아뢸 때는 버선을 신고, 비단으로 만든 신과 가죽신을 신게 하며, 서민은 문채있는 깁과 주름진 비단을 입지 못하게 하고 다만 굵은 비단만 사용하게 하여야 할 것입니다'라고 고하였다.

한편, 1113년 고려 예종 때 안직숭이 중국 송나라에서 새로운 악기와 악보를 가져 올 때 새로운 궁중음악과 함께 복식이 도입되기도 하였다.

1274년 고려 충렬왕 원년 태사국(太史局)에서 아뢰기를 '동방은 5행 중 목(木)의 위치이니 푸른 색깔을 숭상하여야 하며, 흰 것은 5행 중 금(金)의 색깔인데 지금 나라 사람들이 군복을 입고 흰 베옷으로 웃 옷을 많이 입으니 이것은 목이 금에 제어되는 형상입니다. 백색 의복 입기를 금하기를 청합니다' 하니 왕이 그의 말을 따랐다.

고려 충렬왕 때부터 고려는 중국 원나라의 의복제도를 도입하여 재상으로부터 하급관리, 일반백성에 이르기까지 모두 머리르 깍고 호복(胡服)을 입게 되었다. 이러한 중국 원나라 복식제도와 생활 풍습은 고려말에 이르러 포은 정몽주의 건의에 의해 중국 명나라 복식제도가 도입될 때 까지 약 일백여년간 지속되었다고 한다.

중국 원나라의 속박에서 벗어난 고려는 공민왕(1351-1374년) 때 사천소감 우필홍이 왕에게 상서하기를 '우리나라는 백두산에서 시작하여 지리산에서 끝나는데 그 형세가 수근(水根), 목간(木幹)의 땅으로서 검은 색을 부모로 하고 푸른 색을 제 몸으로 하였으니 토(土)에 순응하면 창성하고 토를 거슬리면 재난을 입을 것입니다. 지금부터 문무백관은 흑의청립(黑衣靑笠)을 하고 승복(僧服)은 흑건대관(黑巾大冠)으로 하며 여복(女服)은 검은 비단으로 할 것이며 또 모든 산에는 소나무를 심어 무성하게 하며 모든 그릇은 유(鍮), 동(銅), 와기(瓦器)를 사용하여서 풍토에 순응하게 하소서' 하니 임금이 그의 건의에 따랐다고 한다.

■ 고려시대, 유교적 복식제 도입에 기여한 최충

고려시대에 유교의 정착은 최충(崔沖, 984-1068)에 의해 이루어 졌다고 할 수 있는데 고려사절요에 의하면, 1068년 9월 최충이 졸하였다. 최충은 풍채가 훌륭하고, 성품과 행실이 곧고 굳으며, 젊어서부터 학문을 좋아하고 글을 잘 지었다. 문무를 겸하여서 장수로 정승으로 근무하다가 나이 70세에 이르러서야 물러났다. 고려 현종 때 전쟁이 겨우 쉬어져서 문교를 위해 최충이 후진들을 불러 모아서 가르치기를 부지런히 하니, 여러 학생들이 많이 모여 들었다. 이를 '시중최공도(侍中崔公徒)'라고 일렀으며, 무릇 과거 보려는 자는 반드시 먼저 그 도(徒)에 들어가서 배웠다. 간혹 선진이 오면 촛불에 금을 그어 시한을 정하여 시를 짓게 해서 글의 등급에 차례로 이름을 불러서 작은 술자리를 베푸는데, 아이와 어른이 좌우에 벌여 서서 술과 안주를 받들 때 진퇴의 예의가 있으며, 장유의 질서가 있어 종일토록 수작하니, 보는 자가 아름답게 여기고 찬탄하지 않는 자가 없었다. 이 때에 유신(儒臣)으로써 도를 둔 자가 11명이 있었으나 최충의 도가 가장 성하였다. 동방에 학교가 일어난 것은 대개 최충으로부터 시작되었는데 당시에 그를 '해동공자(海東孔子)'라고 하였다.

이러한 유교는 조선시대에 와서 국교로 채택되면서 유교적 관습의 정착과 함께 우리나라 복식사에 큰 족적을 남기게 된다.

■ 일반 백성복에 대하여

고려시대 최승로가 일반 풍속에 대하여서 건의한 자료에 따르면 '중국의 제도를 전혀 따르지 않을 수는 없겠지만 각 지역의 습속이 각기 그의 토성(土性)에 따르게 되니 다 고치기는 어려울 것 같습니다. 예악과 시서의 가르침, 군신관계, 부자의 도리는 마땅히 중국을 본 받아 비루한 풍속을 고쳐야 되겠지만, 그 밖의

거마(車馬)나 의복의 제도는 마땅히 우리 지방의 풍속대로 하여 사치함과 검소함을 알맞게 하여야 할 것이며, 구태여 중국과 같이 할 필요는 없다고 봅니다'라고 하고 있다.

■ 고려 왕복에 대하여

1058년 문종 때 예사에서 아뢰기를, '삼가 제지에 의거하오니, 예식을 갖출 때의 어복(御服)은 마땅히 붉고 누른 색을 입는 것이지만 율력지에 의하면 누른 빛은 중(中)의 색으로 왕의 복색이라 하였고, 중국 당나라 역사에는 천자의 옷에 적색, 황색을 사용하므로, 사서인은 세가지 누른 빛으로는 옷을 만들지 못하도록 금하라 하였으며, 또 초하룻 날 조하(朝賀)를 받을 때에는 강사의(絳紗衣)를 입는다 하였다. 개원례에는, 황제가 환구(圓丘)에 제사지낼 때에는 강사포(絳紗袍)를 입는다 하였고, 또 고사에는 한번 물들인 것을 강색(絳色)이라 한다 하였다. 그러므로 제왕의 복색은 예식을 갖출 때에는 황, 자, 강 세가지 색이고, 연회나 작은 모임 때에는 편의대로 할 것이나, 지금 입으시는 홍색, 황색 외에는 대신 할 만한 다른 색이 없읍니다'고 하였다. 그리고 1077년 고려 문종 때 일반인에 대해 황색의복 착용이 금지되기도 하였다.

라. 고려시대 섬유의 대외교역

981년 고려 성종 때 최승로는 '지금은 다만 사신만 보낼 뿐만 아니라 또 이로 인하여 무역까지 하니, 사신의 내왕이 번거롭고 너무 많으니 아마 중국에서 천하게 여길 것이오며, 또 잦은 왕래로 인하여 배가 침몰되어 죽는 사람도 많습니다. 청컨대 지금부터는 그 교빙(交聘)하는 사신편에 무역을 겸해 행하게 하고, 그 나머지 무시로 매매하는 것은 일체 금지하게 하옵소서' 하는 것으로 보아 고려시대 때에도 신라시대 때와 마찬가지로 관영교역이 주류를 이루었던 것 같다.

1041년 고려 정종 때 거란이 고려에 조서를 보내 조공무역을 강권하는 내용 중에 '송조(宋朝)에서, 예전에 바치던 은 30만냥과 비단 30만필 외에 매년 따로 돈과 비단을 바쳐'라고 하는 것에서도 당시 조공무역의 규모를 짐작해 볼 수도 있겠다.

1014년 고려 현종은 우호관계 개선을 위해 윤징고를 중국 송나라에 보내어 금선(金線)으로 짜서 만든 용봉안복(龍鳳鞍幞)과 수놓은 용봉안복(龍鳳鞍幞) 각 두 벌과 좋은 말 22필을 선물하였다고 한다.

1023년 고려 현종 때 서역의 대식국(현재의 아라비아지역) 상인 1백여명이 와서 토산물을 바쳤다고 하는데 이로 미루어 당시에 이미 현재의 중동지역과 직접적인 섬유 등의 교역이 매우 활발히 전개되었음을 추정해 볼 수도 있겠다.

이수광의 지봉유설에 의하면 고려의 제도에는 외국에 사신으로 나가는 사람에게 사용하게 하는 역마(驛馬)의 수를 재추(宰樞 재상급으로서의 대표자)에게는 말 열 마리, 삼품에게는 일곱 마리, 참상에게는 다섯 마리, 참하에게는 세 마리를 지급하였다고 하는데 이들은 모두 사람 및 물품의 운송수단이었던 것 같다. 그러나 중국에서 고려가 사대(事大)한다는 명목으로 왕래하며 실은 무역을 탐내어 올 뿐이다 라고 비난하는 기록이 있는 것을 보면 양국 상호간의 교역이 그리 순탄하지만은 않았던 것 같기도 하다.

마. 고려시대 때 조문품, 구휼품 등 다양한 용도로 활용된 섬유제품

986년 고려 성종은 최지몽이 죽었을 때 조문품으로 베 1천필과 쌀 3백석, 보리 2백석, 차 2백각, 향 20근을 내려 주고, 관에서 장사를 치러 주었다고 하며, 988년 최승로가 죽었을 때에도 이와 비슷한 부의품을 내려주었는데 이로 미루어 고려시대 때도 섬유가 주요 부의물품, 즉 조문품이었음을 알 수 있겠다 하겠다. 1016년 고려 현종은 고연적이 나라 일로 죽었을 때에 쌀 50석, 보리 30석, 과 베 1백필을 부의품으로 주었다고 하며, 1023년 고려 현종은 최항이 죽자 부의로 비단 3백필, 베 5백단(段), 쌀과 보리 각 1천석을 내려주었으나 유부가 아버지의 유명으로 끝까지 사양하고 받지 않았다고 한다.

1018년 고려 현종은 병란과 흉년으로 인하여 백성 중 춥고 배고픈 사람이 많으므로 면포(綿布) 등을 주어 위로하였으며, 군인들에게도 베와 차를 하사하며 노고를 치하하기도 하였다고 한다. 실제로 고려 전기에는 수시로 왕실에서 나이 80세 이상인 자, 의부(義父), 절부(節婦), 효자, 순손(順孫), 홀아비, 과부, 고아, 자식 없는 늙은이 등에게 국가적 길흉사가 있을 때 마다 잔치를 베풀어 주고 물품을 차등있게 하사하였다고 한다.

또한, 1031년 고려 현종 때 성(城)을 쌓는 부녀자에게 조포(調布)를 감하여 주었다고 하며, 1067년 고려 문종 때는 지방의 여러 주군에서 해마다 공물(貢物)로 바치는 소의 가죽과 힘줄, 뿔은 그 값을 평포(平布 삼베)로 쳐서 납부할 수 있게 하였다. 1076년에는 변경의 군사에게 윗 옷과 바지로 급여를 주기도 하였다.

한편, 1100년 고려 숙종은 가난해서 자력으로 능히 생활하지 못하는 백성은 보리가 익을 때까지 제위포(濟危鋪)에서 구제하도록 하기도 하였다고 한다.

그리고 군인에게도 격려차원에서 수시로 포목 등이 차등있게 제공되기도 하였는데, 1063년 고려 문종 때에는 솜바지, 저고리, 털모자, 신발 등 각 1천벌씩이 국경을 지키는 가난한 군사에게 하사되었으며, 1083년 선종 때에는 평포(平布, 삼베)로 제작한 1천여필의 저고리와 바지를 변방의 군사에게 나누어 주기도 하였다고 한다.

1093년 고려 선종 때 도병마사가 왕에게 아뢰기를, '병서에 이르기를, 급히 행군하는 데에는 박락(縛絡)을 업는다 하였사온데, 지금 봉의(縫衣)가 바로 그것입니다. 대영고에서 좀 먹고있는 필목을 정포도감(征抱都監 : 군복을 만드는 도감)에게 맡겨 군복 3-4천벌을 지어서 동북 양계에 나누어 보내서 병영창고에 저장하였다가 급한 사변이 있을 때 착용하게 하기를 윤허하도록 하소서'하니 왕이 이에 따랐다.

바. 고려시대의 화폐로 통용된 섬유제품

1001년 고려 목종 때 왕이 '시중 한언공의 상소를 보니, 지금 돈을 사용하게 하면서, 추포(麤布 : 올이 굵고 품질이 조악한 삼베의 일종)의 사용을 금지시킴으로서 시속을 놀라게 하며, 나라의 이익도 되지 못하게 하고, 한갓 백성들의 원망만 일으키게 된다 하였다. 다점(茶店 찻집), 주점 등 여러 상점에서 물건을 매매할 때에는 돈을 사용하되 그 외에 백성들이 사사로이 물건을 매매할 때에는 돈이 아닌 토산(土産)의 물품으로도 돈 대신 사용하게 하라'고 하였다.

1014년 고려 현종 때 물건 값으로 추포 한 필 값이 쌀 8두(斗)에 해당하였으며, 노비의 거래 때에도 베를 화폐 대용으로 사용하며 거래를 하기도 하였다고 한다.

그러나 1096년 고려 숙종은 '옛날부터 우리나라 풍속은 소박하고 간략하였는데 고려 문종 때에 와서 문물과 예악(禮樂)이 크게 성하여 졌다. 짐이 선왕의 사업을 이어 받아 장차 민간에 크게 이로움을 일으키려고 하니 주전관(鑄錢官)을 세우고, 백성에게도 통용하게 하라' 하였다.

또 여러 사서에 의하면, 1392년 고려 공양왕 때 중랑장 방사량이 왕에게 글을 올리기를 본조(本朝)에서는 화폐로 추포를 쓰던 법은 동경(東京 : 지금의 경주) 등 약간의 고을에서 나왔사온데 조금만 습기가 있어도 문득 상하오니 돈을 주조하고 추포 사용을 일체 금하게 하시옵소서 라고 하자, 이에 도평의사사에서 아뢰기를 우리 동국의 전화(錢貨)로는 삼한중보(三韓重寶), 동국통보(東國通寶), 동국중보(東國重寶), 해동통보(海東通寶), 해동중보(海東重寶) 같은 것이 있었다고 중국의 전기에 실려 있으나 문적을 상고할 수 없아옵고 근고에 은병(銀瓶)을 주조하여 포필(布疋)과 함께 동전(銅錢), 추포를 서로 보조적으로 쓰도록 한 것이 뒤에 법의 폐가 생김으로 인하여 동전과 은병을 모두 폐지하고 행하지 않고

순전히 오종포(五綜布 : 다섯 새 베)만 써서 화폐로 삼았아온데 근년에는 베의 올이 굵고 성기어서 점차 두 서너 새에 까지 이르러 백성들이 쓰기가 불편하게 되었던 것이며 운반하자면 우마가 땀을 흘렸고 쌓아 두면 쥐가 모손(耗損)시켜 장삿꾼이 사용하지 않는다고 하고 있다.

☞ 중국의 화폐 제작에 쓰인 '비단' : 중국 송나라 때 사람인 정개부(鄭介夫)는 마땅히 화폐는 옛날에 사용하였던 것처럼 그 본을 떠서 비단(絹)으로 화폐를 삼아야 한다고 하였다. 즉, 교초 모양으로 짜되 방복과 변복을 모두 완전하게 하고 그것을 짤 때에 무늬를 집어 넣어 짜야 한다. 이와 같이 하면 쉽게 떨어지는 것을 면할 뿐만 아니라 한 폭의 값이 무겁기 때문에 조그마한 사치를 막는 데에도 좋을 것이라고 하면서 화폐의 소재로 비단 사용을 제안하기도 하였다고 한다.

사. 고려시대의 섬유수공업 관장제도

고려시대의 산업제도는 수도관장(경공장 京工匠), 지방관장(외경장 外京匠)으로 구분된 이원적 관영수공업제로 운영되었는데, 섬유분야의 경우 의복을 맡은 장복서(掌服署), 염색을 담당하는 도염서(都染署), 특수직물을 담당하는 잡직서(雜織署)가 있었다. 이에 근무자들은 기술 수준과 경력에 따라 차등적 대우를 받았는데, 급료는 미곡 등 현물지급으로 직급에 따라 연간 쌀 600석에서 최대 1만석, 또는 벼 1000석에서 1500석이 주어졌다고 한다.

아. 고려시대 섬유 등 소비품목의 사용금지 조치로 풍습 규찰

1033년 고려 덕종은 영을 내리기를 '검소하여 절용(節用)하는 것은 백성을 넉넉하게 하는 길(道 도)이다. 상의국(尙衣局)에게 명하여 어의(御衣)를 물들이는 홍지초를 1년 정도만 쓸 만큼 준비한 것 외에는 많이 거두어 드리지 말라 하라. 문무양반이 아문에 사진할 때에 항상 붉은 옷을 입는 것은 일에 아무 이익이 없으니, 호종하는 때가 아니면 모두 검은 삼베를 입게 하라' 하였으며, 1042년 고려 정종은 금수(錦繡), 소금(銷金), 용봉문(龍鳳紋), 능라(綾羅) 등의 각종 비단 의복의 착용을 금하기도 하였다. 1025년 고려 현종 때에는 서민의 의복 등에 있어서도 용, 봉황 등의 무늬의 사용을 금하였다.

1026년에는 불가(佛家)에 대해 백삼, 말두건, 능라, 늑백(勒帛)으로 선을 두른 난삼과 가죽신, 채색 모자, 갓, 갓끈 등에 사용하는 것을 금하기도 하였으며, 1012년 현종은 '요즈음 중의 의복이 점차 사치하고 참람하여 속인과 크게 다르지 않으니 유사에 명하여 그 의복의 격식을 정하게 하라'고 명하기도 하였다. '석가가 교를 밝히는데, 청정한 것으로 근본을 삼고 때 묻고 더러운 것을 멀리하여 탐욕을 버리는 것이 교리인데, 지금은 요역을 피하려는 무리들이 이름을 중에게 붙이고, 돈을 벌어 생활을 해가며, 농사짓고 축산기르는 것으로 직업을 하며, 장사하는 것이 풍습이 되었으니 계율의 법문을 어기고, 들어가서는 청정의 법규가 없어져서 어깨에 걸치는 가사는 함부로 술 항아리의 덮개가 되고, 범패를 부르는 마당은 파, 마늘의 밭이 되었으며, 장사꾼과 통하여 팔고 사기도 하며 손님과 어울려 술 먹고 노래 불러, 절간이 떠들썩하고, 난분에서 더러운 냄새가 나며 속인의 갓을 쓰고 속인의 옷을 입으며 절을 짓는다 핑계하고 음악을 갖추어 가지고 시정에 함부로 왔다갔다 하며 속인과 서로 싸워 피 흘리는 일도 있으니 짐이 선악을 구분하고 기강을 숙청하려 하니, 중으로 사원에서 계행을 착실히 닦는 자만이 모두 편안히 머물러 있게 하고 계행을 범한 자는 법으로 다스리라'고 하였다.

1083년 고려시대 전체에서 최전성기를 이끌었다고 할 수 있는 숙종은 즉위하자마자 '짐이 선왕의 검소하셨던 덕을 이어 받아 행하고자 하여 음식의 가지수를 감하고 기호대로 다 하지 아니하였는데, 근래에 내외의 풍속이 사치를 좋아함이 한도 다 없어서 음식에도 배반(杯盤)이 과하게 많아 풍속을 상하게 한다 하니 마음이 매우 통탄스럽다. 이제부터는 마땅히 등급을 정하고, 어사대에서 규찰하게 하라'고 명하였다. 그리고 1086년 고려 선종도 '신하들이 올린 봉사를 보니, 속습이 사치하여 금제가 없다는 말이 많은데, 해당 관청으로 하여금 선왕의 전례에 의거하여 모든 의복, 거마 등 관품의 제도를 짐작하여 자세하게 정하여 알리게 하라'고 하였다.

1112년 고려 예종은 '선왕의 법이 형명(刑名)을 바르게 하고 분수를 자세히 하여 의식과 의복의 제도가 상하의 분별이 있고, 존비가 같지 않았으므로 귀하여도 지나치지 아니하고 천한 이는 감히 넘치지 아니하고 인심이 정하였다. 덕이 아래로 내려오면서 쇠하고 시대를 따라 법이 낡아짐에 의복의 등분이 없어지고, 사람이 절검할 줄 모르고 있다. 우리 태조가 나라를 세울 때에는 검소한 덕을 능히 삼가 지키고, 오직 영구한 계획을 품어 중국의 법을 본 받아 실시하고, 거란 오랑캐의 풍속을 엄금하였는데, 이제는 위로는 조정으로부터 아래로는 서민에 이르기 까지 화려한 풍속을 다투고, 거란 오랑캐의 풍속을 따름으로서 줄곧 돌이킬 줄을 모르니 깊이 개탄할 일이라, 짐이 이제 솔선하여 말세의 풍속을 개혁할 것이니, 타는 수레와 사용하는 물건은 모두 화려한 것은 버리고 검소한 것을 숭상하게 하라'고 하였다.

자. 섬유로 본 고려후기의 혼란과 백성의 고통

1135년 고려 인종은 묘청의 서경 천도론 등으로 나라가 어지러워지자 '짐은 덕이 박한 사람으로 때 마침 액운을 만나 궁실은 불에 타고 창고는 비었으며, 정치에 방법을 몰라 시설하는 것이 적당함을 잃어 인심은 날로 완(頑)하고 비루하며, 백성의 산업은 날로 쇠퇴해 가니, 조석으로 공구하여 편안히 지낼 겨를이 없다.' 또 '근래에 세상이 점점 말세가 되어 풍속이 박하여져서 효도하지 않고 우애하지 않으니 마땅히 유사로 하여금 검찰하여 죄를 다스릴 것이며, 만약 집이 가난하여 장사하지 못하는 자가 있거든 관에서 장례비를 지급토록 하라' 하였다.

이처럼 고려 전기의 권농장려 정책과 달리 고려 중기에 접어 들면서 왕실과 관리들의 사치가 극에 달함으로서 국가적으로 매우 큰 혼란이 야기되기 시작하였다.

한 가지 대표적 사례만 살펴보면 고려사절요에 의하면, 1167년 의종은 '못에 배를 띄워 술을 마시며 즐기었다. 정자각을 세워 남쪽에는 흙과 돌을 쌓아 물을 막아서 저수하고, 언덕 위에 초가 정자를 짓고, 오리가 놀고, 갈대가 우거진 것이 완연히 강호의 경치와 같았는데, 그 가운데에 배를 띄우고 소동으로 하여금 뱃노래와 어부노래를 부르게 하여, 놀이를 마음껏 즐기었다. 처음 이 정자를 지을 때에 역군으로 하여금 본인이 식량을 싸 오게 하였는데, 한 역군이 심히 가난해서 자급하지 못하여 동료 역군들이 밥 한 숟가락씩을 나누어 주어 그에게 먹게 하였다. 하루는 그의 아내가 음식을 갖추어 가지고 와서 남편에게 먹이고 말하기를, 친한 사람을 불러서 함께 먹으시오 하였다. 역군이 말하기를, 집이 가난한데 어떻게 장만했는가. 다른 남자와 관계하고 얻어 왔는가. 아니면 남의 것을 훔쳐 왔는가 하니, 아내가 말하기를, 얼굴이 추하니 누가 가까이 하며, 성질이 옹졸하니 어찌 도둑질을 하겠소. 다만 머리를 깍아 팔아서 사 가지고 왔소 하고, 이내 그 머리를 보이니, 그 역군은 목이 메어 먹지 못하고, 듣는 자도 슬퍼하였다. 또한 만춘정은 시냇물이 굽이쳐 돌고, 좌우에 송죽과 화초를 심었다. 또 아담한 모정, 초루가 무릇 일곱 군데나 있는데, 현판이 있는 것이 네 개가 있었으며 다리를 금화교라 하고, 문은 수덕문이라 이름하였다. 어선(御船)은 비단으로 꾸며 놀이를 하기 위한 것인데, 무릇 3년이나 걸려서 이루어진 것이니, 모두 박회준, 유장, 백선연 등이 왕을 추슬려서 한 것이었다. 이처럼 의종은 항상 총애하는 자들과 향락만을 일삼고 국정을 돌아보지 않는 데도 재상과 대간으로서는 하나도 말하는 자가 없었으니, 마침내 거제로 쫓겨 가게 된 것이 마땅하다 하였다. 이때 배 가운데에 채붕(綵棚)을 매어 놓고 여악(女樂)과 잡희(雜戲)를 실었다. 물에 뜬 것이 모두 19척이었는데, 모두 채색 비단으로 장식하고 좌우의 총애받는 자들과 더불어 잔치하여 즐겼'고 한다.

한편 고려 고종 때에는 몽고의 군사가 해마다 수시로 쳐들어와서 남녀 이십여 만명을 사로잡아 가거나 또 죽이고 하여 그 인명 숫자를 이루 다 계산할 수가 없었다고 한다.

이윽고, 1170년 정중부 이의방, 이고 등이 군사를 거느리고 의종의 아우 익양 공을 맞아 대관전에서 즉위시켰는데 이가 고려 명종(1170-1197년)이며, 이로서 백성의 삶이 더욱 고단하게 되어지는 고려시대의 '무신정권'의 시작이다. 실제로 이후 고려시대는 정치적 혼란의 지속과 외침 등의 연속으로 고려 전기와 같은 백성을 위한 정책은 실종되고 결국 패망의 길로 이어지고 만다.

고려사절요는 말미 후기에서 고려는 918년부터 1392년까지 34왕 475년간 존속하였는데 고려사절요는 말미에서 '고려는 왕업을 처음 창건하여 무든 것을 고쳐 시작하매 비록 예악은 미처 제정하지 못하였으나 그 큰 규모와 원대한 계책, 깊은 인덕과 후한 은택은 진실로 이미 5백년의 국맥을 배양하였다.'고 하였다.

차. 의복사의 혁명을 일으킨 문익점의 목면 국내 소개

■ 목면 개관

1363년(고려 공민왕 12년), 중국 원나라에 서장관으로 갔던 문익점이 목화 씨앗을 우리나라에 전래함으로서 국내 섬유산업과 의복사에 일대 혁명을 일으키게 된다.

사실, 목면 전래와 면직물의 국내 최초 생산에 대해서는 여러 가지 이설과 논란이 있지만 문익점이 우리나라 섬유산업 발전에 끼친 영향 실로 매우 막대하다 하겠다. 당시 우리나라에 전래된 목면은 중국이 200년에서 300년 사이에 인도(서역 카라코롬이라고도 함)에서 들여 온 것으로 700년경에는 중국의 신강성과 운남성까지, 1200년경에는 중국의 화북, 화중지방으로 까지 그 재배법이 확산되었다고 한다. 이를 1630년(고려 공민왕 9년) 원나라에 사신으로 갔던 문익점이 중국 원나라 조정의 책략에 휘말려 중국 운남지역으로 귀양을 갔다가 3년 후 겨우 돌아오는 길에 목화씨앗 10여개를 가져오게 되었다.

이긍익의 연려실기술에 의하면, 목화는 중국의 민(閩), 광(廣), 교지(交趾)의 소산으로 토인(土人)이 베를 만들고 '길패(吉貝)'라 하였다. 중국의 송강(松江)이라는 사람이 비로소 오니경(烏泥涇)에 심었으나 처음에는 답거추궁(踏車推弓)의 제도가 없어 베를 짜기가 매우 어려웠다. 중국 원나라 초기에 황도파(黃道婆)라 이름을 가진 노파가 있어 애주(崖州)로부터 와서 방적하는 기구를 가르쳤다. 그 사람이 죽은 뒤에 사당(祠堂)을 세우고 제사를 지내주고 있다. 우리나라에는 예로부터 면포(綿布)가 없었고 다만 삼(마 麻), 모시(저 苧), 고치실(견사 繭絲)로서 베를 만들었다. 고려 말기 진주 사람 문익점이 중국에 사신으로 갔다가 이 목화씨를 가져 왔는데 아울러서 취자거(取子車 씨아)와 소사거(繅絲車 실 가공하는 기구)를 만들어 가지고 왔는데 백 년이 못 되어 온 나라에 성행하였으니 우리나라에 있어 문익점의 공은 황도파에 못지 않은 것이다. 그래서 조정에서는 일찍이 그 자손을 녹용(錄用)하였다. 이는 소문쇄록(謏聞瑣錄)에 상세하게 나와 있다고 한다.

☞ 이긍익(李肯翊) : 조선 후기의 실학자. 조선 한양(서울) 생. 1736-1806. 이긍익은 가학(家學)인 양명학(陽明學)의 영향을 받아 실증적 역사서인 '연려실기술(燃藜室記述)'을 저술했다. 호는 완산(完山), 또는 연려실. '연려실'이란 중국 한나라 유향(劉向)이 옛 글을 교정할 때 신선이 비단으로 만든 지팡이에 불을 붙여 비추어 주었다는 고사에서 유래한 것이라 한다. 그는 약 30여년간에 걸쳐 저술한 '연려실기술'에서 우리나라 역사를 기사본말체(紀事本末體)로 엮었는데, 원집(原集) 33권, 별집(別集) 19권, 속집(續集) 7권으로 된 대저술을 남기고 있다.

또 조선 성종 때 사람 조신(曹伸)의 '목면근본기(1480년)' 문익점편에서도 솜은 본래 중국 복건성과 광동성 등지에서 생산되었던 것으로 그 크기가 술잔 만한데 그 곳 사람들이 무명을 짜서 이를 길패(吉貝)라 하였다. 처음에는 손으로 씨앗을 빼고, 끈이나 댓가지로 흔들고 털어 실을 만들다가 점차 활은 사용하는 방법을 알게 되었다. 중국 원나라 초기에 솜 타기, 무명 짜기의 기구가 개발되었고, 배색 베 만들기와 이에 무늬 넣기 등 여러 기술이 소개된 후 옷을 비롯하여 이부자리, 띠, 수건 등의 제품이 생산되었다고 하고 있기도 하다.

■ 문익점에 대하여

조선실록에 의하면, 1398년 조선 태조 7년 '좌사의대부(左司議大夫) 문익점(文益漸)이 졸하였다. 문익점은 진주사람이다. 아버지 문숙선은 과거에 올랐으나 벼슬하지 않았다. 문익점은 가업을 계승하여 글을 읽어 1360년인 고려 공민왕 경자년에 과거에 올라 김해부사록에 임명되었으며, 이후 좌정언에 승진되었다. 같은 해에 계품사인 좌시중 이공수의 서장관이 되어 중국 원나라 조정에 갔다가, 장차 돌아오려고 할 때에 길가의 목면(木緜) 나무를 보고 그 씨 10여 개를 따서 주머니에 넣어 가져왔다. 1364년 고려 공민왕 13년 갑진년에 진주에 도착하여 그 씨앗의 반을 본 고을 사람 정천익에게 주어 이를 심어 기르게 하였더니, 다만 한 개만이 살게 되었다. 정천익이 가을이 되어 씨를 따니 백여 개나 되었다. 해마다 더 심어서 1367년 고려 공민왕 16년 정미년 봄에 이르러서는 그 종자를 나누어 향리에 주면서 권장하여 심어 기르게 하였는데, 한편 문익점 자신이 처음으로 심은 반의 것은 모두 꽃이 피지 아니하였다. 중국(호 胡)의 중 홍원(弘願)이 정천익의 집에 이르러 목면을 보고는 너무 기뻐 울면서 말하였다. 오늘날 다시 본토의 물건을 볼 줄은 생각하지 못했습니다. 정천익은 그를 머물게 하여 몇 일 동안을 대접한 후에 이내 실 뽑고 베 짜는 기술을 물으니, 홍원이 그 상세한 것을 자세히 말하여 주고 또 기구까지 만들어 주었다. 정천익이 그 집 여종에게 가르쳐서 베를 짜서 1필을 만드니, 이웃 마을에서 전하여 서로 배워 알아서 한 고을에 보급되고, 10년이 되지 않아서 또한 나라 전체에 보급되었다. 이 사실이 알려지니 나라에서는 1375년 문익점을 전의주부(典儀注簿)로 삼았는데, 벼슬이 여러 번 승진되어 좌사의대부에 이르렀다가 졸하니, 나이 70세였다. 본국의 조정에 이르러 의사(議事)하는 사람의 말로써 참지의정부사 예문관제학 동지춘추관사(參知議政府事 藝文館提學 同知春秋館事) 강성군(江城君)으로 증직하였다. 아들은 세 사람이니 문중용, 문중실, 문중계이다.'라고 한다.

☞ 조선왕조실록 : 조선왕조실록(朝鮮王朝實錄)은 조선 태조 때부터 철종 때까지 조성의 25대 임금, 427년간(1392~1863)의 역사를 연대순으로 적은 사서(史書)이다. 이는 사초(史草)와 시정기(時政記)를 기본으로 하고 승정원일기(承政院日記), 정부일기(議政府日記)를 자료로 삼아 지은 것으로서, 태백산본(太白山本) 1,181책, 정족산본(鼎足山本)

848책, 오대산본(五臺山本) 27책, 잔여분 21책, 모두 2,077책이 서울대학교부속도서관 규장각(奎章閣)에 보존되어 있다. 1973년 12월 31일 국보 제151호로 지정되었으며, 1997년 10월 유네스코 세계기록유산으로 등재되어 있기도 하다. 이 책은 '조선왕조실록', '조선실록' 등 다양한 이름으로 불리기도 한다.

또 조선왕조실록에 의하면, 1401년 조선 태종 1년에 문익점의 아들 문중용을 뽑아서 사헌감찰(司憲監察)을 삼았다고 한다. 이 때의 추천사를 보면 '고 간의대부 문익점이 처음 강남에 들어가서 목면종자(木綿種子) 두어 개를 얻어 싸 가지고 와서 진양 촌집에 보내어, 비로소 목면을 짜서 진상하였으니, 이 때문에 목면의 일어남이 진양에서 시작되었습니다. 이로 말미암아 온 나라에 널리 퍼지게 되어, 모든 백성들이 상하가 모두 이를 입게 되었으니, 이것은 모두 문익점이 준 것입니다. 백성에게 크게 공덕이 있는데도 응보를 받지 못하고 일찍 죽었고, 아들 중용이 아비의 상을 당하여 3년을 시묘하고, 이어 어미의 상을 당하여 또 3년을 시묘하고, 상을 마친 뒤에 그대로 진양에 숨었으니, 근근하고 효렴하여 쓸 만한 선비입니다'라고 하였다.

이어서 1410년 조선 태종 10년 의정부(議政府)에서 의논하기를 '사람이 의뢰하여 사는 것은 의식뿐입니다. 우리 동방이 처음에는 뽕나무(상 桑)와 삼(마 麻)만 알고 목면(木綿)이 무슨 물건인지 알지 못하였는데, 문익점이 중원에 사신으로 갔다가 그 씨를 얻어 가지고 돌아와서 우리 백성에게 혜택을 주어, 위로는 경사(卿士)에서 아래로는 서인(庶人)에게 이르기까지 상의(上衣), 하상(下裳)을 모두 이것으로 만드니, 백성에게 공이 있음이 가위 크다 하겠습니다. 그러므로, 국가에서 이미 포상의 법을 거행하여 작질을 추숭하였으니, 가위 온당하다 하겠습니다. 그러나, 예전을 상고하면 무릇 한 도에 공이 있는 자도 모두 사당을 세워서 제사하는데, 하물며 한 나라에 공이 있는 자이겠습니까? 원컨대, 관향에 사당을 짓고 제전을 주어서 제사지내어, 성조(盛朝)의 덕을 높이고 공에 보답하는 뜻을 보이소서.' 하였으나, 상소 당시에는 받아 들여지지 않았다가 1785년 조선 정조 9년에 이르러서 서원 사액에 지정되기도 하였다.

■ 문익점과 대구경북

베틀을 만들 당시 베틀공상다리를 '조기산(일명 베틀산)'을 본 떠 만들었다는 전설이 만들어 질 만큼 목면의 소개는 이처럼 우리나라 섬유역사와 의복사에 일대 혁명을 일으켰던 것으로 보인다.

한편 문익점은 목화재배의 적지를 찾아내기 위하여 전국을 순회하는 과정에서 경북의 의성, 선산, 군위지역이 중국 목면생산지인 금주지역과 비슷함을 알고 면화재배를 권고하기에 이른다. 따라서 지역이 근대섬유수공업의 총아로 등장할 수 있었던 것은 이같이 면화생산의 적지로 인정받았기 때문이기도 하다.

그리고 경북 의성지역에 목화를 심어 우리 민족 모두가 '백의민족'의 따뜻함을 맛볼 수 있게 해준 사람 문승로 또한 문익점의 손자이다. 조선 세종 때 문익점의 손자 문승로가 의성현감(지금의 군수)으로 있으면서 목화재배에 심혈을 기울여 목화원산지의 기반을 확고히 하였으며, 마침내 대량 재배에 성공하게 되었다. 그리고 역시 문익점의 손자였던 문영은 일선(현재의 선산)군수로 있으면서 초기에는 보잘 것 없는 것이었지만 면망직시설의 기계화를 위해 크게 노력하였는데 이때가 대략 1370-1380년대 일 것으로 추정되고 있다.

1909년 의성지역 주민들은 목화를 처음 재배했던 '제오리'(지금의 경상북도 의성군 금성면)에 면작파종의 성공기념비인 '충선공 부민후 강성군 삼우당 문익점선생 면작 기념(忠宣公 富民候 江城君 三憂堂 文益漸 先生 棉作 記念)'비를 세워 그 업적을 오늘에 기리고 있기도 하다.

이처럼 문익점은 정천익과 더불어 목화 종자의 도입, 시험재배 성공, 종자의 전국적 보급, 목화섬유를 이용한 의료제조 등 그 공로는 참으로 큰 것으로 평가받았는데, 조식은 문익점의 그 공을 기려 훗날 '목면화기 木棉花記'에서 "백성에게 옷을 입힌 것이 농사를 시작한 옛 중국의 후직씨와 같다(衣被生民 后稷同)."는 시를 지어 찬양하고 있다.

문익점은 사후 조선 태종 때 참지정부사 강성군에, 세종 때 영의정과 부민후(富民侯)에 추증되었으며, 시호는 충선공(忠宣公)이다. 또한 그의 고향 단성의 도천서원(道川書院)과 전라남도 장흥의 월천사우(月川祠宇)에 사당이 세워졌다.

또, 문익점과 정천익이 처음 목화를 시험 재배했던 경상남도 산청군 단성면 사월리에는 문익점면화시배지(文益漸棉花始培地)가 사적 제108호로 지정되어 있고, 여기에 삼우당선생면화시배사적비(三憂堂先生棉花始培事蹟碑)가 세워져 있다.

문익점의 후손들이 대를 이어 살아 온 마을인 인흥마을이 대구광역시 달성군 화원읍에 있는데, 보통 '남평문씨세거지(南平文氏世居地)'라 불리고 있기도 하다.

카. 외국인이 본 고려시대의 섬유풍속 이야기 : 고려도경

이 글은 서긍(徐兢)의 '선화봉사고려도경(宣和奉使高麗圖經, 이하 '고려도경'으로 표기)' 중 고려시대 섬유풍습과 관련된 내용을 발췌하여 외국인이 본 당시의 시대상을 살펴보기로 한다.

■ 머리말

이제 신이 저술한 도경은 손으로 펼치고 눈으로 보면 먼 이역땅이 다 앞에 모이게 되는데, 이는 옛날 쌀을 모아 지세의 모형을 만들던 유제(遺制)이다. 그렇기는 하나 숙소가 정해진 귀에는 파수병이 지켜 문 밖을 나가 본 것이 5~6차례에 불과 하였다. 그럼에도 고려의 근본과 풍속과 사물의 상황을 대충 터득할 수 있어서, 그것들을 그림과 기록에서 빠지지 않게 하였다. 선화 6년 8월 6일. 봉의랑(奉議郎) 충봉사고려국신소제할인선예물(充奉使高麗國信所提轄人船禮物) 사비어대(賜緋魚袋) 신(臣) 서긍(徐兢) 근서(謹序).

☞ 고려도경 : 고려도경(高麗圖經)은 중국 송나라의 사신이었던 서긍(徐兢, 1091년 - 1153년)이 1123년에 고려를 방문하여 보고 들은 것을 기록한 보고서로서 원명은 선화봉사고려도경(宣和奉使高麗圖經)이며, 그림을 곁들여서 기록한 책이 모두 40권이다.

■ 고려의 주거풍습에 대하여

고려는 종묘(宗廟)와 사직(社稷)을 세우고, 읍(邑)에는 가옥(家屋)을 만들고 주(州)에는 마을 문을 세웠고, 높은 성첩(城堞)을 둘러쌓아 그 성곽들이 우뚝우뚝하여 실로 쉽사리 업신여길 수 없다. 고려의 왕성(王城)은 비록 크기는 하나, 자갈땅이고 산등성이어서 땅이 평탄하고 넓지 못하기 때문에, 백성들이 거주하는 형세가 고르지 못하여 벌집과 개미 구멍같다. 풀을 베어다 지붕을 덮어 겨우 풍우(風雨)를 막는데, 집의 크기는 서까래를 양쪽으로 잇대어 놓은 것에 불과하다. 부유한 집은 다소 기와를 덮었으나, 겨우 열에 한두 집 뿐이다. 그리고 지방의 경우 주현(州懸)의 설치에 있어 그 명칭이 서로 맞지 않고, 취락(聚落)이 번성한 곳일 뿐이다.

고려의 왕성(王城)에는 본래 방시(坊市)가 없고, 광화문(廣化門)에서 관부(官府) 및 객관(客館)에 이르기까지, 모두 긴 행랑을 만들어 백성들의 주거를 가리웠다. 때로 행랑 사이에다 그 방(坊)의 문을 표시하기를, 영통(永通), 광덕(廣德), 흥선(興善), 통상(通商), 존신(存信), 자양(資養), 효의(孝義), 행손(行孫)이라 했는데, 그 안에는 실제로 시장거리나 민가는 없고, 적벽에 초목만 무성하며, 황폐한 빈터로 정리되지 않은 땅이 있기까지 하니, 밖에서 보기만 좋게 한 것 뿐이다. 왕성에는 여러 외문이 있는데 이 가운데 북창문의 경우 포백(布帛), 신탄(薪炭 땔나무와 숯) 등이 많이 지나다니는 문이라고 하며, 또 왕성에는 누관(樓觀)도 있는데 사신이 지나가게 되면, 부녀자들이 그 속에서 내다보는데 의복 꾸밈새가 서민들과 다르지 않았다. 어떤 사람이 말하기를 왕이 눌러 올 때면 그 안의 왕족들이 비로소 비단 옷으로 바꾸어 입는다고 했다. 당시 풍광을 묘사한 문구 중에 술잔을 들고 축수하니 '곤룡포 자락에 서광이 어렸도다(袞龍布上瑞光浮 곤룡포상서광부)'라고 하고 있기도 하다.

■ 무역(상거래)에 대하여

고려의 고사(故事)에 매양 사신이 오게 되면 사람이 모여 큰 저자를 이루고 온갖 물화(物貨)를 나열하는데, 붉고 검은 비단은 모두 화려하고 좋도록 힘쓴다.

그러나 금과 은으로 만든 기용(器用)은 모두 왕부(王府)의 것을 때에 맞추어 진열하나, 실제로 그 풍속이 그런 것은 아니다. 대개 그 풍속이 사람이 살면서 장사하는 가옥은 없고 오직 한 낮에 시장을 벌여, 남녀, 노소, 관리, 공기(工技)들이 각기 자기가 가진 것으로써 교역(交易)하고, 돈을 사용하는 법은 없다. 오직 저포(紵布), 은병(銀瓶)으로 그 가치를 표준하여 교역하고, 일용의 세미한 것으로 필(疋)이나 냥(兩)에 미치지 못하는 것은 쌀로 치수(錙銖)를 계산하여 상환한다. 그러나 백성들은 오래도록 그런 풍속에 익숙하여 스스로 편하게 여긴다. 중간에 조정에서 전보(錢寶, 화폐, 돈)를 내려 주었는데, 지금은 모두 부고(府庫)에 저장해 두고 때로 내다 관속(官屬)들에게 관람시킨다 한다.

■ 관복(冠服)에 대하여

동이(東夷)의 풍속은 머리를 자르고 문신(文身)하며, 이마에 문신하고 발이 교차한다(雕題交趾. 조제교지)고 하고 있으나 고려는 기자조선 때부터 이미 밭갈이와 누에치기의 이로움을 알았으므로 마땅히 의관(衣冠)의 제도가 있었을 것이다. 그리고 동남쪽의 이적(夷狄)들 중에는 고려의 인재가 가장 왕성하다. 나라에 벼슬하는 자라야 귀신(貴臣)이 되며 족망(族望)으로 서로 겨루고, 나머지는 혹 진사(進士)를 하여 뽑히거나, 혹 재물을 바치고 되기도 하는데, 세록(世祿) 받는 이직(吏職)까지도 등급이 있으니, 그러므로 직(職)이 있고, 계(階)가 있고, 훈(勳)이 있고, 사(賜)가 있고, 검교(檢校)가 있고, 공신(功臣)이 있고, 여러 위(衛)가 있다.

한사(漢史)에 그 공회(公會)할 때의 의복은 다 비단에 수놓고 금과 은으로 이를 장식하되, 대가(大加), 주부(主簿)는 책(幘)을 쓰는데 관(冠)과 같고, 소가(小加)는 절풍건(折風巾)을 쓰는데 변(弁, 고깔)과 같다고 하였다. 중국 당나라 초에 차츰 오채(五采)의 옷을 입어 백라관(白羅冠)을 쓰고, 혁대(革帶)에는 다 금이나 옥으로 장식하였으며, 변발(辮髮)을 풀고 좌임(左衽)도 없앴다고 한다.

(고려는 처음에 광종(光宗) 때 후주(後周)의 제도를 들여 중국 복식을 입었으나 그 뒤 거란에서 변복을 들여오고, 문종 32년 6월에 중국 송나라 신종(神宗)

이 어의(御衣) 2벌을 보내 줌으로서 고려와의 교섭이 시작된 것으로 알려지고 있기도 하다. 역자주)

고려왕의 일상복은 높은 오사모(烏紗帽)에 소매가 좁은 상포(緗袍, 담황색의 옷)를 입고, 자라(紫羅)로 만든 넓은 허리띠(勒巾 늑건)를 띠고, 이 허리띠는 사이사이에 금실과 푸른 실로 수를 놓았다. 나라의 관원과 사민이 모여 조회할 때에는 복두(幞頭)를 쓰고 속대(束帶)를 띠며, 제사지낼 때에는 면류관(冕旒冠)을 쓰고, 옥규(玉圭)를 든다. 다만, 중국의 사신이 가면 자라(紫羅)의 공복(公服)을 입고, 상아(象牙)로 만든 홀(笏)을 들고 옥대(玉帶)를 띠고, 행례의 범절이 아주 신절(臣節)에 조심한다. 혹 평상시 쉴 때에는 조건(皁巾)에 흰 모시(白紵 백저) 도포를 입으므로 백성과 다를 바 없다고 한다.

고려의 관직명이 일정하지 않고 조정에서 입는 옷과 집에서 입는 옷이 혹, 중국 송나라 제도와 다른 것이 있으므로, 이를 들어 관복도(冠服圖)를 그린다고 하였으나 오늘날 고려도경에서 언급한 이의 그림은 전해지지 않고 설명으로만 확인할 수가 있다.

고려의 관제는 중국 당나라 때 처럼 아홉 등급이 있는데 전세(前世) 고구려의 신하의 복식이 청라(靑羅)로 관을 하고, 강라(絳羅, 붉은 비단)로 이(珥, 원래는 귀걸이이지만, 여기서는 귀를 싸는 장식)를 하고 새 깃(鳥羽 조우)으로 장식하더니, 영관복(令官服)의 경우 요즈음은 나라의 관원들이 거의 다 자문나포(紫文羅袍, 자주 무늬가 있는 엷은 비단)를 입고, 비치는 깁으로 만든 복두를 쓰며, 허리에는 옥대(玉帶)를 띠고, 금어(金魚)를 찼다. 국상(國相)의 복색은 자문나포에 구문금대(毬文金帶, 둥근 문양이 있는 금띠)를 띠고 이에 금어대(金魚帶)를, 근신[近侍]의 복색은 자문나포(紫文羅袍)에 구문금대를 띠고 이에 금어대(金魚帶)를, 종관의 복색은 자문나포에 어선금대(御仙金帶)를 띠니, 왕의 특별한 은영(恩榮)을 입은 자가 다 입으며, 왕의 세자(世子) 및 왕의 형제도 또한 그러하다. 또 경감(卿監)의 복색은 비문나포(緋文羅袍)에 홍정서대(紅鞓犀帶, 붉은 가죽 바탕의 무소 뿔의 띠)를 하고, 이에 은어대(銀魚帶)를 차며, 조관(朝官)의 복색은 비문나포를 입고 흑정각대(黑鞓角臺)를 띠고, 은어대(銀魚帶)를 차며, 서관(庶官, 6품 이하의 하급관원)의 복색은 녹의(綠衣, 서관의 옷은 포袍라 하지 않고 의衣라 하였음)에 목홀(木笏)을 들고, 복두를 쓰고, 오정(烏鞓, 검은 가죽띠)를 했다.

이직(吏職, 서리胥吏)의 복색은 서관(庶官)의 복색과 다를 바가 없다. 다만 녹의(綠衣)에 때로는 진하고 엷은 것이 있다. 예로부터 전하는 말에는, '고려는 당(唐)의 제도를 모방하여 푸른[靑] 옷을 입는다'하나, 이제 물어 보니 틀린다. 그게 대개 이 나라는 백성이 가난하고 그 풍속이 검약하여 도포 하나의 값이 거의 은(白金, 백금) 한 근 가격이니 항시 빨아서 다시 물들이니 색이 진하여 푸른 것 같을 뿐이요, 한 복색이 아니라 한다. 그러나 성부(省府)의 보리(補吏)는 유품(流品)에 한하지 않고 귀가(貴家)의 자제도 때로는 그렇게 한다고 한다. 지금 이 청복(靑服)은 곧 서리(胥吏)의 세습하는 자만이 입는다.(선화봉사고려도경 제7권)

■ 의물(儀物)에 대하여

고려국 왕실의 의물(儀物)에 대하여 고려도경을 살펴보면 먼저 반리선(盤螭扇)은 둘이 있는데, 이는 강라(絳羅, 붉은 비단)로 만들어 주병(朱柄, 붉은 자루)에 금색으로 장식을 하고, 가운데에 단리(單螭, 한 마리의 작은 용)가 꾸불꾸불 굼틀거리는 그림을 수놓았는데, 그 제도가 뿔은 하나요 비늘은 없고, 그 모습은 용(龍)과 비슷하되, 대개 교구(蛟虯, 전설상의 용)류이다. 왕이 행차할 때면 앞에 서서 금포(錦袍)를 씌워 바람을 막는데, 친위군이 이를 잡고, 잔치할 때는 뜰 가운데에 세우되, 예가 끝나면 거둔다고 한다. 이밖에 쌍리선(雙螭扇), 수화선(繡花扇), 우선(羽扇), 곡개(曲蓋), 청개(靑蓋), 화개(華蓋), 황번(黃幡), 표미(豹尾, 표범 꼬리를 단 의장), 금월(金鉞, 장대 끝의 표식), 구장(毬杖, 격구를 할 때 쓰는 공채), 기패(旂旆) 등이 각종 행사에 사용되었다고 한다.(선화봉사고려도경 제9권)

■ 고려시대 때 군용으로 이용된 섬유문물에 대하여

고려 왕성(王城)의 장위(仗衛, 의장과 호위)는 다른 군(郡)에 비하여 가장 성대하고, 날랜 군사가 모두 모였으며, 16세 이상이면 군역(軍役)에 충당되었다. 오직 공적인 일에 사역되면 의복으로 구별할 뿐이다. 투구와 갑옷(鎧甲 개갑)은 아래 위가 붙어 있는데 그 제도는 봉액(逢掖, 옆이 넓게 트이고 소매가 큰 도포, 봉의라고도 함)과 같아서 형상이 궤이(詭異)하다. 금화고모(金化高帽, 모자 위에 금화로 꾸민 전모戰帽)는 거의 2자나 되고, 금의청포(錦衣靑袍, 비단 옷과 푸른 도포)에 헐렁하게 맨 띠는 사타구니에까지 드리우니, 대개 그 나라 사람은 키가 작아서 특별히 높은 모자와 비단 옷을 입어 그 모양을 장하게 한 것이다.

용호좌우친위기두(龍虎左右親衛旗頭)는 구문금포(毬文錦袍, 환상 무늬가 있는 비단 도포)를 입고, 도금(塗金)한 띠를 띠며, 전각복두(展脚幞頭, 복두의 일종. 후면에 좌우 양 뿔이 있는 것)를 쓰니 대략 중국의 복식제도와 같다. 작은 깃발을 가지고 육군(六軍)을 호령하니 이것이 군위(軍衛)의 대장(隊長)이다. 신호좌우친위군장(神虎左右親衛軍將) 또한 구문금포에 도금한 띠를 띠며, 모두(帽頭)의 뿔을 꺾어 올려서 오른쪽으로 조금 굽게 구부렸는데, 금화(金化)로 장식하였다. 왕이 출입할 때에는 10여 인이 우선(羽扇, 새 깃으로 만든 부채)과 금월(金鉞, 금도끼. 의장의 하나)을 잡고 시종한다. 신기군(神旗軍)은 가죽으로 머리를 덮었는데, 상부에 목비(木鼻)를 만들어 짐승의 이마 모양이 되게 한 것은 용맹스러움을 표시한 것이다. 붉은 저고리는 짧고 뒤에 또 두 쪽의 옷 가리개를 덮붙이고 있는데, 이는 짐승 무늬로 장식이 되어 있다. 조서(詔書)를 받거나 예(禮)를 받을 때는 앞에 진열하여 오방대신기(五方大神旗)를 펼쳐 수레에 싣고 향하는 곳을 따라 꼼짝 않고 서 있는데, 수레마다 10여 인씩 탄다. 산길이 험난하고 높은데다 마침 큰 더위에 땀이 흘러 등을 흠뻑 적시니, 다른 장위군에 비하여 가장 수고가 많다고 했다.

고려군의 의장제도는 매양 재제(齋祭, 제사)와 사천(祀川)할 때는 10면에 큰 기를 세우며, 각각 그 방위의 빛깔에 따라 신물(神物)을 그리고 이를 신기(神技)

라 하니, 그 제도가 매우 넓다. 기 마다 비단 몇 필(匹)을 쓰는데, 아래에는 바퀴를 달아 수레를 만들고, 수레마다 붉은 옷 입은 장위군(仗衛軍) 십수 인이 끌고 가다가 왕이 있는 곳을 따라 차례로 서 있게 마련이다. 사면에는 각각 큰 새끼줄을 달아 풍세(風勢)에 대비하는데, 높이가 10여 장(丈)이다. 나라 사람들은 신기를 세운 것을 바라보면 감히 그곳을 향하여 가지 못한다.(선화봉사고려도경 제11권)

■ 일반 의복풍습에 대하여

고려는 땅이 넓지 못하나, 백성이 매우 많다. 사민(四民)의 업(業) 중에 유(儒, 선비)를 귀히 여김으로 그 나라는 글을 알지 못하는 것을 부끄럽게 여긴다. 산림이 지극히 많고 땅이 넓고 평평한 데가 적기 때문에 경작하는 농민의 기능은 장인을 따르지 못한다. 주(州)나 군(郡)의 토산(土産)은 다 관가의 공상(公上)에 들어가므로, 장사치는 멀리 나들이하지 않는다. 다만 대낮에 고을에 가서 각각 자기가 가지고 있는 것으로 가지고 있지 않은 것을 서로 바꾸는 것으로서 만족하는 듯하였다.

지사의 복식은 사대문라건(四帶文羅巾)을 쓰고, 검은 오주(皀紬)로 웃 옷을 하고 검은 띠에 가죽신을 신고, 공(貢)에 들면 모자를 더 쓰고, 급제하면 청개(靑蓋)와 복마(僕馬)를 주어 성안에 크게 놀아 영관을 삼는다고 한다.

농상(農商)의 백성은, 농민은 빈부할 것 없이, 장사치는 원근할 것 없이 다 백저포(白紵袍)를 만들고, 오건(烏巾)에 네 가닥 띠를 하는데, 다만 베의 곱고 거친 것으로 구별한다. 나라의 벼슬아치나 귀인(貴人)도 물러가 사가(私家)에서 생활할 때면 역시 이를 입는다. 다만 두건(頭巾)의 띠를 두 가닥으로 하는 것으로 구별하고 간혹 거리를 걸어갈 때에도 향리(鄕吏)나 백성은 이 두 가닥 띠를 보고는 피한다.

침의(寢衣)의 제도는 홍황색으로 겉감으로 하고, 흰 모시로 안을 댔는데, 안이

겉감 보다 크고 네 변두기가 각각 1척이 넘는다.

저상(紵裳)의 제도는, 겉감과 안이 6폭인데, 허리에는 가로 두른 깁을 쓰지 않고 두 개의 띠가 매어져 있다. 삼절의 자리마다 각각 저의(紵衣)와 함께 마련하여 놓게 해서 목욕할 때 쓰도록 한다.

저의(紵衣)는 곧 속에 입는 홑옷이다. 동이의 풍속은 순(純, 가장자리에 두른 선)과 영(領, 옷깃)을 쓰지 않고, 왕에서 부터 서민에 이르기까지 남녀 없이 다 저의를 입었다.

고려는 장인의 기술이 지극히 정교하여, 그 뛰어난 재주를 가진 이는 다 관아(官衙)에 귀속되는데, 이를 테면 복두소(僕頭所), 장작감(將作監)이 그 곳이다. 이들의 일상복은 흰 모시 도포에 검은 건이다. 다만 시역을 맡아 일을 할 때에는 광에서 붉은 도포를 내린다.

민장(民長)은 백성 가운데 부족(富足)한 자를 뽑아 시키되, 그 마을의 큰일이면 관부(官府)에 가되 작은 일이면 곧 민장에게 속하므로 거기 사는 세민(細民)들이 자못 존중하고 섬긴다, 그 복식은 문라(文羅)로 건(巾)을 하고 검은 주(紬)로 갖옷을 하고 혹각 대를 띠고 검은 가죽의 구리(句履)를 신으니, 또한 아직 공(貢)에 들지 않은 진사(進士)의 복식과 서로 닮았다.

고려의 두건(頭巾)은 다만 문라(文羅)를 중히 여겨 한 건의 값이 쌀 한 섬(石, 석) 값이 되어 가난한 백성은 이를 장만할 만한 밑천은 없고, 또 알상투를 하여 죄수(罪囚)와 다름없는 것을 부끄럽게 생각하기 때문에, 죽관(竹冠)을 만들어 쓰는데, 모나기도 하고 둥글기도 하여 전혀 일정한 제도가 없다. 짧은 갈(褐, 거친 옷)을 입고, 아래에는 바지를 걸치지 않는다.

■ 고려시대의 부인복(婦人服)과 생활 풍습에 대하여

삼한(三韓)의 의복 제도는 염색(染色)한다는 말을 듣지 못하였고, 꽃무늬를 넣는 것을 금제(禁制)로 하고 있다. 그러므로 어사(御使)를 두어 백성의 옷을 살펴 무늬를 넣은 비단과 꽃무늬를 넣은 비단을 입고 있는 자가 있으면, 그 사람을 죄주고 물건을 압수하므로 백성이 잘 지키어 감히 어기는 자가 없다. 옛 풍속에 여자의 옷은 흰모시 저고리에 노랑 치마인데, 위로는 왕가의 친척과 귀한 집으로부터 아래로는 백성의 처첩에 이르기까지 한 모양이어서 구별이 없다 한다.

고려 부인의 화장은 향유(香油) 바르는 것을 좋아하지 않고, 분을 바르되 연지는 칠하지 아니하고, 눈썹은 넓고, 검은 비단으로 된 너울(冪羅 조라, 멱라羃羅라고도 함)을 쓰는데, 세 폭으로 만들었다. 폭의 길이는 여덟 자이고, 정수리에서부터 내려뜨려 다만 얼굴과 눈만 내놓고 끝이 땅에 끌리게 한다. 흰 모시로 포(袍)를 만들어 입는데 거의 남자의 포와 같으며, 무늬가 있는 비단으로 너른 바지를 만들어 입었는데 그 안을 생초(生綃, 얇은 비단)로 받치니 이는 넉넉하게 하여 옷이 몸에 붙지 않게 함이다. 감람 색깔의 넓은 허리띠를 띠고, 채색 끈에 금방울을 달고, 비단으로 만든 향낭(香囊)을 차는데, 이것이 많은 것으로 귀하게 여긴다. 부잣집에서는 큰 자리를 깔고서 시비(恃妃)가 곁에 늘어서서 각기 수건(手巾)과 정병(淨瓶)을 들고 있는데 비록 더운 날이라도 괴롭다 하지 않는다. 가을과 겨울의 치마는 간혹 황견(黃絹)을 쓰는데. 어떤 것은 진하고 어떤 것은 엷다. 공경대부(公卿大夫)의 처와 사민(士民)의 처와 유녀(遊女, 기생)의 복색에 구별이 없다. 어떤 이가 말하기를 '왕비(王妃)와 부인(夫人)은 홍색을 숭상하여 더욱 그림과 수를 더 하되, 관리나 서민의 처는 감히 이를 쓰지 못한다.'고 한다.

부인의 머리는 귀천이 한가지로 오른 쪽으로 드리우고, 그 나머지는 아래로 내려뜨리되 붉은 깁으로 묶고 작은 비녀를 꽂는다. 가난한 집에서는 다만 너울이 없는데 대개 그 값이 은(銀) 한 근과 맞먹어 구입할 능력이 미치지 못하기 때문이며, 금제(禁制)가 있어서 그런 것은 아니다. 또 두르는 치마를 입되 여덟 폭으로 만들어 겨드랑이에 높이 치켜 입는데 주름이 많은 것을 좋아한다. 그 부귀한 자 처첩들의 치마는 7-8필을 이은 것이 있으니 더욱 우스운 일이다.

사신이 처음에 성(城)에 들어 갈 적에 길 옆 누관 사이에 난간에 의지하고 있는 귀녀를 가끔 보았다. 이는 아직 시집가지 않은 겨우 열 살 남짓한 여자였는데도 머리를 풀지 않았고, 황의(黃衣)는 또한 여름 복식으로는 마땅한 것이 아니기에, 시험삼아 이를 힐문하였으나 끝내 이를 자세히 알지 못했다. 어떤 이가 '왕부(王府) 소아의 옷이다.'하였다.

서민(庶民)들의 딸은 시집가기 전에는 붉은 깁(紅羅 홍라)으로 머리를 묶고, 그 나머지를 아래로 늘어뜨리고, 남자도 같으나 붉은 깁을 검은 노끈(黑繩 흑승)으로 대신할 뿐이다.

고려 궁부(宮府)에는 잉첩(媵妾)이 있고, 관리에게는 첩이 있는데, 백성의 처나 잡역에 조사하는 비자(婢子) 모두 복식이 서로 비슷하다. 그들은 힘든 일을 많이 하기 때문에 너울을 아래로 내려뜨리지 아니하고, 머리 정수리에 접어올리며 옷을 걷고 다니며, 손에는 부채를 잡았으나 손톱 보이는 것을 부끄럽게 여겨 많이들 붉은 한삼으로 손을 가린다.

그리고 고려의 법이 관비(官婢)를 두어 대대로 물려오기 때문에 왕부(王府)로부터 관아나 도관(道觀)이나 사찰(寺刹)에 이르기까지 모두 이들을 주어 노역을 바치게 하였다. 그들이 일할 적에 어깨에 멜 힘이 없으면 등에 지는데, 그 행보가 빨라 남자라도 미치지 못할 정도이다. 이들의 지고 이는 일이 그 노고는 한 가지다. 물이나 쌀이나 밥이나 마시는 것이나 다 구리항아리에 담았으므로 어깨에 메지 않고 머리 위에 인다. 항아리에는 두 귀가 있어 한 손으로는 한 귀를 붙들고 한 손으로는 옷을 추키고 가는데, 등에는 아이를 업었다.

■ 잡속(雜俗)에 대하여

고려는 여러 이적(夷狄)의 나라 가운데서 문물 예의(文物禮義)의 나라라 일컫고 있다. 그 음식은 조두(俎豆)를 사용하고 문자는 해서(楷書)와 예서(隷書)에 맞춰 쓰고, 서로 주고받는 데 절하고 무릎을 꿇으니 공경하고 삼가는 것이 족히 숭상할 만한 것이 있다. 그러나 그 실제로는 풍속이 박잡하여 오랑캐 풍속을 끝내 다 고치지 못했다.

고려의 풍속이 밤에 술마시는 것을 좋아하며, 더우기 사신 접대하기를 더욱 삼가한다. 항상 잔치가 파하면 한밤중을 넘어 산이나 섬, 주, 군의 교, 정, 관, 사에는 모두 뜰 가운데 홰를 묶어 불을 밝히고, 산원(散員)들이 이 홰를 잡고 사신이 숙관(宿館)에 돌아갈 때면 앞에 나열하여 서로 나란히 간다.

부인의 출입에도 역시 말과 노복과 청개(靑蓋)를 공급하는데, 이는 공경(公卿) 이나 귀인의 처이고 따르는 종자가 2~3인에 지나지 않는다. 검은 깁으로 너울을 만들어 쓰는데 끝이 말 위를 덮으며, 또 갓을 쓴다. 왕비(王妃)와 부인(夫人)은 다만 다홍으로 장식을 하되 거여(車輿)는 없다.(선화봉사고려도경 제 22권 중에서)

옛 사서에 고려를 실었는데 그 풍속이 다 깨끗하다 하더니, 지금도 그러하다. 그들은 매양 중국인의 때가 많은 것을 비웃는다. 그래서 아침에 일어나면 먼저 목욕을 하고 문을 나서며, 여름에는 날마다 두 번씩 목욕을 하는데 시내 가운데서 많이 한다. 남자, 여자 분별없이 의관을 언덕에 놓고 물 구비 따라 몸을 벌거벗되, 괴상하게 여기지 않는다. 의복을 빨고 깁이나 베를 표백하는 것은 다 부녀자의 일이어서 밤낮으로 근로해도 어렵다고 하지 않는다. 우물을 파고 물을 깃는 것도 대개 내에 가까운데서 하니, 위에 도롱태(鹿車盧 록거로)를 걸어 함지박으로 물을 깃는데, 그 함지박의 모양이 배의 모양과 거의 같다.

나라의 강토가 동해에 닿아 있고 큰 산과 깊은 골이 많아 험준하고 평지가 적기 때문에 밭들이 산간에 많이 있는데, 그 지형의 높고 낮음에 따랐으므로 갈고 일구기가 매우 힘들며 멀리서 바라다보면 사다리나 층층계와도 같다. 그 국속이 감히 사전(私田)을 가질 수 없고, 대략 구정(丘井)의 제도같은 것이 있는데 관리(官吏)나 민병(民兵)에게 등급의 고하에 따라 나라에서 내려준다. 국모(國母), 왕비(王妃), 세자(世子), 왕녀(王女)에게는 다 탕목전(湯沐田)이 있는데, 1백 50보(步)를 1결(結)이라 한다. 백성이 8세가 되면 관에 문서를 내어 전(田)을 분배받되 결수에 차이가 있고 국관(國官) 이하 병리(兵吏), 구사(驅使), 진사(進士), 공기(工技)에 이르기까지 일이 없으면 밭에서 일하게 하고, 변방의 수자리에는 쌀을 대어준다. 그 땅에 황량(黃粱), 흑서(黑黍), 한속(寒粟), 참깨(胡麻 호마), 보리, 밀 등이 있고, 쌀은 멥쌀이 있으나 찹쌀은 없고, 쌀알이 특히 크고 맛이 달다. 소 쟁기나 농구는 중국과 대동소이하므로 생략하고 싣지 않는다.

고려 풍속에 양과 돼지가 있지만 왕공이나 귀인이 아니면 먹지 못하며, 가난한 백성은 해산물을 많이 먹는다. 고기잡이는 썰물이 질 때에 배를 섬에 대고 고기를 잡되, 그물은 잘 만들지 못하며 다만 성긴 천으로 고기를 거르므로 힘을 쓰기는 하나 공을 보는 것은 적다.

나뭇군은 원래 전업이 없고 다만 일의 틈이 있으면 소년이나 장년이 힘에 따라 성 밖의 산에 나가 나무를 한다. 대개 성 부근의 산은 음양설에 의해 사위가 있다하여 나무하는 것을 허용하지 아니한다.

고려의 풍속에 주산(籌算)이 없어 관리가 돈이나 천을 출납할 때, 회계 때는 조각나무에 칼을 가지고 그 수를 그으니, 한 물건을 기록할 때마다 한 자국을 긋고 일이 끝나면 내버리고 쓰지 않으며, 다시 두었다가 계고(稽考)를 기다리지 아니한다.

고려는 산을 의지하고 바다를 굽어보며 땅은 토박하고 돌이 많다. 그러나 곡식의 종류와 길삼의 이(利), 우양(牛羊) 축산의 좋음과 여러 가지 해물의 아름다움이 있다. 고려는 모시(紵, 저)와 삼(麻 마)을 스스로 심으므로 사람들이 베옷을 많이 입는다. 제일 좋은 것을 이(薩)라 하는데, 깨끗하고 희기가 옥과 같고 폭이 좁다. 그것은 왕과 귀신(貴臣)들이 다 입는다. 양잠(養蠶)에 서툴러 사선(絲薩)과 직임은 다 장사치를 통하여 중국 산동이나 민절지방으로 부터 사들인다. 극히 좋은 문라화릉(文羅花綾)이나 긴사(緊絲, 매듭에 쓰는 실 같은 것)나 비단

(錦 금)이나 모직물을 짜는데, 그동안 여진(北虜)의 항복한 졸개에 공기(工技)가 많았으므로 더욱 기교(奇巧)하고, 염색도 그 전보다 나아졌다고 한다.

종이는 전혀 닥나무만을 써서 만들지 않고 등나무를 간간히 섞어 만들되, 다듬이질을 하여 다 매끈하며, 좋고 낮은 것의 몇 등급이 있다.

힐막(纈幕)은 옛 제도는 아니다. 선유(先儒)들의 말로는 비단을 이어서 물들여 도안을 만든 것을 '힐(纈)'이라고 한다고 하였다. 고려의 습속은 지금 힐을 만드는 것이 더욱 정교하다. 그 바탕은 본래 무늬 깁이고 도안의 빛깔은 곧 황색과 백색이 서로 섞인 것이어서 찬란하여 볼만하다. 이밖의 의물에는 장막으로 쓰인 수막(繡幕)을 비롯하여 수도(繡圖), 좌탑(坐榻), 연대(燕臺), 와탑(臥榻), 문석(文席), 문유(門帷), 수침(繡枕) 등이 있다.

화탑선(畵榻扇)은 금, 은을 칠해서 장식하고 거기다 그 나라의 산림(山林), 인마(人馬), 여자(女子)의 형태를 그렸다. 고려인들은 만들지 못하고 일본에서 만든 것이라고 하는데, 거기에 그린 의복을 보니 정말 그러했다. 삼선(杉扇)은 그리 잘 만들지 못한다. 단지 일본의 백삼목(白杉木)을 종이같이 쪼개어서 채색 실로 꿰어 깃과 같이 이어나간 것으로 역시 바람을 낼 수 있다. 백접선(白摺扇)은 대를 엮어서 뼈대를 만들고 등지(藤紙)를 말라서 덮어 씌우는데, 간혹 은, 동의 못으로 장식하기도 한다. 대의 수효가 많은 것을 좋은 것으로 친다. 심부름을 하거나 일로 움직이는 사람들이 가슴이나 소매 속에 넣고 다니는데 쓰기가 퍽 간편하다. 송선(松扇)은 소나무의 부드러운 가지를 가져다가 가늘게 깎아서 줄을 만들고, 그것을 두드려 실로 만든 후에 짜낸 것이다. 위에는 꽃무늬가 있는데 천등지교(穿藤之巧, 꽃을 뚫고 지나간 등의 기교)에 못지않다. 다만 왕부(王府)에서 사자(使者)에게 준 것이 가장 잘 만들어졌다.

초구(草屨, 짚신)의 형태는 앞쪽이 낮고 뒤쪽이 높아 그 모양이 괴이하나, 전국에 남녀노소 할 것 없이 다 신는다.

초점(草苫)의 용도는 중국에서 포대를 쓰는 것과 같다. 그 형태는 망태기 같은데 풀을 엮어 만든다. 무릇 쌀, 밀가루, 땔나무, 숯 등속은 다 그것을 가지고 담는다. 산길을 갈 때 수레가 불편하면 흔히 그것에 담은 것을 마필에 실고 간다.

막선(幕船)의 위는 푸른천으로 방을 만들고 아래는 장대로 기둥을 대신하고 네 귀퉁이는 각각 채색 끈으로 매었다.

바다는 온갖 물의 모체여서 천지와 더불어 똑같이 극한이 없기 때문에, 그 양은 천지를 측량할 수 없는 것과도 같다. 밀물과 썰물의 왕래로 말하면 시기에 맞춰 어긋나지 않아 천지간의 지극한 미더움이다. 대체로 하늘은 물을 싸고 있고 물은 땅을 받들고 있는데, 큰 기원의 기운이 태공(太空) 안에서 오르내린다. 낮과 밤의 시간은 해의 오르내림의 수에 달려 있고 달에 호응한다. 밤은, 바다 아래서 말하자면, 천체는 동쪽으로 굴러가고 해와 달은 서쪽으로 운행 한다. 또 고려의 해도(海道)는 옛날도 지금과 같았다. 옛 부터 전해지는 것을 알아보면 지금은 혹 보이지 않는 것도 있고, 지금 기재한 것은 혹 옛 사람이 말하지 않은 것도 있으나 그것이 본래부터 달랐던 것은 아니다.

3. 조선시대

가. 개관

조선은 1392년 7월 태조 이성계가 세운 왕조로서 1910년 8월에 일본에 강점될 때까지 519년간 지속되었다. 태조부터 순종까지 27명의 왕이 통치했는데, 그런데 조선 말기의 대한제국(1897~1910) 13년간은 '황제'의 시대라 할 수도 있으므로 실제적 왕조의 역사는 506년으로 볼 수도 있다.

조선은 개국 초부터 대부분의 왕들이 '백성들이 부유하게 되면 따라서 나라도 부유해지는 것이다'라는 정책 기조를 가지고 국정을 운영하였다.

조선은 개국과 함께 고려시대 불교 중심의 정치체제를 유교 중심으로 전환하면서 농경수공업적 산업경제의 제도 개선도 서둘렀는데 즉, 관영수공업제 강화와 농민의 부업적 수공업제, 전업적 수공업제 도입 등을 병행하여 시행하였다. 조선 초기 관영수공업제는 주로 경공장(京工匠)제였으며, 섬유분야의 경우 주요 부서는 본조(本曹 : 침선장, 초염장), 상의원(尙衣院 : 능라장 등등), 내자사(內資寺 : 방직장 등등), 선공감(繕工監 : 수관장 등등), 장악원(掌樂院 : 청염장 등등) 등이 있었다.

☞ '조선(朝鮮)'이라는 국명에 대한 야사 한 토막 : 성현은 용재총화에서 '조선 태조가 개국하자 재상 조반이 중국에서 자랐다 하여 주문사로 삼아 보내었다. 중국 명나라 태조가 혁명한 것을 꾸짖으니 조반이 대답하기를 역대 창업한 임금은 거의가 하늘의 명을 따라 혁명을 하였습니다. 비단 우리나라 뿐만 아닙니다 하고 은연 중에 중국 명나라가 중국 원나라를 폐망시키고 창업한 일을 빗대었다. 조반이 중국말을 쓰므로 중국 황제가 너는 어찌 중국말을 아느냐 하니, 조반이 신은 중국에서 자랐고, 전에 탈탈(脫脫 : 중국 원나라 말기의 정승으로 반란군 토벌에 힘썼다고 함)의 군중에서 폐하를 뵌 일이 있습니다 하므로 중국 명나라 황제가 당시의 일을 물었다. 조반이 자세히 말하니 황제가 의자에서 내려와 조반의 손을 잡고 만약 탈탈군이 그대로 있었다면 짐이 오늘에 이르지 못했을 것이니 경은 실로 짐의 친구이다 하면서 손님의 예로서 대접하고 '조선'이라는 두 글자를 써서 보내었다'라고 하고 있다.

나. 조선의 섬유농정

■ 양잠업 등 섬유농업의 장려육성 강화

각종 사료와 자료에 따르면 조선 태조는 개국과 함께 토지개혁을 단행하면서 농잠업에 대한 정책적 장려도 적극 권장한 것으로 보이며 1400년 조선 2대 임금인 중종은 재위 2년에 수도인 한양에 선잠단(先蠶壇)을 축조하여 고려시대 때 행하여 지다가 중단되어 버린 선잠에 대한 제사(잠신蠶神에게 드리는 제사의식)를 다시 행하게 하였다고 한다.

1411년 조선 태종은 재위 11년에 후비친잠법(后妃親蠶法)을 제정하여 왕후로 하여금 궁중에서 직접 누에를 치게 하였고, 또 1416년 태종은 모든 백성들에게 양잠법을 습득하게 하기 위하여 잠소(蠶所)의 일종인 잠실도회(蠶室都會)를 설치하였는데, 처음에는 경기도의 두 곳만 설치하였다가 그 뒤 5개도로 확대, 설치하게 하는 등 조선시대에는 개국 초기부터 양잠업을 국가에서 직접 엄격한 관리하며 그 육성을 적극 장려하였다.

1455 조선 세조는 종상법(種桑法)을 제정 공포하고 농가의 대호는 300그루, 중호는 200그루, 소호는 100그루, 빈호는 50그루씩을 뽕나무를 심게 하였으며, 뽕나무를 잘못 심어 말라 죽게 한 농가는 벌을 주기까지 하였다고 한다. 1470년 조선 성종은 전국 각도에 잠실 1개소씩을 의무적으로 설치하게 함과 함께 1477년에는 창덕궁에 채상단(採桑壇)을 신축하고 왕비의 친잠례(親蠶禮)를 거행하게 하였다고도 한다.

한편, 서울시 서초구 잠원동에 위치한 잠실리 뽕나무는 1973년 1월 26일에 서울지역문화 제1호로 지정되는데, 이때 '잠실'이란 뽕나무를 재배하여 농민에게 시범을 보이던 조선왕가의 잠소(蠶所)를 말하며 잠실이나 잠원동이란 동네 이름도 여기서 유래되었다고 한다.

또한 조선 성종의 어머니인 소혜왕후는 '내훈(內訓)'에서 여자의 사덕(四德)에는 부덕(婦德), 부언(婦言), 부용(婦容), 부공(婦功)이 있는데, 이 가운데 부공이란 반드시 공고한 솜씨가 다른 사람 보다 뛰어난 것에 다름 아니다. 여자는 복식에 대해 먼저 더러운 때를 씻어 깨끗하게 해야 하며, 전심을 다하여 길쌈을 하여야 한다(專心紡績 전심방적)고 하였다. 이어서 여자 아이는 열 살이 되면 삼과 모시를 잡아야 하며, 누에 고치 실을 잘 다스리고 길쌈으로 천을 짜야 한다(執麻枲 治絲繭, 織紝組紃 집마시 치사견 직임조천). 이렇듯 여자는 그 일을 배워서 의복을 잘 지어야 한다고 하면서 궁중과 일반 부녀자들에게 일종의 규범처럼 길쌈장려를 권면하기도 하였다.

☞ 소혜왕후(昭惠王后) : 소혜왕후(1437년-1504년)는 조선시대 추존왕인 덕종(德宗)의 부인이자 조선 성종(成宗)의 어머니이다. 정식 시호는 인수휘숙명의소혜왕후(仁粹徽肅明懿昭惠王后)이며 본관은 청주(淸州), 성은 한씨(韓氏)이다. 흔히 인수대비(仁粹大妃)로 잘 알려져 있다. 그의 나인 39세 때인 1475년 '내훈'을 편찬하였다.

따라서 이렇듯 조선은 일반인에게 있어서도 섬유생산이 적극 장려됨으로서 건국 초기부터 길쌈문화가 대단히 성행하였던 것 같다. 이와 함께 섬유생산 농경수공업도 거의 신앙적으로 활성화되어 간 듯하다. 박흥생의 촬요신서(撮要新書) 치잠법(治蠶法)에 의하면 잠신(蠶神)에게 제사하는 것에 대해 간략히 밝혀 주고 있고 있기도 하다. 즉, 정월오일(正月午日) 원유부인(苑窳夫人)이라 써서 붙인다. 원유부인은 우(寓)씨의 공주로 먼저 누에를 기른 신(神)인데 지방은 나무 판이나 혹은 종이에 쓰되 정남방에 안치하고 제상 앞에서 향을 피운다. 이때 술, 밥, 과실, 떡 등을 갖추고 잠부(蠶婦)는 밝은 마음으로 기도한다. 누에 치는 달에 이르러서는 초하루와 보름에 제사를 지내되 술은 쓰지 않고 차나 탕(湯)으로 대신한다(번역문 : 조선시대전기농서)고 한다.

☞ 박흥생(朴興生) : 조선시대 사람. 1374-1446, 그가 지은 농잠관계의 글을 모아 그의 후손인 박중호(朴重浩)가 1894년 '촬요신서'라는 저서로 발표하였다고 함

이처럼 조선시대에 들어와서는 양잠, 목면업 등 섬유를 포함한 각종 섬유농업 장려정책의 일환으로 왕실에서 직접 이와 관련한 기술서적 발간사업을 적극 전개하기도 하였는데, 1415년 조선 태종은 중국 원나라의 농서인 '농상집요(農桑

輯要)' 중에서 양잠에 관한 부분을 우대언(右代言) 한상덕(韓尙德)에게 명하여 이두로 번역하게 하여 현존하는 우리나라의 가장 오래된 농경서로 알려지고 있는 '양잠경험촬요(養蠶經驗撮要)'를 간행하게 하였으며, 조선 세종은 1429년 정초(鄭招, 1379-1434) 등으로 하여금 섬유 등의 농업경영지침서인 '농사직설(農事直說)'을 간행하게 하였는데 이 농사직설은 조선 세종 10년인 1428년 4월과 7월, 2차례에 걸쳐 충청, 전라, 경상 삼남지역의 도감사(道監司)에게 각 도의 풍토에서 행하는 선진 농법(農法)을 이미 경험한 노농(老農)에 물어 그 자료를 정리하여 전국의 농민에게 보급하게 한 것이라 한다. 이 농사직설의 보급과 함께 1444년 조선 세종은 또 다시 각 고을 관리들에게 '권농교문(勸農敎文)'을 내리고 나라는 백성을 근본으로 삼고, 백성은 식량으로써 하늘을 삼나니 농사는 의식의 근원인지라 왕정(王政)의 최우선되는 바다. 태조는 제도를 만들고 태종은 식량과 의복 생산에 있어 농민이 농사철을 잃지 않게 하라 하는 등 선왕들의 법도도 이미 있으니 이 농서를 널리 보급하여 태평성대를 구가할 수 있게 할 것을 지시하기도 하였다고 한다.

또한 조선 세조는 양성지(梁誠之, 1415-1482)로 하여금 1459년 양잠기술서인 '농잠서'를 그리고 서강(徐岡)으로 하여금 '잠업주해 蠶業註解'를 편찬하게 하는 등 우리나라 잠업기술의 보급을 도모하는데 크게 힘쓰기도 하였다고 한다.

1518년 경상감사인 김안국(金安國)이 '잠서언해(蠶書諺解)'를, 1655년 조선 효종은 신속(申洬, 1600-1661)으로 하여금 농업기술종합경영서인 '농가집성(農家集成)'을 편찬하게 하였다.

이밖에 조선시대의 섬유관련 농업자료는 1492년 발간된 것으로 알려지고 있는 강희맹(姜希孟, 1424-1483)의 '금양잡록(衿陽雜錄)'과 조선 중기의 문신이자 문필가인 허균(許筠, 1569-1618)이 사대부가와 일반 백성의 생활교양서로 1610년에 편찬한 '한정록(閑情錄)' 등의 사료가 남아 있기도 하다.

아울러 조선 후기에 이르러서도 새로운 잠업기술을 보급하기 위하여 여러 종류의 잠서(蠶書)들이 편찬되기도 하였다고 하는데 1884년 이우규(李祐珪)의 '잠상찰요(蠶桑撮要)', 1884년 김사철(金思轍)의 '증보잠상찰요(增補蠶桑撮要)', 1886년 이희규의 한글체 서적인 '잠상집요(蠶桑輯要)' 등이 있었다고 하며, 조선말기 조선 고종 연간에는 '농상집요(蠶桑輯要)', '잠상찰요(蠶桑撮要)' 등의 서적이 간행되기도 하였다고 한다.

■ 목면업 육성

1401년 문익점이 목화를 도입시킨 지 41년째 되는 해에 조선 태조는 그의 아들 문중용을 정부 관리로 전격적으로 등용하는 등 목면업 육성시책을 적극 강화하였다. 당시 작황이 부진하던 면화경작의 활성화와 경작지 확대를 위해 면화재배지에 대해서는 세금을 면제시켜 주기도 하였다고 한다.

이처럼 조선은 개국 초기부터 성종조에 이르기 까지 100여년간 국가적으로 강력한 섬유육성 장려시책을 전개한 결과 마침내 1495년 경에는 전국적으로 면화재배가 가능하게 되었으며, 많은 백성이 솜옷과 이불를 이용할 수 있게 되었다고 한다. 오늘날까지 목화에 대해 '달리', '겁폐', 길폐', '고종', '면화', '목면', '양화' 등 다양한 명칭으로 불리워지고 있는 것은 당시에 이미 재배지역이 광역화되었으나 교통의 불편으로 교류가 제한적이었기 때문에 지역마다 다양한 명칭의 발생과 지역별로 목면의 품질도 많은 차이를 보였기 때문으로 보인다. 실제 면화는 우리날에 있어 겨울 추위를 이겨낼 수 있는 주요 생활용품이었음으로 그 중요성이 매우 지대하였던 것 같다.

1440년경 에는 문익점의 손자인 문래와 문영은 각각 '물래'와 '베틀'을 개발하여 소개함으로서 면업 활성화에 크게 기여하기도 하였다.

다. 조선시대 화폐제도와 그 풍속

1401년 조선 태종 원년에 하륜 등에 의하여 저화(楮貨)를 만들어 쓰자는 건의가 있었는데 당시 저주지(楮注紙)는 길이가 1척6촌, 넓이는 1척4촌이고, 저상지(楮常紙)는 길이가 1척1촌, 넓이는 1척 정도였는데 이것이 너무 얇아서 구멍이 있는 것은 사용을 금하였다. 따라서 당시의 화폐로는 면포(상목면포 常木綿布)가 주로 사용되었다고 한다.

조선 세종 때 포백척(布帛尺)을 정하였는데 주척(周尺) 보다 5촌7푼을 더 하였다고 하는데 당시 공사(公私) 간에 행용한 면포의 새수(승수 升數 : '베'의 단위를 나타낼 때는 '승'을 '새'로 불리웠음)는 기본은 다섯 새이고 길이는 35척, 넓이는 7촌 이상이었다. 면포는 35척이 1필(疋), 50필이 1동(同)이었다. 정포(正布) 1필은 상포(常布) 2필에 준하고, 상포 1필은 저화 20장에, 저화 1장은 쌀 1승(升)에 준하였으며, 저화를 위조한 자는 사형에 처하였다(원전 : 경국대전)고 한다.

☞ 주척(周尺)과 조선의 도량형(度量衡) 풍속에 대하여 : 이긍익의 연려실기술에 의하면 옛날 사람들이 중요한 기구에는 반드시 주척을 사용하였는데 주척은 주자(朱子)가 은 공 사마광의 집에 있는 돌에 새긴 목척(木尺)의 치수를 취하여 자례(家禮)에 기록한 이후 널리 사용되었다. 조선 세종 때 허문견공 주가 가묘(家廟)의 신주 규격을 구하여 자(척 尺)의 본견(本見)을 만든 후 조선에도 널리 보급되었다. 신주척(神主尺)의 정식(定式)은 관용척에서 2촌5분을 없애고 7촌5분을 사용한다고 하였다(원전 : 필원잡기).

1649년 효종 때 비변사에서 아뢰기를 우리나라에서는 본래 전폐 쓰는 법을 정하지 않고 오직 면포를 시장(시상 市上)에서 행용하는 화폐로 삼았습니다. 종전에는 베의 품질에 정식(定式)이 있었으므로 백성들이 이로써 물건을 바꿀 뿐더러 의복도 지어 입었는데 근년에는 인심이 점점 간교하여져서 베의 품질이 극히 낮아졌고, 더구나 년년이 목화가 흉작이어서 직조의 일이 날로 추악해져 홑실 올을 바디에 걸음이 드물고 또 성기게 짜서 주머니나 전대를 만들면 팥, 콩 등이 새어나오며 휘장을 지으면 모기나 등에가 뚫고 들어 옵니다. 비록 풍년이 들어서도 한 필 베 값이 쌀 한 말의 가치도 못 되어 한 바리의 나무와 한 병의 탁주에도 베 한 단(端)을 받으니 시장 물가가 오르게 될 우려가 모두 이에 연유합니다 라고 하였다.

율(律)과 도량형의 법도는 한결 같아야 민심도 또한 하나가 되어 사위(詐僞)

가 없어지는데 후에 와서는 점점 해이해져서 집집마다 제도가 다르고 한 집 안에서도 길고 짧은 자(척)와 크고 작은 말(두 斗), 되(승 升), 가볍고 무거운 저울이 있으며, 주고 받을 때에 각기 다른 것을 사용하는 자(者)도 역시 많아서 속이고 협잡하는 일이 수 없이 생기니 이러고서도 어찌 정치를 할 수 있을 것이라(원전 : 평론).

한편, 도량형 도입과 함께 조선시대에 조세와 공물(貢物), 균역, 화폐 등에 쓰여진 섬유직물류(포 布 : 베)의 이름은 실로 매우 다양한데 이긍익의 연려실기술에 나오는 직물 품명과 의미의 명칭을 살펴 보면 대표적 품목인 면포(綿布)를 비롯하여 가포(價布), 감포(減布), 결포(結布), 군관포(軍官布), 군포(軍布), 궐포(闕布), 납포(納布), 마포(麻布), 상목면포(常木綿布), 서총대포(瑞蔥臺布), 상포(常布), 선무군관포(選武軍官布), 양인포(良人布), 양포(良布), 영포(嶺布), 이포(里布), 오종포(五綜布), 정포(正布), 정포(丁布), 주(紬, 무명), 징포(徵布), 추고속포(推考贖布), 추포(麤布), 호포(戶布) 등이 보인다.

라. 조선시대의 조세제도와 섬유제품

조선시대 세액 책정의 경우 거주지와 신분, 직업, 그리고 지역에 따라 세액이 모두 달랐는데 일반적인 밭에 대한 경우 콩 등 해당 소출이 있는 경우 국가에서 필요한 량 이외에는 비단이나 무명(면포), 삼베 등으로 조세를 거두기도 하였다. 당시 면포 1필의 가치는 쌀 6두, 비단 1필은 면포 2필과 비슷하였다고 한다. 그리고 한양(서울) 거주자의 경우 각종 공업과 상업인의 1년간 장인(匠人)세는 1년에 면포 1필이었으며, 노비의 연간 세액의 경우 남자는 면포 2필, 여자는 1필이었다.

☞ 조선시대 지역별 세금 등급에 대하여 : 조선시대에는 지역별로 등급을 매겨 세금 징수를 달리하였다고 하는데, 상등지역은 경상, 전라, 충청 3도이고, 중등지역은 경기, 강원, 황해 3도, 하등지역은 함길, 평안 2도로 하였다 한다.

☞ 대동법 시행에 대하여 : 이긍익의 연려실기술에 의하면 조선의 세금인 공물이 어느

때에 시작되었는지는 알 수 없다. 혹은 연산조에 창설한 것이라고 하나 성현은 성종 때에 횡간법(橫看法)이 있었다고 하며, 이이가 이를 개혁하려 하였으나 수행하지 못하였고, 유성룡는 서민을 위해 감손(減損) 정책을 제안하기도 하였으며, 이원익은 선혜청을 설치하였으며, 인조 갑자년에 강원도에 대동법을 시행하였다.

유형원의 반계수록에 의하면, 경국대전을 보면 조선의 공장(工匠)을 몇 등급으로 나누어 세액에 차등을 두고 있는데 무엇 때문에 등급을 나누었는지 알 수가 없다. 만일 기술이 정교한 자나 혹은 중요한 기구를 만드는 자를 고등(高等)으로 하여 세를 무겁게 하였다면 그것은 마땅하지가 않다. 왜냐하면 공장은 나라에서 마땅히 장려하고 권면하여야 할 것이지 세를 무겁게 하여 억제해서는 안 되기 때문이다. 예를 들면 공장 중에는 비단짜는 기술자를 비롯하여 총, 칼 만드는 자, 악기장 등이 있는데 이 때문에 공장을 업으로 삼고있는 자는 오히려 자기의 기술이 남에게 알려지는 것을 두려워 한다. 이로 말미암아 모든 공업에 법도가 없고, 그 제품이 추악하고 모양이 없다. 이러한 상태가 그대로 전국적인 관행이 되면 사람들의 마음과 눈에 익숙해져서 다시는 그 제품이 추악하다는 것조차 알지 못하게 될 것이다 라고 하였다. 그리고 더욱이 지금의 정무는 모두 아전에게 일임되어 있어 모든 일이 뇌물로 이루어지고 있고 그 폐단이 매우 심하다. 돌이켜보건대 이처럼 폐단에 폐단이 꼬리를 물고 생겨 수백 수천년 동안이나 점점 쌓여져 잘못으로써 잘못이 답습되어 그대로 오랜 법규를 이루었다. 그리하여 휘어지고 엉클러짐이 서로 말미암아서 흐트러진 실 같으니 그 근본을 살펴서 어지러움을 제거하지 않으면 도저히 나라를 바로 잡을 수가 없다. 또 우리나라의 도로는 중국과 달리 험하고 좁지만 사람이 이(利)를 좇고 해(害서)를 피하는 정은 천하가 모두 같기 때문이다.

☞ 유형원(柳馨遠) : 조선 때의 실학자. 1622-1673. 호는 반계(磻溪)이며 학행(學行)으로 두 번 천거되었으나 모두 사퇴하고, 학문연구와 저술에만 몰두하였다. 저서로는 중농사상에 입각하여 전반적인 제도개편을 구상한 '반계수록(磻溪隨錄)'이 있다.

조선시대 전반기 물품의 유통질서와 사회풍습에 대해 조선 세종 때 사람인 성현은 용재총화에서 다음과 같이 서술하고 있다. 옛날에는 사고 파는 일에 부정이 없어서 물건의 값이 오르지 않았는데 오늘날에는 간교함이 날로 심하여 물건에 반은 잡것이 섞여 있고, 한 자되는 생선을 겉 곡식 한 말과 서로 바꾼다. 겉 곡식 한 수레의 값도 여러 가지가 있어 한 바리의 베와 바꾸는데 까지 이르렀는데, 염색하는 집에서 가장 심하여 값이 비싸서 견디기 어려우나 호인들은 오히려 사치를 일삼아 값을 다투지 않아서 값만 더할 뿐이다. 성안에 사는 사람이 점점 많아져 옛날에 비하여 값이 열 배나 올랐으며, 또한 성 밖에 이르기 까지 주택이 즐비하다. 공사의 집은 모두 높고 크게만 얽으니 재목이 몹시 귀해 졌다. 따라서 깊은 산 외딴 골짜기의 것도 모두 베어 강을 따라 뗏목을 띄우는 사람들이 모두 괴로워하고 있다. 비록 세상의 도리가 날로 변한다고 하나 태평스러운 세상에 예를 꾸미는 것만을 번거롭게 하는 데 힘쓴 소치이다.

마. 조선 중기 시대상과 섬유산업

1502년(연산군 8년) 중국 명나라로 부터의 선진 염직기술의 도입이 있었지만 조선 초기에는 외국과의 선진 기술도입 노력은 미약하였던 것으로 보이며, 조선 중기로 접어들면서 국내 섬유산업은 무분별한 수입품 범람, 정변으로 인한 정치적 혼란과 사치풍조 만연, 임진왜란(1592년), 정유왜란(1597년)의 양대 왜란과 정묘호란(1627년), 병자호란(1636년)의 양대 호란 등을 겪으면서 섬유의 생산기반도 존속에 많은 애로가 수반되기도 하였다.

한편 자료에 의하면, 임진왜란 때 조선을 졸지에 침략한 일본의 왜군과 조선의 지원군으로 온 중국 명나라 군대로 인하여 호남지방과 호서지역 일부만 조금 온전하였을 뿐 깨끗한 땅은 거의 없었다고 한다. 특히 일본 왜적은 우리나라 사람들을 앞잡이로 삼아서 수탈과 피신자를 찾기 위해 아무리 먼 곳이라도 안 간 곳이 없었다고 하며, 소위 그윽한 곳 험난한 곳에 피란한 사람까지 다 살육하니 떼 죽음을 당한 수효가 한에 없었다고 한다.

그러나 이후 전후 복구사업과 함께 섬유생산기반의 재건도 빠르게 추진되었는데 조선의 조정에서는 농가집성(1655년)과 농가12월도(1682년) 발간보급과 함께 대동법 도입(1608년), 의복제도의 개선령(1671년)을 시행하기도 하였으나 계속 되는 사회적 혼란과 함께 1746년을 전후하여 서는 봉건적 생산체제인 관장제 (官匠制)도 급속히 붕괴되어 갔으며, 1785년경부터는 지방 정부가 관리하던 외 공장제(外工匠制) 기반마저 빠르게 사라져 갔다.

이러한 사회적 환경변화로 말미암아 사영(私營) 형태의 자영 수공업자가 많이 등장하여 섬유제조업 등 새로운 제조기반이 번성하는 계기가 되었으며, 이에 따 라 중국 청나라와 일본 등과의 교역도 활발하여져 갔던 것 같다. 이러한 상업적 경제기반 도입과 국가재건 사업 강화로 말미암아 물물거래도 활발히 전개되었는 데 직물류 중심의 섬유제품은 1678년 상평통보가 발행될 때까지 화폐 대용으로 사용되기도 하였다.

따라서 조선 조정은 섬유생산기반 재건을 위해 수입억제 시책 실시, 의복제도 개정과 함께 섬유생산 장려정책을 강화하게 되는데 섬유의 증산시책으로 1753 년부터 1767년까지 왕실 주도의 친경의(親耕儀), 채상례(採桑禮)가 시행되기도 하였다. 1758년에는 왕이 권농륜음(勸農綸音)을 내려 섬유생산을 독려하기도 하 였으며, 동시에 어제경직도(御製耕織圖)를 작성하여 섬유생산의 기술 교본으로 삼게 하였다.

이의 어제경직도는 총 46도 즉, 경도(耕圖) 23도와 직도(織圖) 23도로 구성되 어 있는데, 이 가운데 양잠 섬유생산과정을 그림으로 그려놓은 직도 23도의 그 림제목을 살펴보면 다음과 같다. 욕체도(浴替圖 : 누에 터는 그림), 이면도(二眠 圖 : 누에가 두 번째 잠자는 그림), 삼면도(三眠圖 : 누에가 세 번째 잠자는 그 림), 대기도(大起圖 : 누에가 뽕잎 먹는 그림), 촉적도(促績圖 : 누에치는 밤일 모습 그림), 분박도(分箔圖 : 잠박 나누는 그림), 상족도(上蔟圖 : 누에 올리는 그림), 구박도(灸箔圖 : 잠박 쌓는 그림), 하박도(下箔圖 : 잠박을 내리고 고치를 따는 그림), 택견도(擇繭圖 : 고치를 고르는 그림), 교견도(窖繭圖 : 고치를 갈무 리하는 그림), 연사도(練絲圖 : 실을 뽑는 그림), 견아도(繭蛾圖 : 누에 나비 그림), 사사도(祀謝圖 : 제사 그림), 위도(緯圖 : 물레 그림), 직도(織圖 : 베 짜는 그림), 락사도(絡絲圖 : 실 감는 그림), 경도(經圖 : 비단 날 벼르는 그림), 염색도(染色圖 : 물감 드리는 그림), 반화도(攀華圖 : 무늬 놓는 그림), 전백도(剪帛圖 : 옷을 재단하는 그림), 성의도(成衣圖 : 옷 짓는 그림) 등이다.

바. 조선시대 후기 선진 섬유기술도입론의 선구자들

조선이 이처럼 섬유산업 재육성 시책을 강화하고 있을 때 유럽의 영국에서는 1776년 섬유산업 중심의 산업혁명이 일어나던 시기이기도 하며, 1784년 서양 선교사를 통해 일부나마 조선에 서구문물이 전래되기 시작한 때이기도 하다. 아울러서 뜻 있는 실학파에 의해 섬유관련 농업 및 기술서적이 많이 소개되기도 하였는데 즉, 소위 후세에 실학자군으로 일컬어지는 박지원(1737-1805), 박제가(1750-1805년), 박세당, 홍대용(1731-1783년), 서유구(1764-1845년) 등이 선진 신지식 정보보급에 앞장서기도 하였다.

☞ '산업혁명'에 대하여
산업혁명(Industrial Revolution, 産業革命)이라는 용어는 프랑스의 학자들이 먼저 사용하였지만 영국의 경제역사학자인 아널드 토인비(1852-83년)가 1760에서 1840년대의 영국의 경제발전을 설명하는 과정에서 이 단어를 사용한 이후 세계적으로 크게 확산되었다고 한다. 즉, 1769년 영국의 제임스 와트가 동력기계를 발명하고, 1830년 이후 동력기계에 의한 공장제 대량생산시스템 정착과 현대적 도시화를 일구어 낸 산업혁명은 인류발전사에 기여한 족적이 여러 가지가 있는 것으로 평가되기도 하는데 그 가운데 산업기술적 측면을 살펴보면 철과 같은 새로운 기본소재의 사용, 석탄, 증기기관, 전기, 석유 및 내연기관과 같은 새로운 에너지원(연료와 동력)의 이용, 방적기 등 섬유관련 동력직조기와 같이 인력을 더 적게 들이면서 생산을 증가시킬 수 있는 새로운 기계의 발명, 공장제로 알려진 새로운 작업조직체의 발달(이에 따라 분업과 직능의 전문화가 신장되었음), 증기기관차, 증기선, 자동차, 비행기, 전신, 라디오 등을 포함한 교통과 통신의 중요한 발전, 과학의 응용 등으로 간략히 정리해 볼 수 있기도 하다.

1780년대 조선의 섬유생산 환경과 기술수준에 대해 박지원은 그의 저서 '열하일기' 차제편(車制編)에서 다음과 같이 기술하고 있다. '중국의 누에 켜는 기계(소차 繰車)가 매우 묘하니 조선이 꼭 본 받아야 한다. 이는 곡식 빻는 것과

114

마찬가지로 큰 아륜(牙輪)을 쓰는데 소차의 양쪽 머리에 아륜이 달리고, 그 역시 들쭉날쭉한 이가 서로 맞물려서 쉴새없이 저절로 돌아간다. 소차란 곧 아름드리가 되는 큰 자새이다. 그 사이에는 수십 층의 시렁을 매고, 높은 곳에서 차츰 낮은 데로 기울게 하고, 시렁 머리마다 쇠 조각을 세워서 구멍을 바늘귀만큼 가늘게 뚫고는 그 구멍에 실을 꿴다. 이리하여 틀이 움직이면 바퀴가 돌고 자새도 따라 도는데, 그 아륜이 맞물려서 빠르지도 느리지도 않게 천천히 실을 뽑는다. 그 움직임이 거세지도 않고 물리지도 않게 하여 자연스럽게 실을 뽑아내기 때문에 실이 고르지 않거나 한 군데로 얽히는 탈도 없다. 켠 실이 솥에서 나와 자새에 들어가기까지 쇠구멍을 두루 거쳤기 때문에 털과 가시랭이가 다듬어졌고, 또 자새에 들어가기 전에 실돌이 알맞게 말라서 말쑥하게 매끄러우므로 다시 재에 익히지 않고도 곧 바로 베틀에 올릴 수 있게 되어 있다.

조선에 있어 고치켜는 법이란 오직 손으로 훑기만 할 뿐 수레를 쓸 줄 모른다. 사람의 손 놀림이 이미 그 타고난 바탕 제데로의 성질에 맞지 않아서 빠르고 느린 것이 고르지 못하다. 어쩌다가 훑치고 섞갈리면 실과 고치가 성난 듯 놀랜 듯 뛰어 매달려서 실 켜는 널판 위에 휘몰리어 갈피를 잡을 수 없게 되고, 무거리가 나서 덩이가 지면 저절로 광택을 잃게 되며, 실 밥이 얽히어 붙으면 실이 이어졌다 끊어졌다 하므로 티를 뽑아 정미롭게 하려면 입과 손이 모두 피로하다.

이를 저 고치켜는 수레에 비교한다면 그 우열이 어떠한가. 나는 그들에게 여름을 지나도 벌레가 일지않게 하는 방법을 물었더니 약간 볶거나 더운 구들에 말리면 나비도 생기지 않고 벌레도 먹지 않으므로 아무리 추운 겨울철이라도 고치를 켤 수 있다고 했다.'

☞ 박지원(朴趾源) : 조선시대 문장가이자 실학자. 1737-1805. 호는 연암(燕巖). 기행문 '열하일기(熱河日記)'를 통하여 중국 청나라의 문화를 알리고 개혁에 대하여 논하였다. 북학파(北學派)의 영수로 실학을 강조하였으며, 저서로는 허생전, 호질, 연암집 등이 있다.

박제가는 '북학의(北學議, 1778년)'의 농잠총론(農蠶總論)에서 당시 조선 농잠(農蠶)의 후진성에 대해 다음과 같이 기술해 주고 있다. '지금 우리나라 사람들은 밭 갈고 누에 치지 않는 사람이 없다. 그러나 중국 사람들은 다 옷 감을 짰는데 우리는 아직 고치를 켜지도 못하고 있으며, 저들의 목화는 벌써 씨를 다 뺐는데 우리는 한 달 뒤라야 솜을 탈 수 있게 된다. 그리고 잠업의 경우 한 칸 방에 가득히 누에를 쳐서 사람이 발 디딜 틈이 없으므로 기왓장을 징검다리처럼 놓고 먹인다. 그래서 여자애가 잘못하여 미끄러지면 밟혀 죽는 누에가 태반이다. 잠박을 방 높이 대로 충충으로 달면 누에를 배나 칠 수 있는 여유가 생김에도 이를 모르고 있다...누에 똥을 가릴 때에도 낱낱이 가리므로 하루종일 일해도 얼마 못한다. 이는 그물을 덮고 뽕을 주면 만 마리 누에가 일제히 그물 위로 올라오는 것을 모르기 때문이다...또 본성대로 자란 누에가 토한 실은 지극히 균일한 것이지만 실을 켜는 자는 고치를 헤아리지 않고 마음 내키는 대로 고치를 더했다 줄였다 하여서 실이 험하고 깁에도 털이 생기게 한다.

실을 켤 때에도 자새를 이용하지 않고 손으로 당겨서 앞에 다 쌓으므로 물기가 합쳐져서 엉켜진 채로 마른다. 이것을 다시 모래로 눌러 놓고 가리게 됨으로 시일만 허비하게 된다. 그러나 자새로 하면 몇 곱절이나 힘이 덜 들며, 또 갈고리를 멀게 하여서 당기면 실이 먼저 마르면서 빛이 누렇게 되지도 않는다...또 베틀을 얽느라 수고하고, 차느라 수고하고, 당기느라 수고하고, 북을 드느라 수고하면서도 하루에 십여자를 짜는데 불과하다. 옛날 베틀은 의자와 같이 편안히 앉아서 발 끝을 조금만 움직이면 저절로 열리고 합치고 오고가므로 그 짜는 것이 다섯 배가 되는데 다만 북이 빨라지는 것만을 보고 있으면 된다. 씨아도 하루에 두 사람이 네 근을 뽑고 한 사람이 하루에 네 근의 솜을 타는데 중국 사람이 하루에 팔십 근을 뽑는 것에 비하면 심히 거리가 멀다. 무릇 이 몇 가지를 한 사람이 쓴다면 그 이익이 열 배요, 온 나라가 쓴다면 그 이익이 몇 백 배가 될 것이고, 이것을 십년동안 행한다면 그 이익은 헤아릴 수도 없게 될 것이다.. 그러나 뜻이 있는 자는 힘이 없고, 힘이 있는 자는 반드시 때를 얻지 못하여 당로자(當路者)들에 있어 이를 거행하는 자가 없고, 백성들은 농잠의 이익이 많지 않은 것을 보고 농사를 떠나 다른 것에 종사한다. 쌀 값이 비싸고 옷감이 귀한 것도 어찌 까닭 없이 그럴 수 있겠는가. 대개 그 유래하는 바가 이미 오래이다.

중국 베틀은 의자와 같이 앉아서 발끝만 약간 움직여도 베새가 저절로 왔다가 저절로 가서 짜내는 속도가 빠름을 알지 못하기 때문이다.'

☞ 박제가(朴齊家) : 조선시대 실학자. 한양 출생. 1750-1805(또는 1815). 조선 후기 상품화폐경제의 발전이라는 현실을 인정한 기반 위에서 상업, 수공업, 농업 전반의 생산력 발전을 적극적으로 추진할 것을 제안하면서 국가경제 체제를 개선할 것을 주장했다. 저서에는 북학의, 정유고략 등이 있다.

또한, 박제가는 북학의 상편(桑編)에서 당시의 열악한 섬유농정의 단면을 기술해 주고 있는데 '근세에 와서 면화는 성하여졌어도 누에치기와 뽕을 가꾸는 것은 쇠퇴하였다. 그러나 뽕은 가장 심기 쉽고 키우기 쉽다. 곧 뽕나무는 가는 붓대 만한 가지를 반자 정도로 끊어 가지고 양쪽 끝을 태워서 심으면 된다. 이렇게 하여 1년동안 천포기 만포기라도 만들 수 있다. 또 오디를 채소처럼 바로 심는 방법이 있기도 하다. 심은지 1년 만에 불로 태우고 1년 만에 베어 버리면 줄기가 다복하게 다시 무성하여 지는데 그 잎을 따다가 누에를 치면 된다. 따라서 당면한 계책은 먼저 농사법과 양잠의 방식부터 모두 개선해야 한다. 양잠의 방식이란 무엇인가. 누에 고르는 방법과 누에 먹이는 방법 실을 뽑는 방법, 비단 짜는 방법이 적합하지 못하면 중국과 같게 되지 못함을 말한다.'

북학의가 출간된 지 40년 후 정약용도 목민심서(1818년)에서 '현명한 목민관은 농사를 권하는 일에 부지런해야 하며, 농상성(農桑盛)은 수령이 해야 할 7가지 덕목 가운데 첫 번째이다. 농사는 식물의 근본이고 뽕나무는 옷의 근본이다. 백성에게 뽕나무를 심게 하는 것이 수령의 주요 임무이다. 업무를 분장, 분업화해야 하며, 농기구를 제작하여 길쌈을 권장하여야 한다. 중국 등의 외국의 신기술을 습득하는데 부지런해야 한다. 중국의 신식기술은 날마다 증진되었기에 수백년 이전의 중국이 아니데 우리는 막연히 불문에 붙이고 오직 옛 것에만 머물러 있으려고 하니 어찌 이리 나태한가...기술이 정밀하면 물자소비는 적어도 얻는 실의 양은 많을 것이며, 노력사용이 빠르고도 표백은 아름다울 것이다. 대체로 길쌈하고, 직조하고, 염색하고, 풀먹이고, 바느질하는데 까지 모든 일들을 함에 있어 그 편리를 돕고 노동은 적게 하자는 것이다...류구국(琉球國 : 현재 일본 오끼나와)과 일본에서도 중국과 잦은 왕래를 하면서 온갖 섬세하고 기기묘묘한 문물과 기술을 습득하는데 힘쓰고 있다. 백성이 사용하는 기구를 편리하게 하고 생활이 윤택하게 하는데 사용되는 온갖 기술자의 기예와 재능은 선진국 제도를 배우지 않는다면 무식과 고루함을 깨닫지 못하고 이익과 혜택을 누릴 수 없다. 나라를 통치하는 사람은 마땅히 연구해야할 일이다.'라고 하고 있다.

당시 면방직업도 환경이 매우 열악한 것으로 보이는데 박제가는 북학의에서 '우리나라는 두 사람이 하루에 목화 4근의 씨를 바르고 솜을 타는데 중국의 80근 작업량과는 너무나 차이가 심하다. 중국의 생산 및 가공방식을 도입한다면 이로움이 10배나 될 것이며, 10년만 시행한다면 그 이익은 백배 이상으로 이루다 계산 할 수도 없을 것이다.'

그러나 사회적 현실은 정치적 혼란과 계속된 재해 발생 등으로 기강이 무너졌으며, 이로 인해 농업생산기반도 매우 피폐하여져 일반 서민 생활은 매우 어려웠던 것으로 보인다.

한편, 이기양(1711-1802년)이 중국 청나라에 사신으로 갔다가 돌라오면서 면 씨앗을 빼는 기계를 도입하여 국내에 보급하려 했으나 사회적 환경의 혼란으로 큰 성과는 거두지 못하였다고 한다. 이 기계의 성능이 한 사람의 힘으로 하루에 면 1백근을 작업할 수 있을 만큼 우수한 것으로 일부에서 인기를 끌었으나 사회적 연건은 산업기반을 오히려 어렵게 하고 쇠락시키는 방향으로 전개된 시기였던 것 같다.

이러한 안타까운 시대상에 대해 조선시대 실학자인 서유구는 조선시대 후기사회상을 논함에 있어 우리나라의 농사짓는 도구의 조악과 옷감 짜는 방법(紡織방직)이 거칠고 뒤떨어짐으로서 나라의 곤궁을 자초하고 있다고 개탄하고 있다.

그의 저서 '임원경제지(林園經濟志)' 전공지 서문에 의하면 '전공(展功)'은 '부공(婦紅, '홍'은 베 짜는 일에 쓰일 때는 '공'으로 읽는다고 한다)'을 풀어 놓은 것이다. 부공이란 무엇인가. 방적이다. 방적은 무엇인가. 누에(蠶 잠)요, 삼(麻 마)이요, 모시(苧 저)요, 칡(葛 갈)이요, 목화(棉 면)이다. 누에치기(蠶事 잠사)로 말해보자면 잠실을 따로 만들어 누에를 거기에 두고 바람으로 시원하게 하기도 하고 불로 덥혀주기도 하며 이를 위해 잠박(蠶箔)으로 고르게 배열하고 잠망(蠶網)으로 누에 나누기를 하며 세 잠과 네 잠의 시기를 조절하고 봄 치기와 가을 치기의 구분을 따라야 좋아 진다. 그런데 우리나라는 그렇지 않아서 사람 기운이 밴 구들장에다 누에와 뽕잎을 잡다하게 뒤섞어 놓으니 참으로 이미 뽕이 시들거나 썩어문드러지는 것이다. 게다가 마음대로 누에를 자주 집어 들기도 하고 잠망과 잠박 만드는 방법조차 잘 알지 못한다. 그래서 눅눅하고 청결하지 않아 억지로 손으로 잡아당기다가 누에의 발이 떨어지거나 껍질이 벗겨지는 등 손상된 누에가 거의 태반이다. 이미 누에가 본성을 다 하게 하지 않아 껍질을 벗기지 않았다 해도 온전한 누에마저 다 지쳐버리니 어디서 고운 고치를 바라겠는가. 고치의 실을 켤 때는 소거를 만들어 운용하는데 물레를 만들어 감으면 실이 저절로 뽑아진다. 베를 짤 때는 발끝을 조금 움직여 저절로 열리고 닫히게 하고 수인(數人)이 실을 만들어 비단(緞繡)이 어긋나지 않도록 한다. 그런데 우리나라 사람들은 물레가 조잡하여 억지로 손으로 고치실을 풀어 납작하게 만들거나 둥 그런 덩어리로 만든다. 이를 또 다시 손으로 비벼서 천신만고(千辛萬苦) 끝에 겨우 연약한 실을 낸다. 이처럼 베 짜는 방법이 미숙하여서 좋은 의복을 입지 못한다. 이는 실켜기와 베 짜는 방법이 좋이 않기 때문이다. 어찌 누에 치기만 그럴까. 목화를 켜는 방법은 싸아와 무명활로 순식간에 광주리를 다 채우는 것이다. 베틀(紡車 방차)은 얼레 3대를 설치하며 5대까지 설치하기도 한다. 베 짜기는 편안하게 앉아서 하고 돌기구로 평평하게 한다.

　사용하는 기구는 날이 갈수록 간편해지는데 우리는 먼 옛날 방법만을 고수함으로서 백배로 힘들면서도 이를 깨닫지 못한다. 대체로 목면(木棉)은 한 나라 의복 중 가장 중요한데도 도리어 방도를 강구하지 않고 조악한 방법으로만 돌아가려 한다. 하물며 삼과 칡이랴. 온 나라가 궁핍해진 것은 바로 이런 것들에서 연유하니 그러므로 옷감을 만드는 방법들은 서둘러 중국을 본받아야 할 것이다.

한편, 서유구는 임원경제지 섬용지(贍用志)에 조선시대 후기사회에 널리 통용된 복식도구와 염색가공, 세탁법을 비롯하여 갖가지 생활용 섬유물품에 대해 자세하고도 많은 정보를 소개하면서 공업교육의 중요성을 매우 강조하고 있기도 한데 생산제품의 실명제를 제안하고 있기도 하다. 그는 국가의 직분을 크게 6직(六職), 즉 왕공(王公), 사대부(士大夫), 장인(百工, 백공), 상인(商旅 상여), 농부(農夫), 길쌈아낙(婦功 부공)으로 나누면서 각 직분별 기술습득과 도구의 개량, 개발을 강조하고 있기도 하다. 즉 길쌈도구가 제대로 갖추어지지 않아 길쌈아낙의 직분이 엉성할 수 밖에 없다는 것이다.

☞ 서유구(徐有榘) : 조선 후기의 실학자로서 18세기 후반기에서 19세기 전반기 실학계열의 농업개혁론을 대표하는 학자이다. 본관은 달성. 자는 준평(準平), 호는 풍석(楓石)이다. 1764년-1845년. 그는 실학파의 여러 농서와 중국의 문헌 등을 참조하여 우리나라 최대의 농서인 '임원경제지(林園經濟志)'를 완성했다.

사. 조선의 의복사

■ 조선의 복식제도 변천과 그 풍속

조선시대 복식제도에 대한 변천사과 풍속은 이긍익의 '연려실기술에' 잘 정리되어 있는데 '관복(冠服)' 부분을 발췌해 정리해 보면 다음과 같다.

☞ 이긍익(李肯翊) : 조선시대 실학자. 조선 한양 출생. 1736-1806. 이긍익은 가학(家學)인 양명학(陽明學)의 영향을 받아 실증적 역사서인 '연려실기술(燃藜室記述)'을 저술했다. 호는 완산(完山), 연려실. '연려실'이란 중국 한나라 유향(劉向)이 옛 글을 교정할 때 신선이 비단으로 만든 지팡이에 불을 붙여 비추어 주었다는 고사에서 유래한 것이라 한다. 그는 약 30년간에 걸쳐 저술한 '연려실기술'에서 조선의 역사를 기사본말체(紀事本末體)로 엮었는데 원집(原集) 33권, 별집(別集) 19권, 속집(續集) 7권으로 된 대저술이다.

우리 동방은 삼국시대로부터 관(冠), 복(服)이 모두 중국의 풍속을 따랐다. 신라 태종무열왕이 중국 당나라 제도를 본받아 의장(儀章)과 복식이 차츰 중국을 본뜨게 되었다. 고려시대에는 광종 때 백관의 공복이 제정되었으나 그 후 전란으로 인하여 의례에 관한 문헌이 흩어져 없어지기도 하였다. 고려 의종이 최윤의(崔允儀)에게 명하여 전대의 전고(典故)를 모으고 중국 당나라 제도를 섞어 채용하여 조정의 의례와 규정을 심의하고 결정하게 하니 위로는 국왕의 면류관(冕旒冠)과 차여(車輿), 관복, 아래로는 백관의 관복에 이르기까지 모두 짐작하여 정해서 일대의 제도로 삼아 행하여 온 지도 벌써 오래이다. 우리가 중국 원나라를 섬긴 후로는 앞 머리를 깍고 머리카락을 땋으며 호복(胡服)을 입은지 거의 백년이나 되었다. 중국을 명나라가 통일하니 우리나라와 문화가 같아서 이에 왕에게는 면류관을 주고, 왕비와 여러 신하에게도 역시 모두 사물(賜物)이 있어 의관과 복식이 훤하게 아주 새로워졌으며 우리 동방에서도 중국 원나라 때의 오랑캐 풍속을 면하고 다시 예악 문물의 성함을 보게 되었으니 참으로 천추의 성시(盛時)를 만났다.

이수광의 지봉유설에 의하면, 패사(稗史)에 이르기를 마미군(馬尾裙)은 조선에서 시작된 옷인데 중국으로 유입되기도 하였다고 하며, 일부 염색분야는 우리나라가 중국 보다 훨씬 더 우수하다고 하면서 중국과의 교류에 있어서 우리가 일방적으로 중국의 제도만 답습하지 않았음을 은연 중에 나타내 주고 있기도 하다.

조선왕조실록에 의하면, 1428년 조선 세종 때 왕세자의 복식제도를 제정하였으며, 조선 성종(1469-1494) 때에 조신(朝臣)들의 의복 색깔을 규정하였다고 한다. 당시 아청(鴉靑), 초록, 목홍(木紅) 색깔은 사용하되 옥색, 검은 색, 희색, 담황색의 사용은 규제되었다.

1536년 조선 중종 31년에 복식제도가 정비되었는데 당시의 상소를 인용해 보면 '대소 문무관직을 불문하고 겉옷 앞자락은 땅 위에서 세 치 떨어지게 하고, 뒷자락은 땅 위에서 두 치 떨어지게 하고, 소매의 길이는 손을 지나서 다시 건어 올려 팔 꿈치에 이르게 하며, 소매의 굽이는 넓이 한 자 수구(袖口)는 일곱 치로 한다. 서민의 겉옷은 앞은 땅 위에서 네 치 남짓하게 떨어지게 하고, 뒤는 땅 위에서 세 치 떨어지게 한다. 소매의 길이는 손을 지나서 여섯 치, 소매 굽의 넓이는 여덟 치, 수구는 다섯 치로 한다. 속옷 역시 이에 따른다.'고 하였다.

그러나 세상 사람들의 마음이 예 것을 좋아 하고 새 것을 꺼리며 또 조사하여 단속하는 자도 없으니 오직 재상과 조관이 대략 새 규례에 따를 뿐이고 나머지 사람들은 모두 예전대로 하였다고 한다. 한편, 선비들 의복의 소매를 좁게 하는 것을 화체(華體)라고도 하였는데 후에는 소매를 크고 넓게 하는 것도 화체라고 하였다. 그런데 중국 사람들은 내의는 반드시 좁게 하여 보온을 하며, 외의는 반드시 넓게 하여 체면을 차렸다고 한다.

우리나라에서는 양관(梁冠)의 의복을 조복(朝服)이라 하고, 흑단령(黑團領)을 시복(時服), 홍단령(紅團領)을 상복(常服), 첩리(帖裡, 帖裏)를 융복(戎服)이라 하였다고 하는데 나라의 풍속이 오래 전부터 관직이 있는 사람은 모두 홍단령을 입으니 중국 사람들이 군신의 옷 색깔이 같다고 하면서 옳지 않게 여기기도 하였다고 한다. 우리나라 첩리의 제도는 심의(深衣)와 비슷하기 때문에 중고(中古) 시대에는 많은 문사들의 편복(便服)으로 되어 대게 평상시에 입는 윗 옷이 되었다고 한다. 그리고 조복의 중의(中衣)는 지금 와서는 군복으로만 사용되어 무사나 전장에 나가는 경우가 아니면 입지 않았다고 한다.

조선시대 복색은 흙색을 상색(上色)으로 삼았는데 이는 주토(朱土)를 물에 담가 두었다가 그 찌꺼기를 일어서 정(精)하게 갈아 가지고 아교를 섞어서 물 들이면 그 빛이 찬란하니 우리나라 풍속에서 말하는 '토홍직령(土紅直領)'이라는 것이다. 조선 후기에 와서 이서(吏胥)의 천한 자들까지도 모두 홍화색을 입는데 홍화란 곧 이시(利市)이며, 이 이시는 그 값이 중하다는 뜻이다 라고 한다.

왜란(1592-1598) 후에는 장졸간이나 사대부들 모두가 첩리를 입었는데 이 때에 와서야 중국식 복제를 따라서 흑단령을 입게 하였으며, 왜란으로 우리나라에 온 중국인들의 영향으로 남녀 모두 통 넓은 바지가 유행하기도 하였다고 한다. 조선 선조 때 조헌은 중국식 난삼(襴衫) 제도 도입을 건의하기도 하였으며, 1601년 조관의 복색이 홍색으로 개정되기도 하였다. 또한 당시 예조판서 류근의 건의로 우리나라의 복식은 임진왜란 이전과 같이 붉은 빛깔의 옷 입기를 권장하기도 하였다고 한다.

■ 조선시대 때 흰 옷 착용 금지에 대하여

이수광의 지봉유설에 의하면, 우리나라 사람들이 비록 흰 옷 입기를 좋아한다고는 하나 국가에서 이를 금지하는 금령이 있다. 그런 까닭에 선왕조(先王朝)에서는 백의금란(白衣禁亂, 흰 옷 입는 것을 금지 단속하는 것)이 있었다. 그래서 선비로서 관직이 없는 자도 나들이 할 때에는 홍의직령(紅衣直領)을 입은 것을 내가 어릴 때에는 목도하였다. 그러던 것이 여러 번의 국상(國喪)을 당하여 흰 옷을 입기 시작한 후에는 모든 풍속이 바뀌어 지금은 모든 사람들이 흰 옷을 입으니 중국 사람들이 비웃고 있다고 하였다. 즉, 중국 명나라에서는 흰옷을 관청의 하급직이나 잡급직이 주로 입었다고 한다.

이처럼 많은 사료적 자료에 따르면, 흰옷은 우리 민족이 고대 때 부터 즐겨 입었던 민족의 의복색이라고도 볼 수 있으나 각 시대별 왕조에서는 국민들에 대한 백색 의복이 상복과 비슷하다고 하여 그의 착용 금지 조치를 수시로 내리고 있음을 쉽게 찾을 수가 있다. 즉, 고려시대 때는 1275년 충렬왕과 1375년 공민왕 때, 그리고 조선시대 때에는 1398년 태조 때, 1401년 태종 때, 1425년 세종 때, 1505년 연산군 때에도 도성(都城) 여자들의 수파(手帕)와 백색 치마를 착용을 금지하였다고 하며 1738년 선조 때에도 백성들의 백의 착용을 엄격히 금지시켰다고 한다. 이밖에 조선시대 명종, 선조, 숙종, 효종, 현종, 영조 등 많은 왕조 때 마다 흰 옷 입는 것을 국가에서 강하게 규제하기도 하였으나 염료의 부족 등 여러 가지 고단한 삶의 사정으로 말미암아 일반 백성들은 이를 잘 지켜지지 않은 것 같다.

☞ '행자(行者)'와 '상복(喪服)'에 대하여 : 이수광의 지봉유설에 의하면, 행자라 일컬음은 불가에서 나왔다. 이것은 대개 고기를 먹지 않고 행동을 닦는 자를 가리키는 것이다. 그런데 우리나라 풍속에는 종이 주인을 위해서 상복을 입는 자를 가리켜 행자, 또는 행자노(行者奴)라 하고, 또 그 의복도 역시 중의 옷을 모방해서 검은 색을 쓰고 있으니 가소로운 일이다 라고 하고 있다.

■ 조선시대 의복에 대한 사치금지와 검약에 대하여

조선은 태조 때 부터 선비와 서인 등 많은 사람들이 얇은 채색 비단입기를 남발함으로써 국가에서 이를 수시로 단속하였다고 하며, 1450년에는 조정에서 일반 국민의 비싼 염료사용을 금지하기도 하였다. 1490년에는 일반 국민의복의 색상 사용을 '백색, 회색, 붉은색'으로 제한하기도 하였다. 그리고 또한 중국으로 부터의 무분별한 비단의 수입을 수시로 금지하기도 하였다고 한다.

이수광의 지봉유설에 의하면, 조선 태조 때 상장군 김인찬이 푸른 비단으로 옷을 만들어 입으니 임금이 특별히 명하여 심문해서 가두었다고 하며, 조선 태종의 장남인 양녕대군의 첩이 국가에서 금지하는 자삼(紫衫)을 입었다가 금리(禁吏)에게 붙잡혔다. 그녀는 대사헌 오승의 기생 첩에게 뇌물을 주고 석방해주기를 청하니 오승이 금리에게 고발하지 말라고 명하였다. 그러나 집행관 이하가 오승에게 그 자세한 내용을 묻고 이에 대해 임금에게 보고하고 죄 주기를 청하니 왕이 오승을 파면하고 그 죄를 다스렸다고 하는데 하물며 지금은 시정의 천한 창녀까지 다 사라채단(紗羅采緞)의 옷을 입건만 그 누구도 꾸짖거나 금지하지 못한다. 내가 어렸을 때 아버님이 평시에 손님을 대할 때에 항상 무명 옷을 입었으며, 비록 조복(朝服)이라 하더라도 일찍이 비단으로 장식하는 일이 없었다. 내가 자라서 벼슬에 나갔을 때 조정에는 오직 황정욱과 윤탁연만이 비단 옷을 입고 호상(胡床)을 탑용하였을 뿐인데 지금은 당상(堂上)에 오른 모든 자가 안팎을 비단으로 해 입었고, 혹은 백문당(白紋段)으로 바지를 해 입은 자까지 있다. 심지어 시정의 천한 사람들의 옷 차림도 화려하기 끝이 없다. 대개 우리나라가 생긴 이래 사치하는 풍습이 오늘날 보다 더 심한 때가 없었다.

근년에 겨울 날씨가 매우 따뜻했었다. 이것을 보고 사람들은 모두 기후가 절기를 잃었다고 걱정했다. 이때 한 서생(書生)이 상신(相臣)의 집에 가서 사례해 말하기를 저는 옷이 얇은 데 상공께서 고르게 다스리는 후하신 덕을 입어 겨울을 지나도 따뜻하오니 주신 바 은혜가 큽니다. 하오나 다만 한 여름이 추워져서 겨울 옷을 입어야 하지나 않을까 걱정입 됩니다 라고 하니 상신이 크게 웃었다고 한다.

무릇 본시 의관(衣冠)이란 모습을 꾸미기 위한 것이다. 고려 때 문신인 이규보는 광변에서 말하기를 세상 사람들이 평상시에는 용모나 언어가 사람 같으며, 갓 쓰고 띠를 띠고 옷 차림한 것 또한 사람 같다. 그러나 하루 아침에 벼슬에 올라 공사(公事)를 처리하게 되면 엎치락뒤치락 하는 것이 한결같지 않아서 눈을 거꾸로 하고, 듣는 귀를 바꾸어서, 현란함이 서로 덮어져서 마침내 굴러 넘어진 뒤에라야 그치게 된다. 이것은 겉 모습은 비록 의젓하나 속은 실로 미친 자이다 라고 하고 있다.

또, 이덕무는 그의 저서 '사소절(士小節)'에서 당시 부녀자들이 즐겨 입는 치마가 너무 빛깔이 엷어서 마치 과부의 소복과 같다고 지적하면서, 그 시대에 일부 과부는 의복과 장식을 흰 것으로 하여야 한다는 평계로 오히려 곱고 청초하게 단장하는 경향이 있었다고 꼬집기도 하였다고 '내훈'의 주석이 밝혀주고 있기도 하다.

☞ 이덕무(李德懋) : 조선시대 실학자, 한양 출생, 1741-1793. 저서로는 당시 선비와 부녀자, 아동 등의 일상생활 수신서(修身書)로 저술한 '사소절(士小節)'을 비롯하여 '영처시고(嬰處詩稿), 이목구심서(耳目口心書)', '기년아람(紀年兒覽)' 등 많은 저작활동을 하였다.

■ 옷의 재료

조선시대 뿐 아니라 고대 때부터 우리나라 섬유의복의 기본적 재료는 국내에서 많이 자생하고 있거나 농경이 가능한 견, 면, 마 등 외에도 동식물류 등 여러 가지 다양한 섬유재료가 의복의 소재로 사용된 듯 하다.

이익의 성호사설에 의하면, 조선시대에는 개를 많이 길러서 그 가죽으로 옷을 지어 입기도 하였는데 어린 개의 가죽으로 만든 옷은 서울의 귀족들도 소중히 여겼다고 하며, 조선시대 구휼제품 중에 호피(虎皮 : 단위는 령 領), 녹피(鹿皮)가 있었다는 데서도 섬유재료의 다양성을 보여주는 것이라 하겠다.

또 사벽이라는 풀로 비옷을 만들어 입기도 하였다고 하며, 고려시대 때부터 불가의 주요 의복으로 널리 사용된 마납의(磨衲衣)가 조선시대에 이르기 까지도 민간에 널리 유행하기도 하였다고 한다. 여기서 마(磨)는 '다듬고 씻는 것'으로 옷이 매우 깨끗하고 착용하기가 좋았다고 한다.

☞ 이익 : 조선 후기의 실학자로서 자는 자신(自新), 호는 성호(星湖). 1681년-1763년. 그는 유형원의 학문을 계승하여 조선 후기의 실학을 대성했다. 독창성이 풍부했고, 항상 세무실용(世務實用)의 학(學)에 주력했으며, 시폐(時弊)를 개혁하기 위하여 사색과 연구를 거듭함으로서 그의 실학사상은 정약용을 비롯한 후대 실학자들의 사상 형성에 커다란 영향을 끼쳤다고 한다. 주요저서는 1740년경 집안 자손들이 정리하여 발간한 '성호사설(星湖僿說)'이 있다.

■ 중국 청나라의 복식과 조선의 의복 풍습

박제가는 북학의에서 중국 청나라시대 복식과 함께 당시 조선의 의복 풍습에 대하여 논하고 있는데 당대의 풍습의 한 단면을 살펴보는데 도움이 될 것 같다. 중국 청나라 부녀자의 복색은 위 아래가 모두 섬세하고 아련해서 옛 그림과 같다. 웃옷의 길이는 몸의 길이와 같은데 어떤 것은 무릎을 겨우 가릴 정도다. 둥근 옷깃을 좁게 만들어 목을 둘렀고 끈으로 턱을 매었다. 또 치마 폭은 앞쪽이 셋이고 뒤쪽이 넷이며, 주름을 자잘하게 접어서 폭의 길이 대로 했다.

머리채를 감은 모양은 계주(薊州 : 중국의 지명) 풍습을 상등으로 친다. 시골 여자의 머리 감은 모양은 꼭지에 높게 얹었으며 중국 연경(현재의 북경) 사대부 집 여자의 머리 감은 모양은 나지막한 것이 꼭지에서 약간 뒤쪽에 얹었다. 빗질 할 적에는 먼저 꼭지 복판의 머리털을 가르는데 혹은 모나게, 혹은 둥그스름하게 각자의 생각대로 하며 그 모양은 지금 우리 아이들의 화양건(華陽巾) 쓴 것과 같다. 그리고 나서 붉은 끈으로 머리 쌈을 묶고서 빗질하여 판판하게 하고 꺾어서 올리는데 가운데는 비게 하여 마치 관량(冠梁)처럼 한다. 다음에는 머리털 길이를 한 정으로 하여 끝까지 머리 쌈을 둘러 감는다. 한번 감을 때마다 비녀 하나씩 눌러 꽂아서 앞뒤 좌우로 십여 개까지 눌러 꽂는다. 귀밑머리에 남은 머리털은 엇비슷하게 뒤로 넘겨 모아서 머리채에 합쳐서 둘린다. 시집가지 않은 계집아이는 이마 한 가운데에 머리털은 새로로 가른 흔적이 있는 것으로 구별된다.

무릇 여자의 의복은 그림본을 따라서 그대로 만드는데 옷 가게에서 구입할 경우 만주식 의복이 섞일 염려가 있다. 내가 중국의 오나라, 촉나라 사대부로서 연경에 와서 벼슬하는 자에게 부탁하여 여자 옷을 구하고자 하였으나 없어서 이루지 못했다. 다만 당원항 원외랑 의 집에서 옷을 자세히 보고 왔을 뿐이다.

예전에는 직위를 받지 않으면 감히 량관(梁冠)을 쓰지 못하며 홍포(紅袍)를 입거나 타대(拖帶)를 매지도 못했는데 지금(조선시대) 우리는 부유한 자면 모두 착용한다. 중국 명나라 효종 때 부녀자의 적삼 길이가 겨우 허리를 덮었다고 하는데 부유한 사람은 라단(羅鍛 비단)과 깁으로 짠 것을 사용한 금채색 통수(通袖)를 입었고 치마는 금채슬란(金彩膝欄)을 착용했다. 머리를 감은 높이는 한 치 남짓 했다. 지금은 적삼이 점점 커져서 무릎까지 내려오고 치마는 겹으로 되었다. 또 머리를 감은 모양은 작기는 하나 철사를 사용하여 관리들의 모자 높이와 같게 했다. 그 높이는 여섯 일곱 치나 되며 둘레는 주척(周尺)으로 두 세 치 쯤 되었다고 한다.

세계에는 항상 결함이 따른다. 중국 남자들은 머리를 깍고 오랑캐 옷을 입었으나 여자들의 의복만은 아직도 옛 제도 그대로다. 반대로 우리나라는 남자 의관은 옛 제도 그대로 남았으나 여자 의복은 모두 몽고 제도를 물려 받았다. 지금 사대부는 중국 호복(胡服) 입는 것은 부끄러워 하면서도 규방 안에서는 호복 입는 것을 금할 줄 모른다. 중국 연경에서 몽고 여인의 그림과 중국 원나라 인물 화첩을 보았는데 그 모습이 우리나라 여자와 같았다. 대개 고려 때 중국 원나라 왕비들의 모양을 많이 숭상하였는데 그것에서 연유되었기 때문이다. 더욱 이상한 것은 여자들이 여러 남자들의 머리카락 모은 것을 따래로 땋아서 제 머리에 얹고서도 아무렇지도 않게 여기는 것이다. 적삼은 날이 갈수록 짧아지고 치마는 날이 갈수록 벌어지기만 하는데 이런 모양으로 제사 때나 빈객을 대접할 때에도 행세하니 한심하다고 하지 않을 수 없다. 옛 예법에 뜻 있는 자는 빨리 중화의 본래 제도를 따르는 것이 옳다. 한 친구는 이런 농을 했다. '지금 남자들은 대장부답게 집안을 다스리지 못하니 이 일은 성공하기 어려울 듯 하다.' 무릇 아이들의 머리 땋는 것을 금하고 쌍상투로 묶게 해야 할 것이다. 대개 만주 여자의 머리가 땋아서 감았기 때문이다. 따라서 남자나 여자나 머리 땋는 것은 다 오랑캐의 풍속인 것이다.

박제가는 북학의에서 세상에 전하여 오는 말에 의하면 1637년 조선 인조 15년 중국 청나라 임금이 삼전도 맹약 당시 조선 사람들에게 오랑캐 옷을 입히려 하였으나 아홉 왕이 간하기를 조선은 요동, 심양의 폐부와 같은 지역이니 지금 만약에 의복을 혼동하게 하여 출입시키면 천하가 아직 평정되지 않은 이때에 앞일을 알 수 없게 된다. 그대로 둔다면 이는 묶지 않고 가두어 두는 것과 같은 것이다 라고 하였다. 중국 청나라 임금이 이 말을 옳게 여겨 드디어 그만 두었다고 한다. 우리의 입장에서 논한다면 다행이라면 다행이겠지만 저들의 계획으로는 우리나라가 중국과 통하지 못하는 것을 이롭게 여긴 것에 지나지 않는다. 옛적에 중국 조나라 무영왕은 갑자기 오랑캐 옷으로 백성들을 변복하게 하여 동호(東胡)를 크게 파하였으니 옛날의 영웅은 꼭 원수를 갚을 뜻이 있으면 오랑캐 옷을 입히는 것이라도 부끄럽게 여기지 않았던 것이다.

또한, 조선시대 일반 백성의 궁색한 의복살림에 대해 박제가는 우리나라는 모든 것이 중국만 못하다. 다른 것은 말할 것도 없고 의식(衣食)이 풍족한 것은 도저히 당할 수가 없다. 우리나라 시골 백성들은 한 해 동안에 무명 옷 한 벌을 얻어 입지 못하고 남자나 여자나 일생동안 침구를 구경도 못하는 경우가 많으며, 짚자리를 이불로 삼아 그 속에서 자손을 기른다. 아이들은 몇 살 전후까지는 겨울 여름 할 것 없이 벌거숭이로 다니며 다시는 천지간에 버선이나 신발이 있는 줄을 모르기가 예사이다...또 도시에 사는 소녀라도 가끔 종아리를 드러내고 다니면서도 부끄러운 줄을 모르니 어찌된 영문인지 모르겠다. 어쩌다 새 옷을 입으면 모든 사람이 쳐다보며 여럿이 쑥덕거리며 창녀가 아닌가 의심한다.

또한 이수광의 지봉유설과 이긍익의 연려실기술에 의하면 전에는 비록 어른이라도 행전(行纏)을 치고 직령 옷을 입었는데 지금은 소년들까지도 모두 도포(道袍)를 입고 행전과 분투(分套)를 하지 않는다. 비록 자제가 어른을 뵈올 때에도 그러하다 라고 하고 있다.

■ 혼례의 납채

성현의 용재총화에 의하면, 옛날에는 혼가의 납채(納采 : 장가들일 아들이 있는 집에서 색시 집으로 혼인을 청하는 의례)에는 옷 몇 가지만 썼고, 혼례식 날 저녁에는 찾아 온 종친들이 모여서 한 상의 음식과 술 두 세 잔만으로 그쳤다. 하지만 요즈음(조선시대)에는 납채에 모두 채단(비단)을 사용하는데 많은 것은 수 십필에 이르며 납채를 싸는 보자기도 고급 비단이나 무명을 쓴다고 하고 있다.

아. 조선의 섬유생활 풍속사

■ 조선시대 부녀자들의 몸 단장에 대하여

우리나라 부인들은 검은 비단이나 혹은 자색 비단의 온 폭(전폭 全幅) 2척2촌을 가운데를 접어서 두 겹으로 하고 두터운 종이를 그 안에 붙여서 머리에 쓰되 이마에서 머리를 덮어 뒤로 드리우고 어깨와 등에 까지 덮는데 이를 차액(遮額), 즉 '가리마'라고 한다. 조선 광해군 때 이후에는 거의 모두가 검은 비단으로 겉을 치장하며 솜을 안에 두고 그 가운데를 비워서 머리 위에 붙여 쓰기를 하였는데 이를 '족두리(足頭裏)'라 하였다. 부녀자들이 외출을 할 때 쳉이 있고 깁으로 사면을 드리우게 하는 '너울(나울 羅兀)'로 얼굴을 가리기도 하였다.

신라의 부녀자들은 윗옷으로 장의를 입고 분을 바르나 눈썹은 그리지 않았으며 아름다운 머리카락으로 머리를 틀어서 두르고 구슬과 채단으로 장식하였다. 중국 수나라 사서에 의하면 고려의 부인은 머리털을 땋아 머리에 두르고 또 거기에는 비단과 구슬로 장식을 하였음을 소개하고 있기도 하는데 이의 고려는 고구려의 여인일 것으로 사료되기도 한다. 또 고려의 부인들은 머리카락을 틀어서 오른 쪽 어깨에 드리우고 남은 머리카락으로 아래를 덮으며 붉은 비단으로 장식한 비녀를 간추리고 치마를 여러 겹 둘러서 그의 많은 것으로 아름다움의 경쟁을 하기도 하였다. 고려여인의 이러한 습속은 고려 충렬왕 때(1274-1308)부터 중국 원나라의 제도를 받아들였기 때문이다.

■ 조선시대 신발에 대해

이수광의 지봉유설과 이긍익의 연려실기술에 의하면, 전에는 선비들의 말 타는 것을 금하였기 때문에 선비들은 짚신을 신고 다녔는데 지금은 조관(朝冠)의 모양과 똑 같은 가죽신을 신고 말을 타고 다니며, 절대로 걸어다니는 자가 없다라고 하고 있다.

조선 선조 때 나막신이 남도에서 생겨 전국에 유행하기도 하였으나 곧 없어졌으며, 1726년 조선 영조 때 에는 직령 옷에 백화(白靴)를 신는 것을 금하기도 하였다.

■ 조선시대 담요에 대해

박제가의 북학의에 의하면, 담요는 어느 나라 어느 곳에서나 매일 사용하는 것으로서 추위와 습기를 막으며 벼룩을 방지한다. 지금 우리나라에도 담요가 있기는 하나 비용을 들여서 만들기를 좋아하지 않는다. 왜 그럴까. 털요와 전립(氈笠)을 만드는 방법을 합치면 그것이 바로 담요 만드는 방법인데 말이다. 대개 전립은 견고하고 고우나 털요는 엉성하고 고르지 못하여 볼 품이 없다. 일찍이 어떤 손님에게서 털요의 나쁜 점에 대해 들었다. 먼지 투성이이고 그을음 냄새까지 나서 도무지 사용할 수가 없다. 어떤 신랑이 첫날 밤에 새 털요에서 나는 냄새를 신부한테서 냄새가 난다고 생각하여 평생토록 아내를 멀리 했다는 이야기도 있다. 이와 같이 장인의 사소한 잘못이 한 가정을 불화하게 만들기까지 했다.

중국의 백성들은 모두 비단 옷을 입고 털로 만든 요를 깔고 방석과 침대에서 자며 탁자도 있다. 농부들도 웃옷을 벗지 않고 가죽신을 신으며 정강이에 전대를 차고서 소를 부린다.

■ 조선시대 모자와 덮개 등에 대해서

지봉유설과 연려실기술에 의하면, 우리나라 사람들이 근고에는 선비 일반 백성 할 것 없이 왜국의 수달피를 사서 피견(披肩) 만들기를 좋아하니 이 피견이란 항간에서 말하는 이엄(耳掩), 즉 '귀덮개'라는 것이다. 이 귀덮개는 원래 어깨덮개라고 불렸으며, 조선 성종 때 이 어깨덮개 이천개를 만들어서 일선 군사들에게 나누어 주었다고 하는데, 중국에서는 임금의 허락 없이는 누구도 함부로 착용하지 못하였다고 한다.

그러나 조선에서는 일반 백성에게 까지 크게 유행하여 서로 앞 다투어 가면서 빛깔이 검은 것으로써 자랑을 많이 삼아 비싼 값을 주고 샀으므로 왜인들은 앉아서 큰 이익을 얻게 되고, 아까운 우리나라 면포만 모두 일본 왜국으로 들어가게 하니 참으로 통심한 일이다 라고 하고 있다. 조선 선조 때 조식이 이의 수입을 금할 것을 상소하여 시행됨으로서 우리나라와 일본 왜국간에 통상문제로 비화되어 한동안 물물교환에 많은 애로가 따르기도 하였으며, 이 후 조선에서는 누런 족제비 가죽의 이엄이 유행하기도 하였다고 한다. 근년에 와서는 털로 만든 이엄이 유행하고 있기도 하다.

■ 모자 등 기타 생활 풍습에 대해

이수광의 지봉유설에 의하면, 지금의 사모(紗帽)는 본래 중국 당나라 때 두건(頭巾)의 제도로서 옛날에는 끈 둘을 아래로 늘렸으며 뒤에는 대나무를 대고 쇠를 썼다고 한다. 단령(團領)과 화자(靴子)는 호복(胡服)에서 나왔지만 간편함 때문에 지금은 온 나라가 이것을 숭상한다. 옛날에는 신을 신고 칼을 차고서 대전에 올라갔다는 것이다.

건책(巾幘)은 원래 푸주간의 일하는 사람들의 복장이었으며, 망건은 중국 명나라 초기에 도사(道士)들이 처음으로 쓰던 것이다. 또 조선에는 절풍건(折風巾)을 쓰고 소매가 큰 장삼을 입었다고 한다. 짚모자는 원래 오랑캐가 쓰던 것이며 후에 양의 털을 가지고 만든 것인 전모(氈帽)가 유행하였다. 방립(方笠)은 고려시대 말기 관리들부터 사용하였다고 한다.

선비 이상은 갓을 쓰고 일반 백성은 갓 대신 작은 모자를 쓰게 하였다. 남자가 쓰는 갈모는 곡병입사라고 하였으며, 나제립(羅濟笠)의 시초는 모르지만 다만 이름으로 보아 신라와 백제 때부터 사용된 것 같다고 한다.

근년에 와서 사람들이 가죽 띠 띠기를 좋아 하니 실 띠를 짜던 사람들이 직업을 잃게 되기도 하였다고 한다.

조선 선조 때에는 대소 남아들이 '귀 뚫기'를 좋아함으로 이를 오랑캐 습속의 잔존이라 하여 나라에서 금지시키기도 하였다고 한다.

한편 조선시대 후기 때 사람인 빙허각 이씨가 엮은 '규합총서'에 의하면, 도망을 한 종이 스스로 돌아오게 하는 방법으로 도망간 종의 옷을 우물 가운데에 드리워 두면 되고, 도망하고자 하는 종이 있으면 그의 옷 끈의 한 척 여섯 촌(一尺六寸 일척육촌)을 소를 매는 줄과 함께 시루 속에 넣어 찌면 도망하고자 하는 마음이 스스로 없어진다 라며 당시 조선시대 일반 서민 생활 풍습의 한 단면을 알려주고 있기도 하다. 이와 비슷한 생활풍습은 단성식의 유양잡조와 태평광기에도 나오고 있기도 하다.

☞ 빙허각 이씨(憑虛閣 李氏) : 조선시대 사대부가 여인. 조선 한양 출생. 1759-1824년. 본은 전주 이씨(全州 李氏). 1809년, 조선시대 후기 일반 백성의 의식주 등 가정살림에 관한 종합적 자료를 백과사전 식으로 엮은 '규합총서(閨閤叢書)'를 남겼는데, 그의 주요 내용은 주사의(酒食議), 봉임측(縫紝則), 산가락(山家樂), 청낭결(靑囊訣), 술수략(術數略) 등이다.

자. 서구인의 눈에 비친 조선말기 의복풍속사의 한 단상 : 조선회상

1890년 10월 조선에 기독교 선교사로 들어와서 1940년 11월 일제에 의해 강제 추방된 미국인이자 의사인 셔우드 홀(Sherwood Hall) 일가가 당시 우리나라에서 체험한 시대상을 엮어 '닥터 홀의 조선회상(1978년 영문판)'으로 발간하였는데, 여기에 외국인의 시각에서 본 조선 말기 의복풍습에 대한 단상이 소개되고 있어 이 가운데 섬유의복과 관련된 의복풍속사 부분에 대해 발췌해 본다.

■ 남여의복에 대하여

조선남자들이 입는 코트는 길고 무늬가 없는 흰색의 린넨(삼베를 뜻하는 듯함)으로 만들었거나 어떤 것은 실크, 또는 올이 굵은 무명으로 만든다. 어떤 옷은 양 옆을 쨌고, 어떤 것은 뒤쪽을 째는 등 일정하지가 않다. 소매도 어떤 옷은 그냥 느슨하게만 되어 있으나 어떤 것들은 일본옷처럼 큰 주머니가 달린 것 같은 모양으로 만든다. 가슴 위를 졸라 매는데 약간 옆쪽으로 코트와 똑 같은 천으로 만든 대와 같은 끈으로 모양 좋게 매듭을 지어 맨다. 그들은 크고 느슨한, 묘하게 만든 바지를 입는데 발목은 끈으로 매어 조인다. 바지의 색깔도 역시 흰색이다. 겨울에는 코트와 바지에 솜을 넣는다. 옷 색깔은 흰색이나 염색한 것들이다. 어린 소년들만 색깔있는 옷을 입는다. 군인은 검은색 옷을, 지위가 높은 사람도 가끔 검은색 얇은 겉옷을 입는다. 흰 무명으로 만든 양말과 엄지발가락 쪽이 튀어나오게 생긴 굽이 낮은 신을 신는다. 대게 이런 식으로 머리에서 발까지의 독특한 모습의 복장이 갖추어진다. 글을 읽는 선비이거나 지위가 높은 사람이면 폈다 접었다 하는 부채를 가지고 다닌다. 여름이건 겨울이건 간에...

조선여자들의 옷은 멋지고 아름답다. 어깨와 소맷자락은 자주색 등의 밝은 색 실크이고 맨 위에 입는 긴 치마는 흰색이나 연한 파랑색이 대부분이지만 연두색도 있다. 조선 여성들은 상을 당해 흰색 옷을 입을 때 말고는 주로 밝은 색깔의 옷을 입는다. 처녀들은 결혼할 때까지는 머리 가운데를 양쪽으로 갈라서 길게 땋아 등허리까지 내려뜨린다. 결혼식 날에는 길게 땋은 머리카락을 틀어 올려서 뒤통수 밑의 목덜미 위에다 놓고 풀어지지 않게 나무나 산호, 또는 은으로 만든 핀(비녀)을 꽂아 단단히 쥔다. 조선 여인들은 귀걸이를 달지 않는다.

사실상 전체적인 외관으로 본다면 조선옷은 참으로 아름답지만 건강이라는 실제적인 안목으로 볼 때는 그 옷은 모양만큼 좋지 않다. 치마가 흘러내리지 않게 하기 위해 가슴과 허리를 넓은 띠로 꽉 졸라 매야하므로 위생적이지 않다. 치마를 저고리에 붙여 꿰맨다면 모양도 좋고 건강에도 해가 없을 것이다. 속옷으로는 크고 헐렁하게 만든 두 개의 잠방이가 있을 뿐이다. 이것은 우리가 입는 페티고트 비슷한 것이다. 두 개의 잠방이를 만드는 데 12미터 정도의 무명천이 든다. 겨울철에는 잠방이와 저고리에 솜을 넣는다. 치마는 한 쪽을 갈라놓는데 서민층 여자들은 오른쪽, 상류층은 왼쪽을 가른다고 한다.

■ 다듬이질에 대하여

요전에 부엌에서 굉장히 크게 뭘 두드리는 소리가 났다. 이것은 조선식 다듬이 방법이었다. 나는 이것을 보려고 부엌으로 들어갔다. 조선 사람들은 옷을 세탁할 때면 다 뜯어서 빨고 풀을 먹여 다리미질을 한 다음 다시 바느질하여 새옷 같이 만든다. 이들의 다듬이질 방법은 특이하다. 여자 두 명이 마주 앉아서 각자가 둥근 방망이를 두 개씩 들고 원통형 홍두깨에 감아 놓은 옷감을 두드리는 것인데 통나무 아래에는 다듬이돌이 놓여 있고 통나무를 받치는 다리가 양쪽에 있다. 옷감을 두드리는 방법은 마치 메밀을 타작하기 위해 도리깨질을 하는 걸 연상시킨다. 다듬이질을 하면 옷감이 반질반질하여 좋아진다. 그들은 무명천을 실크 같이 윤이 날 때까지 두드린다. 조선 남자들의 옷은 대부분 흰색이어서 부인들이 세탁하려면 옷을 뜯고, 빨래하고, 다듬이질을 해서 다시 바느질해야 하는데 그 과정은 너무나 힘든 작업이다.

■ 외모와 두발에 대하여

조선사람들은 대체로 세 계급으로 나눌 수 있다. 관리가 가장 높고 중간 계급은 상인이나 남을 고용할 수 있는 계급이고 하층은 육체 노동에 종사한다. 이들은 내가 보기에 일본인이나 중국인들과는 상당히 달라 보인다. 부산에서 처음 본 몇 사람은 오히려 북미의 인디언을 연상시켰다. 인디언 보다 키가 크지는 않지만 일본인들 보다는 더 크다. 그들 모두가 머리카락을 길게 기르고 있다.

조선 남자들은 결혼하기 전까지는 머리에 아무것도 쓰지 않고 가르마를 타고 머리카락을 땋아서 늘어뜨린다. 쉰 살이 되어도 총각이면 소년으로 취급된다. 결혼을 하거나 약혼을 해야만 머리카락을 위로 올릴 수 있고, 어린아이 신세를 면한다. 정수리 부분은 면도를 하여 깎아버린다. 중국인들은 이 부분을 기른다. 중국인들이 깎아버리는 부분에 조선사람은 기르는 셈이다. 머리털을 위쪽으로 모아 틀어 올려서 머리 중심의 조금 앞쪽에다 상투를 만든다. 나무나 은으로 만든 핀을 상투 아래쪽에 꽂아서 상투가 곧 바로 서게 한다. 말총으로 그물처럼 짠 약 5센티미터 너비의 띠(망건)를 머리에 써서 머리털이 삐쭉삐쭉 빠져나오는 것을 막는 것으로 남자들의 머리 손질은 대체로 끝난다.

■ 모자에 대하여

조선사람들은 모자를 실용적인 목적 보다는 장신구의 하나로 쓰는 것 같다. 챙은 상당히 넓지만 모자 꼭대기인 관 자체는 작고 높지 않다. 이것을 상투 위에 쓴다. 상투가 그 속에 들어가게 되어 있고 끈이 달려 있다. 뺨을 타고 내려온 끈 양쪽을 턱 밑에서 매게 되어 있다. 모자는 대나무를 가늘게 잘라 만든 뼈대에다 얇은 천을 쒸워서 만들지만, 고급품들은 말총으로 만들고 색은 검은 것이 보통이다. 그러나 지금은 임금의 어머니인 왕비 조씨가 서거한 장례기간이라 이를 조상하느라 모두 흰색 모자를 쓰고 있다. 궁중에서 쓰는 모자는 모양이 달라 양쪽에 날개가 달려 있다. 농부들의 모자는 곡식을 담는 바스킷 같이 크고 모양도 그렇게 생겼다.

■ 혼례 풍습에 대하여

학교에서 나이가 가장 많은 소녀들이 곧 결혼하게 되면 약혼자들로부터 결혼 예물을 받게 된다. 이 행사는 조선 풍속에 따라 거행되는데 하인 한 사람이 밝은 등으로 만든 고리와 열쇠가 달린 큰 상자를 머리에 이고 온다. 이 상자는 초록색의 술이 달린 빨간색 비단으로 싼 것이다. 원래는 이것을 신부의 어머니가 안마당에서 받아야 하는 것이지만 경우에 따라 대청에서 받기도 한다. 그 다음에는 신부가 불려 나오는데 조선 풍속에 의하면 신부는 강제로 질질 끌려 나와야 한다고 한다. 끌려 나온 신부는 예물은 보지도 않고 등을 돌리고 앉는다고 한다.

그러면 신부의 어머니는 밝은 색 비단 저고리감과 치맛감, 흰색 비단인 잠방이감, 무명천, 그리고 서너 뭉치의 솜, 결혼식날 신부가 머리에 꽂을 은비녀, 한 쌍의 은가락지, 서양의 결혼증서에 해당하는 한문으로 쓴 문서 같은 종이(사주단자) 등을 차례로 하나씩 꺼낸다. 물건을 꺼낼 때 마다 사방에서 탄성을 지른다. 물건들은 펴 보지도 않은 채 상자에 다시 넣고 열쇠를 채워 사흘동안 둔다. 그 다음에 다시 꺼내 바느질을 한다. 조선 처녀들은 결혼식이 끝날 때까지 신랑을 볼 수가 없다. 신랑과 신부 사이의 모든 결혼 준비는 중신어미라는 '왔다 갔다'하는 사람에 의해 다 이루어진다. 결혼 후에도 신부는 또 사흘동안 신랑을 보거나 말을 하면 안 된다. 이 기간이 오래동안 이어지면 그러고 있을수록 더 좋다고 여겨진다고 한다. 그리고 결혼식날 신랑은 관복을 입는 게 조선의 풍속인데 이때의 관복은 대부분 빌려서 입는다고 한다.

■ 기타 일반적 몇몇 풍습에 대하여

우리(서양)는 장례식 때 검은색 모자를 쓰지만 조선은 흰색 모자를 쓴다. 우리는 상대방에게 존경을 표시할 때 모자를 벗는데 여기서는 그대로 쓰고 있다. 서양집은 대체로 문을 밀거나 당겨서 여닫고 창문은 옆을 미끌어 여닫지만 여기서는 그 반대이다. 글을 읽거나 쓸 때에도 우리는 왼편에서 오른쪽으로 써 나간다. 책에 주해를 달 때에도 우리는 페이지의 아래에 쓰지만 이들은 맨 위쪽에 쓴다. 방향을 이야기 할 때에도 우리는 북동남서의 순으로 하는데 이들은 동서남북의 순으로 말한다. 그리고 상대방에게 나이가 들어 보인다고 이야기하는 것을 이들은 대단한 치사(존경의 표시)로 여긴다. 이들의 주식은 쌀이며, 감자, 배추, 콩, 메밀, 둥근파, 무 같은 것을 즐겨 먹는다.

제2절 대구경북 섬유농경수공업의 환경변천

가. 개관

　원시사회 즉, 문자로 된 기록역사가 제대로 정리되어 있지 않은 시대에 대한 대구경북지역의 섬유역사를 제대로 더듬어 보는 데에는 많은 한계를 가지고 있는 것은 사실이다.

　그러나 여러 기록을 더듬어 보면 지역 섬유산업의 기반조성 시원(始原)은 유사 이전 고대시대 때로 거슬러 올라가고 있음을 많은 사서(史書)가 추론해 주고 있기도 하다. 즉, 여러 사서에 의하면 초기 거주민이 이 지역에 정착하면서 부터 수많은 이름 모르는 민초와 일부 선각자에 의해 섬유농경수공업이 착수되었음을 알 수 있으며, 이들이 있었음으로 인해서 지역의 섬유역사가 면면히 이어져 오고 있으며 이에 따라 오늘날에 이르러서는 기라성 같은 섬유인물의 배출지가 됨과 함께 지역 섬유산업이 우리나라 경제기반의 토양을 일구어 내는데 주요한 밑거름이 되기도 하였음을 각종 기록이 밝혀주고 있기도 하다.

　이처럼, 대구경북섬유산업은 전기(電氣)가 도입되지 않는 농경수공업시대 때부터 이미 우리나라 경제기반의 주요 거점지역으로 자리매김하고 있었는데, 특히 '의식주(衣食住)' 중의 으뜸산업인 섬유산업이 옛날부터 이 지역에 빠르게, 그리고 쉽게 뿌리를 내릴 수 있었던 것은 '비단(緋緞)'으로 통칭되는 견직물에 대한 양잠과 삼베의 주 원료인 대마(大麻), 그리고 무명의 주 원료인 목면(木綿)의 농업적 생산환경이 우수하였기 때문으로 보인다. 따라서 섬유의 주요 재료 수급과 생산에 있어 원료는 주로 농업에 의해 이루어졌는데 초기에는 산과 들녘에 자생하는 것에서 수확하기도 하였으나 점차 계획적 재배단계로 이어져 나갔다. 이의 원재료를 기반으로 하여 제조되기 시작한 섬유제품은 사람의 노동에 의한 수공업으로 이루어졌다. 초기 섬유생산의 대부분은 민가(民家)에서 자연발생적으로 수행되었던 것으로 보이며, 각 왕조시대에 이르러서는 관장제를 두고 기술자 또는 생산작업자에게 장인(匠人), 공인(工人), 백공(百工), 장척(匠尺) 등의 신분을 가지게 하여 국가에서 직접 관리하기도 하였다.

　대구경북지역 섬유산업의 변천 또한 각 시대별 사회 상황과 정부의 육성 관심도에 따라 영고성쇠를 반복하여 오고 있기도 하다. 의복의 경우 왕조시대에는 어김없이 신분의 제약을 많이 받기도 하였으며, 또한 시대별로 외국 문물의 무분별한 유입과 사회적 사치풍조도 지역 섬유산업의 지속적 발전에 많은 걸림돌이 되기도 하였다. 그리고 끊임없이 반복된 내·외란도 섬유기술자의 보호와 산업적 육성에 한계를 보이기도 하였다.

　이에, 우리나라 주요 정통 역사서인 '삼국사기'와 '삼국유사', '고려사절요', '조선왕조실록'을 비롯한 여러 사서와 개인적 문헌, 그리고 최근에 간행된 각종 자료에 수록된 내용을 근거로 지역적 공간에 한정하여 진한(辰韓)시대, 신라시대, 고려시대, 조선시대 등에 있어서 농경수공업적 측면의 대구경북섬유의 뿌리내림과 그의 형성과정을 더듬어 살펴 보기로 한다.

나. 원시사회의 정착민과 거류민들

■ 삼한시대의 진한과 그 강역과 풍속

　이긍익의 연려실기술 역대전고 '삼한(三韓)'편에 의하면, 상고컨대 신라 최치원이 동해 밖에 삼국(三國)이 있으니 마한(馬韓), 진한, 변한(弁韓)이 그것이다. 마한은 지금의 고구려이고, 진한은 신라, 변한은 백제국이다. 최치원이 삼한에서 그리 멀지 않은 시대의 사람이니 능히 그 구역을 자세하게 알 것인데 위서(魏書)에 마한은 서쪽에 있고, 진한은 동쪽에 있으며, 변한은 진한과 마한 사이에 끼어 있다고 하니 옛 부터 그 구역이 상세하지 않으니 어찌된 일인가. 삼한시대에 관한 서적이 없어 그 연대와 사적을 상고할 수가 없고 오직 위서에 그 군국(郡國)과 풍속을 대략 말하고 있으므로 이를 기준으로 삼는 것이다(원전 : 동문광고 同文廣考).

또한, 이수광의 지봉유설에 의하면 기자조선 뒤에 비로소 삼한이라는 칭호가 있었는데 한 때 74개 소국이 존재하기도 하였다고 한다. 이 삼한에 대해서는 여러 가지 설이 있으나 흔히 세상에서 말하기를 마한은 지금의 전라도, 변한은 충청도, 진한은 지금의 경상도이다 라고 하고 있다.

신채호의 조선상고사 계립령(鷄立嶺) 이남의 별천지(別天地) 편에 의하면, 계립령은 지금의 조령(鳥嶺 : 일명 '새재'로 불리기도 함)으로 경북 문경의 북산(北山)이다. 고대에는 조령의 이름을 '저릅재'라 하였는데 저릅은 '삼(마 麻)'의 고어로 이두문자의 음으로 '계립'으로 쓰고 그 뜻으로 '마목(麻木)'이라 쓰는데 즉, 이 조령이 곧 계립이다. 이 계립령 이남은 지금의 경상북도 전체를 일컫는 것으로 옛날 진한, 변진의 자치부 수십 개 나라들이 비옥한 토지를 이용하여 벼와 보리, 기장, 조 등의 농업과 양잠(養蠶), 직조(織造) 등에 힘써서 곡류와 포백류(布帛類)를 생산하고 철을 캐서 북방 여러 나라들에 공급하였다.

☞ 신채호(申采浩) : 사학자이며, 언론인, 독립운동가. 1880-1936. 호는 단재(丹齋). 황성신문과 대한매일신보의 주필로 활약하였으며, 일본이 우리나라를 침탈하자 중국으로 망명하여 항일무장투쟁을 추진하다가 체포되어 옥사하였다. 저서에는 조선상고사(朝鮮上古史), 조선상고문화사(朝鮮上古文化史) 등이 있다.

연려실기술에 의하면, 진한은 중국 한나라 대방군의 진방(辰方 : 한반도의 동남쪽)에 있어 그 이름이 된 것이며, 혹은 중국 진(秦)나라 시대에 망명 온 사람들이 살았기 때문에 진한(秦韓)이라고도 말하기도 한다고 하고 있다. 즉, 진한은 마한의 동쪽에 있었는데 이 나라의 늙은이가 대대로 전해오는 이야기를 해 준 것을 정리해 보면 옛날에 중국 진(秦)나라 때 백성들 중에 혹독한 부역을 피해 도망해 온 사람이 한국에 들어오자 마한이 그 동쪽 지역을 떼어 주었다고 한다.

이 진한은 중국 한(漢)나라 혜제(惠帝) 원년 정미년에 마한과 때를 같이 하여 건국했으며, 수도는 현재의 경주에 정하였다. 진한은 처음에는 양산(楊山), 고허(高墟), 진지(珍支), 대수(大樹), 가리(加利), 고야(高耶) 등 6촌이었는데 이를 진한 6부라고 하며, 후에 점차 나누어져서 12개국이 되었다(원전 : 두우통전 杜佑

通典, 동국여지승람). 진한이 통치한 12개국은 기저국(己柢國), 불사국(不斯國), 변진미리미동국(弁辰彌離彌凍國), 변진접도국(弁辰接塗國), 근기국(勤耆國), 난미리미동국(難彌離彌凍國), 변진고자미동국(弁辰古資彌凍國), 변진고순시국(弁辰古淳是國), 염해국(冉奚國), 변진반로국(弁辰半路國), 변락노국(弁樂奴國), 군미국(軍彌國) 등이었다 한다. 이들 중 대국(大國)은 4천에서 5여천 가호, 소국(小國)은 6백에서 7백여 가호로 구성되었으며 전체는 4만에서 5만여 가호가 있었다. 진한은 기원전 57년인 중국 한나라 선제(宣帝) 원봉 원년 갑자년에 신라의 시조인 박혁거세(朴赫居世)에게 병합되니 무릇 138년간 국가가 존속하였다.

진한은 성책(城柵)이 있고 언어가 마한과 같지 아니하며, 국(國, 나라)을 방(邦), 궁(弓, 활)을 호(弧), 적(賊, 도둑)을 구(寇), 행주(行酒, 술을 돌리는 것)를 행상(行觴)이라 하고 서로 부르기를 도(徒, 무리, 동료)라 하니 진인(秦人)이 도라 함과 중국 연(燕)나라, 제(濟)나라의 명물(名物)과 비슷하다. 낙랑 사람은 아잔(阿殘)이라 불렸는데 그것은 동방 사람이 나를 아(我)라고 하니 낙랑 사람이란 본래 나의 잔여(殘餘)라는 뜻이다.

진한은 토지가 비옥하여 오곡과 벼 농사에 적합하며, 누에를 칠 줄을 알고 있었고, 비단(견 絹)과 베(포 布)를 만들 줄 알았으며 소와 말에 멍에를 씌워서 탔고 혼인에 예속이 있고 남녀의 분별이 있었다.

☞ '베'의 명칭에 대하여 : 베의 명칭은 우리나라에 있어 '포(布)'를 비롯하여 '천(絾, 끈으로 만든 천)', '포목(布木)', '옷감', '원단', '직물(織物)', '비단(緋緞)', '주단(紬緞)', '라사(羅絲)', '무명' 등 매우 다양한 명칭으로 통용되고 있는데 이는 섬유 원재료의 수급과 시대상황에 따라 그 명칭이 생멸하고 있는 것으로 보인다. 아주 고대 때인 옛날에는 베의 대부분이 '삼베'를 지칭하였던 것으로 보이나, 실제는 칡, 짚, 왕골 등 각종 식물성 섬유와 동물성 섬유, 광물성 섬유 등 다양한 천연 섬유성 물질을 가진 모든 섬유를 총칭하는 것으로서 사용 환경과 상황에 따라 다양하게 지칭되었던 것 같으며, 이것이 오늘날에도 그대로 일상적으로 편리하게 불리워지고 있는 것 같다. 그러나 오늘날 우리가 흔히 '비단'이라고 부르고 있는 견직물에 대한 명칭은 그것의 품질과 용도, 시대에 따라 그 명칭이 너무나 다종다양하여 별도의 연구가 필요할 것 같기도 하다. 한편, 오늘날 우리가 간혹 비단의 총칭으로 '명주(明紬)'라고 부르고 있는 이

비단의 명칭은 중국 명나라 때 통용되던 비단의 일반적 명칭으로서 임진왜란 이후 우리나라에서 널리 사용되기 시작한 것으로 보이며 그 후 현재에 이르기 까지 일부에서 비단이나 베에 대한 일반적인 명칭처럼 사용하고 있는 게 아닌가 여겨지기도 한다. 한편, 이수광의 지봉유설에 의하면, 서경(書經)에 보불치수(黼黻絺繡)라는 말이 나오는데 이미 상대시대에 비단(繡 수)이 만들어졌음을 알 수 있다. 또 습유기(拾遺記)에 중국 요(堯)나라 때 바다 사람이 비단을 짜서 바쳤다. 후대에 이것을 본 받아서 오색(五色) 실을 물들여서 베를 짰다. 한서(漢書)에 보면 마후(馬后)는 여러 왕들에게 백월(白越) 이십 단(端)을 주었다고 하는데 주석에 여기서의 '월(越)'을 '베(布 포)'라고 했다. 또 전갈(筌葛 : 칡으로 엮어 만든 옷)이라는 갈포(葛布 : 칡으로 만든 베)가 널리 통용되었는데 두보의 시에도 가는 갈포 바람을 머금어 부드럽다고 하였으며, 한문(韓文)에 여름에는 갈(葛)을 입고 겨울에는 구(裘 : 동물가죽으로 만든 옷)를 입는다고 나와 있다. 또 문선(文選)에 갈월포(葛越布, 칡베)는 삭토(朔土)에서 만든다고 했는데 주석에 '갈월'은 초포(草布)라고 했다. 시경(詩經) 갈담편(葛覃篇)에 치(絺 : 칡으로 만든 베)를 만들고 격(綌 : 칡으로 만든 옷)을 만들어 의복으로 입으니 싫어하는 자가 없다함으로서 '칡'이 의복재료로 널리 사용되었음을 알 수 있다. 지금(조선시대 후기)도 우리나라 산 속의 사람들은 갈포로 옷을 해 입는데 매우 정갈하고 좋다. 회남자(淮南子)에 백여(伯余)가 처음으로 옷을 만들었고, 소자첨(蘇子瞻)에 중국의 시황(始皇)이 처음으로 종이를 만들었는데 이 때의 종이는 비단이었다. 그 옛날에는 모두 대나무에 글자를 썼다. 그 후에 합사한 비단을 '종이'라고 했다. 동한(東漢) 화제(和帝) 때 채륜(蔡倫)이 종이를 만들었는데 나무껍질과 삼(麻, 마)의 베 조각이나 고기 그물로서 만들었다. 이것을 모두 채후지(蔡候紙)라 한다. 지금(조선시대)은 뽕나무와 닥나무, 버드나무, 짚, 대나무, 갈대, 이끼 등 다양한 재료로 종이를 만들고 있다. 패사(稗史)에 중국 온주의 견지(鐲紙 : 색깔이 밝은 종이)는 깨끗하고 희며 단단하고 매끄러워서 고려지(高麗紙)와 같다. 고려에는 만지(蠻紙 : 고려시대 때 생산된 편지지의 일종)가 있으며, 책 껍데기는 친(櫬 : 오동나무 등으로 만든 널, 관)을 많이 사용되었다고 하고 있다. 또 주례(周禮)에는 월석(越席)을 부들자리(부들의 줄기나 잎으로 엮어 만든 자리)라 하고 있기도 하다.

진한은 장사지낼 때 대조(大鳥, 큰 새)의 기털을 '깃'으로 썼는데 그 이유는 죽은 자로 하여금 날아서 하늘로 올라가게 하려는 것이었다. 집 지을 때는 여러 나무를 가로로 쌓아 올려 마치 감옥처럼 하였다. 철을 생산하니 중국의 한나라와 예(濊)나라, 일본 왜(倭)나라 등이 모두 무역해 갔으며, 모든 매매에 철을 기준으로 사용하였는데 마치 중국에서 돈을 사용하는 것과 같았고, 또한 마한, 변한 등 2군에도 공급하였다.

풍속은 가무(歌舞)와 술 마시기를 즐겼으며 비파(슬 瑟)가 있는데 그 형태가

축(筑, 악기 이름)과 같았으며 타는 데 음곡이 있었다. 아이를 낳으면 돌로 그 머리를 눌러 납작하게 했으므로 지금의 진한 사람 모두의 머리가 납작하다. 일본 왜나라와 가까운 곳의 남녀는 문신(文身)을 하였으며 보전(步戰)에 능했고 병기는 마한과 같았다. 길가는 사람이 서로 만나면 모두가 길을 양보하였다.

한편, 변한은 그 성곽과 의복, 거처, 언어, 법, 풍속이 진한과 같았지만 귀신에게 제사지내는 것이 달랐다. 사람의 형체가 크고 의복이 깨끗했으며, 폭 넓고 가는 베를 짰고 머리는 길게 길렀으며 특히 법이 준엄하였다고 한다(원전 : 동문광고).

또 마한은 농사를 지으며 누에를 칠 줄 알았고 면포(綿布)를 만들었다. 그 풍속이 강기(綱紀)가 적어 국읍(國邑)에 신지(臣智)와 읍차(邑借)라는 우두머리가 있었지만 읍락이 잡거하여 통제되지 않았으며 무릎을 꿇고 절하는 예가 없었고 초옥(草屋), 토실(土室)을 지어 거처하였는데 그 모양은 무덤처럼 생겼다. 문은 위에 있고 온 식구가 그 안에 함께 살았다. 장사할 때에는 관만 쓰고 곽은 없었다. 소와 말을 탈 줄 모르며 영주(纓珠 : 장식 끈에 단 구슬)를 재보로 여겨 혹은 의복을 장식하고 혹은 목걸이, 귀거리로 하였다. 금, 은, 금수(錦繡-비단)는 귀하게 여기지 않았다. 사람 등의 성질이 강용하고 큰 머리에 드러난 상투가 경병(勁兵 : 혈기 왕성한 병사)과 같았으며 베로 만든 두루마기를 입고 가죽신을 신었다. 나라 안에 공사가 있거나 관가에서 성곽을 쌓을 때는 연소하고 용맹있는 건장한 자(者) 모두가 자기의 척피(脊皮 : 등골가죽)를 뚫어 큰 새끼줄로 꿰고 한 길이나 되는 나무를 꽂아 종일 외치며 일하되 아픔을 느끼지 않았고 그 것으로써 일 잘하고 건장한 것으로 삼았다. 언제나 5월에 파종이 끝나면 귀신에게 제사지내되 군집하여 노래 부르고 춤추며 술 마시기를 주야로 쉬지 않았다. 그 춤은 수십 명이 함께 일어나 서로 따라 가며 땅을 밟고 수족을 내렸다 들었다 하며 가락에 서로 맞추니 탁무(鐸舞 : 목탁을 가지고 추는 춤)와도 흡사했다.

☞ 마한 때 사용되었다는 '목면(木棉)'과 '면포(綿布)' 대하여 : 당시 생산되었다고 하는 '면포'는 오늘날 우리가 알고 있는 면포와는 다를 것으로 추정되고 있다. 즉, 당시에 성행하였다고 하는 '야잠(野蠶)'처럼 어떠한 '야면(野綿)'이 채집되어 사용되었는지 아

니면, 원면이 외부로부터 유입되어 면포가 생산되었는지, 아니면 또 다른 식물성 섬유가 존재했었는지 등등에 대해서는 좀 더 세밀한 연구가 있어야 할 것으로 보인다. 한편, 이수광의 지봉유설에 의하면 우리나라에 옛날에는 무명이 없었다. 고려시대 말기 문익점(文益漸)이 면화(綿花)을 전래하기 이전까지는 오직 갈포(葛布)가 있을 뿐이었다. 구준(丘濬)이 말하기를 면화는 중국 원나라 때 비로소 중국에 들어왔다고 했다. 그렇다면 우리나라에서 말하는 목면(木綿)이란 것은 초면(草綿)으로서 중국 당나라 때 시(詩)에 나오는 '목면 꽃이 금강 서쪽에 피었네(木綿花發錦江西)'라고 하는 것은 이 목면이 아니다. 양신(楊愼)은 면(綿)에는 세 가지가 있는데 첫째는 사면(絲綿)으로 잠집(蠶緝)에서 나오고, 둘째는 목면(木綿)으로 교광(交廣)에서 나오는데 반지(班枝)라 한다. 이는 나무가 커서 한 아름이나 되고 꽃은 붉어서 산차(山茶)와 같고 열매는 술잔만 하다. 셋째는 초면(草綿)으로 중국 강남에 많이 나는데 매년 봄 2-3월에 씨를 뿌린다. 이는 누렇게 꽃이 피고 열매를 맺으니 곧 지금의 면화(綿花)이다 라고 하고 있다.

또 진한 때 주호(洲胡) 사람과 교류가 있었다고 하는데 마한의 서쪽 바다 가운데에 있는 큰 섬의 사람들이다. 그 사람들의 키은 조금 작고 언어는 중국 한나라와 같지 않고 중국의 선비족처럼 머리를 깎았으나 다만 가죽 옷을 입었다. 소와 돼지 기르기를 좋아하고 옷은 위만 있고 아래는 없어 대략 아래 몸이 나왔다. 배를 타고 주변국과 교역을 하였다.

다. 섬유농경의 흔적들

대구지역 섬유생산의 기원은 정확히 알려져 있지는 않으나 우리 조상들이 초기에는 금호강과 그 지류를 따라 원시부족형태로 삶의 기반을 형성하다가 점차 낙동강변 쪽으로 정착기반을 넓혀나간 시기인 청동기시대(기원전 700년경) 때부터 여러 농경생활과 함께 출발한 것으로 보인다. 거주민의 정착 초기에는 자연에 의해 자생하는 인근지역의 초근목피와 동물가죽 등을 이용하여 주요 섬유재료로 삼은 것으로 보이며, 특히 당시에는 인근지역에 널리 자생한 삼과 칡 섬유가 주류를 이룬 것 같기도 하다.

이후 지역의 거주지가 점차 집단화되고, 소국가 형태를 갖추어 나가면서 기원전 100여년 경을 전후하여 양잠법이 전래됨으로서 섬유생산도 자연상태의 야잠(野蠶)과 대마를 활용하다가 점차 재배의 단계로 발전되어 간 것으로 보인다.

중국 역사서인 삼국지위지동이전 한전에 의하면 '진한은 누에치기를 잘 알고' 있으며, '마한도 양잠을 하고, 견직물을 짤 줄 알았다. 변한 또한 폭이 넓고 가느다란 직물을 만들 줄 알고' 있다고 하였다. 그리고 후한서에도 '변한, 진한인들의 의복은 광폭의 세마포로 지어 입고 있다'라는 것에서도 당시의 섬유생산 현황을 추론해 볼 수 있다. 또한 중국의 고대 저서인 '위략(魏略)'에 당시 전쟁 배상금으로 '진한인 1만5천명과 변한포(弁韓布) 1만5천필로 대가를 치루었다'는 기록이 있는 것으로 보아 당시 삼한지역의 베 생산능력이 상당하였을 것으로 추정되기도 한다.

한편, 원시부족사회이던 진한(辰韓) 12개 부족 중 서라벌을 중심으로 기원전 57년에 건국된 신라는 서기 12년 청도(이서국 伊西國), 108년 대구(다벌국 多伐國), 112년 경산(압독국 押督國), 198년 의성(소문국 召文國)과 영천(골벌국 骨伐國) 순으로 정복하는 등 건국초기 부터 자원 확보를 위한 국토확장 정책을 적극 추진하였다.

이에 따라 영토가 신라에 복속된 대구지역의 섬유생산도 신라의 계획 정책에 따라 큰 변화를 겪으면서 어느 정도 체계화되어 나간 것 같으며, 아울러 생산과 소비도 더욱 활발히 전개된 것 같다. 중국의 역사서인 북사에도 '신라는 토지가 기름지고, 뽕나무와 삼이 많아, 비단과 삼베를 잘 짰다'라는 기록으로 보아서도, 비록 수작업 형태이긴 하지만 당시의 섬유기술이 상당했음을 미루어 짐작할 수 있다. 아울러 신라에 복속된 대구지역도 신라농경의 섬유생산에 일정 역할을 하였음을 추론해 볼 수 있다 하겠다.

☞ 삼국지위지동이전 : 삼국지위지동이전(三國志魏志東夷傳)은 중국 서진(西晉) 사람인 진수(陳壽 : 233-297)가 편찬한 '삼국지'의 위지에 부속된 역사서로서 고대 중국 동쪽 지역의 여러 종족과 국가에 관한 기록이다. 중국 송대 이전에 대해 위서(魏書), 촉서(蜀書), 오서(吳書)로 나뉘어져 간행되었기 때문에 '위서 동이전'이라고도 하는데 '삼국지동이전'은 서(序), 부여(扶餘), 고구려(高句麗), 동옥저(東沃沮), 읍루(挹婁), 예(濊), 한(韓 / 진한辰韓, 마한馬韓, 변한弁韓), 왜인(倭人)의 순서로 수록되어 있다.

☞ 후한서 : 후한서(後漢書)는 중국 남조(南朝) 때 송나라 사람인 범엽(范曄 : 398-446)이 지은 중국의 기전체(紀傳體) 역사서 가운데 하나로서 중국 한나라 유수(劉秀)가 스스로 황제에 오른 25년부터 위(魏)의 조비(曹丕)가 칭제하여 후한이 망한 220년까지의 중국 후한시대의 역사이다.

☞ 북사 : 북사(北史)는 중국 당나라 사람인 이연수(李延壽)가 지은 정사(正史)인 이십오사(二十五史)의 하나로 중국 위진남북조시대인 중국 위(魏)나라, 제(齊)나라, 주(周)나라, 수(隋)나라 4왕조의 242년간의 역사를 기록한 것으로, 본기12권, 열전 88권의 100권으로 되어 있다. 이연수는 중국 당나라 정관시대(627-649)에 중사관으로서 사마천의 '사기' 체제를 따라 저술한 '남사'와 '북사'의 두 사서를 남겼다.

신라는 261년 첨해왕 15년 2월 달벌성(대구)에 성곽을 쌓고, 내마 극종을 성주로 임명하였으며, 경주에서 영천, 경산을 거쳐 대구로 이어지는 교통의 요충지로 삼아 농업육성을 적극 장려하여 나갔다. 이처럼 신라 초기부터 대구가 각종 물자 확보와 수송에 매우 중요한 위치를 점하게 되었음을 알려주는 것이기도 하다.

실제로, 신라는 국가운영 체제가 어느 정도 정비되기 시작하자 지리적 한계를 극복하기 위해 689년 수도를 금성(경주)에서 교통요충지이자 섬유 등 농경생산 기반이 우수하고 잘 조성되어 있는 대구지역으로 이전할 것을 검토해 보는 등 국가 발전의 변화를 기하려는 움직임도 있었다고 하며, 이와 별도로 신라왕들의 대구 왕래도 잦았던 것 같기도 하다.

☞ 대구의 지명 유래에 대하여 : 이긍익의 연려실기술에 의하면 대구(大邱)는 신라 초기에는 달구화현(達句火縣)이라고 하였으며 후에 달불성(達弗城), 달구벌(達句伐), 달성이라고도 하다가 대구(大丘, 757년 고려시대 때 대구현으로 개칭함)로 정착되었다고 한다.
신라시대 때 지명에 있어 '화(火, 불)'가 들어가는 지명이 많은데 이는 '불(佛)'의 전음(轉音)이며, '불'은 곧 '벌(伐)'의 전음이기 때문이다. 방언에 '들(평 坪)'을 '벌'이라 한다. 대구의 팔공산은 석봉(石峯)이 가로 뻗쳐 있고 내와 산이 자못 아름다우며 비슬산(琵瑟山) 산 속에는 솟아 오르는 샘물과 천석(泉石)이 있으며, 또 대구의 공산성 등 몇몇 성은 모두 천험(天險)에 속하니 이에 차례로 성을 수축하여 곡식을 쌓고 군사를 주둔시켜 굳게 지켜 움직이지 않게 하였다. 신라는 수시로 대구지역 주민을 청야(淸野-들에 곡식이 없게 하고 백성들을 모두 성 안으로 불러 들임)하게 하였는데 이렇게 하여 적을 기다리면 적은 노략질 할 것이 없고 뒤로는 험준한 산자락이니 대구는 염려할 것 없는 천혜의 요새라고 하고 있다.

한편 달구벌의 '달(達)'은 '막힘이 없이 트이다'라는 뜻이 있으므로 지형적으로 분지 내에서 '사통팔달(四通八達)'의 의미를 지칭한데서 유래된 것이 아닌가 사료되기도 한다.

또한, 1658년 조선 효종 9년에 대구 약령시가 경상감영 객사 주변에서 처음 열리기 시작하였으며, 1736년 조선 영조 12년 대구읍성이 석성으로 4월에 축조에 들어가 이듬해 6월에 완공되었고, 같은 해 11월 선화당에서 준공식을 가졌다고 한다. 1750년 조선 영조 26년 유교 유생이던 이양채가 '구(丘)'자가 공자의 휘자에 저촉되므로 피해야 한다며, '대구(大丘)'를 '대구(大邱)'로 개칭할 것을 상소하였다고 한다. 이에 조선 정조에서 헌종 재위 연간에는 '대구(大丘)'와 '대구(大邱)'로 혼용하여 사용되다가 조선 철종 이후에는 '대구(大邱)'만을 사용하게 되어 오늘에 이르고 있기도 하다.

대구광역시의 지방제도 변천

국명	연대	소속	지방명	관할구역	주요 史實
신라	신라시대	-	달구화현 達丘火縣	달불성, 달성 달구벌達句伐	261년 달벌성 축조 689년 신라 도읍을 대구로 이전 검토
고려	757	-	대구현 大丘縣	-	927년 동수대전이 발발함 (고려와 후백제의 대구 공산전투)
	1143	-	〃	-	현령관으로 승격
조선	1419	-	대구군	현재 대구광역시 일원	-
	1466	경상도	대구부	-	진鎭이 설치되고 경주의 관찰사영이 대구로 이치됨. 도호부로 승격
	1592	〃	〃	-	경상도가 일시적으로 좌, 우도로 분할되었다가 다시 통합됨
	1601	〃	〃	현재 경산시와 달성군지역이 편입됨	관찰사영이 감영으로 승격되고 관찰사가 대구부사를 겸임함. 1705년 감영시장이 개설됨
	1607	〃	〃	현재 경산시가 분리됨	
	1780	〃	대구부 大邱府	-	大丘가 大邱로 개칭됨. 일설에 공자의 이름이 丘여서 邱로 개칭되었다고 함 1776년 대구 신천유로변경공사가 착수 되어 1778년 완공됨(현재의 신천)
	1895	경상도 대구부	대구군	-	감영이 폐지됨
	1896	경상북도 대구부	〃	-	감영이 다시 부활되고 관찰사와 군수를 둠
	1910	경상북도	대구부	현재 달성군 포함 29면 260동	1911년 시가지 명칭에 동(洞)제가 도입됨
일제	1914	〃	〃	달성군 분리	-
	1918	〃	〃	달성군의 봉덕동, 대명동 일부 편입	-
	1938	〃	〃	달성군의 수성, 달서, 성북 편입	1937년 시가지조성 장기계획 수립
대한민국	1949	〃	대구시	-	동 명칭이 전면 개편됨
	1958	〃	〃	달성군의 공산, 동촌, 가창, 성서, 월배 편입	-
	1963	〃	〃	공산(동, 서변 제외), 가창(파동제외), 월배등 달성군에 환원	구(區)제가 실시됨 (중, 동, 서, 남, 북구) 1980년 수성구 신설(동구에서 분리)
	1981	대구직할시		고산, 안심, 월배, 성서, 공산, 칠곡읍 편입	직할시로 승격(경상북도에서 분리)
	1988	-		달서구 신설(7구)	구, 군 자치구제 도입
	1995	대구광역시		달성군 편입(7구 1군)	광역시로 승격

자료 : 대구시사, 대구섬유산업사 등등을 재정리한 것임

라. 신라시대, 섬유농경수공업의 정착

이에 따라 신라는 대구지역 등 낙동강 변을 중심으로 잘 형성되어 있던 이 지역의 섬유원료 수급의 용이성과 풍부한 노동력, 우수한 길쌈기술, 그리고 자연적 천혜의 여건으로 인해 건국 초기부터 섬유산업을 국가의 중요 기간산업으로 적극 육성하여 나갈 수가 있었던 것 같다.

이러한 대구경북지역의 비단생산과 관련한 이야기는 고려 때에도 그대로 이어진다. 최자(1186-1260)가 쓴 삼도부(三都賦)에 의하면 '계림땅 좋은 고장에 뽕나무는 매우 크고 봄이면 누에치니 한 집에 일만발이요 여름이면 실을 내니 한 손가락에 백가닥이라 뽑으면서 얽으면서 명주를 짜내니라 번개같은 북 바람 같은 바다 손을 빼니 벼락이라 생명주 무늬줄과 겹실을 얽은 양이 내인 듯 안개인 듯 부드럽고 눈인 듯 서리인 듯 희도다 파랑 노랑 빨강 초록 물을 들여 비단을 만들고 수를 놓아 높으신데 옷을 짓고 우리 옷도 지어입세'라고 한 것은 일반인들도 신라시대 때 이미 고급비단 직조기술 뿐 아니라 염색, 자수, 봉제에 이르기까지 자급자족하고 있었음을 알 수 있게 하는 것이라 할 수 있다. 계림땅은 신라의 예 이름이기도 하지만 고려시대 당시 최자의 근무지가 상주였음을 감안할 때 현재의 대구경북 전 지역을 일컬음에 다름 아니라 할 수 있기 때문이기도 하다.

☞ 신라시대 일어난 대구지역에서의 비극적 역사에 대하여 : 대구는 지리적으로 신라시대 때 가야, 백제 등과 국경을 맞이하고 있었던 지역이어서 전쟁의 상흔이 끊이 않았던 것 같으며, 실제 여러 사서에 의하면 대구에서 일어난 전쟁참화는 실로 매우 비참하였던 것 같기도 하다.
삼국사기에 의하면 839년 희강왕 4년 정월 19일, 반란군인 김양의 군사가 대구에 도착하자 왕이 군사를 보내 항거하게 하였다. 김양의 군사가 이들을 역습하니 왕의 군사가 패배하여, 김양에게 생포되거나 죽고 노획 당한 것이 헤아릴 수 없이 많았다. 이 때 왕은 정신을 차리지 못하고 이궁으로 도망쳐 갔으나 군사들이 곧 찾아서 살해하였다. 김양은 왕궁을 깨끗이 정리하고 시중 김우징을 맞아 들여 왕위에 오르게 하니 민애왕(또는 신무왕)이다. 그런데 신무왕은 같은 해 7월 23일에 죽고 태자가 뒤를 이으니 이가 문성왕이다. 이 해는 한 해에 두 왕이 죽고, 새로운 왕이 즉위할 정도로 정치적 격변의 시기였던 것 같다.

한편 당시 김양의 종부인 김흔은 839년 윤 정월에 대장군이 되어 군사 10만을 거느리고 대구에서 장보고가 이끌고 있던 청해진의 군사를 방어하다가 패전하였다. 그는 스스로 생각하기를 전쟁에서 패하였고 또한 전사하지도 못하였다 하여 다시는 벼슬을 하지 않고 소백산에 들어가 칡 옷을 입고 나물 밥을 먹으며 중들과 함께 지내다가 849년 3년 8월 27일에 병으로 인하여 산재(山齋)에서 죽었다고 한다.

☞ 동수대전과 대구지역의 일부 지명 발생에 대하여 : 927년 대구 팔공산에서 고려와 후백제 간에 큰 전투가 있었는데 이를 사서에는 '공산동수전투(公山棟藪戰鬪), 또는 동수대전(棟藪大戰)'이라고 한다. 이 전투에서 고려 태조 왕건은 5,000명의 군사 중 겨우 70여명과 생존하여 퇴각해야 할 만큼 크게 패하였다. 당시 후백제 태조 견훤은 신라 도성인 서라벌을 침공하여 포석정에 있던 경애왕에게 큰 수모를 안기며 자진케 하고 경순왕을 옹립하였으며, 퇴각할 때에는 각종 보화와 섬유제품, 많은 기능장을 탈취해 갔다. 이러한 때에 신라의 긴급한 요청을 받은 왕건은 이를 응징해 주기 위해 팔공산 일원에서 매복전으로 직접 전투에 나섰으나 신라침공 성공으로 사기가 앙양한 후백제 군에게 일생일대의 최대 패전을 하게 된다. 당시의 이 전투와 관련하여 대구에는 많은 지명이 생겨나게 되었는데 이를 간략히 살펴보면, 팔공산은 원래 '공산(公山)'으로 불리워졌으나 이 전투에서 신숭겸, 김락 등 왕건의 충복 8명이 전사하였다고 하여 산의 지명을 '팔공산(八公山)'으로 개칭하게 하였으며, 전쟁 후인 930년경 신숭겸 등 그때 전사한 신하를 기리는 사당인 '지묘사'를 지어 이들을 추모하게 하였는데 이 지역을 지금도 '지묘(智妙', 당시의 지명은 '동수')라 한다. '무태'는 고려 왕건이 고려의 수도인 개성에서 군사를 이끌고 팔공산 기슭에 이르러서 '군사들에게 경계를 게을리 하지 말고 태연함이 없도록 하라' 명령한 지역이라고도 하고, 또는 이때에 마을에 이르니 '마을에 태만한 자가 없는 곳'이라는 뜻에서 비롯되었다고도 하나 어느 것이 정확한 의미인지는 불분명하다고 한다. 왕건의 군사 일행이 마을 지날 때 선비들의 글 읽는 소리가 들렸다고 하여 '연경'이라 하였다고 하며, 당시 왕건과 견훤의 군사간에 전투가 매우 치열하여 양측의 화살이 가득하였던 금호강과 서변천의 합류지점을 '살내(일부에는 '전탄' 또는 '저탄'으로 기록되고 있기도 하다.)', 왕건의 군사가 크게 깨뜨려진 지역의 고개를 '파군재(破軍岾, 파군치)', 대구 동구 평광동 시랑이를 거쳐 퇴각하면서 보니 아이들만 남겨두고 노인들은 다 도망간 지역을 '불로(不老), 왕건이 적군의 긴급한 추격권에서 어느 정도 벗어났음을 확인하고 얼굴이 밝아졌다고 하였던 지역을 '해안(解顔-삼국사기에 이미 이 지명이 나오고 있어 이에 대해서는 좀 더 고증이 필요한 듯함)', 왕건이 도피하다가 하늘을 보니 달이 반쪽인 것을 확인한 지역을 '반야월(半夜月)', 그리고 마침내 안심하고 도주를 계속한 지역을 '안심(安心)'이라 하였다고 한다. 이후 왕건의 일행은 율하천과 금호강의 어느 지역을 거쳐 대구 앞산(비슬산)으로 숨어 들었는데 앞산의 그 지역을 '은적사'라고 하며, 앞산 자락에 다다라서 잠시 향후의 계획을 도모하였던 지역을 '안일사', 도주하다가 너무 힘이 들어서 잠시 쉬어갔던 지역을 '임휴사', 그리고 대구지역을 벗어날 즈음 달이 등 뒤에 있음을 확인한 지역을 '월배(月背)'라 지명하고 있다고 한다. 이들의 도주로를 지리적 시각에서 살펴보면, 팔공산 지역에서 출발하여 현재의 대구의 동부지역과 경산지역을 거쳐 산세가 매우 험악한 앞산 자락을 지나고, 이어서 대구 달서구의 월배지역을 통해 경북 성주지역으로 도주한 것으로 알려지고 있다. 이러한 지명을 엮어보면 왕건은 이날 밤중에 현재의 대구 동구지역 일원을 출발하여 거의 대구시내 외곽 한 바퀴를 돌아서 도망해야 할 정도로

험난한 퇴로였음(국자 형태, 또는 'ㄷ'형태)이 추정되고 있다. 이처럼 실제로 현재에 이르기까지 대구지역 일원의 지명에는 고려 태조 왕건과 관계되는 많은 지명이 사실(史實)과 야사(野史)로 뒤 섞여 전하여 지고 있는데 이에 대한 자세하고 심층적인 연구는 추후 좀 더 가해져야 할 것으로 사료된다.

▌경상북도의 역사에 대하여 : 경상북도는 기원전에는 삼한의 하나인 진한이 자리잡은 지역이며, 신라가 건국하여 삼국을 통일하기 이전부터 천년 왕조와 찬란한 문화를 꽃피웠던 신라의 본토이기도 하였다.

- **고대와 삼한시대 :** 기록에 의하면 경상북도는 상고시대에는 한(韓)나라의 땅이었으나 그 뒤 분리되어 남부는 변한(弁韓), 또는 변진(弁辰)이 되고, 북부, 즉 현재의 경상북도 대부분의 지역인 낙동강 동부지방은 진한(辰韓)으로 되었다. 당시 이 지방은 북부로는 예(濊)(현 강원도 남부)에 접하고 서쪽은 마한(馬韓, 충남, 전라 일부 지역)에 접하고 있었다.

- **삼국시대 :** 고구려, 백제, 신라가 함께 일어날 시기에 신라가 낙동강 우안지방과 남부 연해를 차지한 가야(伽倻)지역과 진한, 변한 등의 지역을 차례로 병합하여 나갈 때는 여러 지역으로 나누어져 있었으며, 신라의 삼국 통일 후에는 처음으로 현재의 경상북도 지역에 상주, 양주, 강주의 3주를 두었다. 신라 경덕왕 16년 때 신라는 전국을 9주로 개편할 때에는 많은 지역이 상주에 속하였다.

- **고려시대 :** 고려 태조가 신라와 후백제를 통합한 후 지방행정관서인 동남도도부서사(東南道都部署使)를 경주에 두기도 하였다. 995년(고려 성종 14년) 전국을 10개 도(道)로 나누면서 상주(尙州)지역 관내를 영남도(嶺南道)로, 경주지역 관내를 영동도(嶺東道)로, 진주(晉州)지역 관내를 산남도(山南道)로 하였다. 1106년(고려 예종 원년)에 경상진주도(慶尙晉州道)라 불렀으며, 1011년에는 전국을 8도로 개편하기도 하였다. 1171(명종 원년)에 경상진합주(慶尙晉陜州)로 나누었다가 1186년(고려 명종 16년)에 경상주도(慶尙州道)로 하였다. 1204년(고려 신종 7년)에 상진안동도(尙晉安東道)로 하였으며 그 후 다시 경

상진안도(慶尙晉安道)라 불리웠다고 한다. 1259년(고려 고종 46년)에 명주도(溟州道)의 화주, 동주, 정주, 장주의 4개 주가 몽고 침략자들에게 점령되자 현재 경상북도의 평해, 덕원, 영덕, 송생을 나누어서 명주도에 소속시켰다고 한다. 1290년(고려 충열왕 16년)에는 다시 덕원, 영덕, 송생을 동계(東界)에 소속시켰으며, 1314년(고려 충숙왕 원년)에 경상도로 정하니 경(京)이 1개, 목(牧)이 2개, 부(府)가 3개, 군(郡)이 30개, 현(縣)이 92개로 조정되었다.

☞ '경상'이라는 지명이라는 유래에 대하여 : '경상'이라는 지명은 '경주(慶州)'와 '상주(尙州)'의 지명 첫 글자에서 따온 것이며, 당시 기호지방이라 불리던 경기도를 제외한 대부분의 도(道)의 지명이 이렇게 지정되었다. 강원도(강릉, 원주), 전라도(전주, 나주羅州), 제주도(제주), 충청도(충주, 청주), 평안도(평양, 안주), 함경도(함흥, 경원), 황해도(황주, 해주) 등이다. 그리고 '영동'은 대관령을 경계로 동쪽지역을, '영남'은 추풍령, 조령을 경계로 남쪽지역을 지칭하는 지명이기도 하다. '호남'은 김제의 저수지인 '벽골제', 또는 금강의 남쪽지역을 지칭한다는 설이 있기도 하다.

● 조선시대 : 1520년 낙동강을 경계로 하여 경상좌우 양도로 나누었으며, 1895년 5월 26일 전국의 23부제 실시에 따라 대구부와 안동부를 두고 동해안 일부 지방을 동래부의 관할에 포함시켰다. 1896년 8월 4일 전국의 13도제 실시에 따라 경상북도라 칭하고, 대구에 관찰사를 두어 41군을 관할하게 하였다.

● 일제강점기 : 1914년 3월 1일 부, 군, 면의 통폐합이 있었으며(1부 22군 1도), 1949년 8월 15일 대구, 포항, 김천이 시로 승격되고, 울릉도는 군으로 개칭되었다.

● 대한민국 : 1966년 4일 1일 경상북도의 청사가 대구시 중구 포정동에서 현재의 위치로 이전하였으며, 1981년 7월 1일 대구시가 직할시로 승격되면서 경북도에서 분리되어 오늘에 이르고 있다. 현재 경상북도에는 10시, 13군, 2구, 331읍·면·동, 14출장소가 있다.

마. 고려시대 섬유생산 환경

고려의 개국과 함께 섬유소비와 교역의 중심지가 신라의 수도인 경주에서 고려의 새로운 수도인 송도(현재의 개성)로 옮겨 가거나 다른 지역으로 일부 장인들의 이탈이 있었지만 농업적 가내수공업 형태였던 지역에서의 섬유생산 환경에는 큰 변화가 없었던 것으로 보인다.

또한 고려시대에도 지역의 섬유생산기반은 성주와 상주를 아우르는 낙동강 유역을 따라 발달하였는데 당시에 이미 교통요충지였던 대구지역의 섬유생산도 매우 활발하였던 것으로 보인다. 실제로 국가적 섬유군수품 조달에 있어 경상도 할당량이 전국의 60% 이상을 충당해야 할 만큼 섬유생산 비중이 높게 책정되기도 하였다.

941년 중국 후진(後晋)과의 교역에서 고려 섬유제품에 대해 '미려한 직문(織文)과 눈과 같은 저마포는 실로 그 양호함을 칭송하지 않을 수 없다'라는 평판을 받을 만큼 높은 수준이었다고 한다. 1276년에는 무늬직물의 새로운 생산방법이 소개되어 생산기술의 변화를 가져오기도 하였다.

고려시대 때에도 신라시대 때와 마찬가지로 관영수공업제 운영과 함께 농민들은 자급자족하면서 세금으로 비단, 모시, 삼베를 납부하게도 하였는데 그 주요 생상품은 경주의 능라, 상주의 견, 안동의 황마포, 성주의 진면 등 지역별로 그 특산품을 공납하게 하였다. 따라서 안동권역의 마직물, 상주권역의 견직물과 면직물, 성주권역의 면직물과 마직물 등 대구권 인근지역의 이러한 전통섬유 생산기반은 훗날 대구섬유산업이 근대화의 중심지로 부상하는데 주요한 기능으로 작용하게 되기도 하였다고 할 수 있겠다.

일례로 대구지역과 같은 권역이라 할 수 있는 안동포의 생산기술이 7세(작업복 수준)에서 9세(평상복)까지 낙후하였다가 고급품이라 할 수 있는 15세까지 기술에 회복되는데 많은 기간이 소요되었던 것으로 보인다.

그러나 고려시대에는 초기 국가의 기강이 안정되기까지에는 많은 사회적 혼란
이 있었으며, 중기 이후에는 대외교역 활성화에 의한 중국의 선진적 섬유제품의
대량 유입, 몽골 등의 잦은 외침과 이로 인한 섬유기술자들의 포로 압송, 반복
되는 내란과 사회혼란 등으로 인해 대구를 비롯한 국내의 섬유생산기반이 매우
취약하게 되거나 피폐해져 버리기도 하였다.

한편 이수광의 지봉유설에 의하면 평시에 있어서 영남지역의 주둔 군사는 십
여만명이었다고 하며, 고려 공민왕 때 홍건적의 난이 일어나 왕이 경북 안동지
방으로 피신하게 되었는데 그때 각 도의 군사 이십여만명이 경상도지역 집합하
여 국난을 평정할 수 있었다고 한다.

☞ 안동의 '자린고비' 이야기
 이수광의 지봉유설에 의하면 조자령 동해에 말린 생선 두 마리를 2년 동안 먹어도
 다 먹지 못했다는 사람이 있었다고 하는데, 속담에서 말하기를 경상도 안동(安東) 땅
 에 아주 인색한 자가 살고 있었다. 그는 생선 한 마리를 벽에 걸어 놓고 식사 때 마
 다 이것을 쳐다보기만 하면서 밥을 먹었다고 한다.

바. 조선시대 섬유생산 환경

■ 개관

이익의 성호사설에 의하면, 경상도는 동쪽과 남쪽이 바다이고 서쪽은 큰 영
(嶺)을 사이에 두고 호남과 이웃하였으며, 낙동강이 그 가운데를 흐르고 있다.
옛날 신라는 낙동강의 동쪽에 있었고 5가야는 서쪽에 있었는데 뒤에 신라에 합
병되었다. 경주는 또한 옛 진한 땅으로 언어와 풍속이 자못 중국과 비슷하며 예
의를 숭상하고 직업(織業 : 베짜는 일)에 부지런하였다. 이 지방은 명현을 배출
하기를 한양(서울)을 능가하였다고 할 만하다. 농민은 적고 사족(土族)이 많아서
노동력이 부족하다. 사족들은 또한 야비하고 인색하며 쟁송(爭訟)을 부끄러워 할
줄 몰라서 조그만 일로도 쟁송하고 관직에 있는 자 가운데 욕심이 많고 마음이
검은 자가 많다. 남쪽에는 왜인(倭人)과 호시(互市)를 열고 있는데 나라에서 하
는 공무(公貿)와 사사로이 하는 사무역이 있다. 공무역에서 우리 측은 미포(米
布), 일본의 왜국 측은 동랍(銅鑞)으로서, 사무역에서 우리 측은 인삼과 사면(絲

綿)을, 일본의 왜국 측은 은정(銀錠), 칼, 거울 등 교묘한 기계와 신기한 물품으로 교역한다...경상도에는 양잠은 잘 하고 있으나 사면은 도리어 중국에서 수입하고 있으며, 남초(南草 : 담배)도 또한 왜국으로부터 수입하여 전래되었는데 백여년만에 온 나라 안에 두루 퍼져 손해되는 바가 허다하게 많으므로 마땅히 금해야 할 것이나 금하지 않고 있다. 진한의 옛 땅인 경주는 신라가 그대로 서울로 삼았는데 그때의 방전(方田 밭)의 유지가 아직까지 남아 있으니 이는 반드시 성지자(聖智者)의 뜻일 것이다. 그러나 현재(조선시대)에는 이를 천하에 널리 실시할 수 없는 것이 애석하다 하겠다. 부인들은 여공(女工, 베짜는 일, 길쌈)에 부지런하니 이 또한 신라 때의 회소(會蘇)의 유풍이 아직 남아 있는 듯 하다. 따라서 현재(조선시대) 경상북도에 해당하는 경상우도(慶尙右道)는 예부터 '의식(衣食)의 고장'으로 알려져 있다고 한다.

☞ '낙동강(洛東江)'에 대하여 : 낙동강이라는 지명이 지어진 유래에 대해서는 대체로 두 가지 설이 있는데, 하나는 경상북도 지명 유래집에 의하면 경북 상주의 옛 지명이 '낙양(洛陽)'이었는데 그의 동쪽지역을 '낙동'이라 한데서 비롯된 것이라고 하고 있다. 18세기 이긍익이 지은 연려실기술에 '낙동'은 상주의 동쪽에 있는 한 지명이며, 이 낙동지역을 흐르는 강이라 해서 '낙동강'이라 부르게 되었다는 것이다. 또 하나는 옛날 '가야(또는 가락국)'의 동쪽을 흐르는 것에서 유래되었다고 하기도 한다.

박제가는 그의 저서 '북학의' 재부론(財賦論)에서 재물을 잘 다스리는 자는 위로는 천시(天時)를 잃지 않고 아래로는 지리(地理)를 잃지 않고 중간으로는 인사(人事)를 잃지 않는다...옛적에 신라는 경상도 한 도 만으로도 북쪽으로 고구려와 맞서고, 서쪽으로는 백제를 정벌하였으며, 한때 중국 당나라의 일십만 군사가 수년 동안 국경에 머물러 있기도 하였다. 이러한 때를 당하여서도 신라는 한번도 호궤(犒饋 : 군사를 먹이는 것)와 그의 접대에 예를 잃거나 말의 먹이와 군량이 떨어지거나 하면 신라는 나라 꼴이 어떻게 되었을런지 알 수가 없었다. 그러나 마침내 능히 좌우로 모든 물품을 조달하여 성공하고도 남음이 있었다. 그런데 지금(조선시대) 우리나라는 경상도 만한 땅이 여덟 개나 있으면서도 평시에 녹봉을 주는 것이 사람마다 한 섬도 못 되고, 칙사라도 한번 지나가면 경비가 모자라 모두가 야단이다. 이에 일찍이 내가 지은 시(詩)가 하나 있다.

신라는 동해 가에 있는 나라
그 넓이가 지금 우리나라의 팔 분의 일일세
고구려는 왼쪽에서 쳐들어 오고
당나라 군사는 오른쪽에서 나오네
창고 곡식이 스스로 넉넉하여
군사를 먹이는데 부족함이 없었네
그 까닭 자세히 연구하니
배와 수레를 이용한 까닭 일세
수레는 말과 나귀를 편하게 하네
이 두 가지 쓰지 않으면
관중과 안휘인들 장차 어떻게 하리요
땅을 파서 황금을 얻는다 해도
그 만근 금만으로는 굶어 죽게 되네
바다에 들어가서 구슬을 캐도
구슬 백 섬을 개똥과 바꿀 건가
개똥은 땅의 거름이라도 하지만
그 구슬 무엇에 쓰리

세종실록지리지, 택리지, 연려실기술 등의 사료(史料)에 의하면 대구는 토지가 비옥하고, 기후는 온화하고, 풍속은 검소하고, 양잠에 많이 쓴다고 하였으며, 실제 대구지역 농경적 생산물산 중에도 섬유가 큰 비중을 차지하였다고 한다. 경상도지리지에 따르면 대구지역에서의 섬유재배와 생산이 매우 활발하였음을 알 수 있는데, 당시 삼베는 대구 수성과 경북 안동, 경산(해안)에서, 무명은 경북 의성과 경산(해안)에서, 양잠은 대구 일원과 경북 상주, 성주, 영천 등지에서 많이 생산되었다고 한다. 당시 수출품 중 마직물의 품질이 11승포(升布 : 단위의 '승'을 '새'라 하고 있기도 함)였다고 하니 그 품질이 상당히 우수하였음을 추정할 수 있다 하겠다.

☞ 택리지 : 택리지(擇里志)는 이중환이 1751년 간행한 저서로서 책의 구성은 사민총론(四民總論), 팔도총론(八道總論), 복거총론(卜居總論), 총론(總論) 등 네 편이며, 내용은 조선시대 각도의 지형, 풍토, 교통, 산수, 인심과 지역출신인물 등을 수록해 놓았다. 저자인 이중환(李重煥)은 조서 후기 실학자f로서 생몰연대는 1690년에서 1752년이다. 그는 이익의 학풍을 계승하여 조선후기 인문지리학 연구의 선구를 이룬 것으로 평가받고 있으며, 본관은 여주(驪州), 자는 휘조(輝祖), 호는 청담(淸潭), 청화산인(靑華山人)이다.

대구지역은 1419년(조선 세종 1년)에 '대구현'에서 '대구군'으로 승격되었는데, 거주 인구도 조선 개국 당시 6천여명이던 것이 1300여 가호에 2만여명으로 늘어나는 등 조선시대 초기부터 급속한 도시화가 이루어져 간 시기이기도 하다. 아울러서 육로와 낙동강을 이용한 수로 등 교통의 요충지로 부상한 대구는 이 시기에 많은 물산의 집산집결지로 발돋음 하였으며, 1423년에는 국내에서는 처음으로 서민금융제도 성격의 사창제도(社倉制度)가 시행됨에 따라 지역경제가 더욱 활성화되는 계기가 되기도 하였다. 1427년 삼포개항으로 낙동강을 통한 일본과의 교역도 활발히 이루어졌는데 당시 일본과의 교역품이 보관되었던 왜물고(倭物庫, 창고)가 대구 화원(사문진)에 설치되기도 하였다.

한편, 1415년 조선 세종 재위 15년 경상도관찰사이던 안등(安騰)은 '농잠집요(農桑輯要)'에서 양잠에 대한 농경부분만 발췌하여 편찬하게 한 '양잠경험촬용(養蠶經驗撮要)'를 간행하여 농가에 보급시킴으로서 지역의 양잠농경 장려에 힘썼다고 하며, 1518년 조선 중종 재위 13년 경상감사이던 김안국(金安國)도 농경에 매우 많은 조예가 있어서 양잠업의 지침서인 '잠서언해(蠶書諺解)' 등을 편찬하여 농가에 보급하였다고도 한다. 즉, 국조보감(國朝寶鑑) 제19권에 보면 '조선 세종 때에 언해된 농잠서가 있는데, 이를 김안국이 따로 번역 간행하여 징역 각 농가에 보급하여 농잠을 장려함에 있어 본 받은 바가 있다' 라는 기록이 보이기도 한다.

1601년 경상감영이 대구로 옮겨진 이후 대구약령시(1650년경)와 대구감영시장(1705년)이 개설되는 등 대량 유통의 기반도 빠르게 갖추어지기 시작하였으며, 1737년 대구석성의 축조, 1776년부터 1778년까지 대구신천유로 변경공사 등도 대구지역으로의 인구 유입을 가속화시키는 요인이 되기도 하였던 것 같다.

대구시사에 의하면 1789년 대구지역에는 34개면에 13,413가구, 61,477명의 인구가 거주하였으며, 사영적 전문 장인(匠人)이 559명 정도 활동하였다고 한다. 이들은 시장경제에 의한 주문생산에 주력한 것으로 보이며, 섬유는 농업적 가내수공업이 주류를 이룬 것으로 보인다.

경상도읍지에서도 1830년대 대구권 지역의 섬유특산지 현황을 살펴 볼 수가 있는데 잠업주산지는 대구 달성과 경북 상주를 비롯한 고령, 성주, 칠곡, 선산, 의성, 안동, 영주, 봉화 등지이며, 특히 상주 함창에는 수령 300년이 넘은 뽕나무가 아직도 자라고 있어 옛 명성을 오늘날에 전하여 주고 있기도 하다. 안동지역은 고래로부터 마직물, 특히 안동포가 유명하였다. 조선시대 당시 안동포의 제직능력은 1인당 1필(疋 : 폭 7촌 寸, 길이 47척 尺)을 생산하는데 5일 정도가 소요되었다고 하며, 이의 품질수준은 40올(가닥)을 1새로 하여, 최상품은 15새, 대중품(의복용)은 9새, 작업복은 7새 정도였다고 한다. 현재의 기술로도 12새 정도의 제품 밖에 생산하지 못할 정도이니 당시의 기술수준은 상당히 높았던 것으로 추정할 수 있다.

▣ 대구섬유의 염색기반 활성화와 양질의 물 수급

옛부터 대구지역을 중심으로 섬유농경업이 크고 빠르게 번성할 수 있었던 것은 지리적 교통요충지라는 이점과 함께 많은 인력의 유입, 양질의 물 공급이 가능했기 때문일 것으로 추정된다. 실제 섬유산업에 있어 염색은 지금도 '섬유의 꽃'이라 일컬어 질 정도로 섬유상품 생산의 매우 중요한 공정이기도 한데, 이의 공정에서는 양질의 물 조달이 필수적이다. 사람에게 이로운 물이 자연섬유에도 최적화를 만들어낼 수가 있는데 공업화가 이루어지기 전에는 오직 '자연수'에만을 의존할 수밖에 없었으며, 대구지역은 낙동강, 금호강, 신천 등 풍부한 자연수를 비롯하여 지금도 그 우수성을 널리 평가받고 있는 무한대의 맥반석을 보유하고 있기 때문이다.

이긍익의 '연려실기술'에 의하면 대구의 팔공산은 석봉(石峯)이 가로 뻗쳐 있고 내와 산이 자못 아름다우며 비슬산(琵瑟山) 속에는 솟아 오르는 샘물과 천석(泉石)이 있다고 하여는데 여기서 천석은 맥반석을 일컫는 게 아닌가 사료되기도 한다. 또한 이수광의 '지봉유설'에 의하면 우리나라 동부지역 천달방(泉達坊)에 샘우물이 있으니 물이 매우 좋다. 거기에 사는 사람들은 예전부터 장수하는 이가 많았다고 하는데 이 천달방이라는 지역이 대구지역이 아닐까 추정되기도 한다.

■ 조선시대 후기 섬유산업의 환경변화

그러나 이러한 대구지역의 섬유생산기반은 1860년대로 접어들면서 큰 변화를 맞이하게 된다. 예부터 우리나라로부터 많은 섬유제품을 수입하던 일본은 영국의 동인도회사로부터 유럽산 섬유제품을 구입하는 등 수입선을 변경하여 버렸으며, 이와 동시에 1870년부터는 국내에도 외국산 섬유제품이 물밀 듯이 들어옴으로서 전통적 농경수공업적 생산형태를 유지하여 온 지역의 섬유생산기반은 초토화되기에 이르른다. 여기에다 임상옥과 같은 거상에 의한 중국 청나라와의 교역 확대까지 겹치면서 생산환경이 매우 열악하던 지역의 섬유생산기반은 완전히 설자리를 잃게 되고, 일제강점기로 넘어가게 된다. 실제로 청일전쟁(1894년) 이전에는 외국산 섬유수입물품 중 중국 청나라가 90%, 일본이 10%를 차지하였으나, 이후에는 청나라가 30%, 일본이 70%로 역전되었고, 을사조약(1905년) 이후에는 청나라가 10%, 일본이 90%의 국내 섬유시장을 장악하였던 것으로 파악되고 있다. 이와 같은 일본의 국내 섬유상권의 공략정책으로 말미암아 대구지역 등 국내의 섬유생산기반도 완전히 붕괴되기에 이르른다. 당시 공업화에 성공한 일본은 국권 침탈과 함께 자국산 섬유생산품의 50% 가까이를 정책적으로 조선에 공급하기도 하였다고 한다.

한편, 조선 말기 물가변동을 통해 지역 섬유생산기반의 어려웠던 환경을 추론해 볼 수도 있는데, 1809년의 경우 쌀 한 석은 국내산 백색 면직물 한 필, 또는 백색 삼베 두 필 반과 거래되었으며, 1872년에는 국내산 백색 면직물 한 필이 여섯 량(兩), 쌀 한 석이 열 량에 거래되었다. 이러한 물가는 1876년에 이르면서 정부기능의 마비와 무분별한 수입품 범람으로 백색 면직물 한 필 가격이 한 량 네 돈에서 무려 네 돈으로 까지 폭락함으로서 가격경쟁력을 감내할 수가 없엇 대구, 의성 등 목면주산지와 양잠의 생산기반은 완전한 몰락의 길로 접어들 수 밖에 없었다.

이러한 가운데에서도 일본은 자국 자본에 의한 동력직기 등 근대적 각종 섬유 생산시설을 조선에 유입시키는 정책을 강화하였으며, 1907년을 전후하여서는 대량 농업이 가능한 미국산 육지면(陸地綿)을 국내에 보급시켜 킴으로서 조선의 재래면(일명 문익점의 면綿)이 완전히 사라지는 계기가 되기도 하였다.

☞ '담배'와 '고구마'의 전래 : 담배는 임진왜란 이후에 전래되었다는 설과 1608년에서 1816년 사이에 일본에서 전래되었다는 설이 있으며, 고구마는 1763년 조선 영조 때 일본에 통신사로 갔던 조엄에 의해 전래되었다고 한다.

사. 근대화 여명기의 섬유산업 환경

■ 격랑의 시대, 대한제국과 일제강점기

오늘날과 같이 대구경북지역의 섬유산업이 현대적 기반을 조성해 오는데 있어서 시대적 여명기라 할 수 있는 대한제국과 일제강점기를 빼놓을 수는 없을 것 같다. 즉, 대구섬유는 근대에 이르기까지 농경제적 섬유생산의 주산지였을 뿐 아니라 인근지역으로부터 견과 면, 마 등 모든 천연섬유분야의 원료조달이 매우 수월하였기 때문에 전통적 섬유산업이 뿌리를 내리는데 큰 애로가 없었다.

하지만 지역 섬유산업의 근대적 기반조성의 시대적 여명기라 할 수 있는 조선 말기, 국운의 급속한 쇠락과 함께 사회 전반이 격랑의 시대를 맞이하게 되면서 근대적 섬유산업 태동에도 많은 산고(産苦)가 따르기도 하였다. 즉 이와 같은 경제사회적 격변기임에도 불구하고 지역 섬유산업은 고래로부터 면면히 유지하여 온 전통과 수 많은 선각자들이 우리나라 섬유생산에 적극 참여함으로서 오늘날과 같이 섬유산업이 제대로 된 뿌리를 내릴 수 있도록 하는데 크게 기여하기도 하였다.

특히, 1913년 대구에도 전기가 도입됨으로서 말미암아 대구섬유산업은 본격적인 산업자동화시대에 진입하기에 이르게 되었다.

☞ '전기'에 대하여

전기는 기원전 600년경 그리스의 탈레스가 호박(琥珀)을 모피에 문지르면 깃털 같은 가벼운 물체들을 끌어당긴다는 사실을 발견하면서 세상에 알려졌다고 하며 따라서 영어의 'Electricity'라는 단어도 그리스어의 엘렉트론(ēlektron : 그리스어로 '호박'이라는 뜻, 호박은 송진이 변하여 만들어진 보석의 일종)에서 비롯되었다고 한다.

이후 전기의 개발은 1550년 이탈리아의 의사이자 수학자였던 지롤라모 카르다노와 같은 시기 영국 엘리자베스 여왕의 시의였던 윌리엄 길버트가 정전기와 자기와의 관계를 연구한 '자석에 관하여'라는 저서를 발표하면서 부터 현대적인 연구가 본격 시작되었다고 한다. 전기라는 명칭도 길버트에 의해서 유래되었다고 한다.

1752년 미국의 벤저민 프랭클린은 연을 이용한 실험을 통해 번개의 전기적 성질을 증명하기도 하였으며, 1767년 조지프 프리스틀리는 뉴턴의 중력 법칙과 같이 전하도 거리에 반비례하는 인력이 작용한다는 사실을 확립했다고 한다. 이러한 전기학 분야는 헨리 캐번디시, 샤를 오귀스탱 드 쿨롱, 시메옹 드니 푸아송에 의해 점차적으로 다듬어져 나갔다고 하며, 19세기초 알렉산드로 주세페 안토니오 볼타가 전지(電池)를 발명했는데, 이 전지는 곧 다른 사람들에 의해 실용적인 전류원으로 개발되기도 하였다고 한다. 1807년 험프리 데이비는 탄산칼륨을 녹인 전해질에 전류를 통과시킴으로써 금속칼륨을 분리해 냈으며, 1820년 한스 크리스티안 외르스데드는 나침반에 인접한 도체에 전류를 흘릴 경우 나침반 바늘이 편향됨을 관찰하고는 그 전류가 도체주변 공간에 자체적인 자기장을 만들어냄을 추론해 냈다. 1831년 마이클 패러데이는 자기장이 움직이는 도체에 기전력을 유도한다는 역작용을 증명했는데 이로서 발전기, 전동기, 변압기가 개발되었다고 한다. 1864년 제임스 클럭 맥스웰은 일련의 이론방정식으로서, 전기와 자기, 그리고 광학현상을 하나의 보편적인 힘으로 합한 전자기학을 발표하기도 하였다. 1873년에는 제노브 테오필 그람에 의해 가공전선(架空電線)을 이용해 전력을 한 장소에서 다른 장소로 효과적으로 전송할 수 있다는 것이 증명되었으며, 1879년 토머스 A.에디슨이 백열등을 발명하고, 1881년 미국 뉴욕시에 최초의 중앙발전소 및 배전체계를 건설한 이후, 전력은 공장과 가정에 급속히 도입되기 시작했다. 그리고 1897년 J. J. 톰슨에 의한 전자의 발견과 1904년 2극 진공관 및 1907년 3극 진공관의 발명은 전기학에서 전자공학으로의 역사적인 변천을 이끌낸 것으로 평가받고 있기도 하다.

우리나라에는 1887년에 처음으로 전기의 점등이 있었으며, 1898년에 한성전기회사가 설립되었다고 한다. 그리고 1899년 전차의 개통이 있었으며 1900부터 민간에도 전기의 공급이 이루어졌다고 한다.

대구지역에는 1913년 대구역이 건립되면서 비로소 처음으로 전기가 들어왔다고 한다.

■ 기반조성의 여명기

대구섬유산업의 시대적 여명기의 시작은 1905년 추인호가 일본으로 부터 구형 족답기를 도입한 시기로 알려지고 있으며(현재의 대구광역시 동구 지묘동),

1915년 동양염직소 설립, 1917년 일본 자본에의 한 조선방직 등이 대구에 설립된 후 대구 달성공원을 중심축으로 인근지역에 크고 작은 가내공업형 섬유공장들이 많이 생겨나면서 졸지에 대구가 우리나라 섬유생산의 중심지로 부상하는 계기를 만들었다.

한편, 비록 대부분의 섬유생산 시설이 농경수공업적 형태의 수직기(手織機)이거나 족답기(足踏機)로 지금의 시각으로 보면 거의 원시 수준이었지만 대구섬유산업이 짧은 기간 내에 새로운 환경변화에 빠르게 적응하고 근대적 산업형태의 뿌리를 내리기 시작할 수 있었던 것은 옛날부터 내려오는 전통적 섬유생산의 기술적 습속과 경북의 성주, 상주, 영천, 군위, 예천 등지의 생사와, 경북 의성 등지의 면화 등의 섬유원료의 수급 용이와 함께 풍부한 노동력, 양질의 공업용수 확보가 다른 지역 보다 수월하였고 또 원활하였기 때문으로 보인다.

추인호는 일본 유학 후 귀국하면서 족답기 1대와 면사(42수)를 수입해 기계에 의한 근대적 직물생산을 국내에 선 보임으로서 당시에 커다란 반향을 일으켰으며, 1916년 직기 20대로의 증설과 함께 1919년 고종의 국상 때는 동양저(東洋苧)라는 상품으로 많은 인기를 끌기도 하였다고 한다.

이후 1920년경에는 대구 달성, 비산동 일대에는 20여개의 직물공장이 설립되어 '밤낮으로 베짜는 소리가 쉴새없이 들렸다'고 하며, 이 시기가 대구섬유산업의 여명기로 근대적 섬유산업기반을 서서히 다져져간 시기이기도 하다. 점차 강화되는 일제의 강압적인 경제수탈 정책이 추진되었지만 뜻 있는 많은 선각자들에 의해 끊임없이 섬유업 진출이 적극 시도된 시기이기도 하였는데, 대구시사 등의 자료에 의하면 1920년대에는 홍재룡(합동직물공장), 이승준(대구직물공장), 1930년대에는 이형근, 김문식, 송영희, 이종완, 이복바우, 김병철 등 당시 대구섬유산업 발흥에 참여한 여러 섬유생산 활동가들의 이름이 보인다.

1930년대에는 대구지역에 섬유산업과 관련한 생산자 조합이 26개에 달할 정도로 왕성한 제조활동이 있었지만 일본의 심한 규제가 기업성장을 가로 막기도 하였다고 한다. 그 중의 한 사례가 1938년에 시행된 '직물류세' 도입인데, 판매가격의 10%를 세금으로 징수함으로서 우리나라 섬유인의 기업경영이 더욱 어려워지기도 하였다.

　　그래서 광복 이후 대구 섬유인들은 '경북직물조합(이사장 최익성)을 중심으로 똘똘 뭉쳐' 무엇 보다 앞서서 직물류세 폐지에 나서기도 하였는데 마침내 1954년 많은 진통과 논란 끝에 이의 제도개선이 이루어지기도 하였다. 일설에 의하면 직물류세 폐지 국회 통과가 이루어진 같은 해 3월 26일을 '직물의 날'로 지정하고, '직물의 노래'까지 만들었다고 할 만큼 대구 섬유업계에 있어서는 '한이 많은 제도'였다고 한다.

　　그러나 1931년 소위 만주사변, 1939년 제2차 세계대전 발발 등으로 일본의 모든 정책이 전시통제화되면서 식민지배를 받던 우리나라 경제전반도 최악의 상황을 맞이하게 되었다. 즉, 미국 등의 일본 본토 폭격이 급증함에 따라 많은 일본기업들이 부득불 우리나라로 산업근거지로 진출하게 되면서 섬유 등 모든 공산품 생산이 일본인 중심으로 전환되었고, 이에 따라 우리나라 기업인들의 활동은 자연히 크게 위축되기도 하였다. 한편, 한 섬유원로의 회고에 따르면 당시 일본인 섬유기업은 모든 고급기술과 생산정보는 일본인들이 직접 관장하였고 우리나라 사람들은 허드렛 일이나 다름없는 단순노동에 집중되었기 때문에 기술축적은 엄두도 내지 못하는 상황이었다고 한다.

　　이러한 와중에 1942년부터 일제는 기업정비령을 발동하여 그나마 소규모 민족자본으로 근근히 운영되던 직기(족답기) 40대 이하 보유 우리나라 사람들 소유의 직물업체들을 일거에 폐쇄시킴에 따라 1945년 광복 때에는 제대로 된 지역의 섬유기업은 10여개 직물업체 밖에 되지 않았다고 한다. 즉, 한때 70여 업체 1,710대에 달하던 대구 중심지의 민족자본 기업가는 모두 전멸하다 싶이 하였다고 하는데 당시 이들은 대구 도심과 멀리 떨어진 지역이었던 침산동, 원대동 등 외지에서 영세가내공업형태로 어렵게 기업을 영위하던 기업만 겨우 살아남을 수 있었다고 한다.

이러한 애로사항을 거쳐 지역 섬유산업은 1945년 광복으로 산업발전의 새로운 전기를 맞이하게 된다.

일제강점기 시대의 대구섬유산업 변천내역을 간략히 살펴보면 다음의 표와 같다.

대구섬유산업 변천내역과 섬유상품 현황

구분	1910년 이전	1910년대	1920년대	1930년대	1940년대
면직물	수직물시대 (수공업적 농업)	백목, 동양저	광목, 춘포, 청포	외올베(가제) 호무스빵	소창지, 골덴 구레빠
견직물	상동	생명주, 노방주	금춘사 비단 (대구명주시대)	자미사, 교숙소 우이중(하부다이)	홈스펀, 파레스 비로도(벨벳)
마직물	상동	마포(삼베)	안동포, 항저포	생모시	
염색가공	상동	기마가공 모소가공	문지날염(금박)	-	마그네슘가공 (증량)
직기	수족답기 (베틀)	족답기	동력직기 (21인치 소폭)	동력직기 (36인치 단정)	동력직기 (36인치 양사정)
참고 (국내동향)	중국산직물수입	일본산직물수입 (광목, 옥양목)	-	뉴똥(일본산) 주항라(평양산)	시마지(개성산) 마카오 양복지

자료 : 대구섬유산업사, 한국섬유개발연구원, 1990

제2장
산업자동화시대(대구경북섬유산업 중심)

제1절 태동준비기(1945년-1959년)

가. 총괄 개관

산업자동화시대에 있어 대구경북 섬유산업에 대한 환경변천 과정을 구분함에 있어 일제강점기에서 광복을 맞이한 1945년부터 1950년대 이전까지를 근대적 기반조성의 '태동준비기'로 보고, 1960년대를 근대적 산업기반 조성과 수출환경 적응기인 '섬유산업 기반조성 태동기', 1970년대를 '섬유수출 진출기', 1980년대와 1990년대 중반까지를 '섬유수출 성숙기', 그리고 1990년대 후반부터 2000년대 중반기까지를 '섬유산업 구조조정기', 2000년대 후반부터 현재에 이르기까지를 재도약을 위한 자구노력기인 '부활의 날개 달기' 등 여섯 단계로 나누어 정부의 정책과 거시적 환경변화에 대한 개괄적 개요를 중심으로 자료를 정리해 보기로 한다.

우리나라 섬유산업 정책의 추진 현황

	1962~1971 (제1·2차 계획)	1972~1981 (제3·4차 계획)	1982~1991 (제5·6차 계획)	1993~1997 (신경제 5개년 계획)
정책 기조	• 수출주도형공업화 기반조성 • 기간산업/사회간접 시설확충	• 중화학공업육성 등 고도화 • 자력성장의 기반 조성 • 농어촌 개발	• 경제안정기반구축 • 민간 자율과 경쟁촉진 • 국민복지 및 형평촉진	• 성장잠재력의 확충 • 국민생활의 질적 향상 • 국민경제사회 위상 강화
주요 경제 지표	• 수출 10억불 달성('70년) • 1인당 GNP : 82억불 • ('61년)→289억불('71년)	• 수출100억불 달성('77년) • 1인당GNP 1천불('77년) • 제조업비중 : 27.6%('76년)	• 교역:1,500억 달러('91년) • 1인당GNP 5천불 진입('90년)	• 교역 3,000억$('97년) • 1인당GNP 14,000$('97년) • R&D투자 GNP 3~4%

	1962~1971 (제1·2차 계획)	1972~1981 (제3·4차 계획)	1982~1991 (제5·6차 계획)	1993~1997 (신경제 5개년 계획)
섬유 산업 정책 기조	성장 1기 • 수출개시기(나일론 이 수출주종) – 화학섬유 개발 • 시설확충 수출전략화 – 금융, 세제, 제도지원 – 면세품 가격고시제 실시 – 섬유산업시설에 대한 임시조치법 제정('67년) • 섬유수출 5.7억\$('71년)	성장 2기 • 대량수출기-폴리 에스테르직물 수출의 주종 ('80년 직기 65,000대) • 수출주도산업으 로 급성장 – 물량 가격조정 시책 • 섬유임시조치법 ('71년) • 섬유근대화촉진법 ('79년) – 다자간 섬유협정 (1,2차)	성숙기 • 직물수출주도기 – 신합섬이 수출주도 • 섬유공업 근대화 기본계획수립 ('80~'86년) – 공업발전법 공포('86년) – 산업구조조정 자금 지원 • 섬유수출규모 100억\$ 달성 • 폴리에스터 전성기	구조조정기 • 원사류의 수출확대 • 직물 수출조정기 – PET직물 수출100억불 달성('95년) – 미래합섬직물 개발 • 의류 수입대체국 입문 • 합리화 조치 재연장 (95.7.1~12.31) • 다자간섬유협정 (WTO)
섬유 공업 시설	• 반자동, 자동북직기 개발 활용 • 직기 38,563대('71년)	• 레피어, 그리퍼 직기 – AJL, WJL 직기시대 • 124,487대('81년)	• 다노즐 제트룸 직기시대 • 직기전체:97,219 대('91년) • WJL : 15,000대('91년)	• 복합직기시대 • 직기전체 : 88,152대 • WJL : 52,000대('95년)

※ 자료 : 재정경제부, 「제7차 경제사회발전 5개년 계획」(1993),
한국섬유개발연구원, 대구섬유산업사(1989)

■ 태동준비기의 뿌리 만들기

대구경북섬유산업이 1945년 8월 15일 광복 이후 몰아닥친 엄청난 사회적 혼란과 1950년 발발한 민족상잔 등 정치적 격변기를 거치면서도 비교적 원활한 산업 태동기를 준비할 수 있었던 것은 지역적으로 전쟁의 참화에서 비켜나 있었을 뿐 아니라 피난민 등으로 인한 대량의 인구유입, 섬유업 이외에 지역에 변변한 산업 기반이 전무하였기 때문이기도 하다.

여기에다 정부에서 1952년 섬유공업부흥계획과 1953년 면방직 5개년 계획, 1954년 직물세 폐지, 1957년 면제품 수입금지 등 일련의 섬유산업 육성정책을 적극 추진함과 함께 민족상잔으로 인한 대외원조 자금을 섬유산업 기반조성에 집중 투입함으로서 대구를 중심으로 하는 우리나라 섬유산업도 서서히 근대적 환경조성에 박차를 가해 나갈 수가 있었다.

실제로, 대구섬유인들은 정부와 큰 마찰을 감수하면서 까지 직물류세 폐지에 적극적으로 앞장섰을 뿐 아니라 1955년에는 범람하는 섬유수입상품의 규제를 위해서도 주도적인 역할을 수행함으로서 '대구섬유'가 또 한 번의 파동 즉, 소위 '포플린파동'을 야기하기도 하였다. 다시 말해 당시 열악한 국산 제품에 비해 품질이 우수한 일본 등의 외국산 섬유상품이 무분별하게 많이 수입됨으로서 국내 섬유제조기업이 큰 애로를 격게 되자 이번에도 경북직물조합(이사장 최익성)을 중심으로 정부에 섬유수입금지 조치 시해을 건의함으로서 일어난 사건으로, 소비자의 선택권 제한과 부족한 물자조달을 위해 수입이 불가피하다는 정부 의견과 맞서면서 벌어진 사안이었다. 결국에는 대구섬유인들의 의지가 반영되어 일단은 외국산 섬유수입의 규제가 이루어지기도 하였지만 이로 인해 지역 섬유업계는 한동안 중앙정부와 언론 통로가 막히거나 의견이 양분되는 혼란을 겪기도 하였다.

☞ 포플린 poplin : 포플린은 면사, 견사, 양모사, 인조섬유사 등의 섬유사를 사용하여 제직한 교직물(두꺼운 씨실과 가닭이 많은 날썰을 이용하여 제직함)의 일종으로 셔츠류, 잠옷류 등 범용적 의류용 섬유소재로서 물자가 부족하던 광복시기와 1950년대에 크게 유행하였다.

한편, 일본의 항복으로 일제 강점기 때 일본인이 소유하고 있던 지역의 섬유관련 재산은 적산(敵産)으로 처리되었는데 이것이 1948년 관련 법령의 제정으로 일반에 불하가 이루어지기 시작하여 1955년 8월 대부분의 민영화가 이루어지게 됨으로서 지역 섬유인들의 활동범위도 더욱 넓혀지게 되었다.

☞ 적산(敵産)에 대하여 : 1948년 9월 11일 대한민국 정부와 미국 정부 간에 체결된 재정 및 재산에 관한 최초 협정에 의하여 대한민국 정부에 넘겨진 광복 이전 일본인 소유였던 재산을 일컫는다.

제2절 기반조성 태동기(1960년대)

■ 개관

근대적 산업기반 조성 정착을 위해 몸부림치던 대구섬유산업은 1960년 초반 실시된 두 차례의 경제개발5개년계획(제1차 1962-1966년, 제2차 1967-1971년)에 힘입은 바가 크다 하겠다. 즉, 정부가 추진한 '산업구조를 근대화하고, 자립 경제의 기반 확립을 더욱 촉진'시켜 나가기 위한 시책에 힘입어 빠른 성장 기반을 다져나갈 수 있게 되었다.

1962 제1차 경제개발5개년계획에 따른, 소위 '정부의 강력한 수출드라이브 정책'에 의거하여 국내 제조업체에게 '수출증대를 의무조건'으로 'KFX자금의 배정, ICA자금의 지원, 외자도입의 허용, 금리의 차등제 실시' 등 막강한 금융지원 시책과 함께 수출용 원자재에 대한 수입 장려와 관세 면제, 법인세와 소득세 등의 감면 등 각종 세제상의 특혜도 함께 부여받음에 따라 지역 섬유산업을 비롯한 국내 모든 수출산업은 일시에 폭발적으로 산업기반 확장해 나갈 수가 있게 되었다. 특히 당시 우리나라의 산업환경은 정부의 강력한 지원시책에도 불구하고 기술력과 원자재 수급 등에 많은 한계가 있어서 비교적 경험이 넉넉한 섬유산업이 선발주자로 나설 수가 있었다.

☞ KFX : Korean Foreign Exchange의 영어약자, 한국정부보유외환

☞ ICA : International Cooperation Agency의 영어약자, 국제협조처, 미국 구무부의 한 기관으로 군사원조 이외의 모든 대외원조를 관할하던 곳

■ 기반조성을 위한 몸부림

사실, 1960년대 초반 국내 경제는 '경제'를 논의할 수 없을 정도로 모든 상황이 '정말 머리가 어지러울 정도로' 열악하고 부족한 시기였다고 할 수 있다. 자원도 없고, 자금도 부족하던 시절 광복의 혼란과 전쟁의 참상으로 모든 것이 정

지될 수 밖에 없었으며, 전쟁 후 미국 등에서 '전쟁복구비'로 지원된 미국달러화 확보가 산업적 사업 개시의 관건이 되기도 하던 시기였다. 국내에 없는 각종 섬유생산 시설과 원사 등 원재료를 수입하기 위해서는 미국달러화가 꼭 필요하였는데 당시 지역 섬유인 중에서도 상당수가 '밤을 세워 줄을 선' 결과 '달러낙찰'을 받음으로서 '날개를 단 새처럼' 기업을 일으키기도 하였다고 한다.

또한 국내 섬유산업 성장 시책의 주요 골자는 '수입대체에서 수출지향산업으로', '내수에서 수출 중심으로', '소량 생산시스템에서 대량 생산기반 구축으로' 바뀜과 함께 고용 창출을 극대화하는 방향으로 전개되면서 이에 가장 빠르게 부응할 수 있는 대구섬유산업이 국가적 기간산업으로 중점 육성되게 되었다.

이에 따라 대구섬유산업은 당시까지는 업체 중심의 개별적으로 시장환경에 따라 임기응변적이고 파행적으로 생산에 대응하여 오던 관행에서 탈피하고, 정부 주도 하에 조직적이고 체계적인 전략수립을 기해 나갈 수 있게 되었다. 즉, 1965년 모든 섬유시설 도입에 대해 원칙적으로 수출용 섬유생산에 국한시킴과 함께 나일론섬유, 폴리에스테르섬유 등 신개발품인 화학섬유소재의 국산화 기반 확보에 박차를 가속화하여 나갔다.

그러나 문제점도 있었다. 모든 상황이 좋게만 전개된 것은 아니었다. 정상적인 기업 보다 더 많이 생겨난 무허가 섬유제조업체의 난립과 시설의 무분별한 증설, 원사 등 섬유상품의 무자료 거래와 수출용 원자재의 내수 유통 등의 거래 질서 문란, 과당경쟁으로 인한 품질력 조악(粗惡), 생산인력에 대한 무분별한 '빼앗기' 등 이후 지역 섬유산업이 수십년간 반복적으로 해결하여야 할 거의 모든 문제점이 당시에 노출되기도 하였다. 특히 원사거래의 문란한 상거래로 말미암아, 당시 우리나라 원사거래의 중심지였던 '대구동산동'은 소위 '블랙마켓 Black Market'이라는 불명예스러운 낙인이 찍히기도 하였다.

이에 따라 1967년 송한철국회의원 등 12명의 국회의원의 발의로 '섬유공업시설의 등록제 시행' 등을 주요 골자로 하는 '섬유공업시설에 관한 임시조치법'이 제정되기에 이르렀다. 이 법령은 또한 원사수급의 안정화와 국내 업체간 과당경쟁 방지, 무리한 기능인력 채용 근절 등에 대해 제도적인 장치를 마련하는 계기가 되기도 하였으나 제대로 지켜지지는 않았다고 할 수 있다.

제3절 수출개척기(1970년대)

1. 개관

1970년 4월에 시행된 정부의 '섬유공업의 기업합병' 시책에 따라 지역 섬유산업에도 시범사업이 추진되었다. 이는 1969년 갑자기 불어닥친 경기불황을 극복하기 위한 조치이기도 하였는데 1970년 6월 대림직물, 대흥직물, 대화직물, 청구직물 등 4업체를 합병하여 '남화협동직물'을 설립하였으며, 동국직물, 성안직물 등 36업체에게는 경영이 어려운 기업을 선별하여 직기시설 매입을 권유하는 등 정부차원의 산업적 구조조정을 단행한 사안이기도 하다.

1974년 제정된 '섬유공업시설에 관한 임시조치법'에 따라 직기시설근대화가 추진되면서 비로소 지역 직물산업의 생산환경이 안정화를 기하기도 하였다. 이 때에는 업체당 적정규모 기준과 직기시설 개체비율, 그리고 직기등록제 실시 등 직물산업이 완전히 정부주도의 관리산업으로 전이되었던 시기이기도 하다.

당시 대구직물산업은 99%가 중소기업으로서 '모기업의 지시' 및 해외시장 환경에 의존해야 하는 하청임직생산구조임으로 인해 특정기술의 축적과 자체상품 개발여력은 엄두도 내지 못하는 처지였으며, 오로지 생산에만 주력할 뿐이었다. 따라서 조그마한 시대변화에도 기업경영이 갈대처럼 흔들릴 수 밖에 없었으며, '살기 위해' 생산환경만이라도 보존하려고 최선을 다하였다.

이때 섬유수출 환경은 미국과 일본에 대한 의존율이 절대적이었으며, 특히 쿼터지역으로의 수출이 주류를 이루었는데 이의 물량을 대기업과 종합상사가 대부분을 차지하여서 지역 중소기업으로서는 시장 진출이 거의 불가능 하였다고 할 수 있다.

그리고 이후 쿼터지역을 제외한 소위 '오픈 마켓 Open Market'인 중국지역과 중동지역 시장이 개척되기도 하였으나, 중국은 미수교국이고, 중동지역은 대부분의 지역이 자본주의적 금융시스템이 제대로 갖추어지지 않아 이들 두 지역에 대한 수출은 홍콩과 UAE(아랍에미레이트)의 두바이를 경유하는 중계무역으로 활성화되었는데 이에 대한 섬유수출도 지역 중소섬유업계로서는 직접적인 접근이 당시로서는 매우 어려운 환경이었다.

따라서 지역의 섬유산업은 전체적으로 보면 정부와 대기업의 그늘 밑에서 단순 생산을 중심으로 자생력을 확보해나가며 미래를 위한 내공을 다져나갈 수 밖에 없었다고 할 수 있다.

1977년 10월 정부의 섬유산업지원시책 중단 발표로 잠시 큰 충격이 야기되기도 하였으나 1978년의 섬유직물수출경기 호황으로 이러한 우려가 일시에 상쇄되고 마침내 1979년 12월 '섬유공업근대화촉진법'과 1980년 '섬유공업근대화 기본계획'이 수립되면서 섬유산업은 또 다시 국가의 수출전략산업으로 위상을 강화하는 계기가 되었으며 아울러서 세계1위의 섬유수출강국을 지향하며 지속적인 성장을 기할 수 있는 기틀도 다져나갈 수가 있게 되었다.

1986년에 제정된 '공업발전법'에 의거하여 직물업종 등 6개 업종이 합리화업종으로 지정되어 산업기반 구축을 강화하는 기회가 되었으며 이어서 1987년 염색가공업도 합리화업종으로 지정되었다.

2. 1970년대 섬유산업의 환경

1970년대 국내 경제는 1960년대 말 일시적인 경기불황으로 시대 초반에 잠시 어려움을 겪기도 하였으나 앞선 시대에 축적한 제반 섬유기반을 활용한 생산규모의 확대와 수출대량화를 구현하며 '대구섬유직물'을 세계에 확실히 각인시킨 시기로 평가되고 있다.

앞으로 많은 연구와 평가가 있어야 하겠지만 1970년대를 전환점으로 하여 '대구섬유'는 국내 경제기반과 산업환경이 전반적으로 열악한 가운데서도 외화가득과 고용창출로 중화학공업 등 현대적 기반조성에 크게 기여하였으며, 국내외에 '한국섬유'가 좋게 각인된 중요한 시기이기도 하다. 즉, 부존자원이 너무나 빈약하였던 우리나라 수출상품에 소위 '효자 노릇'을 하였으며, 국가의 역점사업이었던 석유화학공업의 주요 소비처로 부상하면서 일자리 창출과 내수 소비품 조달에도 크게 기여하기도 하였다.

이러한 기저에는 비록 많은 시행착오와 혼란이 가중되었지만 '그래도 섬유는 한번 해 볼만 하다'거나 '외화 만지는 재미가 섬유만한게 없다'라고 회고해 주는 지역의 많은 섬유인들의 의지가 있었기 때문으로 가능하였던 것으로 풀이된다.

이와 함께 1970년대 대구섬유는 크고 작은 섬유기업들이 명멸한 시기이기도 하다. 한 때 '대구시내에서 식당이나 공공장소에서 우스게 소리로 니도 사장이가, 나도 사장인데' 라는 풍자성 유행어가 난무할 정도로 많은 섬유업체가 생겨나기도 하였으며, 이로 인한 부작용으로 '지나친 정부의존형 산업', '부의 편중', '실들의 전쟁과 같은 무질서', '노동의 착취' 등과 같은 부정적 시각이 대두한 시기이기도 하다.

그렇지만 세계경제사에서도 쉽게 찾아보기 드물게 대구섬유산업은 국민적 '헐 벗고 굶주림의 해소'와 '배움의 기회 제공' 등의 환경조성으로 사회적으로 많은 변화를 유발하였으며, 국가경제를 역동적으로 이끌어가데 기초적 동인의 역할을 하기도 하였다고 할 수 있다.

　하지만, 1970년대가 모두 평탄하였던 것은 아니다. 같은 기간 두 차례에 걸친 세계적 석유파동(제1차 1973년 10월, 제2차 1979년)과 국내적으로는 정치적 격변으로 큰 혼란을 격는 등 어려운 국면도 적지 않았던 시기이기도 하였다.

3. 섬유산업 성장을 위한 민관 합작노력

1971년에는 대구상공회의소 주관으로 '제1회 섬유의 날 기념식'이 개최되기도 하였는데 이와 같은 민관합동의 일체화된 경기불황 극복노력으로 마침내 대구섬유산업은 1972년 하반기부터 섬유수출경기가 빠르게 회복되면서 나일론직물을 중심으로 생산이 활기를 띠어 나갔다. 당시에 실제로 너무 급속한 섬유수출의 경기회복으로 인해 원사 등 일부 원재료의 품귀현상과 가격급등, 생산시설의 부족과 신규도입 급증, 공업용지와 기능인력 부족 등 섬유산업의 총체적인 문제점이 다시 일시에 부각되기도 하였다. 이에 따라 1972년에는 '대구지역 기업합병 추진방안'에 의거하여 '업종별, 제품별 생산자 그룹활동 전개와 협업화가 적극 권장'됨으로서 노후시설에 대한 개체 활발과 함께 다양한 형태의 기업합병과 흡수가 이루어지기도 하였다.

그리고 1972년 8월 대구 제3공업단지에 지역 최초의 협업단지인 '나일론직물 협업단지'가 조성되기도 하였으며, 각종 섬유산업의 투자를 가속화시키는 분위기도 빠르게 확산되어 나가면서 '대구섬유직물'의 국제적 생산기반 확산을 전개해 나간 시기이기도 하다.

4. 제1차 석유파동

1973년 10월에 일어난 제1차 세계석유파동은 국내외 모든 경제상황을 완전히 냉각시킴에 따라 대구섬유산업도 섬유수출의 격감, 가동율 저하, 재고 누증 등 쉽게 극복할 수 없을 것 같은 모든 악조건이 다 드러났으며, 특히 나일론직물분야의 시설증설과 폴리에스테르직물업으로의 진출 등 대대적인 새로운 섬유산업환경 조성을 준비하던 지역 섬유업계에 엄청난 타격을 안겨주기도 하였다. 이로 인해 정부와 일부 경제계에서 섬유산업 사양론이 등장하기도 하였다.

☞ 제1차 석유파동 : 이스라엘과 아랍국가 간에 일어난 제4차 중동전쟁으로 야기된 세계 제1차 석유파동은 아랍국을 주축으로 구성되어 있는 석유수출국기구(OPEC)가 전쟁발발 열흘 뒤인 1973년 10월 16일 전격적이고 기습적 원유가격의 대폭 인상과 석유 감산조치를 취함에 따라 세계경제를 일시에 엄청난 혼란에 휩 쌓이게 만들었던 파동이다. 당시 두바이산 원유를 기준으로 배럴당 2.9달러대이던 원유가격이 11.6달러대까지 일시에 4배나 치솟음에 따라 선진국을 비롯한 대부분의 세계경제는 두 자리 수 물가상승과 마이너스 성장을 기하게 되었고, 막대한 재원이 소요되는 중화학공업시대를 준비해 가던 우리나라에게는 수출부진, 에너지가격 상승, 환율하락 등이 겹치면서 더욱 커다란 고통을 겪게 되었다.

이의 심각성이 너무나 커서 1974년 1월 19일부터 31일까지 12일간 한국은행 대구지점, 대구상공회의소, 대구은행 3개기관 공동으로 지역에 소재한 1,010개 섬유업체에 대해 최초로 전면적인 '대구지역섬유공업실태조사'가 실시되기에 이르렀다. 당시까지 국내에서는 지역적으로 국한하여 1개업종에 대해 시설, 고용, 재무, 생산, 판매 등 총체적 정밀조사가 이루어진 사례가 전무하였을 정도로 사안이 심각하였기 때문이다. 이때 조사된 내용과 건의사항은 약간의 시차가 있기는 하였으나 이후 전반적으로 대부분이 정책적으로 수용됨으로서 오늘날 대구섬유산업의 위상을 다지는데 커다란 기여를 하였던 것으로 평가되고 있다.

당시 건의되거나 개선이 추진된 내용의 일부를 살펴보면 '섬유담당행정부서' 마련을 제안함으로서 대구광역시에 '섬유패션과', 경상북도에 '섬유계'가 설치되었으며, 각종 지원기관과 연구소 설립, 만성적인 부족요인을 해소하기 위한 인력양성의 다양화와 활성화, 섬유도시로서의 섬유민속촌과 섬유박물관 등 섬유볼

거리 마련, 현대적 산업기반의 조성 등이 표면화, 구체화됨으로서 지역 섬유산업의 중장기 비전을 마련하는데 소중한 정책적 자료로 활용되기도 하였다.

하지만 업계의 자구노력에 기대하며 제안된 여러 내용 가운데 많은 문제점이 일시적으로는 해소되는 듯 하다가도 대부분의 사안이 섬유산업이 안고 있는 원초적이고 기본적인 문제점이기도 하여서 1990년 후반에 이르기 까지 시장환경 변화에 따라 반복해서 노출되고, 개선하려 노력하기도 하였다.

5. 나일론직물 중심의 경기 회복

다행스럽게 제1차 석유파동의 여파는 1974년 하반기부터 누그러지기 시작하였으며, 1975년부터 합섬직물류의 수출도 점차 늘어나기 시작하였다. 이는 선진국을 중심으로 강력한 경기부양시책을 실시하면서 재고소진에 따른 소비가 증가하였으며, 우리 정부에서도 수출마케팅활성화를 위해 '종합상사제'를 도입(1975년 5월)하는 등 각종 경기부양 정책마련과 조치를 취했기 때문이며, 특히 당시 일본이 채산성이 낮은 일부 합섬직물생산을 감축함에 따라 지역 섬유산업이 국제적으로 부가적인 효과를 거두기도 하였다. 같은 기간 중에 유일하게 고충을 겪지 않은 자수직물분야가 지역 섬유경기를 회복시키는 준비기간 마련에 큰 보탬이 되기도 하였다.

대구섬유산업은 빠른 경기회복으로 1975년과 1976년 사이 2년간 나일론직물(나일론 태피터)용 직기시설이 3만대 가까이 증설될 정도로 과열 현상이 일어나기도 하였다. 물론 이 중에는 그동안 음성적으로 운영되어 오던 시설을 정부가 양성화시켜 주었기 때문이기도 하지만, 당시 52인치 직기가 대당 42만원에서 52만원으로, 70인치 직기가 대당 70만원에서 83만원으로 오르는 등 지역에서의 직기거래 가격도 20%에서 30% 이상 급등하는 등 매우 혼란스러운 국면을 야기하기도 하였다. 이와 같이 지나치다 싶을 정도의 과열현상이 일어난데 대해 일각에서는 많은 우려를 표명하기도 하였다. 즉, 지나친 정부주도 정책으로 인해 어렵게 회복한 지역 섬유산업 자생적 기반이 자구 확보노력 미흡과 무분별한 증설로 조그마한 경기변동에도 과당경쟁을 유발시킬 수 있으며, 시설과잉이 지역 섬유산업을 일시에 쇠퇴시킬지도 모른다는 우려 때문이었다. 그러나 섬유수출경기의 호황 지속으로 이러한 우려가 크게 부각되지 못하였고, 당시에는 오히려 묵인하려는 분위기가 팽배하기도 하였는데 마침내 정부는 1977년 10월 섬유시설에 대한 증설 금지령을 해제함에 따라 지역 섬유업계에는 대대적인 직기 중심의 섬유생산시설 도입 '붐'이 일어나기도 하였다.

6. 폴리에스테르직물의 등장

1978년은 지역 섬유산업 뿐 아니라 국내 섬유산업 전체가 대호황을 만끽한 시기로 기록되고 있기도 하다. 즉, 지역 섬유산업도 새롭게 진일보 한 합섬소재인 '폴리에스테르직물시대' 시대를 개척하였는데, 여성의 여름 상의용 섬유신소재로 각광받게 되는 폴리에스테르직물(조젯트류)에 대한 소개와 함께 이에 대한 폭발적인 수출수요 증가로 인해 지역 섬유직물업계는 또 한 번의 혁명적인 시대적 변모를 기하게 되었다.

실제로 지역의 모든 직물생산 시설이 완전 가동되고 있었음에도 지역의 섬유생산 공급이 섬유수출 수요를 따라주지 못할 정도로 성업을 이루기도 하였다. 그래서 그동안 나일론직물을 주로 생산해 오던 지역의 800여 제직업체까지 생산품목을 전환하여 폴리에스테르직물생산에 참여하기도 하였다.

당시 지역 직물업산업이 호황기를 구가한 것은 내부적으로는 폴리에스테르라는 섬유 신소재의 등장과 풍부한 생산기반 확보, 정부의 강력한 수출드라이브정책을 비롯하여 대외적으로는 일본 엔화의 평가절상으로 인한 우리 상품의 가격경쟁력 확보, 미국을 비롯한 선진제국의 호경기로 인한 섬유수요의 급증 등이 절묘하게 맞물려 있었기 때문으로 풀이된다.

이와 같은 합섬직물산업의 수출 급신장으로 지역 섬유산업은 화섬시설 뿐 아니라 면방적, 소모방적 등 소위 '업 스트림 Uo-stream'분야의 원사생산 시설에 이르기까 대폭적인 증설이 가속화되기도 하였다.

1978년 5월 정부가 나일론직물과 모직물에 대해 수입 자유화 조치를 취하기도 하였는데 이로 인해 지역 섬유업계는 새로운 대응책을 강구하는 또 다른 내공을 쌓아야 하는 계기가 되기도 하였다.

7. 제2차 석유파동

1978년 12월에 촉발된 세계 제2차 석유파동과 1979년의 소위 '10/26사태' 등으로 대구섬유산업은 또 다시 최대의 위기 국면을 맞이하게 되었다. 생산의 85% 가까이를 수출에 절대의존하여 온 지역 섬유산업은 이미 예견되었던 사안이기도 하지만 극심한 수출부진에 따른 재고 급증과 생산시설의 가동율 하락, 물가상승, 미국과 일본 중심의 수출시장 편중에 대한 부작용 등 이러한 국내적인 문제와 함께 대외적으로도 일본 엔화의 약세, 미국의 경기침체, 선진국 중심의 신보호무역주의 대두 등으로 그동안 우려하였던 모든 문제점이 일시에 불거지면서 엄청난 혼란이 야기되었다. 즉, 설비과잉, 과당경쟁, 기업의 자생적 기반 취약 등 전통적으로 우려되었던 사안을 비롯하여 전문성은 결여된 채 소위 '잘 팔리는 품목으로만 맹목적으로 몰리는 산업적 습성'과 특정 업종편중 심화 현상도 지역 섬유산업의 구조적인 문제점으로 부각되기도 하였다.

따라서 1979년 말에는 1967년 제정된 '섬유공업시설에 관한 임시조치법'을 폐지하고, '섬유공업근대화촉진법'을 제정하여 섬유산업에 대한 불안한 시각을 불식시켜 나가기도 하였다. 이처럼 저무는 1970년대 말에 찾아온 '암울한 시대상황'은 새로운 기대를 준비하는 아름다운 아픔이 되기도 하였는데 유구한 역사와 풍부한 경험, 그리고 새로운 먹거리가 부족하던 지역의 척박한 산업환경은 결국 섬유산업에서 그 돌파구를 찾게 된다.

☞ 제2차 석유파동 : 1978년 12월 이란의 호메이니 주도로 일으킨 이슬람혁명과 1980년 9월 발발된 이란, 이라크간의 전쟁으로 세계경제는 두 번째 석유파동을 겪게 되었다. 석유수출국기구가 1978년 12월 26일 두바이산 원유 기준 배럴당 13달러대(12.7달러)이던 것을 단계적으로 가격을 올려 1980년 4월에는 40달러대(39.5달러)까지 3배 이상 인상시켰으며, 당시 미국 달러화 기준 시장 실질가격으로 환산하면 49달러대(48.77달러)에 달하였다고 한다.

제4절 수출성장기(1980년-1997년)

1. 섬유수출의 비상 활주로 확보기

1980년대 초는 지역 섬유산업 뿐 아니라 우리나라 경제 전반에게 있어 참으로 어려운 시기였다. 대외적으로는 제2차 석유파동으로 대두된 선진국의 '보호무역주의 강화'와 국제금융시장의 불안, 대내적으로는 정치적 격변과 사채파동 등 대형금융사고 빈발, 그리고 양적성장기를 구가하였던 지역 섬유산어의 제문제점이 일거에 노출됨으로 인해 기업도산 속출 등 그야말로 한마디로 아비규환 그 자체였다고 할 수 있을 정도였다. 즉, 1970년대 폴리에스테르 직물수출 급증으로 확장된 규모의 경제가 일시에 큰 타격을 입는 순간이었다.

그리고 1987년 소위 '6.29선언' 이후 찾아 온 새로운 사회환경은 지역 섬유산업에 있어 모든 것을 원점에서 고민하게 하는 시기이기도 하였다. 즉 '값싼 노동력'에 의존 해오던 지역 섬유산업은 연간 20% 이상에 이르는 임금상승분을 감안하는 경영전략이 요구되었으며, 노동조합 설립 활발로 노사관계에 대해서도 새로운 관계정립이 요구되기도 하였다. 1987년 당시 한 해에 지역 섬유산업에는 23업체에 노동조합이 설립되어 있기도 하였다.

또한 중국을 비롯한 인도네시아, 태국 등 후발개도국이 1970년대부터 추진한 섬유산업 육성시책으로 말미암은 수입대체기를 벗어나 본격적으로 수출에 나섬에 따라 해외시장 수성에도 빨간 신호등이 켜진 시기이기도 하였다.

2. 섬유수출의 비상기(1980년대 후반)

하지만 1980년에서 1985년까지 긴 불황의 터널에서 헤매던 지역 섬유산업은 1986년부터 1988년까지 1970년대를 능가하는 대 호황기를 맞이하게 되었다.

지역 섬유산업이 오뚝이처럼 일어설 수 있었던 데에는 지역 섬유인들 중심의 처절한 자구노력과 아픈 시련을 이겨내려는 지혜 모음이 있었기 때문에 가능한 일이었다. 이러한 노력 가운데에는 국내외 최신기술동향 확보를 위한 연차적 행사인 섬유기계전시회가 1983년 처음으로 개최되었으며, 섬유인의 자긍심 고취와 단합을 위해 1984년부터 대구섬유축제를 매년 개최하기도 하였다. 이밖에도 1984년 국내외섬유신제품전시회 개최와 함께 산합협동체제 구축을 위한 다양한 활동도 활발히 전개해 나가기도 하였다. 이에 따라 1987년 7월에는 지역 섬유업계의 중지를 모은 '대구경북섬유산업의 진로'라는 위기 극복 보고서가 발간됨으로서 섬유산업 애로해소에 공감대를 형성하기도 하였다.

1980년대 초반에는 환율변동도 매우 극심하였는데 1985년 9월 미국, 일본, 영국, 프랑스, 독일 등 5개국 재무장관회의(G5) 개최 이후 환율안정, 국제금리와 석유가격 하락 등 소위 3저 현상 도래로 지역 섬유산업도 서서히 수출활로를 찾아내기에 이르렀다.

이러한 결과로 1986년 마침내 섬유수출경기가 회복되기 시작하였으며, 1987년에는 섬유수출이 국내 최초로 단일품목 100억달러(117억달러)를 달성하는 등 혁혁한 실적성과를 거양하였으며, 일본을 제치고 세계 제1위의 합섬직물류수출 강국으로 부상하기도 하였다.

한편, 1987년말 기준 지역 직물산업의 등록직기대수가 134,511대, 자수직기가 614대에 달하기도 하였으며, 섬유직물 판매구조는 생산의 85% 이상이 수출되었는데 시설을 보유한 전문수출업체가 67%, 종합상사가 15%, 시설없는 무역업체가 6%, 원사업체 등 기타 업체가 12%를 담당하였다. 지역 섬유업체의 89% 이상이 이들에 의한 주문생산시스템에 의존하고 있기도 하였다.

3. 섬유제조업의 해외진출 추진기

1989년부터 지역 섬유업계에는 또 다시 시설과잉이 우려되기도 하였는데 이의 해소대책의 일환으로 직기를 중심으로 한 지역 섬유시설의 해외 이전이 본격 검토되기도 하였다. 갑을의 경우 스리랑카지역으로의 시설 이전과 함께 우즈베키스탄으로부터 원면을 수급하는 방안이 적극 추진되었으며, 동국무역은 베트남, 터어키 등지로의 시설 이전을 검토하기도 하였다. 그리고 대구경북직물공업협동조합은 조합회원업체를 중심으로 스리랑카에 '대구랑카'인 섬유직물공단조성을 추진하기도 하였으며, 이밖에 지역의 많은 섬유업체는 인도네시아(반둥지역)를 비롯하여 베트남(호치민등), 방글라데시, 인도, 중남미지역인 카리브연안지역과 아르헨티나, 브라질, 파나마 등으로 시설의 해외 이전 또는 사업장 이전을 추진하기도 하였다. 그러나 지역 섬유시설의 대대적인 해외투자는 1992년 중국과의 국교수교가 이루어지면서 이러한 복잡한 모든 상황이 일시에 정리되기도 하였다. 즉, 중국의 연안지역인 중국 청도와 대련, 위해 등이 새로운 해외 투자지역으로 부상하였다.

제5절 구조조정기(1998년-2007년)

1. 혹독한 시련기

1990년대말 우리나라 섬유수출의 경우 중국, 이탈리아, 미국에 이어 세계 3위에 진입하기도 하였으며, 이 가운데 지역의 주종생산품인 화섬직물류는 세계1위의 수출국이었고 화학섬유생산은 세계 3위였다.

실제 당시 대구섬유산업에는 엄청난 변화가 일어났다. 직물업을 주력으로 하던 섬유인 중 상당수가 연관 업종인 염색가공업으로의 진출을 꾀하였으며, 역으로 염색가공업에서 사업 기반을 다진 일부 섬유인도 직물업으로 사업영역을 넓히는 등 업종간 사업경계가 빠르게 허물어 지기도 하였다.

특히, 직물수출업으로 사업을 키운 일부 섬유인 중에는 당시까지는 성역으로 여겨지던 원사생산업으로의 까지 진출을 기하기도 하였는데 이때 생겨난 업체가 동국합섬, 대하합섬, 성안합섬, 한국합섬 금강합섬 등이 있으며, 고려나일론, 중앙섬유, 제일합섬, 코오롱, 한일합섬 등 기존업체들도 늘어나는 섬유수요를 충족시키기 위해 대대적인 생산시설의 증설을 단행하기도 하였다.

그러나 이에 따른 부작용은 즉시 일어났다. 섬유경기의 순환이 불안해지고 경기의 주기도 들쭉날쭉하자 무리한 시설과잉으로 인해 시장질서는 크게 요동쳤으며, 자생력 약한 업체는 부도 등으로 도태되고 자금력이 있는 업체는 구조조정을 단행하기도 하였는데 이와 때를 같이하여 제일모직이 1994년 대구공장을 경북 구미지역으로의 이전을 추진하였고, 코오롱도 1990년 하반기에 경북 구미와 김천에 신규 생산시설을 도입함과 함께 대구공장을 폐쇄함에 따라 대구지역은 완전히 직물산업과 염색가공산업 중심으로 섬유산업구조의 개편이 이루어진 시기이기도 하다. 이들 업체는 기존 공장지역에 각각 '모박물관'과 '화섬박물관'을 설립하기로 하였으나 후에 '대구오페라하우스(대구 침산동)'와 '야외음악당(대구두류동)'을 남기기도 하였다.

그리고 제일합섬은 2000년 워크아웃이 되어 웅진케미컬로 매각되는 과정에 경산공장을 정리하였고, 1973년 설립되었던 효성계열의 동양염공(경북경산)도 2003년 9월 폐쇄되는 등 대구권역의 섬유산업 기반이었던 대형 섬유업체들이 이 시기에 급속한 구조조정을 당하기도 하였다.

그럼에도 지역에서는 직물 및 염색가공 등의 중간업종분야의 산업을 중심으로 지속적인 발전을 위한 다양한 논의와 함께 시책이 추진되기도 하였는데, 1993년 경 부터는 연차적으로 합섬직물업, 염색가공업, 모직물업 등 업종별 구조개선 방안이 마련되기도 하였으며, 1996년에는 경기가 일시 퇴조조짐을 보이자 지역 직물산업 구조개선을 위한 긴급 대책이 수립되기도 하였다.

이처럼 1990년대 초중반 수출호조로 비교적 안정세를 구가하던 지역 섬유산업은 1997년 말에 불어닥친 IMF 사태로 말미암아 과거에 경험하지 못한 커다란 시련을 겪기에 이른다. 미국 달러화 대비 원화가치의 급락으로 보유하고 있던 원부자재와 일부 비축재고로 말미암아 구조조정의 시기가 조금 늦추어지기도 하였으나 장기적으로는 직물생산의 직기 기준 70에서 80% 가까이를 폐기해야 하는 엄청난 구조조정기 겪어야 했다.

하지만, 마침 정부에서 1999년부터 추진한 '밀라노프로젝트', 일명 대구섬유산업육성사업으로 말미암아 끝 없이 나락으로 추락하던 지역섬유산업에게 있어서는 연구개발이라는 새로운 과제를 부여받음에 따라 구원의 불씨를 얻게 되는 계기가 되기도 하였다.

2. 격동의 시대

2000년대 지역 섬유산업은 한마디로 요약해서 혼돈의 시기였다고 할수 있다. 앞선 시대에 거의 무한대 가깝게 직기시설을 도입한 직물업종을 비롯하여 연관 업종인 염색가공업종, 원사업종 등 거의 섬유의 거의 전 업종이 IMF 영향 등과 맞물리면서 엄청난 혼란과 함께 처절한 구조조정기를 거치게 되었기 때문이다.

지역 섬유산업의 '상징적 얼굴'로 군림하며 내로라하던 대기업을 비롯하여 크고 작은 수 많은 섬유기업들이 혼돈 스러운 환경을 이겨내지 못하고 처참하게 섬유역사의 뒤안길로 사라져 갔다. 자고 나면 섬유업체가 사라지는 것이 유행처럼 번졌다.

여기에다 수출일변도의 산업구조인 지역 섬유산업은 2005년부터 섬유쿼터제가 폐지되고 세계 섬유시장이 무한경쟁 체제로 전개됨에 따라 어려움이 더욱 가중 되기도 하였다.

그리고 1980년대 말부터 시작된 지역 섬유산업의 해외 진출은 1992년 중국 과의 수교 일시적 돌파구가 마련되는 듯 하였으나 2000년대에 이르러서는 국 내의 섬유경기 불황과 함께 대 중국 진출도 너무 과열이 됨으로 인해 지역 섬 유산업의 생산기반 공동화 현상을 염려해야 할 정도로 심각한 국면이 야기되기 도 하였다.

당연히 당시 지역의 섬유경기도 최악이었다. '콩 값 보다 두부 가격이 더 헐 하다'라는 자조적인 푸념이 범람할 정도로 섬유 원재료인 원사의 가격 보다 직 물상품의 가격이 더 낮을 정도로 물량이 넘쳐나는 등 투매현상이 극심하였으며, '어려움에 처한 기업의 생명줄을 더욱 조이며, 기업의 줄도산을 부추기는 전문 그룹'이 성업을 이루기도 하는 등 기업문화와 질서가 엉망이 되어버렸으며 기업 윤리도 매우 피폐하여져 갔다.

제6절 부활의 날개 달기

1. 재활의 몸부림

1990년대 말부터 시작된 혼돈스러운 이러한 와중에도 지역 섬유산업은 완전도태라는 비극적 결말만은 벗어나야 겠다는 처절한 몸부림이 착수되었다.

중앙은 물론이고 지방 여론까지 최악으로 악화된 사회분위기 속에서도 2000년 5월 대구광역시는 '세계적인 섬유패션도시' 선포식을 가지기도 하였으며, 2002년에는 섬유산업불황타개 대책마련과 함께 '대구섬유산업장기전략계획'을 민관합동으로 수립하기도 하였다.

이와 함께 국회에서도 2001년 뜻 있는 몇몇 국회의원을 중심으로 '섬유산업발전연구회'를 조직하여 지역 뿐 아니라 어려움에 처한 국내 섬유산업에 대한 회생방안을 적극적으로 강구하기도 하였다.

2002년부터는 매년 '대구국제섬유박람회(일명 PID : Preview In Daegu)'를 개최함과 함께 섬유업체의 시장개척 방식에 있어서도 기존의 타자의존형 맹목적 경영방식에서 '타겟 마켓 Taget Market'이라는 새로운 경영전략을 도입하기 시작하였으며, 이에 따라 지역 섬유산업의 구조도 '단순한 생산산업'에서 '자생력을 가진 성장산업'으로의 전환을 위해 기업 스스로가 가히 혁신적인 자구노력이 전개되어 나가기도 하였다.

이때 주안점을 두고 추진되었던 성장전략의 골자는 '규모의 경제에서 질적인 기반구축', '문화가 있는 지식산업사회로의 진입', '독자상품개발과 신시장개척', '연구개발 활성화' 등이었으며, 의류용 일변도의 산업구조를 산업용 등 비의류분야의 기반구축 등이었다.

아울러서 복합(Intergrayion)과 융합(Fusion)이 시대적인 산업용어가 되기도 하였는데, 의류용 소재에 대해서는 첨단기술을 접목한 고기능화에 주력하면서,

IT(정보기술 Information Technology), BT(바이오기술 Biology Technology), NT(나노기술 Nano Technology), ET(환경기술 Environment Technology), CT(문화기술 Culture Technology) 등으로 섬유소재의 소비용도 다양화 접목에 대해서도 많은 관심을 갖게 되었다.

이에 부응하여 지역 섬유기업은 독자적인 연구개발을 위한 연구개발 활성화와 함께 기업 부설연구소 설립도 매우 활발하게 추진되었다.

또한, 2000년대 초 섬유산업의 QR시스템 도입을 위한 시범사업이 전개되기도 하였으며, 마케팅 효율화를 위한 SCM사업이 본격화 되기도 하였다.

이에 따라 영원히 끝나지 않을 것 같던 지역 섬유산업의 추락은 2007년을 최저점으로 더 이상의 진행되지 않았으며 비로소 소폭이지만 섬유수출도 점차 회복되기 시작하였다.

2. 새로운 무역질서와 상생협력

2000년대말 미국에서 시작된 글로벌 금융위기와 중동지역의 정정불안 등 대외적인 요인이 상존하고 있지만 지난 10년간의 처절한 구조조정과 자생력 확보 등을 통한 자구노력으로 지역 섬유업산업은 현재 진행되고 있는 FTA라는 새로운 무역질서를 예의주시하며 옛 영화 회복을 위해 많은 준비와 내공을 다져가고 있기도 하다.

즉, 현재의 지역 섬유산업은 1970년대에서 1990년대에 걸쳐 폭넓고도 활발하게 조성된 산업기반에 대한 구조조정과 함께 새로운 시대 진입을 위한 변화와 혁신을 모색해 나가고 있다고 하여야 할 것이다.

이와 아울러서 대구광역시와 경상북도는 행정적으로는 구분이 되어 있지만 경제산업구조는 양자가 불가분의 연관관계로 형성되어 있어서 '상생생존'이라는 절체절명의 사명감을 가지고 각종 메가프로젝트를 발굴, 전개해 왔는데, 2008년 4월 밀라노프로젝트에 뿌리를 둔 '대구경북 섬유진흥사업'이 대구경북 경제통합 과제의 지정되기도 하였으며, 광역경제권 연계협력사업, 광역경제권 선도사업 등 여러 분야에서 실질적인 협력을 추진해 나가고 있기도 하다. 또한, 경제통합사업의 확대 등 대구경북간 섬유산업의 상생생존을 공고히 하기 위한 거시경제적 협력과제도 활발히 전개해 나가고 있기도 하다.

제2편

대구경북의 섬유기업과 기업인들

제1장
섬유산업의 업종별/분야별

제1절 화학섬유(나일론, 폴리에스테르)분야

1. 개관

화학섬유산업은 글자를 줄여서 일명 '화섬', 또는 '화섬산업'이라고 부르기도 한다. 화학섬유로 제직한 것을 '화섬직물', 또는 '합성섬유직물', '합섬직물'으로 불리기도 한다.

화섬은 그 개발의 모방이 누에를 주 원료로 하는 견직물에서 유래하였으로 인해 혹자는 '인조(人造)견직물', '인견직물'이라고 부르기도 하며, 심지어 천연섬유와 달리 물에 강하다 하여 '물실크'라고도 불리우며, 또한 용도에 따라 당양한 제품명과 상품명이 생겨나고 사라지기도 하는 등 이에 대한 명칭은 오늘날에도 환경변화가 계속되고 있기도 하다.

화섬에는 1938년에 개발된 나일론과 1953년 소개된 폴리에스테르, 아크릴 등이 주요 3대 품목이며, 개발 이후 끊임없는 기술진전이 가속화되면서 인류의 의복문화 뿐만 아니라 생활문화 전반에 걸쳐 삶의 윤택이라는 측면에 있어서 가히 혁명적 변화를 유발하기도 하였으며, 이는 현재에도 계속되고 있기도 하다.

화학섬유 중에서 나일론이 가장 먼저 국내에 도입되었는데 처음 소개된 것은 1953경으로 당시 일본에서 섬유업을 운영하던 이원만이 나일론사를 국내에 들여 와 직물을 생산함으로서 화학섬유 즉, 합섬직물의 시대가 열리게 되었다.

이원만은 1957년 대구에 나일론사 원사공장인 코오롱(당시 회사명은 한국나이롱)이 설립함으로서 대구지역 뿐 아니라 우리나라에 합섬직물의 시대를 꽃피우

는 선구자가 되기도 하였다. 이어서 코오롱은 제일모직(제일합섬)과 함께 폴리에
스테르시대를 여는 등 지역 뿐 아니라 세계적 기업군으로 성장하기에 이른다.

1956년 설립된 고려나일론도 1967년에 나일론사 생산에 참여하였으며, 아크
릴 전문업체인 한일합섬도 1974년 대구에 섬유공장을 설립하기도 하였다.

화학섬유 수요는 비약적인 기술발전과 함께 섬유소비를 진작시킴으로 인해 대
구지역의 많은 섬유업계가 화섬직물생산에 참여하게 되었다.

그러나, 1995년 이후 중국 등의 대대적인 생산시설투자 증대로 2000년대를
전후하여 세계적인 생산과잉 상태에 빠지게 되고, 그렇지 않아도 IMF사태로 어
려움을 격던 지역 화섬업계에도 그 불똥이 튀게 되었다. 즉, 국내 화섬업세 13
개사 가운데 고합(1998년 12월), 동국무역(1999년 2월), 금강화섬(2000년 6월),
새한(2000년 6월), 대하합섬(2000년 12월), 한국합섬 등이 도산, 또는 법정관리
에 들어가기도 하였다.

2. 나일론 중심의 합섬직물산업분야

■ 1960년대 '대구직물'의 세계화 기반을 놓은 나일론직물

유구한 섬유역사와 빛나는 전통을 지닌 대구직물산업은 1960년대 초 '신섬유 개척시대'라고 불리워도 무방할 만큼 나일론섬유의 등장으로 양적으로, 질적으로 커다란 번성과 화려한 비상을 하며, '대구직물'의 세계화에 기틀을 놓기도 하였다.

1963년 대구의 섬유업체인 코오롱(당시 회사명은 한국나이롱)이 국내 최초로 나일론사 생산을 개시함으로서 본격적인 나일론직물시대 열렸다.

나일론의 소개를 두고 당시 세간에서는 모든 좋은 것에 대해서 '백프로'로 통하기도 하였는데 이는 면직물 등 천연섬유에 비해 제품의 수명이나 착용의 편리성, 세탁의 편리성, 저렴한 가격 등으로 인해 조선시대 목화가 소개되었을 때와 같은 선풍적인 인기를 누리며 국민 의생활문화에 가히 혁명을 일으키기도 하였다. 백프로라 함은 직물의 원사가 100% 나일론사 소재의 사용을 의미하며, 여성용 치마, 저고리감을 중심으로 소비가 크게 진작되기도 하였다.

실제로 당시 여성들은 '나일론 치마와 저고리', 남자는 '나일론 점퍼 Jumper' 한 벌 가지는 게 커다란 소망이 되기도 하였으며, 이러한 현상은 신분계층과 부의 상징, 유행의 척도가 되기도 하였기 때문이다. 그래서 사회 일각에서는 '나일론 처녀', '나일론 환자'라는 웃지 못할 속어가 생겨날 정도로 시대적으로 큰 유행을 하였다고 한다.

무엇보다 대구섬유산에 있어 나일론직물의 등장은 당시 정부정책과 맞물려 수출을 주도해 나감으로서 지역 경제발전에 크게 기여하기도 하였다. 또한 나일론직물업이 이처럼 일시에 번성할 수 있었던 것은 서문시장이라는 거대한 상업자금이 산업자금으로의 유입이 있었기 때문에 가능하였으며, 이로 인해 생산자적 환경도 빠르고 폭넓게 잘 조성되어 나갈 수가 있었다.

아무튼 나일론직물의 등장으로 대구섬유산업의 생산환경에도 엄청나게 커다란 변화가 일어나는 계기가 되기도 하였다. 당시 여성 직수(織手) 1명이 직기 2대 에서 3대 정도 관리하던 것이 보편화되어 있었는데 1963년 삼공직물의 홍재선 이 직수 1명이 직기를 최대 16대까지 관리할 수 있는 기법을 내어놓음에 따라 대구직물업계에 엄청난 반향을 일으키기도 하였으며, 당시 국내외적으로 모든 의복용 물자는 부족하거나 고가이던 시기여서 중저가 섬유제품은 '없어서 못 팔 던 시대'에 나일론직물은 엄청난 생산량 증가를 일구어 내면서 대구섬유산업의 성장에 커다란 기폭제가 되기도 하였다.

당시 나일론원사는 근원적으로 공급이 부족하였을 뿐 아니라 내수용 원사가 수출용 보다 4배에서 5배 정도의 고가여서 섬유업계에서는 수출용 원사를 내수 로 빼돌리는 경우도 비일비재하였으며, 나일론직물 생산의 도입 초기에는 기술 적인 문제점도 매우 많아서 적지 않은 산업적 문제 뿐 아니라 사회적 문제도 수시로 야기하기도 하였다. 1967년 국내 최초의 위장수출사건 제1호로 기록되 고 있는 '나일론백'사건도 이러한 연유로 발생한 것이었다고 할 수 있겠다.

대구섬유업계에서 나일론직물의 일종인 '태피터'를 처음 생산한 업체가 영 화직물이라는 설도 있으나 당시에는 모든 산업정보가 '입'으로만 알음알음으 로 전해지고 있었을 뿐 아니라 기밀사항이 너무 많고 엄격하고도 하여서 이 를 정설로 보지 않는 이도 많았다고 한다.

1970년대 전후 대구에는 1,297여개의 직물업체가 있었는데 당시 직물업을 선 도하였던 주요 기업군(괄호안은 당시의 경영주)을 기업체명의 가나다순으로 정 리하여 살펴보면, 경북직물(이근형), 고려홍업(이정노), 구극직물(정극목), 금성골 덴(김성달), 남선물산(윤경보), 달성견직(안영록), 대구견직(이근원), 대성직물(강 상문), 대원직물(최익성), 동국직물(백욱기 1950년), 동신양행(여상원), 동아견직 (박우흠), 동흥산업(정순화), 보국직물(정순용), 삼공직물(홍재선), 상신직물(이상홍), 서도산업(한수일), 성안직물(박용관, 1953년), 신라섬유(박성형, 1953년), 신한견직(박재갑, 1958년), 신흥직물(김종필), 신도실업(권순욱), 이가직물(이석준), 유신섬유(하윤조), 청구직물(김수복) 등이 있었는데 이들에 의한 대구섬유산업의 활동이 두드러졌다고 한다.

나일론직물은 1970년말 한 단계 업 그래이드 Up-grade된 합섬직물인 폴리에스테르직물이 소개될 때까지 지역 섬유산업발전에 큰 기여를 하였으나 사용의 불편한과 용도 전개의 기술적 한계 등으로 인해 의류용 소재가 아닌 비의류용 소재 즉, 농업용, 건축용, 타이어코드용, 등산용 텐트지용 등 산업용 섬유소재로의 개발방향이 전개되면서 의류용 섬유산업의 환경변화 주도층 전면에서 일시적으로 잠시 물러나 있게 된다. 이후 2000년대 들러와서 한층 진일보 한 기술개발과 웰빙 바람으로 등산용 소재로 새로이 각광받기에 이른다.

한편, 당시 대구섬유업계가 나일론직물과 함께 동시에 소개한 직물제품로는 '직물에 무늬를 넣은' 자카드직물과 편직물인 '트리코트 직물', 양모직물인 소모직물도 있었는데 이러한 직물제품들도 우리나라 국민의 의생활을 다양화하고 풍성하게 하는데 일조를 하기도 하였다. 즉, 실제로 1960년대 대구직물업계의 또 하나의 주류는 '자카드직물'시대가 개척하였다는 것이다. 당시 대구의 섬유기계제작업에인 의신기계와 배창기계가 자카드직기를 개발해 냄으로서 소위 '뉴똥' 양단지와 양복 안감지 생산 활성화에 크게 기여하였다. 초기에는 '도색(圖色)제품'과 '금은사양단', '물양단', '미술단' 등이 인기를 끌었으며, 1960년대 후반에는 경사에 나일론사, 위사에 폴리에스테르로 제작한 '양식문직(兩色紋織)'제품이 유행하기도 하였다.

1960년대 후반에는 소위 '헤드타이'제품이 중동지역으로의 수출길을 개척해 냄으로 인해서 대구직물업계는 또 하나의 중요하고도 거대한 시장을 확보하게 되어 대구섬유산업의 성장가도에 더욱 탄력을 가할 수는 계기가 되기도 하였다.

이밖에도 1960년대에는 나일론직물을 비롯하여 많은 합섬직물이 소개되고 있었는데 대구직물시대 도래를 선도하였던 일부 직물상품군의 당시 명칭과 그 선각자들에 대해 당시에 크게 활동하였던 한 섬유인의 회고에 힘을 빌어 살펴보면, '깔깔이'로 통칭되던 조젯트는 정극목(구극직물), '자카드직물'은 동아직물, 자수직물은 여상원(동신섬유), '트리코트'는 이석준(이가직물), '손수건'은 한수일(서도산업), '깅엄'은 강상문(대성직물, '골덴'은 정지홍, 오두영, 김성달 등 여러명, '데님'은 이상홍(상신직물), '쏙덕베'는 김성달, '지짐이'와 양단은 백욱기(동국직물), 낙하산용 원단은 이정노(고려홍업), '밍크직물'은 하윤조(유신섬유), '다후다(태피터)'는 홍재선(삼공직물) 등이었다고 하면서 초기 대구직물산업을 일구기 위한 선각자들의 치열하였던 활약상을 활동영상처럼 펼쳐 주기도 하였다. 사실 당시에는 모든 기업정보나 상품생산상황이 엄청난 기업 기밀에 붙여질 정도로 매우 살벌한 분위기이기도 하여서 누가 어떤 시설로 어떤 제품을 생산하는지를 쉽게 알기도 어려웠다고 한다.

■ 1970년대의 나일론직물 경기동향

1960년대 말 일시적인 세계경기 불황으로 어려움에 처하기도 하였던 나일론직물산업은 1972년부터 수출경기가 회복됨에 따라 급속한 호황을 구가하게 되면서 경기과열로 인한 많은 문제점이 노출되기도 하였다.

대구섬유산업에는 섬유경기회복으로 동시다발적인 생산참여에 의한 나일론사 품귀현상과 원자대의 가격급등을 비롯하여 사업 확장과 신규 참여자로 인한 공업용지와 생산시설의 부족, 기능인력의 부족 등 소위 3대 부족 현상이 매우 심화되어 과열경쟁과 이전투구 등 심각한 현상을 야기하기도 하였다고 한다.

특히, 대구섬유업계에서는 이 가운데 원사부족 현상을 해소하기 위해 400여업체가 연명으로 공동출자 형태의 1일 생산 50톤 규모의 나일론원사공장을 경북 구미에 건설하자는 움직임이 일기도 하였으며, 이로 인해 1972년 8월 대구 제3공업단지에 '나일론직물협업단지'기 조성되기도 하였다.

한편, 1972년경 나일론 등 화섬직물 전문생산용 최첨단 혁신직기의 일종인 '워터제트룸 Water Jet Loom'이 지역에 소개됨으로서 대구 화섬직물산업에도 커다란 변화를 가져오게 되기도 하였다.

1973년 상반기 중에는 나일론직물 생산용 직기증설의 희망수요가 6,000여대에 이를 정도로 사회적, 산업적 관심도가 매우 팽배해 있었다. 대구섬유업계의 이러한 수요를 수출증대 기회의 일환으로 간주한 정부는 업계의 욕구를 충족시켜줌과 함께 이 기회에 섬유생산 규모의 대형화에 대해 더욱 적극적인 지원시책을 강구하기에 이르렀다.

당시 일본의 직물업체는 기업당 평균 직기를 28대 정도 보유하고 있었으나 우리나라는 약 직기 60대 수준이었는데, 정부의 지도 가이드라인은 업체당 직기 100대로 늘리려 하였으나 업계에서는 최저 규모를 직기 500대 규모는 되어야 한다는 의견을 피력하기도 하였다. 이에 따라 기업합병 등 다양한 방안이 강구되기도 하였다.

1972년 말 기준 대구지역에 소재한 나일론직물업체 중 대규모의 직기를 보유한 업체를 살펴보면, 삼경섬유협업단지(오상봉)에 2,700대, 삼공직물(홍재선)이 1,700대, 선견직물(박수동)이 1,000대, 신한견직(박재갑)이 1,800대 등 이들 4업체가 7,200여대를 보유하고 있었는데 이는 전국의 나일론직물 생산용 직기(생산 직물의 폭 44인치 기준) 11,000대의 66%를 점유하는 비중이기도 하였다.

그러나 1973년 10월에 불어닥친 제1차 세계석유파동으로 말미암아 시설증설을 추친하던 지역 나일론직물업계는 엄청난 혼란을 겪게 되었다

3. 폴리에스테르직물 중심의 합섬직물산업분야

■ 개관

대구섬유산업 중 합섬직물업의 한 분야인 폴리에스테르직물업은 1958년경부터 일본의 제인(帝人)과 동양레이온이 영국 ICI로부터 기술을 도입하여 생산한 폴리에스테르사를 '테토론'이라는 상표로 도입하여 조금씩 제직하다가 1969년 SK(당시 회사명은 선경)가 국내 처음으로 경기도 수원에서 국내 생산을 본격화됨으로서 새로운 전기를 맞이하게 되었다.

이어서 대구 섬유업체인 코오롱도 정부의 원자재 국산화 조달 정책에 따라 1969년 경북 구미에 한국폴리에스텔을 설립하고 1971년부터 본격적으로 생산에 돌입함으로서 대구섬유업계는 새로운 직물시대를 구축하여 나갔다. 아울러 제일합섬도 1971년 9월 폴리에스테르 가공사 직물시설 구축을 착수하여 1972년 7월 준공과 함께 제일모직으로부터 경영독립을 기하는 공격적 경영을 전개함으로서 대구직물업계는 원자재 확보의 용이성 등으로 폴리에스테직물의 생산기반을 비약적으로 확장시켜 나갔다.

당시에 소개된 직물은 폴리에스테르 필라멘트(인조장섬유 人造長纖維)를 이용한 원사제품으로 일명 '조젯트'로 불렀는데 나일론 보다 의복용으로 착용이 매우 적합하여 일시에 국내외 직물시장은 장악하게 되었다. 일본에서도 1950년대 중반부터 크게 인기를 끌고 있었는데 '한번 유행하면 3년은 간다'고 할 만큼 소비가 지속되고 있기도 하였다.

☞ 조젯트 Georgette라는 명칭에 대하여 : 조젯트는 이 직물을 처음 사용한 19세기 영국의 한 양재사의 부인 이름이라고도 하며, 또는 영국의 한 포목상 부인의 이름, 또는 프랑스의 모장상인이었던 '마담 식물의 조제트 Mme Georgette de la plante'에서 유래되었는다는 등 여러 가지 설이 있기도 하다.

한편, 폴리에스테르 단섬유에 있어서 1960년 9월 제일합섬(제일모직) 경산에서의 생산과 함께 학생복지인 '엘리트', 남성복지인 '에스론', 여성복지인 '라라' 등을 출시함으로서 국내 의복사 발전에 한 획을 그어주기도 하였다.

■ 1970년대 수출주도산업으로 부상한 폴리에스테르직물

1970년대 개막과 함께 본격 소개된 폴리에스테르직물은 1960년대부터 이어져 오던 나일론직물의 영광을 이어가며 국내의 수출주도산업으로 빠르게 부상하였다.

1970년에 개최된 일본의 무역박람회인 'EXPO 70'을 참관하러 갔던 대구직물인들이 일본의 직물산지인 북륙지방을 방문하여 선진 기술인 강연사(强撚絲) 직물에 대한 기술을 접하고 나서부터 대구섬유산업에도 새로운 산업환경을 개척해 나갈 수 있는 신지식이 빠르게 유입되었다.

이로 인해 1973년부터 폴리에스테르직물 생산을 위한 시설도입이 대대적으로 추진되기에 이르렀으며, 정부의 강력한 수출진흥 시책과 맞물려 비약적인 성장가도를 달리게 되었다.

그리고 지역의 제일합섬(제일모직, 1971년)과 코오롱(한국폴리에스텔) 등의 원사생산이 본격화되자 나일론 보다 한 단계 Up-grade된 기능으로 말미암아 국내외적인 수요가 폭발적으로 늘어남에 따라 섬유산업의 생산규모도 빠른 증가세가 매우 가속화되어 나갔다.

1972년 말 기준 우리나라 폴리에스테르직물 생산직기의 70% 정도가 대구지역에 설치되어 있었는데 이의 주요 기업군은 구극직물(350대), 선경직물(724대), 선일섬유(800대), 신성섬유(598대), 신라섬유(240대) 등으로 이들의 대부분이 일본산 직기였으며, 그 규모는 7,300대 정도였다.

제2절 면섬유분야

■ 1940년대 대구섬유산업 태동준비기에 기여한 면직물기업인들

대구지역 면방직산업은 고려시대 말기 문익점의 목화 전래 이후 전통적 방식인 농경수공업적인 제조환경을 꾸준히 이어져 오다가 20세기 초 근대적 면방직업이 소개되면서 큰 변모를 겪게되며, 1945년 이후 산업자동화시대를 맞이하면서 제조업적으로 비약적인 성장을 기하기도 하였다.

1945년 8월 15일 광복과 함께 대구섬유산업에도 국내 다른 지역과 마찬가지로 사회 전반적으로 엄청난 혼란이 야기되기도 하였는데 이러한 와중에서도 지역의 많은 섬유인들은 섬유의 제조와 새로운 환경에 부합하는 기업경영에 주력하면서 대구섬유산업 태동에 큰 기틀을 놓기 위해 동분서주하기도 하였다.

실제로 당시 대구지역 섬유인들은 일본이 패망과 함께 많은 섬유산업 시설들을 고의로 방화하거나 폐기하는 등 그 피해가 매우 막심하였지만 과거 섬유기업을 영위하였거나 섬유기업에 근무하였던 인사들을 중심으로 재 빠르게 복구작업을 전개해 나감으로서 혼란스러운 사회 분위기 가운데서도 섬유산업은 비교적 안정을 도모하는 계기가 되기도 하였다.

1950년대 대구지역에서 왕성하게 활동하던 지역 면직물 관련 섬유업체 가운데 자료로 확인 할 수 있는 1949년 이전 설립된 업체는 24업체이다. 참고로 1940년대 후반 대구섬유산업 가운데 직물업의 주요 입지는 현재의 침산동, 칠성동, 달성동, 태평로, 동인동, 비산동, 내당동 등을 중심으로 주로 형성되어 있었으며, 메리야스업은 서문시장을 중심으로, 장갑업은 범어동지역에 주로 입지하였다.

경북대관, 대구섬유산업사 등의 자료를 기초로 하여 1949년 이전에 설립된 대

구섬유면직물업체 현황을 가나순으로 정리해 보면 다음과 같다(괄호 안은 대표자, 입지소재지, 설립년월 순임)

- 경북호므스공장(김수왕, 대구 비산동, 1947. 11.)
- 금강직물공장(김익조, 대구 비산동, 1948. 10.)
- 금성직물공장(김재억, 대구 침산동, 1947. 12.)
- 금성직물공장(최기출, 대구 비산동, 1949. 10.)
- 대구직물공장(이동우, 대구 침산동, 1942. 5.)
- 대협직물공장(권돈윤, 대구 칠성동, 1949. 10.)
- 대흥모직공장(우해평, 대구 달성동, 1945. 4.)
- 동양모직(구자업, 대구 침산동, 1945. 10)
- 동흥직물공장(김기출, 대구 침산동, 1945. 3.))
- 삼성직물공장(김만환, 대구 내당동, 1939. 5.)
- 삼신직물공장(손칠환, 대구 범어동, 1948. 3.)
- 삼향직물공장(서오송, 대구 비산동, 1947. 10.)
- 성화직물공장(배덕용, 대구 침산동, 1948. 2.)
- 신성직물공장(김병오, 대구 내당동, 1948. 3.)
- 신흥직물공장(박재춘, 대구 신천동, 1948. 3.)
- 영광직물공장(김재룡, 대구 침산동, 1948. 3.)
- 선광직물공장(박학준, 대구 비산동, 1930. 10.
- 영남직물공장(조삼준, 대구 비산동, 1947. 3.)
- 일만직물공장(하이조, 대구 원대동, 1940. 12.)
- 진욱직물공장(임진환, 대구 내당동, 1945. 1.)
- 평화직물공장(백윤기, 대구 내당동, 1947. 5.)
- 화흥직물공장(이영식, 대구 신천동, 1942. 1.)
- 흥안산업직물공장(김봉학, 대구 동인동, 1943. 11.)

■ 면방직업사 개요

1960년대를 전후한 대구지역 면방직업에는 삼호방직, 내외방적(조선방직), 대한방직 등 3대 대형 면방적업체를 비롯하여 태양방직(차태운) 등 수 많은 면직물업체와 관련 섬유제품업체가 번성하였으나 계속되는 내수시장의 경기불황과 원사수급 불안, 그리고 나일론 등 화학섬유의 등장으로 1960년 중반 이후 급속한 쇠락의 길로 접어들게 되었다.

그러나, 지역의 면방업계는 1970년대에 도래한 합섬직물류의 수출전성시대를 맞이하여 복합소재, 교직물용 등의 소비가 늘어남에 따라 1950년대부터 약 20여년간 극심한 시설투자 정체기에 빠져있었던 침체 상황을 극복하기 위해 애쓰며 회생의 기회를 준비하기도 하였다.

당시에 신규로 진입한 지역 면방적업체는 영남방직(1973. 1, 경북 경산), 윤성방직(1973. 2, 경북 구미), 태화방직(1973. 3, 경북 경주), 동국방직(1976, 대구), 갑을방적(1976, 대구) 등이 잇따라 설립되면서 지역 섬유산업 발전의 한 축으로 그 기반을 구축해 나가디도 하였다. 이어서 학생들의 교복자율화에 대비하여 제일합섬도 면방직제품을 생산에 참여하였으며, 남선방직(경북 경산)이 설립되기도 하였다.

1982년말 지역에는 전국 31개 면방직업체 중 9개 업체가 활동하고 있었는데 지역 자본에 의한 갑을방적, 남선방직, 동국방직, 영남방직을 비롯하여 대농(동부공장, 서부공장), 대한방직(대구공장), 제일합섬, 태화방직, 한일합섬 등이다.

하지만 이들 대형 면방직업은 경영의 경직성과 기술력 낙후 등으로 인해 늘어난 시설 만큼 지역 섬유산업 활성화를 기하는 데는 많은 애로가 노정되기도 하였다. 즉, 1990년 이후 화학섬유의 기술발전과 세계적인 기후 변화로 면화생산 작황의 불안정 등으로 애로를 겪던 지역 면방업계와 면직물업계는 중국을 비롯 스리랑카, 우즈베키스탄, 베트남 등지로 생산시설의 해외 이전 등으로 탈출구를 모색하기도 하였으나 별 성과를 거두지 못하기도 하였다.

이에 따라 2000년대 초를 전후하여 갑을방적, 동국방직 등 대부분의 지역 면방업계는 아픈 구조조정의 회오리에 휩 쌓이고 말았다.

제3절 모섬유분야

■ 개관

대구지역 모방직산업은 양모 등의 원자재 수급애로로 1954년 제일모직이 설립되기 이전까지는 기반이 아주 빈약하였다.

대구에는 일제 강점기에 설립된 조선모직(1937년)을 비롯하여 대흥모직(1950년), 동흥산업(1951년), 대연모직(1952년) 등이 있기도 하였으나 기술력 낙후와 원자재 수급 등의 애로로 1950년대 이후 서양문물의 빠른 유입으로 복식문화가 서구화, 간편화되면서 크게 늘어난 남성용 양복지인 모직물 수요를 감당하지 못해 수입품이 범람하여 사회문제가 되기도 하였다.

모섬유는 이 시기에 '번드레한' 모직물제품 양복을 입은 사람에 대해 '마카오신사'라고 할 만큼 사회적으로 남성들을 중심으로 많은 인기를 끌었으나 모원사 공급업체인 제일모직이 설립되어 본격가동될 때 까지는 이렇다 할 실적이 없었던 것으로 보인다.

실제 제일모직은 오늘날에 이르기까지도 모직물과 관련해서는 거의 모든 분야에 있어서 항상 '최초', '최고', 또는 '제일'이라는 수식어를 달고 다닐 정도로 국내외적으로 성가를 높이고 있기도 하는데, 실제로 그 생산량이나 생산기술, 품질수준 등에 있어 선구자적 역할을 다 함으로서 국민의생활을 윤택하게 하는데 커다란 기여를 하여오고 있다.

이러한 제일모직의 영향으로 지역의 모직물업도 비로소 성장을 구가하게 되었는데 1960년대 지역에서 활동한 모직물업체로는 경북기업(대화모직), 삼영모직, 삼흥모직, 성신모직, 신길모직, 신영모직, 신창모직, 옥산모직(경도섬유), 욱일모직, 영남모직, 영화모직, 한원모직, 한창모직 등의 기업명부가 보인다.

제4절 견섬유분야

■ 대구섬유산업 태동준비기의 제사(製絲) · 견직물업

대구지역은 농경수공업시대 때부터 풍부한 원료공급으로 말미암아 전통적으로 양잠업으로 불리워 오기도 한 견직물업인 제사 및 견제직업이 크게 번성하기도 하였다. 또한 견직물업은 항상 정부의 철저한 관리에 의해 중점적으로 육성되고 유지되어온 분야로서 1945년 광복 이후 1950년대 이르기 까지도 규모가 꽤 큰 제사업이 많아서 대구지역의 견직물업도 크게 번성할 수가 있었다.

지역에 있어 근대적 견직물업의 기반조성은 1906년 대구부가 6개월 교육과정의 직물기술양성소인 대구산업전습소(傳習所)를 설치하고 실습용 족답기 도입으로 15명의 첫 기술자를 배출한 것을 비롯하여 경북도내에서도 각 지역별로 전습소가 설립되어 약 182명의 섬유인이 양성됨으로서 다른 섬유분야 보다 이른 시기에 근대적 기반의 태동을 기해 나갈 수가 있기도 하였다.

그리고 1916년부터 1919년까지 3년간 대구기업소를 통해서도 섬유기술자가 양성되기도 하였는데 1기생 14명을 포함하여 34명이 배출됐다. 이들은 수료 후 가내공업형태인 소규모 섬유공장을 설립하여 운영함으로서 지역 섬유공업 근대화의 씨앗을 뿌려보려고 노력하였으나 일제의 많은 규제와 각종 애로로 큰 빛은 보지 못하였던 것으로 보인다. 사실 생산방식도 농경수공업적 중심의 비능률적인 재래적 제사방식으로 그 수준이 매우 열악하였고, 또한 무분별한 수입품 범람으로 판로도 제대로 형성되지 못하였기 때문이었다고 한다.

한편, 근대적 환경변화기의 우리나라 잠업환경사를 살펴보면 1890년 서울에 잠업시험장, 1901년 양잠전습소 등이 설치되어 잠업에 관한 시험과 인력양성을 시작하였으며 지방에는 1900년 함경도, 1901년 경상북도와 평안북도에도 잠업 관련 시설이 설치되었다. 이와 함께 1900년 서울에 설립된 대한제국 인공양잠합

자회사가 설립되는 등 여러 민간기업들도 잠업생산에 적극 참여하기에 이른다.

이러한 잠업생산 환경은 1905년 일제가 우리나라에 통감부를 설치함에 따라 1908년 우리나라 토지수탈을 목적으로 동양척식주식회사를 설립되는 등 새로운 변화를 맞이하게 되며, 1910년 일제강점기가 시작되면서 우리나라 산업은 식민적 지배체제에 들어가게 되었다. 즉, 1912년 농업에 관한 가장 기본적인 정책을 수립되면서 면화, 양잠 뿐 아니라 쌀, 가축 등 4대 농가품목에 대한 개량과 증식이 대대적으로 진행되었는데 이는 면화와 생사 생산이 기후적으로 우리나라가 적합하고 유휴인력도 많았기 때문이며 아울러 당시 일본의 가장 중요한 수출물자이기도 하였기 때문이었다.

당시 일제가 시행한 양잠관련 수탈상황을 살펴보면 1913년 권업모범장에 원잠종제조소 설치, 1915년 경기도 고양군 잠실리에 일본업자에 의한 잠종제조단지 조성, 1913년 경상북도 잠업취체소(蠶業取締所) 설치 등으로 각 지방에 양잠생산환경 확대정책을 추진하였으며 마침내 1919년에는 누에병의 예방, 뽕나무의 병충해 예방 등 외형적으로는 기술적 지도를 빙자하면서도 우리나라 사람들의 잠종제조의 단속을 목적으로 '조선잠업령(朝鮮蠶業令)'을 제정하여 공포하기도 하였다. 또한 일제는 1925년부터 1939년까지 15년간에 당시 연간 약 20만석(약 6,000여M/T)이던 고치의 생산량을 100만석으로 늘리는 계획을 수립하고 목표연도의 실적을 57%인 65만 6000석을 달성하기도 하였다. 이때 일제는 양잠소작제도를 시행하였는데 이는 양잠의 불황에 대처하여 고치의 감산을 우려한 일제가 그들의 자본인 제사회사의 원료를 확보하기 위한 한 가지 수단으로 이용하기 위해 마련한 제도로서 일본자본에 의한 제사회사가 20ha를 1단지로 하는 지역 안의 양잠농가와 계약을 맺고, 제사회사는 각종 기술지도를 하고 양잠농가는 생산된 고치를 해당 회사에 판매하는 제도였다.

한편, 우리나라에 잠사업과 관련한 근대적 제조설비가 소개된 것은 1910년으로 당시 총무대신이던 송병준(宋秉畯)이 일본에서 처음으로 좌조조사기(座繰繰絲機) 32부를 도입한 것이 시초로 알려지고 있으며, 1914년에는 처음으로 민간 제사공장이 설립되면서 점차 많은 제사공장이 설립되어 1920년에는 9개소에 이르기도 하였다고 한다. 이후 우리나라의 제사기술도 근대화되기 시작하면서 제사 생산의 환경에도 많은 변화가 일어나게 되었다고 하며, 그 뒤 1930년대에는 더욱 개량된 조사기인 다조조사기(多條繰絲機)가 다시 소개되는 등 점차 산업의 대량생산화가 진전되어 간 것으로 보인다.

태평양전쟁이 가열됨에 따라 일제는 1942년 '조선잠사업통제령(朝鮮蠶絲業統制令)'을 공포하는 등 우리나라 모든 산업을 전시체제로 개편하고 강력한 통제를 하게 되었다. 즉, 고치값에 대해 공정가격을 매겨서 일제가 모든 것을 통제하고 농민이 생산한 고치는 일정한 양의 고치를 할당하여 강제로 판매하게 하는 등 이른바 이 공출제도는 일제의 악랄한 경제수탈의 한 수단이었다.

이어서 일제는 전쟁으로 말미암아 일본의 섬유자원이 부족하게 되고 생사가 군수물자로 중요시됨에 따라 1940년부터 1945년까지 6년간 동안 '고치 50만 석 급속증산계획'을 수립하고여 추진하기도 하였으나 오히려 1944년에는 고치 생산량이 크게 감소하기도 하였다.

같은 시기 대구경북 제사업계는 1918년경부터 거대 일본자본에 의한 대형 제사공장이 설립되면서 커다란 변화를 맞이하게 되었다고 한다. 우리나라에 근대적 제사기계가 처음 도입된 것은 1910년 송병준에 의해서 이며, 대구에는 1918년 십산조제사공장이 설립되면서 부터인데 1910년에서 1919년간 5업체, 1920에서 1930년간 24업체, 1931에서 1940년간 17업체 등 약 45개의 제사업체가 설립되어 있었으나 이들 중 95% 이상이 일본인 소유였던 것으로 파악되고 있다.

제사업과 밀접한 연관이 있는 견직물 관련 제조업체는 1950년 동족상잔이 일어나기 이전인 1949년 이전에 설립되어 있었던 업체는 19업체 정도인 것으로 파악되고 있으며, 당시 대부분의 견직물업체와 준비공정업체는 가내공업형으로 이루어짐에 따라 정확한 자료 발굴에는 많은 제약이 따르고 있다.

경북대관, 대구섬유산업사 등의 자료를 기초로 하여 1949년 이전에 설립된 대

구섬유견직물업체 현황을 가나순으로 정리해 보면 다음과 같다(괄호 안은 대표자, 입지소재지, 설립년월 순임)

- 경성직물공장(최팔수, 대구 비산동, 1949. 10.)
- 금강산업(김문식, 대구 동인동, 1947. 8.)
- 남선직물공장(윤경보, 대구 태평로, 1945. 11.)
- 대선견포공장(김학선, 대구 원대동, 1949. 9.)
- 대신직물공장(권태형, 대구 신천동, 1938. 3.)
- 대창직물공장(김성천, 대구 내당동, 1938. 3.)
- 대한생사(김인근, 대구 동인동, 1942. 5.)
- 대원직물공장(최익성, 대구 원대동, 1943. 2.)
- 동성직물공장(김로동, 대구 동인동, 1948. 3.)
- 동아직물공장(박우흠, 대구 태평로, 1947. 7.)
- 동양직포합자회사(안성호, 대구 원대동, 1923. 10.)
- 삼화직물공장(민경돈, 대구 침산동, 1923. 1.)
- 삼진직물공장(정규섭, 대구 태평로, 1945. 3.)
- 상돌직물공장(김상돌, 대구 비산동, 1947. 3.)
- 성주견직공장(차달, 대구 칠성동, 1946. 6.)
- 영진직물공장(정호영, 대구 비산동, 1945. 10.)
- 창윤직물공장(김자준, 대구 칠성동, 1949. 6.)
- 한수견직공장(한석우, 대구 동인동, 1949. 5.)
- 합동직물공장(홍종구, 대구 대신동, 1947. 8.)

■ 현대에 있어서 국내 잠사업의 환경변화

1945년 광복, 1948년 정부 수립과 함께 경제개발정책을 추진하게 됨에 따라 잠사업의 증산시책인 '산견(産繭) 3개년계획(1949-1951년)'이 수립되기도 하였다. 당시 국내 제사공장 40여개를 28개로 정비하는 구조조정이 이루어지기도 하였다.

그러나 6·25 동족상잔으로 인해 국내의 많은 잠사관계 시설과 제사공장들이 파괴를 당하기도 하였으나 정부는 전쟁 후 식량의 증산과 수출산업의 육성이 절실하였기 때문에 모든 것에 앞서서 '5개년 잠견증산계획(1952~1956년)', '잠업증산 5개년계획(1959~1963년)' 등을 수립하게 된다.

실제로 광복 후 생사는 점차적으로 주요 수출물자로 주목을 받게 되어 1952년 한국생사수출조합이 결성하게 되었으며 1952년에는 중석(重石)에 이어 제2위의 수출을 달성하기도 하였다. 이처럼 정부에서 전재복구와 생산증대에 힘쓴 결과 1953년부터는 생산이 6·25전쟁 전의 수준까지 회복되고 수출도 점차 활발하여져서 증가하기에 이르렀다.

이에 따라 1961년 정부는 '잠사업증산10개년계획(1961~1970년)'을 수립하기도 하였으나 이 계획은 1962년부터 추진한 새로운 증산계획으로 대치되었으며, 1961년 말에는 우리나라 잠사업의 새로운 기반을 조성할 수 있는 '잠업법(蠶業法)'이 제정되기도 하였다. 따라서 1962년부터 1976년까지의 15년간은 우리나라 잠사업이 경이적인 발전을 이룩한 시기로 알려지고 있기도 하다. 즉, 제1차 잠업증산계획에 이어서 잠업확대계획이라고도 불리워지는 '제2차 잠업증산 5개년계획(1967~1971)'과 '제3차 잠업증산계획(1972~1976)'이 수립되어 추진되었는데 이러한 3차에 걸친 증산계획의 추진으로 우리나라 잠사업은 일대 약진을 거듭하여 근대산업으로서의 면모를 갖추기에 이르렀다. 1969년 기준 우리나라의 뽕밭 면적은 최고 전체 밭면적의 약 10%, 양잠농가 수는 전체 농가수의 약 20%를 차지하기도 하였다. 1972년부터 1986년까지 15년간에는 '농어민소득증대특별사업'이 실시되었는데, 잠사업도 이 계획에 따라 전국에 12개의 단지를 조성하여 이 사업을 추진하게 되었다.

한편, 이러한 잠업증산 계획의 추진에 따라 산견량이 크게 증가하자 새로운 제사공장을 면허하기 위한 한 가지 방법으로 1967년에는 '기업양잠농육성요강'이 제정되어 전국에 42개의 제사업체가 면허를 받기도 하였다. 그러나 이 요강은 여러 가지 부작으로 말미암아 1970년에 폐지되었다.

고치의 거래제도는 생견 거래를 원칙으로 미리 지정된 구역에 따라서 제사공장이 수매하였으며, 고치는 주로 육안검사에 의하여 등급이 정하여졌다. 1966년에는 '잠견기계검사규칙'이 제정되면서 일부 기계검사에 의하여 거래되기 시작하였다. 고치가격은 처음에는 업자간의 협정에 의하여 결정되었지만, 1963년부터는 '잠사류가격안정기금법'에 따라, 1971년부터는 '잠업법' 따라 정부가 고시가격으로 결정되었다. 당시 국내 생사는 거의 전량이 일본으로 수출되어 외화가득에 큰 일조를 하기도 하였다.

1960년대부터 1970년대 전반기에 걸쳐서 급진적인 발전을 이룩하였던 우리나라의 잠사업은 1970년대 후반기에 들어서면서부터 큰 변동기를 맞이하여 마침내 침체기에 접어들게 되었다. 당시 우리나라 생사는 거의 전량이 일본에 수출되고 있었는데, 1974년에 발생한 제1차 석유파동으로 말미암아 일본의 경제가 큰 타격을 받음에 따라 그동안 무제한으로 생사를 수입하던 일본이 1974년에 생사수입규제조치를 단행함으로써 우리나라 생사수출은 큰 타격을 받게 되었다. 일본의 이러한 조처로 1976년에는 국내 생사생산의 60% 이상이 재고로 남게 되었고 수출부진과 가격하락으로 고치의 생산량도 줄어들게 되어 우리나라 잠사업은 침체의 국면으로 접어들게 되었다.

이러한 난국을 타개하기 위하여 우리나라는 1976년부터 정기적으로 '한일생사회담'을 개최하여 양국간에 수출물량을 조정함으로써 일정한 수출량을 확보하도록 하는 한편, 생사의 형태를 처음에는 견연사(絹撚絲)로, 다음에는 견직물로 바꾸어 나감으로써 수출물량을 확보하고 수출시장을 늘리는 데 노력하기도 하였다.

1977년에는 생사 생산량을 억제하기 위하여 잠업사상 처음으로 감산정책까지 추진하게 되었는데 이러한 상황에 따라 고치의 생산량은 1976년을 정점으로 하여 그 뒤로는 급격하게 줄어들기 시작하였다. 경제가 점차 안정을 되찾음에 따라 1979년부터 다시 생사증산을 적극 추진하기 시작하였으나 이미 그때는 우리나라의 공업화의 진전으로 농촌에서는 극심한 노동력 부족현상이 나타나고 있었고, 또한 노동집약적인 양잠업에 대한 적절한 대책이 뒤따르지 못하여 양잠을 포기하는 농민이 늘어나게 되었다. 뿐만 아니라 고치가격도 제대로 오르지 못하여 수익성이 떨어지게 되는 등 여러 가지 악조건으로 말미암아 1989년에는 최성기의 13% 정도에 불과한 정도로 생사생산이 급감하였다.

한편, 국내의 고치생산량은 해마다 줄어들었지만 생사류의 수요는 큰 변동이 없어 공급이 수요에 따르지 못하게 됨으로써 부득이 1981년부터는 중국 등으로부터 고치를 수입하기 시작하였으며, 1980년부터는 부족한 생사를 보충하기 위하여 생사류(견직물 포함)를 수입하기 시작함으로서 우리나라는 생사의 생산과 수출국에서 수입국으로 그 모습이 바뀌고 말았다.

■ 대구경북 견직물업과 잠업분야

오늘날 '대구섬유'를 각인시키는데 유구한 세월동안 면직물과 함께 절대적 공헌을 하여 온 견직물업은 1960년대를 기점으로 급속한 쇠락의 길로 접어들게 된다.

19세기 후반부터 근대적인 제사(製絲)시설 도입과 정부의 잠업(蠶業) 장려시책에 따라 성업을 이루기도 하였으나, 1960년대 정부의 '생사(生絲)' 수출장려와 '일군일사(一郡一社) 제사공장 운영 방침으로 군소 제사공장과 견직물업체가 크게 위축되기에 이르기도 하였다. 즉, 1968년 삼흥제사(경북 경주), 1969년 청조잠사(경북 청도), 1970년 제일제사(경북 성주), 1971년 태창제사(경북 의성) 등 정부에 의한 인위적인 구조조정이 단행됨으로서 해서 시장원리에 의해 유지되던 대구지역의 생사(生絲)공업과 유통기능은 크게 위축될 수 밖에 없었다.

아울러서, 정부의 식량자원 확보시책 시행과 잇따른 정책의 혼선, 불합리한 사회환경 조성 등 시대변화에 따른 자연적인 양잠업농가의 감소도 견업종의 영위에 어려움을 가중시키기도 하였다. 또한 양잠업과 견직물업은 과거부터 농업과 함께 국가가 직접 관리하는 고착적 '국가형 산업'으로 인식됨으로 인해 경직화된 경영방식이 시대상황과 맞지 않아 또 다른 부작용을 가중시키기도 하였다. 이러한 때에 나일론 등 합섬직물의 등장은 견직물업을 쇠퇴시키는데 '기름 부은 격'이 되고 말았다고 한다.

그러나, 현대적 견직물업도 1960년대 중반 한 때 일본지역으로의 수출수요 증가가 일어나 일시적인 호황기를 잠시 구가하기도 하였다. 일명 '홀치기'로 불리던 견직물은 일본 전통복장의 주요 섬유소재로서 전쟁 복구기에 물량 공급이 부족하여서 '봄날의 벚꽃처럼 화려한 수출수요 상품'으로 등장하여 산업자동화시대의 대구산업이 초기 기반을 조성하는데 크게 기여해 주기도 하였다.

실제로 당시 '재벌치고 홀치기로 돈 벌지 않은 사람이 없다'라는 시대어가 만들어 질 정도로 한동안 호황기를 구가하기도 하였는데 1950년 말에서 1960년대 초 당시 활동하였던 지역의 주요기업으로는 경북잠사공업(이경용), 남선물산(윤경보), 내외방적(이순희), 달성견직(안영록), 달성제사공업(이서구), 대한생사(구재룡), 동신양행(여상원), 삼경물산(이원만), 상신공업(정상용), 신흥공업(김갑진), 중앙생사(이방호), 중앙생사공업(곽태순) 등 38개 업체 이상이 대구에서 활동하였고 한다.

한편, 당시 경북 청송출신으로 일본에서 섬유업을 하던 조용옥은 대구섬유업계에 '홀치기분야 선진적 제조기술' 전수로 지역의 견직물 생산기술을 향상시키는데 많은 도움을 주기고 하였다고 한다.

1960년대 한 때 선망의 대상이 되기도 하였던 이러한 지역의 견직물업은 '비단장수 왕서방'이라는 중국산과의 경쟁에서 완패함과 함께 원부자재 수급애로, 계절상품으로서의 수요 한계 등 '얼굴 편할 날 없는 상황 연속'으로 내수시장마저 제대로 확보하지 못해 일시에 지역 직물산업의 전면에서 '아지랑이처럼' 사라지고 말았다고 한다.

제5절 섬유염색가공분야

■ 섬유염색가공의 태동준비기에 참여한 염색인들

섬유염색가공산업은 섬유공업의 중간공정, 또는 최후공정단계의 업종으로서 원사, 직물, 제품 등에 대해 '얼굴을 만들어' 줄 뿐 아니라 부가가치를 높여 줌으로서 '섬유산업의 꽃'이라 불리는 산업이기도 하다. 이처럼 섬유제조공정상 매우 중요한 위치를 점하고 있음에도 산업의 자율성에 있어서 그리 자유롭지 못하여서 오래동안 그 영세성을 벗어나지 못하기도 하였다. 그리고 무엇보다 초기 설비투자비용이 많이 들어가는 장치산업일 뿐 아니라 대표적인 환경공해 유발업종으로 인식되고 또 에너지 다 소비 업종이어서 기반조성과 산업발전이 더욱 더 더디어 지기도 하였다.

실제로, 1980년대 초반까지만 해도 대구 섬유염색가공산업은 주식회사의 기업형태가 전체 업체의 26%에 불과할 정도로 매우 영세하였으며, 당시 대기업은 이미 연속식 염색가공, 자동 날염(捺染) 등의 시설을 갖추고 있었으나, 중소기업은 열악한 시설로 사염과 수(手)날염, 일부 직물염색 등을 담당하는 수준에 불과하여였다.

농경수공업시대 때부터 제직업과 함께 기반을 다지면서 긴긴 세월 동안 영고성쇄를 같이하고 있는 대구의 섬유염색가공산업은 1906년 기구표백공장, 1907년 석정염직공장 설립과 1908년 관형 염색교육기관인 실업전습소 설치 등으로 공장형 모습을 갖추려고 노력을 기하도 하였으나 1915년 추인호가 대구 인교동에 동양염직공장을 설립한 것을 지역 염색업체의 설립 효시로 보려는 견해가 많은 것 같다.

하지만 대구 섬유염색가공업은 대규모 방직업체, 또는 직물업체에 부속해 있거나 전통적 가내수공업적 방식에 절대적으로 의존하고 있었기 때문에 독립적

공장형 기반이 형성에 많은 애로가 있어서 업체 운영에도 제한이 컸던 것으로 보인다. 근대에 있어서도 지역의 직물업 성장과 그 궤를 같이 하고 있는데 지역 섬유염색가공업을 태동시킨 소개자로 알려지고 있는 이를 살펴보면 표와 같다.

경북대관, 대구섬유산업사 등의 자료를 기초로 하여 1949년 이전에 설립된 대구섬유섬유염색가공업체 현황을 가나순으로 정리해 보면 다음과 같다(괄호 안은 대표자, 입지소재지, 설립년월 순임)

- 경북직물공업(신대균, 대구 침산동, 1945. 8.)
- 덕산염색공장(허달우, 대구 침산동, 1943. 10.)
- 동아염직소(임만재, 대구 동산동, 1925. 2.)
- 동양염직소(이상무, 대구 달성동, 1917. 8.)
- 대륙염색공장(황종성, 대구 대봉동, 1948. 3.)

태동기에 대구 섬유염색가공업계에 비교적 규모를 갖춘 기업을 운영한 이는 김성곤(금성방직 대구공장), 최익성(대구염색공업)과 함께 김문식(칠성염직), 안양길(달성염색소), 이기우(달성염색공장), 장주환(경북문직공장) 등이 염색업 기반조성에 적극 참여하였다고 한다.

그리고 당시 대구 섬유염색가공업은 1945년 광복 이후 일본을 비롯한 외지의 귀환들인 중 기술자를 중심으로 현재의 대구 달성동과 침산동 등 강을 따라 가내공업형 공장이 많이 설립되기도 하였다고 하며 당시의 염색가공법은 원반표백과 날염이 주류를 이루었다고 한다. 또한 당시에는 대구 신천을 중심으로 '드럼통을 짤라 만든 가마솥'에 다 염색을 하는 원시적 가내공업형 생산을 영위해 나갔다. 1950년대에는 소위 '판배기'라고 하는 날염법이 등장하기도 하였으며, 일부에서는 '실 타레'를 가마솥에 넣어 삶는 방식을 이용하여 사염을 하기도 하였다고 한다.

1950년대 말 대구 섬유염색가공업체 중 지역에서 비교적 활발히 활동한 업체에는 경북메리야스염색가공(이병호), 경북염색공업(신대균), 경신염공사(김두석), 구일염색공장(김홍주), 금성골덴염직(김동선), 금성방직대구공장(김성곤), 달성염직(이기우), 대건화학공업(정행록), 대동염색공장(임병태), 대구메리야스공사(이순희), 대봉염공(김보구), 대구염색공업(최익성), 대한방직(설경동), 미성기계날염(차재순), 미화염색공장(배연원), 삼일염공(신재순), 삼협염공사(황하종), 상창염직(박창봉) 신진염공(최각교, 김주석), 제일모직(이병철), 칠성염직(김문식), 형제염색소(장봉석) 등 150여 섬유염색가공업체가 이었으며, 이들 중 상당 수는 당시에 이미 비교적 현대적 시설을 구축하고 지역 뿐 아니라 우리나라 섬유염색가공산업 발전에도 크게 기여해 나가기도 하였다.

1957년 8월 대한방직 대구공장이 지역에서는 처음으로 독일로부터 자동날염기를 도입하였으며, 1965년 한일국교정상화 이후 각종 섬유염색가공기계와 염료수입이 자유로와 짐에 따라 일본, 이탈리아, 독일 등으로부터도 다양한 기술유입이 활성화를 기하게 되었다.

그러나, 1960년대 초 이러한 환경이 조성되기 이전까지는 여러 가지 부족한 여건으로 말미암아 그 성장세가 매우 미미하기도 하였으며 비로소 나일론직물의 등장으로 섬유염색가공산업에도 혁신적인 변화가 일어나는 계기가 되었다. 당시까지는 면직물, 견직물, 인견직물이 주류를 이루었던 시기로서 나일론이라는 신소재에 대해서는 품질을 맞출 수 있는 기반이나 염색가공 기술이 전혀 준비되어 있지 않았기 때문이다. 이때 등장한 섬유염색가공법이 '베치 Batch'식이며, 이어서 '코팅법'도 소개되었다.

1968년경부터는 폴리에스테르직물에 대한 염색가공법이 도입되기도 함으로서 대구 섬유염색가업도 생산시설에 자금이 많이 소요되는 장치산업으로 변모하면서 제대로 된 산업기반을 조성하는 데 박차를 기하게 되었다. 1960년대 지역에서 활동한 주요 섬유염색가공업체는 경북염색(태평염직), 태양염직(김홍주) 등 46개 업체가 있었으며, 주요 보유시설은 '지거 Jigger'와 '토우' 등이었다.

1970년대 중반 이후 폴리에스테르직물의 감량가공기술과 날염기술이 활발히 소개되어 오늘에 이르고 있다. 즉, 1977년도 '염색가공업의 육성요령'과 1986년도 '공업발전법 제정에 의거하여 섬유염색가공업도 산업합리화업종으로 지정됨에 따라 비약적인 발전을 기할 수 있게 되었다.

1980년 12월 대구염색공단이 조성되고 1985년 '대구염색공단 열병합발전소'가 착공되어 1987년 가동에 들어감으로서 비약적인 발전을 기할 수 있는 기반이 마련되기도 하였다. 특히 대구염색공단은 대구도심 및 인근지역에 무질서하게 흩어져 있던 섬유염색가공업체를 대구 비산동 한 지역에 집적화, 집단화시킴으로서 생산성 향상은 물론이고 당시의 현안이었던 대구도시환경 개선에도 크게 기여하였던 것으로 평가받고 있기도 하나 일각에서는 유색업종을 밀집화시킴으로서 인한 피해를 우려하는 여론도 적지 않기도 하였다. 그러나 대구비산염색공단 조성으로 인해 이탈리아 등으로부터의 선진기술 도입으로 커다란 기술적 진전을 가져 왔으며, 일본과의 긴밀한 협력사업 전개로 생산의 효율을 더욱 높여 나가기도 하였다. 1991년에 발생한 폐수무단방류사건으로 인해 환경공해가 국민적 관심사가 될 정도로 많은 논란을 야기하기도 하였다.

한편 현대의 섬유염색가공산업은 1995년 EU에서 시작된 '유해물질을 함유한 섬유제품의 수입금지 조치'로 새로운 생산환경에 적응하려 노력하고 있기도 하다.

제6절 섬유패션봉제분야

■ 개요

대구지역 섬유패션봉제업은 여느 섬유업종 못지않게 유구한 역사적 기반을 가지고 그 뿌리가 꾸준히 이어져 오고 있으나 한번도 제대로 된 지역적 기반을 기회를 잘 살리지 못해 아직까지 화려한 비상을 기하지 못하고 있기도 하다.

대구지역 섬유패션봉제업은 전통적으로 '가내수공업적 형태'로 뿌리내리고 있었다. 근대에 지역의 다른 섬유산업 업종이 근대적 공업화와 독립적 경영기반을 갖추어 나갈 때에도 봉제업은 생산설비의 기계화에도 불구하고 경영방식은 여전히 전근대적 '가내공업형태'를 벗어나지 못하였을 뿐 아니라 '판매기획', '상품기획' 등에 있어서도 독자성을 확보하지 못해 다양한 품목의 생산능력과 생산기반, 풍부한 기술적 경험 등을 많이 보유하고 있음에도 섬유패션봉제산업의 발전에는 큰 진전을 이루어내지 못하였고 산업화 과정에 있어서도 그 역할이 매우 지대함에도 최근까지 독자적 존재감이 크게 부각되지 못하였다.

실제로 지역의 직물업은 우리나라 섬유패션봉제 제품수출의 절대적 밑거름이 되었지만 대부분이 역외에서 그 생산이 이루어 졌고, 1970년대 한 때 지역에 잠시 입지하였던 코오롱의 경산공장과 범삼공, 삼화봉제공장 등도 여러 가지 사정으로 말미암아 큰 두각을 나타내지 못하였다.

이에 따라 대구 섬유패션봉제업은 업체 현황과 이의 매출실적이 산업통계로 잘 파악되고 있지 않을 정도로 열악한게 사실이지만 현대에 있어서도 우리나라의 아동복, 작업복, 셔츠류, 잠옷류, 민속 예품, 자동차 악세사리 등등 다종다양한 섬유패션봉제상품의 상당량이 지역에서 생산되어 '수도권 등 타지역, 타업체군 상품의 얼굴'로 출시되고 있기도 하다.

사실 섬유패션봉제업은 섬유산업 중에서도 비교적 소자본으로도 운영이 가능할 뿐 아니라 폐수, 소음 등 공해유발 업종이 아니어서 전형적인 도시형상업이어서 지역의 경우 거래관계와 정보교류가 용이한 서문시장을 중심으로 형성되어 있으며, 1990년대 이후 도심화가 진전되고 있는 서대구공단을 중심으로 새로운 기반이 형성되어 가고 있기도 하다.

제7절 기타섬유분야

1. 니트(메리야스)분야

■ 니트(메리야스업)분야 태동준비기에 앞장 선 사람들

니트산업은 편물업, 편성업으로 불리기도 하며, 한 때에는 '메리야스'업으로 통칭되기도 하였는데 이는 포루투갈어의 'meias(뜨개질하다)'에서 유래된 것으로 20세기 초 일본에서 가장 먼저 사용된 것으로 보인다. 1960년대 한 때 이 니트산업에 대해 세무상 업종분류에서 '막대소(莫大小)'업으로 표기되기도 하였는데 이는 니트제품의 성질이 고무줄처럼 '늘어났다 줄어들었다' 하는 신축성 때문에 '커졌다 작아졌다' 함으로 인해 붙여진 명칭이 아닌가 여겨지기도 한다고도 하며, 오늘날 이와 유사한 제품으로는 '스펀 Spun' 제품이 있다. 니트산업에는 세부업종으로 이와 같이 '메리야스'로 통칭되는 내의류를 비롯하여, 양말류, 장갑류, 스웨터류, 경편직물류로 나누어지기도 한다.

1920년대 우리나라 최초로 소개받은 평양과 함께 국내 니트(Knit)업종 기반조성에 앞장 선 대구 니트업종의 뿌리는 당시 서문시장에서 평양산 양말제품을 판매하던 도매상의 영향으로 받아 양말기 2대에서 3대씩 보유한 가내공업형 양말공장을 운영한 이들이다. 그러나 이들은 대부분이 가내공업형 생산형태였기 때문에 현재 그 자세한 기록을 찾기가 매우 어려우나 1930년대 한 때 대구에 군소양말업체 등이 주류를 이룬 니트공장이 300여개 업체에 이를 정도로 번성하였다고 한다. 실제 이들 대부분의 업체는 서문시장 주변인 대신동, 서문로, 인교동, 동산동, 남산동 일대에 있었는데 지금도 그 흔적을 쉽게 찾아 볼 수가 있다.

1930년대부터 본격적으로 성장하기 대구지역 니트업종은 1950년대 이전까지는 서문시장을 중심으로 내수용 소재공급의 가내공업형 작업형태로 기반을 다져오다가 1950년 동족상잔기 이후 하나의 섬유산업군으로 입지를 다지면서 성장의 새로운 전기를 맞이하게 되었다.

　니트업종 가운데서도 대구의 양말업은 1933년 최봉인이 일본에서 선진양말 생산기술을 습득과 함께 귀국하면 자동양말기계를 도입해 옴으로서 지역에 그 기술을 전파함으로서 새로운 발전기반을 마련하게 되었다고 하며, 실제로 당시 밑바닥을 두껍게 한 신종 양말제품 소개는 사회적으로도 큰 인기를 끌어 많은 자본가가 양말업에 참여하기에 이르렀다고 한다. 당시 니트업을 영위하였던 인사로는 기술 도입자인 최봉인을 비롯하여 이장우, 강성덕, 정재호, 홍태희 등 제씨가 보이며, 1940년대에 이르러서는 수 많은 니트업체가 일시에 설립되어 크게 번성하기에 이르른다.

　또한 이처럼 대구지역에 니트업종이 빠르게 뿌리내릴 수 있었던 것은 조선방직, 내외방적 등 원사 제조업체가 지역에 많이 입해 있어서 원료 조달이 수월하였기 때문으로도 풀이된다.

　한편 경북지역에서도 일찍부터 양말업이 시작되었다고 하는데 1927년 이제원(경북 김천), 1928년 임정순(문흥양말제작소, 경북 김천), 왕길풍(경북 예천) 등이 있었다고 한다.

　우리나라 니트업은 광복 이전에는 국내 생산시설의 75% 정도가 평양에 있었음으로 인해 대구 니트업은 국내의 부족한 수요 대처에 노력을 기울였으며, 조선방직 대구공장에서 근무하던 많은 기술자들이 자영업 등을 시작함으로서 내의류, 양말류, 장갑류, 타올류 등의 업체가 크게 늘어나는 계기가 되었다.

　경북대관, 대구섬유산업사 등의 자료를 기초로 하여 1949년 이전에 설립된 대구섬유섬유니트업체 현황을 가나순으로 정리해 보면 다음과 같다(괄호 안은 대표자, 입지소재지, 설립년월 순임)

▎ 내의류업체

- 남일메리야스공업사(이명천, 대구 남산동, 1945. 3.)
- 삼신메리야스공업사(김외관, 대구 동산동, 1946. 10.)
- 월성메리야스공업사(김영근, 대구 봉산동, 1946. 3.)
- 전진메리야스공업사(김재근, 대구 서문로, 1948. 8.)
- 종광섬유공업사(방성태, 대구 달성동, 1944. 5.)

▎ 양말업체

- 농진양말공업사(최석린, 대구 달성동, 1937.)
- 백양양말공장(백봉근, 대구 삼덕동, 1946. 4.)
- 석산양말공장(최석린, 대구 달성동, 1939.)
- 신한공업사(차정하, 대구 인교동, 1935. 7.)
- 인화양말공장(최봉인, 대구 달성동, 1933.)
- 한일양말공업사(강상현, 대구 서성로, 1949. 7.)
- 화인양말공업사(김관오, 대구 수창동, 1949. 3.)

▎ 장갑업체

- 공화공업사(강성덕, 대구 동산동, 1940. 6.)
- 대지공업사(송종율, 대구 범어동, 1946. 8.)
- 덕화양말공업사(임덕팔, 대구 동산동, 1943. 5.)
- 동산양말공업사(이우현, 대구 동산동, 1940. 5.)
- 동일공업사(정월탁, 대구 칠성동, 1944. 9.)
- 삼구장갑공업사(구태호, 대구 범어동, 1946. 8.)
- 삼호양말공업사(김재수, 대구 인교동, 1947. 7.)
- 용표장갑공장(구자용, 대구 범어동, 1947. 10.)
- 일성공업사(김도술, 대구 범어동, 1948. 10.)

- 진성장갑공업(구재만, 대구 범어동, 1948. 10.)
- 천조양말공업사(신인준, 대구 비산동, 1946. 4.)

19세기말 서양의 기독교 선교사들에 의해 우리나라에서는 가장 먼저 서구식 니트생산기반을 확보한 평양의 니트기업인과 기술자들이 1950년 동족상잔 이후 대거 대구로 피난을 와서 대구 달성동 일원에 정착하여 가업을 이어감에 따라 대구가 우리나라 니트공업의 중심지로 자리매김하게 되었다.

1960년대 지역에는 200여 니트업체가 성업하며, 전국 니트생산의 80% 이상을 공급하기도 하였는데 이의 대표적인 기업인 종표메리야스(박동억)을 비롯하여 경북메리야스(배부식), 다보탑메리야스(박중구), 동명섬유, 대성메리야스(김형원), 아폴로메리야스, 조일메리야스(조규수), 청포도메리야스(방성동), 평남메리야스, 회전니트(함정웅) 등의 업체가 종업원 30명에서 50명을 보유하고 대구 니트산업의 기반형성에 기초를 다지기도 하였다고 한다.

1960년대 중반까지 대구 니트산업은 내외방적 등 지역의 대형 면사공장에서 공급한 20수(手) 내외의 사용해 만든 면제품이 주류를 이루었는데 제품의 품질이 매우 조악하여 소비자의 불만적 원성이 매우 잦았다고 한다.

이에 따라 1967년부터 소개되기 시작한 화학섬유사(엑스란, 카시밀론)를 사용한 화섬제품의 등장은 내의류분야에 있어서도 이생활문화에 가히 혁명적 변화를 불러일으키기도 하였다고 한다. 즉 화섬제품은 면제품에 비해 더 질기고, 촉감도 좋고, 따뜻하고, 세탁도 용이할 뿐 아니라 다양한 모양도 낼 수가 있어서 선풍적인 인기와 함께 단시간 내에 시장을 석권하였다고 한다.

당시 산업활동에 깊숙이 참여하였던 한 대구 니트인에 의하면 내의류 생산은 '감꽃 피면 만들기 시작하여...'라는 감상적인 회고를 감명깊게 읊조릴 정도로 철저한 계절상품이기도 하였다. 내수 중심의 상품이었던 내의류는 '겨울 추위를 피하는데 필수품으로 큰 소비가 있었다'고 하는데 이는 당시 국민소득이 낮아서 춘하추용 등의 소비는 매우 미약하여서 자연적으로 일정 기간은 '휴업' 아닌 휴업을 해야 했으므로 기업경영도 그 만큼 불안정적일 수밖에 없었다.

1960년대 양말업종의 주요 업체는 동산양말(이우현), 복조양말(김영철), 칠복양말(김준성) 등이 있었다.

장갑업종은 1960년대 중반 화섬사와 방모사(紡毛絲)를 사용한 소위 '앙고라' 제품이 큰 인기를 끌었으며, 이어서 가죽제품과 인조가죽제품이 소개되기도 하였다.

경편직물은 1960년대까지만 하여도 '사치스럽다'거나 '고급제품'이라는 엇갈린 평가 속에 '레이스', '트리코트', '랏셀' 등의 소비가 꾸준히 일었는데 당시 대표적 생산기업은 이가직물(이석준)로 알려지고 있다.

그러나 대구 니트산업은 1970년대 들어오면서 많이 쇠락하고 마는데 이는 기업의 영세성과 군소업체의 난립으로 인한 과당경쟁, 시대를 반영한 신상품개발 미흡, 홍보 부족 등에 기인한 것으로 지적되고 있기도 하다.

☞ '니트'에 대하여 : 니트(Knit)라는 말은 1492년 영국의 한 역사가가 처음으로 사용하였다고 하는데 섹손 Saxson어의 Crittan(손으로 직물, 또는 피복을 만든다)이라는 어휘에서 유래되었다고 하며 16세기에 이르러 양말용이나 모자용 수편(手編)을 나타내는 의미에 보편적으로 사용되었다고 한다. 1589년 영국의 윌리엄 리(William Lee)가 바늘(Needle)을 장착한 수동양말편기를 발명함으로서 니트산업발전에 한 획을 그었으며, 1864년에는 윌리엄 코톤(William Cotton)이 오늘날 '코튼식 편기'라고 불리우는 '풀 패션(Full Fashion)' 편기를 발명함으로서 니트산업 성장에 크게 기여하기도 하였다고 한다. 우리나라에는 1780년경 서양 선교사에 의해 이러한 서구의 편직기술이 전래된 것으로 알려지고 있다.

2. 자수직물분야

■ 개요

1970년대 대구 섬유업계에 혜성처럼 섬유수출의 새로운 특산상품으로 등장한 지역의 자수직물산업은 당시 국내 생산의 60% 정도를 점유할 정도, 지역 생산의 95% 이상을 책임지며 수출을 주도하여 외화가득에 커다란 기여를 하였을 뿐 아니라 굴곡 많은 지역 섬유업계의 성장기반을 다지는 데에 중요한 버팀목이 되기도 하였다.

당시 대구 자수직물업은 석유가격 급등으로 '졸지에 벼락부자가 된' 중동지역의 가수요를 비롯하여 동남아시아지역으로의 수출도 급증됨으로 인해 다른 업종이 석유파동 등으로 어려움을 겪을 때 거의 100%에 가까운 시설이 완전가동을 구가할 정도로 호황을 누리기도 하였다.

대구 자수직물은 1960년대까지는 나일론과 면 등의 섬유소재가 주류를 이루다가 1970년대 초반부터는 폴리에스테르 섬유소재가 주력 품목이 되어 오늘날에 이르고 있는데 생산의 편리성과 상품의 다양화 등으로 소비자 기호 충족이 용이하였기 때문이다. 즉, 비교적 간단한 기술로도 화려한 제품을 다양하게 생산할 수 있을 뿐 아니라 전통과 현대를 아우르는 갖가지 디자인과 화려한 색상 구현, 그리고 여러 가지 복합소재 사용 등으로 차별화, 고급화를 희망하는 소비자의 기호와 시대변화에 대처할 수가 있어서 설비투자의 위험부담이 없지 않음에도 빠른 성장을 기할 수가 있었다.

실제로 당시 대구 자수직물산업은 직기의 1대 가격이 1천여만원(1970년대 중반 자수직기 1대의 가격은 미화로 환산하면 8만달러에서 12만달러 정도였음)에 이를 정도로 고가품이어서 의지나 기술력, 정보력 등이 갖추어져 있다고 하더라도 소규모 섬유업체가 참여하기에는 애로가 많았다고 한다. 이에 따라 자금력이 풍부한 대기업이나 정부자금을 원활히 사용할 수 있는 섬유인, 또는 비교적 풍부한 자금력이 있는 외부 인사가 섬유업에 진출하는 환경이 조성되기도 하였는데 이들을 중심으로 대구 섬유산업의 또 다른 특정 기반이 조성되기도 하였다.

자수직기는 1838년 경 스위스에서 처음 개발되었는데 이것이 1924년경 일본에 전래되었으며, 1960년대 초 대구의 섬유업체인 동신섬유(여상원)가 이탈리아에서 생산된 자수직기 6대(규격 10야드)를 도입함으로서 지역에서도 자수직물산업의 '붐'이 조성된 것으로 알려지고 있다. 이후 1975년을 전후하여 최고 성장기를 구가할 때 대구 섬유산업에는 34여개 업체가 286여대의 자수직기를 설치하여 가동하였다고 한다.

1970년대 대구 자수직물업계에서 비교적 왕성하게 활동한 것으로 알려진 자수기업과 그 경영인을 기업명 기준 가나다 순으로 살펴보면 남도섬유(윤수길), 대보직물(윤인보), 대일직물(이달석), 덕영섬유(권재철), 동국직물(백욱기), 동신섬유(여상원), 명화직물(박성형), 보성섬유(윤흠보), 삼보산업(정대호), 삼한금수(김순명), 수월섬유(박해도), 신한견직(박재갑), 신흥직물(김종필), 영광직물(이응준), 우일산업(추연종), 이화섬유(박동식), 창일섬유(심인섭) 등 17업체이 보이며, 이들 업체의 대부분은 동국무역, 남선물산, 신라교역, 보국물산 등 대기업군의 계열사이거나 협력업체, 하청업체로서 제품판매를 위탁, 의존하는 경영구조를 취하고 있기도 하였다.

3. 경북 풍기인견분야

■ 경북 풍기인견직물업의 개관

각종 기록에 의하면 경북에 소재한 풍기(영주) 인견직물업은 일제강점기인 1934년경부터 평안남도 덕천지방에서 제직업을 하던 섬유인들이 경북 영주 풍기 동부지역으로 이주하여 집단적으로 '풍기방직'이라는 공장을 운영한 것이 그 시초라고 한다. 초기 기반조성 당시 원경준 등 거류민 1천여명은 족답기(足踏機) 15대로 견직물과 유사한 '인견(人絹)'을 생산하기 시작하였으며, 이후 1936년경 풍기직물(송석홍)이 설립되는 등 많은 업체가 일시에 생겨남에 따라 1938에는 '풍기직물공장조합'을 구성할 수 있을 정도로 산업이 크게 번성해 나갔다고 한다. 1942년 중앙선 철도가 개통됨으로서 물자수송이 더욱 용이하게 되고, 1945년 광복과 함께 경북 풍기인견업은 한층 활성화하기에 이르는데 처음에는 5업체(가구)에서 직기 3대씩 15여대의 직기 규모로 많은 종업원을 들여 직물업을 시작하였으나 1946년에는 30업체(가구) 직기 250대 규모로 늘어나게 되었다고 한다.

경북 풍기인견직물의 초기 정착자에 대해 살펴보면, 1948년 이응두가 처음으로 아세테이트를 이용하여 양복안감지와 한복용 인견직물의 생산을 시작하였으며, 1950년 동족상잔의 전쟁으로 북한지역에서 직물업을 영위하던 북쪽 섬유인들이 대거 경북 영주지역으로 이주해오면서 또 한번의 큰 변화를 겪게 되는데 이때에도 이들은 생존을 위해 집집마다 직기를 설치하여 직물생산에 참여데 됨으로서 오늘날의 풍기직물산지가 형성되기에 이르렀다고 한다. 이에 따라 1960년대 초반 경 경북 풍기직물산업은 직기 3,000대에 그 종사자가 3,100명에 달할 정도로 규모가 커졌다고 한다.

경북 풍기인견직물은 동족상잔의 전쟁으로 사회환경이 피폐해지고 섬유물자가 절대적으로 부족하던 시절 왕성한 생산활동으로 일시에 국내 섬유시장을 석권함으로서 전국적인 명성을 얻게 되었다고 한다.

1968년에는 경북풍기직물공업협동조합이 설립되어 산지특화에 나서기도 하였으며, 1987년 3월 태광직물(이상훈)이 지역에서는 처음으로 현대적 첨단직기인 워터제트직기(Water Jet Loom)를 도입하기도 하였는데 이를 계기로 지역의 섬유직물 생산환경에 큰 변화를 가져오기도 하였다고 한다.

■ 경북 풍기직물공업의 재도약 준비

비교적 안정적인 초기기반 조성에 성공한 경북 풍기인견직물업은 1960년대 중반 경 국내에 나일론직물의 등장으로 커다란 어려움에 처하게 된다. 또한 경북 풍기인견직물업은 생산의 대부분이 내수용일 뿐 아니라 생산시설도 타 지역의 노후직기를 도입하는 경우가 많아 근본적으로 생산성도 많이 떨어지기도 하였으나 산업기반이 척박한 지역경제를 운용하는데에는 지대한 영향을 미쳤으며, 지역 섬유인들의 변화하는 환경변화에 다양한 자구노력을 기울임으로서 오늘날에 이르러서는 초기와 같은 재도약을 힘차게 준비해 나가고 있기도 하다.

☞ 인견(人絹, viscose rayon)에 대하여 : 인견은 목재의 펄프에서 인위적으로 섬유사를 추출하는 천연섬유소재로서 가볍고 부드러울 뿐 아니라 땀 흡수가 잘 되어 여름용 의류로 널리 사용되고 있다. 일반적으로 '비단'으로 불리는 본견(本絹, silk)은 누에고치에서 실을 추출하는 것과는 다른 성질의 섬유소재이며, 흔히 '아마'라고 불리는 모시와, 삼베와 많이 비교되며, 기본적 색상은 밋밋한 흰색이 주류를 이룬다.

4. 경북 안동삼베(경북안동포)분야

■ 경북 안동포의 개관

삼베는 옛날부터 우리나라 전 지역에서 자생, 또는 재배되는 것으로 생산지역에 따라 다양한 이름으로 불리워졌다. 경상도지역 일원에서 생산되는 삼베를 생산지역을 의미하여 '영포(嶺布)'라 불리기도 했으며, 또한, '삼베', '계추리베', '생내기', '익냉이' 라고도 하였다고 한다. 이처럼 안동지방에서 생산되는 삼베에 대해 '안동포(安東布)', 또는 '안동삼베'라고도 불리워지며 예부터의 유명세를 이어오고 있기도 하다.

안동포의 특징은 올이 가늘고 고우며 빛깔이 붉고 누렇다. 옛부터 대표적인 서민용 옷감인 삼베는 연한 황색의 극세포(極細布)이며 한 여름의 남자옷인 고의, 적삼 등으로 많이 이용되었다고 한다. 특히 신라시대에는 화랑도의 옷감으로, 조선시대에는 궁중 진상품으로 각광받은 안동삼베는 오랜 세월동안 그 유명세를 구가하며 긴긴 역사를 지녀 오고 있기도 하다.

안동지역은 기후와 토질이 대마재배에 적합하고 대대로 제작기술이 뛰어나 옛부터 삼베의 명산지로 이름이 드높았다. 즉 안동지역은 배수가 잘 되는 사질 토인데다가 삼베의 재료인 대마가 자라기 쉬운 기후 조건을 잘 갖추고 있기 때문이다. 그래서 안동삼베는 경남 남해, 강원 강릉, 전남 보성, 경북 청도 등 우리나라 각지에서도 생산되는 삼베보다 품질이 더 뛰어나는 것으로 알려지고 있기도 하다.

안동포의 재료인 대마는 보통 3월 말이나 4월 중순에 파종하여 6월말이나 7월 초순이 되면 2미터 이상 자라는데, 이 때 수확하여 가마에 넣어 삶는다. 삶은 대마는 잘 말려 껍질을 벗긴 뒤 가늘게 찢어 한올한올씩 뽑아낸다. 그리고 뽑은 실을 삼베 올들에 풀을 먹인 뒤 베틀에 짜내면, 삼베가 된다.

안동삼베는 바디의 새수에 따라 굵기가 달라지는데 옛날에는 7새에서 15새까지 있었으나 현재는 11새까지 생산이 가능하다고 한다. 안동포. 40자가 1필인데 한 가정의 부부가 각각 옷 1벌씩 해입을 수 있는 분량이라고 한다.

안동삼베 한 필 짜는데 보통 15일에서 20일 정도 걸리며, 제직기술은 대부분 가업을 이어 승계되는게 보통인데 일년에 한 가구에서 짜낼 수 있는 안동삼베의 양은 10필에서 15필 정도라고 하며 경북 안동시에서는 삼베짜는 기술자를 지방무형문화재로 지정하여 보호하고 있기도 하다. 안동포의 염색은 천연염료인 치자 열매로 많이 하였다고 한다.

이러한 안동포는 7새 이상 잘 짜인 삼베 한 필의 가격은 100만원 정도이며, 6새 이하로 품질이 조금 떨어지면서 굵고 거친 삼베는 50만원 가량 하나 명확한 시세는 없다고 한다.

선사기대 때부터 우리 민족의 추위와 더위를 고스란히 함께 했던 삼베는 특히 수분 흡수가 빠르고 증발력이 좋은 데다 공기유통 또한 잘 되고 항균 항독 작용을 하기 때문에 수의복으로도 많이 이용되었다고 한다. 그래서 지금도 안동삼베는 윤달이 든 해에 많이 팔려 나간다고 한다. 그 이유는 윤달에 수의를 만들어놓으면 무병장수하고 자손도 번창한다는 속설 때문이라고 한다.

경북 안동지역에는 1969년대까지 5,185가구에서 281핵타르에 대마를 재배하여, 농가생산 중심으로 연간 27,874필 정도의 마직물을 생산하였다.

안동삼베도 화섬직물의 등장에 다가 설상가상으로 1976년 시행된 대마관리법에 의해 재배지가 자연재배에서 허가재배로 정책환경이 바뀜에 따라 8핵타르 재배지에 연간 920필 정도로 생산량이 격감하기도 하였다.

1987년 경북안동시에서는 지역의 농가소득 증대방안의 일환으로 직기개발 등 산업화를 시도하기도 하였으나 대마섬유의 특성상 드러난 각종 기술적 문제를 해결하지 못해 성과가 없어 산업화가 이루어지지 못하였으며, 주 원료인 대마농경 생산자의 고령화로 산지존속에 많은 애로를 격고 있기도 하다.

안동삼베는 그 용도가 농경수공업시대에는 일반 서민의복의 일상복으로 이용되기도 하였으나 옛날부터 상복으로 사용되는 것이 주류여서 근래에 이르러서도 그러한 일반적 인식을 크게 탈피시키지 못하고 있는게 현실이기도 하다.

하지만 안동삼베는 중국산 등과 비교하여 품질이 우수하여 일정량의 선호도는 있으나 상복 한 벌에 200여만원에서 심지어 500여만원에 이름으로서 인해 대중적 소비에도 많은 한계를 지니고 있기도 하다.

최근에는 사회적으로 웰빙 유행과 함께 여름의류용, 이불용, 규방용, 체육복, 해양복 등 다양한 용도 개발을 위해 심혈을 기울이고 있기도 하다.

그러나 중국산 등 저가제품의 범람으로 또 다른 애로 환경에 직면하고 있기도 하다.

제8절 섬유기계분야

섬유산업 발전의 근원이 되는 섬유기계업은 베틀과 물레 등 전통적 농경수공업형태의 도구에 의존해 오다가 19세기 말부터 서구와 일본 등 선진화된 시설과 기술이 국내에 유입됨에 따라 섬유기계업도 빠르게 변모, 성장하기에 이르게 되었다.

섬유산업을 일구는데 크게 기여한 직기발달사에 대해 먼저 간략히 살펴보면, 1900년대 초 도입되기 시작한 족답기(足踏機)에서 출발하여 1960년대 초반 반자동직기(半自動織機)를 거쳐 1960년대 후반 自動북직기, 콥첸지 식 직기, 스톱체지 식 직기를 비롯하여 편기류(황편기, 양말기등) 등이 소개되면서 지역에서도 섬유직기 제작과 개조가 크게 성행하게 되기에 이르렀다.

1960년대 대구지역에서 생산된 섬유기계로는 제면기(製綿機), 직기, 환편기 등이 있었으며, 이의 주요 업체로는 승리기계(김복만, 1951년)를 비롯하여 금룡기계(김금룡, 1951년), 대건기계(이호재, 1968년), 대원기계, 명성제침(손두섭, 1961년), 배창직기, 삼호기계, 신광기계, 원풍기계, 의신직기, 청송기계(심재형, 1966년), 한잠기계(1963년, 잠사관련기계 전문업체), 한진기계, 홍아기계(최도한, 1948년, 지역에서 쟈카드기 최초 생산) 등 85여개 섬유기계업체가 주로 소비자의 주문생산에 의한 섬유기계 제작활동을 하였다고 한다.

이 가운데 종합적 섬유기계 제작업체인 승리기계가 제작한 직기가 1964년 태국으로, 1969년 아프가니스탄으로 수출되어 지역에 신선한 충격을 주기도 하였으나 대부분의 섬유기계업체가 매우 영세하여 소비자의 기호를 제대로 충족시켜주지 못함에 따라 경영에 많은 애로를 겪기도 하였다.

대구 섬유기계업은 대구섬유산업의 번성과 함께 섬유기계의 수요도 크게 늘어 났나는 산업환경적 기회에도 불구하고 기업의 영세성과 기술력의 한계 등으로 인해 제대로 된 성장기반을 갖추지 못하고 오히려 몰락의 기로를 헤매여 온게 사실이다. 실제로 1980년대 한때 사업성을 인식하고 섬유기계업으로 진출한국내의 대기업과 일본 등 해외 섬유기계업체와의 경쟁에서 밀려나게 됨에 따라항상 불안한 존속기반을 유지하는데 급급하였다고 할 수 있다. 더욱 안타까운것은 세계적 섬유집산지인 지역 섬유산업에 소비기반은 풍부하지만 공급이 제대로 따라 주지 못해 소위 '남 좋은 일만 다 시켜 주는 업종'으로 인식되기도 하였으며, 이러한 실정은 오늘날까지 이어지고 있기도 하다. 일본의 직기산업 등섬유기계산업이 빠르게 성장하고 오늘날처럼 세계화하는데 대구 섬유산업의 기여도는 실로 심대하다고 할 수 있다.

제2장
대구경북섬유수출의 역군들

제1절 개관

우리나라 섬유산업은 국가 경제발전을 위한 초석을 놓음에 있어 수출신장으로 절대적인 기여를 하였는데 1964년 총수출 1억달러 달성의 교두보가 되기도 하였으며 1967년에는 단일 수출상품으로는 최초로 1억달러를 돌파하기도 하였다.

그리고 1970년에는 국내 총수출의 42.8%를 담당하기도 하였으며, 1987년에 단일품목 중 가장 먼저 100억달러의 수출을 돌파하기도 하였다.

우리나라 섬유류 수출의 주요 실적

(단위 : 천달러, %)

구분	총수출실적	섬유류수출	비중	주요 사실
1964	119,058	32,700	27.5	총수출 1억달러 돌파(수출의 날 제정)
1967	320,229	137,100	42.8	섬유류수출 단일품목 최초로 1억달러 돌파
1970	835,185	334,300	40.0	-
1977	10,046,457	3,076,243	29.1	총수출 100억달러 돌파
1980	17,504,862	5,098,996	23.4	-
1987	47,280,927	11,834,242	25.0	섬유류수출 단일품목 최초로 100억달러 돌파
1990	65,015,731	14,765,921	22.7	-
1995	125,057,988	18,655,742	14.9	총수출 1,000억달러 돌파
2000	172,267,510	18,782,828	10.9	2011년까지 기준 섬유수출 최대실적 수립
2004	230,639,449	15,191,564	6.6	총수출 2,000억달러 돌파
2006	325,464,848	13,232,007	4.1	총수출 3,000억달러 돌파
2011	555,213,656	15,931,620	2.9	총교역 1조달러 돌파(수입 524,413,090)

■ 대구섬유, 숫자로 말하다

대구섬유산업는 제조업체수의 48.7%, 고용인력의 73.1%, 총수출의 90.2%를 점유하는 거대 산업군이기도 하였다.

대구지역 섬유제조업의 변화추이

연 도	기업체수(개)			고용인력(명)		
	전제조업	섬유업	점유율	전제조업	섬유업	점유율
1910	15	-	-	855	-	-
1915	21	-	-	1,545	-	-
1920	26	4	15.4%	3,090	87	2.8%
1925	222	6	2.7%	4,875	112	2.3%
1930	140	9	6.4%	4,158	157	3.8%
1935	146	11	7.5%	4,327	180	4.6%
1940	155	16	10.3%	8,082	282	3.5%
1945	927	19	2.1%	10,194	373	3.7%
1950	1,447	70	4.8%	14,330	1,450	10.1%
1955	1,627	521	32.0%	33,619	16,693	49.7%
1960	1,231	599	48.7%	26,313	19,239	73.1%
1965	1,462	707	48.4%	48,245	30,214	62.6%
1970	2,187	1,010	46.2%	66,896	33,018	49.4%
1975	2,359	1,008	42.7%	82,659	47,719	57.7%
1980	3,151	1,439	45.7%	83,367	49,853	59.8%
1985	3,578	1,702	47.6%	152,381	92,669	60.8%

자료 : 광공업통계 등의 각년도 자료 재분석

대구지역 섬유류수출의 변화추이

(단위 : 만달러/미화, %)

연 도	대구지역			전국		
	총수출	섬유류	점유율	총수출	섬유류	점유율
1960	-	-	-	3,240	390	12.0
1962	125	-	-	5,670	740	13.1
1964	436	339	77.8	12,090	3,270	27.1
1965	960	863	89.9	18,050	5,270	29.2
1970	7,045	6,356	90.2	100,380	33,430	33.3
1975	27,345	24,554	89.8	542,790	186,980	34.5
1980	68,215	56,432	82.7	1,750,490	501,430	28.7
1985	111,751	91,826	82.2	3,028,310	700,430	23.1

자료 : 한국무역협회 각년도 수출통계 자료 재분석

제2절 1960년대

■ 대구경북 직물수출 개척에 신화를 써 낸 나일론직물 수출

1960년대 초반부터 면직물과 일부 견직물(홀치기소재)을 중심으로 섬유직물수출 기반을 서서히 조성해 나가기 시작한 지역 섬유직물산업은 1960년대 중반 들어서면서 정부의 강력한 수출장려시책에 힘입어 가히 혁명적이라 불리워도 무방할 만큼 내수 중심의 산업기반이 수출주도 중심으로 빠르고 거대하게 변모해 나갔다.

1960년대 세계의 무역환경은 자유화 조류 강세와 개방시대 도래하면서 세계 주요국의 경제도 호황에 따른 소비의 증가가 가속화되고 있었다. 국내적으로도 정부의 강력한 수출증진정책으로 금융, 조세, 산업입지 조성지원 등의 각종 지원시책이 이루어지기도 하였는데 그 성과의 중심축 가운데 한 분야가 섬유산업의 비약적 발전이었다.

세계산업사적으로도 영국의 산업혁명기 때와 같이 유래를 찾아보기 쉽지 않을 만큼 도고의 성장기를 주도한 대구지역의 나일론직물 수출산업은 국가경제의 기반조성에 '종자돈'이 된 '외화벌이'의 일등 공신이었을 뿐 아니라 지역경제에 있어서도 고래로부터 지긋하고 끔찍하게 이어져 오던 애옥살림을 벗어나게 해준 효자산업이기도 하였다. 실제로 '상품공급이 딸려서 못 팔 정도'로 수출여건이 좋았을 뿐 아니라 채산성도 매우 양호하기도 하였다. 그리고 지역 섬유직물생산량 중 상당수의 물량이 이미 수출기반을 확보한 대기업에 의한 하청생산체제의 주문물량이 차지하고 있었지만 선각자적 지역 토종 기업군에 의한 직수출도 개척되던 시기였다.

1963년도에 지역에서는 처음으로 본격적인 나일론직물 수출이 이루어진 것으로 알려지고 있는데 당시 모든 산업환경 기반이 취약하였지만 수출환경도 눈물겨울 정도로 매우 열악하였다. 수출 일선에서 시장을 개척한 섬유인 중의 한 명인 삼공직물의 홍재선사장의 회고담에 의하면 '당시의 주요 섬유수출 시장은 홍콩이었는데 신용장은 모두 조건부 신용장이었으며, 대금 결재는 상품 수령 후에 하기로 되어 있는게 관행이었으나 실제는 1년 이내에 결재가 안 되는 경우가 비일비재하였다. 현지 사무소 개설은 엄두도 못내는 상황이었으며, 영어를 할 줄 아는 사무직원 한 명을 겨우 채용하여 남의 사무실에 더부살이하는 형편이었므로 수출이 원만히 성사되기는 애초부터 무리가 따랐다. 그러던 차에 한번은 홍콩에서 연락이 와서 현지에 가서 수출상담을 하기에 이르렀는데 상황을 보니 상대방이 매우 급한 것 같았다. 기회다 싶어 첫 만남에서 인사만 하고 헤어지려 하니 역시나 상대방이 안절부절하면서 국제적 예의를 들 먹었다. 나도 이것이 나는 내 스타일, 코리아 스타일인데 왠 항의냐고 했더니 그럼 언제 수출상담을 할 거냐고 물어 왔다. 내일 하자고 했다. 그래서 다음날, 결재에 대한 명확한 확인과 함께 최대한의 이익을 남기는 수출을 성사시킴으로서 지역 섬유수출업계에 신선한 충격을 안겨 주기도 했지.'라며 수출이 급신장하던 당시 이면사의 한 단면을 읽어 볼 수 있게 해 주었다. 그 후 그는 지역 섬유직물 수출의 선봉장이 되었으며 한 때 '깔깔이(직물명) 수출로 벌어들인 돈(외화)이 깔꾸리(갈퀴)로 매일같이 끌여들여 포대(자루)에 담아도 힘에 붙일 정도로 제미를 보았다'고 했다.

이와 같은 나일론 직물의 수출 급신장은 지역 섬유업계에 엄청난 생산시설 확장과 화섬원사 등 원부자재 수급용이 등이 있었기 때문에 가능했으며, 수출전선 또한 품목과 시장은 시대상황에 따라 조금씩 변모하였지만 오늘날에 이르기 까지 꾸준히 이어져 오고 있기도 하다.

제3절 1970년대

■ 대구직물의 세계화를 이루어 낸 폴리에스테르직물

지역 섬유직물업체의 직접적인 수출참여 활성화 진전과 함께 정부에서 수출 증대의 일환으로 1975년부터 도입한 종합상사제도로 말미암아 OEM(Orginal Equipment Manufacturer : 주문자 상표에 의한 제품생산자/기업) 기반으로도 진출해 나간 지역 섬유수출상품은 실제로 삼성, 현대, LG, SK, 코오롱, 효성, 대우, 쌍용, 국제상사, 율산, 해태, 삼호 등 우리나라 재계에서 내로라하는 기업들이 초기 성장기반을 다지기 위해 척박한 세계시장 환경에서 고군분투한 외화가득 확보 성과에 적지 않은 보탬이 되기도 하였다.

그리고 국가적으로도 1964년 1억달러, 1971년 10억달러, 1977년 100억달러, 1995년 1000억달러, 2006년 3000억달러의 수출실적을 달성하는 절대적 기여를 하였으며, 특히 1997년 말부터 시작된 IMF(International Monetary Fund : 국제통화 기금) 기간 중에 외환위기 상황을 극복하는데 지역 섬유직물수출의 역할은 더욱 지대하였다고 할 수 있다. 아울러 2011년에 수립된 수출 5000억달러, 교역규모 1조달러 달성의 기저에도 개미군단 같은 지역의 섬유직물수출상품이 한 자리 매김하고 있음을 간과되어서는 안 될 것으로 보인다.

국내 수출개척기 당시에는 일본 고유의상의 원단소재로 주로 사용되며 상품명이 소위 '홀치기', '쓰무기'로 불리던 견직물이 주력상품이었으며, 곧 바로 합섬직물류가 그 자리를 이어받게 되었다. 수출개척기를 주도한 합섬직물류의 주요 품목은 지역에 생산기반이 폭넓게 형성되어 있던 폴리에스테르 강연사직물인 '조제트 Geogette'와 나일론의 '태피터 Taffta(일명 '다후다'라고 불리워 짐)'가 주류를 이루었다.

종합상사 외에 지역 섬유업계에서도 수출전선에 적극 참여하였는데, 이의 수출선발 지역 섬유직물업체는 남선물산과 동국무역이었다. 뒤 이어 자수직물과 벨벳 Velvet(일명 '비로도'라고도 불림) 전문 수출회사인 보국물산을 비롯하여 신라섬유, 일신, 갑을, 성안, 세화, 유양, 금강화섬, 범삼공, 이화, 쌍마섬유 등의 업체군들이 지역 섬유직물산업 성장세군에 적극 참여하기도 하였다.

한편, 1979년도 전국 10대 섬유수출기업 중 지역 섬유업체로는 동국무역(1 위), 남선물산(4위), 갑을(8위) 등 3업체가 순위에 들었으나 실상은 국내 대부분 의 섬유수출업체들이 지역에서 생산된 섬유직물에 절대 의존하고 있었기 때문에 지역 섬유산업의 기여도는 가히 상상 그 이상이었다고 할 수 있다. 당시 섬유직 물 수출품 중 84%가 폴리에스테르직물이었으며, 이 가운데 '조젯트'직물이었다.

이처럼 섬유수출이 늘어난 것은 대내외적인 시대적인 상황의 영향도 있었지만 지역 섬유업체들의 끊임없는 변화 모색과 축적된 기술력이 있었기 때문에 가능 한 일이었다. 1980년 폴리에스테르직물의 한 품목인 '자카드 파래스 Jacquard Palace'가 새로운 직물류수출 주력상품으로 등장하면서 지역에 수 많은 섬유업 체가 생겨나기도 하였으며, 또 조그만 시장변동에도 멀쩡하던 기업이 한 순간에 사라져 버리는 복잡한 산업환경이 전개되기도 하였다. 즉, 기존의 미국과 일본 시장 외에 홍콩을 거점으로 한 간접적 진출시장인 중국시장과 동남아, 중동시장 등이 개척되면서 수출환경이 크게 넓어지면서 좋은 기회를 제공해 준 시기이기 도 하였으나 일시에 너무 많은 생산능력 확보로 품질 불안정과 과당경쟁 유발 등 엄청난 혼란이 야기된 시기이기도 하였다. 이에 따라 제2차 석유파동 (1978-1980년)으로 인해 촉발된 1982년에 불경기 때 지역 섬유업계에서는 '조젯 트는 조졌고, 다후다는 다 됐고, 개버딘은 개판이다'라는 엄청남 절망감과 자조 적인 비속어가 난무할 만큼 지역의 섬유산업환경은 매우 혼란스럽기도 하였다.

제4절 1980년대

■ 개관

국내외적인 경제산업 환경이 매우 어려웠음에도 지역 섬유직물수출산업은 기반조성의 오랜 경험과 응용기술의 활성화 능력 보유, 국내 중화학공업의 본격가동으로 인한 섬유원재료의 수급용이, 국가의 수출드라이브 정책 등에 힘입어 외연을 확대할 수 있는 여력을 충분히 활용하여 나갔다.

1980년대 초반 지역 섬유수출산업에 새로이 두각을 드러낸 업체는 합섬직물수출의 경우 동성교역, 제림, 성보 등이며, 중반에는 승우무역, 영화직물, 대하통상, 태왕물산, 원천산업, 수복섬유, 그리고 후반기에 세양산업, 삼아, 삼일방직 등이 지역 섬유직물 수출성장세에 가세하기도 하였다. 그리고, 당시의 새로운 합섬직물소재인 '피치스킨 Peach Skin'이 소개된 1989년에도 영신섬유, 옥방화섬, 대영물산 등이 등장하는 등 연간 1천만달러 이상의 직물수출업체가 25업체에 이르기도 하였다.

1985년 경부터 폴리에스테르직물이 수출에 절대 강자로 군림하였는데, 당시 폴리에스테르직물의 주요 수출품을 살펴보면 새로운 수출 주력품목으로 등장한 자카드와 파래스를 비롯하여 죠제트 Georgette, 트로피칼 Triropical, 개버딘 Gaberdine, 폰지 Pongee, 스웨드, 사틴, 크레이프류 Crepe 등이 있었다. 즉 1960년대부터 1970년대까지 나일론 태피터(다후다) Nylon Taffeta가, 1970년 중반부터 1980년대 중반까지는 폴리에스테르 죠제트시대에서 1985년에 이르러서 지역섬유산업의 수출주력 '얼굴상품'이 변모해 간 시기이기도 하였다.

한편, 1988년의 경우 국내 섬유수출 상위 10대업체는 동국무역, 섬성물산, 선경, 효성물산, 한일합섬, 충남방직, 갑을, 성안섬유, 럭키금성, 코오롱상사 순이었는데 이의 한 두 업체를 제외하면 모든 업체가 지역 섬유산업에 기반한 업체이기도 하였다.

제5절 1990년대

1990년대에 들어오면서, 1992년 국교가 수교된 중국시장을 비롯한 해외 섬유 수출 호경기를 맞이하여 세계적 합섬직물 집산지로서의 입지를 확고히 하기에 이르렀다.

1992년 경 그간 지역 섬유직물수출의 한 축을 담당하였던 견직물(홀치기등) 과 일부 합섬직물이 퇴조하기도 하였지만, 1993년경에는 스판덱스 Spandex 등 직물 신수출상품이 지속적으로 소개되는 등 지역 섬유업계의 내공다짐도 빛을 발하여 마침내 국내 단일 상품 최초로 100억달러의 수출을 달성하여 기념식을 갖기도 하였다. 이후 나일론직물분야도 상품개발이 활발히 전개되어 교직물시대 가 본격화되는 등 1990년대 중반까지 지역 섬유산업은 외형 성장에 적극 주력 하였다.

1990년대 후반 지역 섬유산업의 주요 직물수출상품으로는 폴리에스테르직물상 품의 경우 연사물로는 조제트류(도비 Dobby, 맛트 Matt, 치폰 Chiffon 등)와 피치류 Peach (Cool, Peach 등), 큐빅 Cubic, 모스 크레이프 Moss Crepe, 페 블 Pebble 등이 있었으며, 싸이징 Sizing 물로는 피치스킨 Peach Skin류와 폴 리에스테르 스판덱스 Polyester Spandex, 사틴 Satin, 샤뮤즈 Shamuse, 파일 Faille, 지리멘 파레스 Chirmen Palace(고시보 Koshibo) 등이 주로 취급되었다. 나일론직물상품의 경우 태피터, 타스란 Taslan, 옥스퍼드 Oxford, 트로피컬 등 의 상품군이 주요 시장을 형성하였다. 이밖에 교직물과 하이 멀티 High Multi 직물류도 시장변화에 많이 기여하기도 하였다.

한국섬유직물수출조합 회원사 가운데 1990년대 10년 동안 한번이라도 1천만 달러 이상의 수출실적을 달성하며 지역 직물수출을 주도하였던 업체들을 살펴보 면, 한때 한국직물수출의 최고봉에 이르렀던 동국무역을 비롯하여 고려섬유, 갑을, 금강화섬, 남선물산, 동남무역, 동성교역, 동진상사, 대갑무역, 대경교역, 대광, 대영물산, 대하통상, 범삼공, 부광물산, 면화실업, 삼공물산, 삼덕섬유, 삼아, 삼익, 삼일방직, 삼일섬유, 삼풍직물, 서광물산, 성광, 성보, 성안, 세양산업, 수복섬유, 신대한물산, 신라섬유, 신영텍스타일, 승우무역, 쌍마섬유, 영도벨뱃, 영화직물, 영전양행, 예천, 옥방화섬, 유신무역, 원천산업, 월드무역, 을화, 이화상사, 조방물산, 중화, 제림, 청우섬유, 창운실업, 태왕물산, 한국합섬 등이 있었는 던 것으로 파악되고 있는데, 섬유기업의 특성상 짧은 생명주기와 변화무상한 국내외 섬유산업 환경으로 말미암아 같은 기간동안 회사명이 변경되거나 기업주가 바뀌기도 하였으며, 계열사 설립, 또는 분사를 한 경우도 다수 있는 것으로 추정되어 중복업체와 계열사의 반복 거명은 최대한 피하였음을 부기한다.

1990년대에도 폴리에스테르직물이 지역섬유산업의 주력 수출상품으로 군림하며 여전히 수출이 호조를 보였는데 1991년부터 IMF가 터진 1997년까지 거의 100%에 가까운 시장세를 기록하기도 하였다.

실제 내용적인 측면에 있어서도 의류수출은 급감한 반면 직물류 수출은 200% 가까운 신장세를 보였으며, 그 대부분의 상품이 지역생산의 직물 상품이었다.

제6절 2000년대

섬유수출 뿐 아니라 국내 모든 산업이 IMF 사태 등으로 인해 수출이 급감함으로서 어려움에 처함에 따라 지역의 섬유수출산업도 2000년대 중반까지 날개를 다친 새처럼 한없이 추락하여 갔다.

2000년대 초반 지역 섬유업계는 암울한 구조조정기와 함께 수출실적도 연차적으로 미끄럼틀을 타고 내려오듯 반토막으로 급전직하하기에 이르른다. 세계는 새로운 세기가 도래하였다고 희망이 부풀어 있을 때 지역 섬유업계는 기존 상품으로 기존 시장을 고수하려 애쓰며 엄청난 고통을 감내하여야 했다.

그럼에도 과거부터 숱한 고비를 잘 극복하며 맥맥이 이어져 온 지역 섬유산업은 쉬임없는 경영혁신과 품질개선, 응용기술을 복합화한 신상품 개발과 수출 등 판매의 다변화, 그리고 ODM(Orginal Development Manufacturer : 제조자 개발상품에 의한 제품생산자/기업) 기반 확보 등으로 마침내 2009년을 최저점으로 지역 섬유직물수출의 회복 국면을 유도하기에 이르렀다.

이 기간 동안 등장한 주요 수출상품은 시장 차별화 제품이 주류를 이루는 가운데 고밀도 섬유소재와 형상기억섬유소재, 기능성 스포츠웨어제품 등이 주요 수출상품군을 형성하였으며, 편성물로 불리는 니트 knit 제품이 급속히 부상하기도 하였다.

2000년대에 국내외 섬유직물류 판매 전선에 새로이 부각된 지역의 섬유기업을 기업명 중심으로 가나다순으로 살펴보면 광진섬유, 거성산자, 건백, 대남, 덕우실업, 동진상사, 동흥교역, 루디아, 매일상선, 보광, 보광섬유, 보우, 배명, 백산무역, 삼보, 서도염직, 성림, 성안섬유, 신풍섬유, 송이실업, 신화섬유공업, 신흥, 새날테크텍스, 원창무역, 유일프라자, 파카텍스, 태평직물, 텍스밀, 해일, 호신섬유, 현대화섬 등이 보여지고 있다.

제3장
주요 인물과 기업편

1. 우리 섬유를 글로벌화한 제일모직의 이병철

■ 세계 모직산업의 첨병, 제일모직(주)

제일모직(주)의 창업자는 삼성그룹 창업자인 이병철회장이다. 1954년 9월 15일 제일모직공업(대구시 침산동 105)으로 출발한 제일모직(주)는 1961년 국내 최초로 모직물 양복지를 해외에 수출하는 등 국내 섬유산업 발전의 선두주자이자 세계 일류기업으로 발돋움하였다.

1972년 7월 경북 경산공장을 분리하여 제일합섬(주)을 설립하였고, 1975년 5월 증권거래소에 주식을 상장하였다.

1976년 2월 회사명을 '제일모직공업'에서 현재의 명칭인 '제일모직(주)'로 변경하였으며, 1999년 제일모직, 삼성물산 에스에스, 하이크리에이션을 통합했다. 1994년 사업구조 개편을 단행하면서 종업원지주제를 채택하였다.

이병철회장은 대부분의 모직물을 수입에 의존해야 하던 현실을 해소하기 위하여 1955년 대구에 소모공장 설립을 시작으로 방모, 염색, 가공 등 일관 공정의 공장을 잇달아 준공하고 본격 생산에 들어갔다.

사실, 제일모직(주) 설립 당시 국내 모직산업은 아직 싹도 트지않던 시절로 영국제 양복 한벌 값은 웬만한 봉급 생활자의 3개월분 급료와 맞먹는 6만환이 넘었지만 제일모직의 양복은 2000환에 불과했다. 초반에는 국산품에 대한 불신으로 잘 안팔렸지만, 품질이 외국제와 맞먹는다는 평판이 퍼지면서 큰 인기를 얻는다.

실제로 제일모직의 '골덴텍스 GOLDEN TEX'는 당시 밀수품으로 만연하던 소위 '마카오' 양복지를 국내에서 몰아내는데 크게 공헌하기도 하였다.

1957년 10월 26일, 이승만 대통령은 첫 번째 산업현장 시찰지로 제일모직 대구공장을 방문했는데, 시찰 후 "애국적 사업이야. 이처럼 자랑스러운 공장을 세워 줘서 감사해. 제일모직의 노력으로 온 국민이 좋은 국산 양복을 입게 됐구면"이라고 치하하면서 옷이 모든 백성들을 입힌다는 '의피창생(依被蒼生)'이란 휘호를 남겨주기도 했다.

한 때, 대구시민들이 '제일공원'이라고 부를 만큼 조경이 잘 되어 있던 제일모직(주)의 대구공장은 실제로 수십 년 된 느티나무가 울창하고, 감나무 등 유실수가 많았다. 이별철회장은 자서전인 '호암자전'에서 "공장부지 전체를 잘 다듬어진 정원으로 생각하는, 말하자면 정원공장이라고 할 만한 것으로 꾸미고 싶었다" 고 회고할 만큼 공장조경에 많은 애정을 쏟았다.

제일모직(주)의 대구공장은 1996년 구미사업장으로 통합되면서 폐쇄됐다. 지금은 이병철회장의 집무실이 있던 본관 건물과 기숙사만 일부 남아있다. 담쟁이덩굴이 건물을 뒤덮은 기숙사는 현재 삼성전자서비스의 교육장으로 활용된다.

제일모직(주)는 1964년에 국내 최초로 국제양모사무국(IWS)으로 부터 울마크 사용권을 획득하였으며, 1985년 11월 신사복인 '갤럭시'를 첫 수출했다.

1990년 3월 이탈리아 현지법인인 '모다쁘리마 이탈리아'를 설립했으며, 1991년 12월 세계 3번째로 1PP 복지를 개발해 '란스미어' 복지를 출시하기도 했다. 1992년 9월 세계 최초로 113만본 카펫개발에 성공하였으며, 1994년 6월 섬유업계 최초로 ISO(국제표준화기구) 9002 인증을 획득하였다. 2010년 3월 친환경 수처리 멤브레인 사업에 진출했으며, 중국 톈진에 합성수지 컴파운드 공장을 준공했다.

제일모직은 패션사업분야에서도 혁혁한 공적을 쌓고 있는데, 갤럭시, 로가디스, 엠비오, 후부, 구호 등의 브랜드를 생산해 복지생산과 단단한 수출의 기반을 마련했다. 2008년에는 갤럭시브랜드가 신사복 부문 아시아소비자 대상 최우수상을 수상하였다. 케미칼부문에서는 고기능 합성수지인 모니터용 난연 ABS와 냉장고용 압출 ABS수지가 세계 최고 시장 점유율을 보이고 있다.

■ 이병철회장에 대하여

이병철회장(李秉喆, 1910년 2월 12일 - 1987년 11월 19일)은 제일모직(주)의 설립자이자 삼성그룹의 창립자이다. 경남의령 출신으로 호는 호암(湖巖)이며, 본관은 경주이다.

1938년 3월 1일 대구를 중심으로 청과물, 소맥분 등을 수송하는 삼성상회를 설립하여 첫 사업을 시작했다(대구광역시 중구 인교동 61-1번지). 삼성의 삼(三)은 '큰 것, 많은 것, 강한 것'을 나타내는 것으로, 성(星)은 '밝고 높고 영원히 깨끗이 빛나는 것'을 뜻한다고 한다.

그 후 1948년 삼성물산공사를 설립했고, 1951년 삼성물산(주) 사장, 1953년 제일제당(주) 사장, 1954년 제일모직(주) 사장 등을 지냈다.

1961년 한국경제인협회(전국경제인연합회의 전신)를 수립하여 초대 회장에 취임한 후, 1962년까지 회장을 지냈다. 1961-87년 삼성물산(주) 회장, 1964년 한국사회사업대학(지금의 대구대학교) 이사장, 학교법인 성균관대학교 이사장, 1967년 전국경제인연합회 이사, 1968년 중앙 매스컴(중앙일보 · 동양방송) 회장, 1971년 삼성공제회 이사장, 1977-87년 재단법인 삼성미술문화재단 이사장, 1980-87년 (주)중앙일보사 회장, 1982-87년 한일경제협회 고문 등을 지냈다.

한국의 산업발전에 기여한 공로로 금탑산업훈장과 세계적으로 우수한 경영자에게 수여되는 세계최고경영인상을 받았다.

저서로는 〈우리가 잘 사는 길〉과 자서전 〈호암자전 湖巖自傳〉이 있다.

2. 화학섬유로 의생활을 혁신시킨 코오롱의 이원만, 이동찬

■ 꿈의 소재, 기적의 섬유 나일론을 국내에 소개한 ㈜코오롱

㈜코오롱이 국내 섬유산업 발전에 크게 기여한 것은 '기적의 섬유'라고 불리던 나일론을 국내에 소개한 것일 것이다.

코오롱이란 회사명은 '한국나이롱 KOREA NYLON'을 약칭한 것이며, 첫 발상지는 당시 뽕나무밭이었던 지금의 대구 수성구지역이다. 나일론공장이 들어섬으로서 허허벌판 1만여평에 최첨단 화학섬유공장이 설립되어 그 일대는 그야말로 상전벽해(桑田碧海)를 이루게 된다. 코오롱 대구공장은 1974년 구미로 이전됐으며, 지금은 아파트 단지가 늘어서 있다.

창업주 이원만회장은 1935년 일본에서 '아시공예(욱공예 旭工藝)'사, 1947년 경북기업(직물공장), 1951년 일본인과 합작해 '삼경물산(일본)'을 설립했으며, 1952년 처음으로 나일론을 접하게 된다. 그리고 1953년 삼경물산을 통해 국내 최초로 나일론을 독점 공급헤게 되며, 1954년 고오롱그룹의 전신이 되는 '개명(開明)상사'를, 1957년 '한국나이롱'을 설립하고 1958년 국내 최초로 양말용 섬유소재인 '나일론 스트레치사'를 생산하기에 이르렀다.

이원만회장은 그의 저서 '나의 정경50년'에서 "1952년 어느날 미쓰이의 이소베라는 사람이 찾아와서 나일론사를 내어 놓았다. 이것이 나와 나일론이 관계를 맺는 첫 순간이었다"고 회고했다. 1938년 미국의 듀퐁사가 개발한 나일론은 질기고 윤기가 흐르며, 세탁을 해도 금방 마른다는 장점 때문에 당시 일본에서도 큰 인기를 끌고 있었다.

이에 이원만은 1953년 이러한 나일론을 국내에 들여올 결심을 했다. 성공을 확신한 예상대로 나일론은 국내에서도 큰 인기를 끌었고, 사업확장의 기회를 제공했다. 실제로, 나일론이 국내에 소개된 후 당시 색다르거나 좋은 것은 모두 '나이롱'으로 통했고, '나일롱환자', '백프로' 등의 신조어를 만들어 낼 만큼 선풍적인 반향을 일으켰다.

1954년 서울에 삼경물산 사무소를 개소하고, 아들인 이동찬회장에게 대표를 맡겼다. 이후 이원만회장 부자는 섬유사업 확대에 박차를 가하기 시작한다. 단순히 무역회사를 통해 나일론을 들여오는 것에 그치지 않고, 국내에서의 생산을 구상하게 되었다. 1956년, 이원만은 국내 나일론공장 설립을 구체화했다. 공장설립 대상 도시는 섬유도시인 대구가 우선 대상이었다.

이원만은 당시 대구시 동구 신천동 1090번지의 농림학교 부지와 실습지인 뽕밭을 매입했다. 인근에 변전소가 위치해 있는 등 지리적인 이점이 있었지만, 공업용수를 끌어오기가 힘들다는 점은 이원만회장에게 골칫거리였다. 이를 해결하기 위해 중국인 점장이까지 부를 정도였다. 훗날 아들인 이동찬 명예회장은 "점장이까지 부를 정도니 아버지도 최초 나일론 공장 계획만큼은 쉽게 포기할 수 없었던 것 같다"고 소회했다.

이어 1957년 4월 12일 현재 코오롱(주)인 한국나이롱의 출범과 함께 대구 나일론공장이 1957년 11월 착공되어 1958년 10월 완공됐다. 국내 최초의 나일론공장이었다. 이는 국내 섬유사업의 본격적 성장의 시작을 알리는 신호탄이 됐다.

당시 대구는 제조업 기반이 매우 취약한데다 실업율이 높았던 시기여서 코오롱입사는 매우 어려웠으며, 여자직원들이 많아서 '나이롱여자대학'이라는 명칭을 얻기도 했다.

1959년 1월부터 나일론스트레치사(絲) 생산되기 시작했으며, 1963년 8월에는 하루 생산량 2만5000톤에 이르는 나일론원사 제조공장이 구미공단에 추가로 준공했다. 준공식에는 박정대통령이 참석하기도 했다.

한국나일론은 1977년 한국포리에스텔과 합병, 주식회사 '코오롱'으로 상호를 변경했다. 이와 함께 이원만 회장의 아들 이동찬 명예회장이 경영자로 나서게 된다. 본격적인 2세 경영의 시작이었다.

코오롱은 이동찬 명예회장의 취임과 함께 지속적인 연구개발 투자를 통한 기술혁신에 속도를 냈다. 1973년 국내 최초로 자동차소재(타이어코드) 사업에 진출했고, 1980년대부터는 필름 및 산업자재 등으로 사업영역을 확대하였다.

1987년 3월 연간 생산능력 800만톤의 폴리에스테르 필름공장, 1988년 10월 연간 2억4,000만권 생산규모의 비디오테이프 생산공장, 1989년 12월 1일 생산능력 19톤의 폴리에스테르타이어코드(T/C) 제조공장, 1991년 12월 영국의 필름 제조업체인 IGG사를 인수했다.

주요 사업영역은 타이어 코오드지를 비롯한 산업용사, 부직포, 후직원단 등 산업용 자재 제조와 생산, 엔지니어링 플라스틱 제조, 의약품 원료를 비롯한 정밀화학제품 제조, 나일론 필름, 그래픽 아트필름 등 필름제조, 생활소재 사업인 정수기 제조 등이다.

이와 함께 고부가가치 섬유제품 개발에도 박차를 가했다. 1993년 초극세사를 이용한 고도의 원사기술, 초정밀 공정관리 기술이 결집된 첨단섬유소재 '샤무드'를 세계에서 3번째로 양산한다. 최근에도 친환경 트렌드에 맞춰 '네오벤트', '에코프렌' 등 고기능성 원사, 원단생산 및 연구개발에 주력했다.

섬유사업 고부가가치화와 사업 다각화 움직임은 1996년 코오롱그룹의 3번째 수장으로 이웅렬회장에 맞겨졌다. 즉, 2000년대에는 수처리분야에 관심을 쏟고 멤브레인 등 비의류용 섬유소재분야 등 연관산업으로 까지 사업을 확장했다.

코오롱은 'Win-Win Community' 구현을 목표로 지역사회, 협력사, 중소기업과의 동반성장에 적극 나서고 있기도 하며, 내부적으로는 'Only One' 전략을 구사하고 있다.

■ 이원만회장에 대하여

이원만(李源万, 1904-1994)은 경상북도 포항시에서 태어났다. 이언적(李彦迪)의 15대 손으로 아버지는 이석정(李錫政), 어머니는 이사봉(李泗峰)이다. 17세까지 향리에서 한학을 배우면서 신학문도 수학하였다. 1930년 영일군 산림기수보로 취업, 1933년 일본으로 건너가 자수성가하여 1935년 아사히공예주식회사(朝日工藝株式會社)를, 1937년 아사히피복주식회사를 설립하였다.

1941년 일본대학을 중퇴하고, 1945년 광복과 더불어 귀국하여 대구에서 경북기업주식회사를 설립하였다. 1949년 재일한일경제동우회 부회장, 1951년 삼경물산주식회사 사장을 지냈다.

1953년 우리나라에 최초로 나일론을 소개하였으며, 박정희 대통령에게 구로공단과 구미공단 조성을 건의하여 승락받기도 하였다.

1956년 재일한국인무역협회 회장, 1957년 한국나이론주식회사 회장을 지냈고, 1960년 경상북도에서 민주당 후보로 출마하여 참의원에 당선되었다.

1963년 3월 구로동 한국수출산업공단 조성 수출산업촉진위원회 위원장, 수출산업공단 발기준비위원회 위원장, 1966년 국제연합한국협회 부회장, 동대구역 건설추진위원장, 대한속기사협회 회장 등을 역임하였다.

1967년 제7대 국회의원에 당선되어 농림분과위원으로 활동하였다. 1968년 삼경개발주식회사 사장, 1972년 삼경개발 회장, 1976년 코오롱그룹 회장, 1977년 코오롱그룹 명예이사장을 역임하였고, 1981년 오운문화재단 이사장에 취임하였다. 1968년 대통령상, 1977년 은탑산업훈장을 수상했다. 자료출처 : 향토문화대전

나가노 신이치로는 '한국경제발전과 재일한국기업인'라는 저서에서 이원만에 대해 다음과 같이 평하고 있다.

"코오롱그룹의 창업자 이원만은... 한국정부에 경제발전을 위한 많은 아이디어를 제공했다. 이원만은 일본의 기업활동에서 얻은 경험을 활용하여 수출산업을 육성할 것을 제안했다. 사실, 자원도 없고 기술도 없고 경험도 없는 그때 상황으로 보면 공업화 추진은 당시로 선 꿈같은 얘기였다.

그러나 이원만은 동일한 조건 하에서 공업화에 성공한 일본의 사례를 들면서 재일기업인 입장에선 한국의 모든 산천이 자원이며, 사용 가능한 자원은 얼마든지 있다고 단언했다. 예를 들어, 그는 여성의 긴 머리카락도 활용 방법에 따라서 훌륭한 자원이 될 수 있어서 가발을 만들어 수출하면 달러 박스가 되며, 그렇게 하는 데는 고도의 기술이나 설비도 필요 없다는 제안을 했다.

결국 그 아이디어가 박정희에게 받아들여져, 한 때 가발산업이 큰 호황을 누렸었다.

나아가, 이원만은 재일 한국기업인의 자금과 노하우를 도입해서 국내에 수출

전용공업단지를 건설해야 한다고 제안했으며, 그 제안을 받아들여 실현된 것이 바로 지금의 '구로공단'이다. 뿐만 아니라 산림 보호의 장애요인으로 되어 있던 전봇대를 목재에서 콘크리트로 바꿀 필요가 있다고 제안한 사람도 다름 아닌, 이원만이었다."

■ 이동찬회장에 대하여

이동찬회장(1922. 8. 5 -)은 1944년 일본 와세다대학 전문부를 졸업했으며, 1988년 중앙대학교에서 명예경제학박사학위를 받았다. 1957년 (주)코오롱을 선친인 이원만회장과 함께 창업한 이후 코오롱상사(주)·코오롱건설(주)·코오롱유화(주) 등을 설립했다.

1960년 개명상사(주), 1964-70년 삼경물산(주), 1968년 코오롱상사(주), 1970년 (주)코오롱나일론, 1971년 (주)코오롱폴리에스터 등의 사장을 지냈으며, 1970, 1980년 한양투자금융(주) 회장, 1991년 (주)보람은행 회장, 1980년 대한농구협회 회장, 1982년 대한올림픽위원회(KOC) 상임위원, 1983-86년 한국섬유산업연합회 회장, 한국경영자총협회 회장(1982), 경제단체협의회 회장(1989), 대한농구협회 명예회장(1983), 대한골프협회 회장(1988) 등을 지냈다. 금탑산업훈장, 체육훈장백마장 등을 받았다.

3. 섬유직물 수출왕국을 구축하였던 동국무역의 백욱기

■ 섬유직물왕국을 이루었던 동국무역

동국무역의 창업자는 백욱기(白煜基, 대구달성 출신, 1919 - 2003)회장이다. 1950년 7월 설립한 동국직물공장을 비롯하여 1965년 동국무역을 설립하여 직물류 및 봉제류 분야의 수출로 사세를 확장하였고, 1976년 동국방직, 1982년에는 동국합섬 설립으로 합섬분야로도 진출하였다. 1990년대 전성기 때는 계열사 12업체에 종업원 8,000여명, 하청업체 268업체 종업원 15,000여명 등을 거느린 그야말로 섬유왕국을 건설하기도 하였다.

1976년 기업을 공개하고, 1978년에는 수출 1억달러, 1992년 5억달러 수출탑(5억1천4백만달러)을 수상하는 등 재계 30대 그룹에 진입하기도 하였다. 당시 직물상품 5억달러 규모의 직물수출물량은 '경부고속도로를 50인치 폭으로 7백50회 오갈 수 있는 섬유직물'의 수량이었다. 이들 수량을 다 수용해야 할 만큼 많는 생산 하청업체를 거느려야 했으므로, 실제로 '섬유직물왕국'으로 불리기도 했다. 실제로 1987년 12개 계열사에 종업원 15,000여명, 268개 협력사 종업원까지 합치면 10만명의 종업원을 보유할 정도로 막강하고 거대한 직물그룹이었다. 1980년대 초 지역 섬유산업이 심각한 경기불황에 처했을 때 은행권을 찾아다니며 '돈줄을 뚫어' 낸 비화가 오늘날까지 지역 섬유업계에 회자되고 있다.

1998년 10월 유동성부족으로 워크아웃을 신청, 1999년 3월 기업개선작업 약정을 체결하였고, 7월 계열사인 동국합섬(주)와 동국방직(주), 12월에 동국화섬공업(주)을 흡수합병하는 등 섬유종합기업으로 재출범하였으나, 완전자본잠식으로 2002년 4월 상장이 폐지되었다. 2008년 2월 경남모직을 주축으로 한 삼라컨소시엄으로 매각이 완료되어 TK케미칼로 재출발하였다. 동국무역의 주요 사업은 섬유제품 및 화학섬유 제조이며, 매출액 구성비율은 합섬직물 26%, 원사·수지 74% 정도였다.

■ 백욱기회장에 대하여

1919년 11월 경북 달성군에서 출생한 백욱기회장은 1936년 대구서문시장에서 포목상을 운영하며 섬유와 인연을 맺었다. 1942년 일제말기 강제 기업정리 조치에 휘말려 점포를 정리해야 하는 아픔을 겪기도 했으며, 1948년 목제직기 20대로 평화직물공장을 설립했다. 1965년 12월에는 '동쪽나라에서 으뜸가는 기업'을 하겠다는 동국무역을 설립했다. 당시 서문시장에서 같이 포목상을 했던 사람 중의 한 명이 갑을그룹 창업자인 박재갑회장이었는데, 이들은 지역 섬유업계에서 '상업자본'을 '제조업자본'으로 전이시켜 사업을 일군 표본이 되기도 하였다.

백욱기회장은 지역 섬유산업 근대화의 1세대로서 1990년대 초반 지역 섬유업계에서는 '등소평회장', '왕회장'이라 불리기도 하는 등 지역 섬유직물업계의 선두주자이기도 하였다. 대구경북섬유산업협회 설립하고 초대 회장을 맡았고, 한국섬유개발연구원 이사장을 역임하기 하기도 하였다.

4. 삼호방직과 조선방직

■ 폭풍처럼 등장하였다가 신기루처럼 사라져버린 삼호방직의 정재호

재계와 섬유업계에서는 삼호방직(주)처럼 신기루처럼 왔다가 안개처럼 사라져버린 기업도 드물다고 회자되고 있다. 1950년대 중반 국내 100대 기업 중 33위까지 올랐던 삼호방직은 자유당말기 삼성과 쌍벽을 이룬 당시 간판기업이 갑자기 사라져버렸기 때문이었다. 당시 루머도 매우 많았었다.

삼호방직(주)는 1949년 3월 지역 자본가인 정재호(鄭載護)회장이 당시 자본금 3억원을 들여서 대구시 북구 원대동 107번지에 설립했다. 경북 예천출신인 정재호회장은 1929년 양말공장, 1930년 삼호공업사, 1936년 삼호메리야스공장을 설립하여 운영하는 등 자기자본을 지속적으로 늘려나갔으며, 삼호방직(주) 설립 1년만에 자본금을 10억원으로 늘리는 등 1957년까 사세확장과 설비투자를 빠르고도 크게 진행시켰다. 당시, 실제로 삼호방직은 매출이 급성장하면서 호황을 누렸다. 특히 625동란으로 서울 등 다른 지역의 공장이 전쟁 피해로 폐허가 돼 가동이 불가능했던 상황이어서 설비투자를 늘려 온 삼호방직이지만 주문 수요를 감당하지 못할 만큼 호황을 누렸다. 이를 바탕으로 삼호무역을 설립하고 대전모방과 조선방직도 흡수했다 1959년 정부의 은행불하 방침에 따라 제일은행까지 인수하며 급성장했다. 삼호의 계열사는 제일은행, 삼호무역, 삼호방직, 조선방직, 대전방직, 삼양흥업, 제일화재 등으로 늘어났으며, 유럽지역 등 대외 신용도도 높아 제1회 수출의 날에 최상위 수출기업으로 선정되기도 하였다.

하지만 5.16 군사정변 이후 모든 기업이 중화학공업에 열을 쏟을 때 유독 정재호회장만은 오로지 섬유산업에만 매달렸다. 1964년초 6개월 거치 2년 상환의 단기 연불방식으로 6백만달러를 들여와 섬유가공시설을 만들었다. 그러나 불과 몇달사이 환율이 1달러 1백30원에서 2백72원으로 껑충 뛰었다. 게다가 면방업계의 불황으로 자금압박은 가중됐다. 결국 정재호회장은 주력기업인 합동방직과 대전방직을 처분하는 등 계열사를 하나씩 정리해야만 했다. 면방업의 1인자가 됐던 삼호방직은 제일모직과 맞먹는 규모로 사세가 컸지만 10년을 못넘기고 무너져버렸다. 정재호회장은 1970년대 이후 사업에 손을 뗐다. 1992년에는 1백20억원을 계명대학교에 발전기금으로 기증하기도 했다.

■ 조선방직

조선방직은 일제강점기 일제가 한국에서의 목화의 재배와 매매 및 면사방직과 판매에 대한 영리를 목적으로 1917년 11월 범일동일대에 세운 일본 미쓰이재벌계의 방직회사이다. 1925년 부산공장에서 조면업을 시작하여, 1928년 대구공장 설립 등을 거쳐, 사리원 및 진남포공장(1933), 원주공장(1934), 대전공장(1935), 안동공장(1936), 춘천공장(1937), 김천공장(1939) 등 철도를 중심으로 공장을 설립하며 조면업을 확장시켜갔다. 1933년 지정공판제의 강화로 인한 재벌자본 중심으로 조면업 개편, 일제의 군수공업화정책에 편승하여 사업을 확장시켜 같은 미쓰이계의 남북면업과 더불어 조선 최대의 조면업체가 되었다.

일제강점기하에서 일본경제의 일부로 작동하던 한국내 공업들은 해방 이후 일본과의 단절로 재생산구조가 붕괴되어 혼란을 겪어야 했으나, 면방직공업만은 예외였다. 대규모 산업시설, 원면 제고 및 원조원면의 원활한 공급, 시장수요의 폭발적 증가로 인해 가장 먼저 조업을 재개할 수 있었으며, 그 중 조선방직이 단연 돋보였다. 조방은 전국 17개 지역의 모면공장과 2차 가공공장으로 대구의 메리야스 공장을 보유한 한국 최대의 면방직회사로 미군정의 직접통제하에 들어가 상무부 산하에 방직공장 운영부를 설치하고 귀속방직 공장을 직접관리하다가 정부 수립후 상공부 산하의 기업이 되었다. 1949년 2월에는 상공부 지시에 의해 대구 메리야스공장을 분리하고 11월에 정부의 방적관계 사업체 통합운영방침에 따라 대구방적공사(구 근시방적)을 흡수 통합하여, 조선방직 대구공장이 되었다.

한국전쟁 당시 전쟁피해가 없이 가동된 방직회사는 조방과 조방 대구공장, 삼호방직뿐이었다. 방적기가 4만여추에 달하는 조선방직에 비해 삼호방직은 1만여추에 불과했기 때문에 조방의 위상은 더더욱 격상되었다. 그러나 이러한 이유로 인해 정치권의 영향력이 커지게 되었다. 자신과 정치노선이 다른 실업가 김지태에게 경영권(불하)이 넘어가는 것을 우려한 이승만이 불하를 취소하고 1951년 9

월 경영과는 무관한 종로깡패 강일매를 자신의 측근이라는 이유로 관리인에 임명하였다. 이에 반발한 조방노조가 1952년 파업이 일으켰으나, 이승만은 초지일관 강일매를 지지하였다.

이후 1955년 2월 대구공장의 분리와 동시에 부산공장은 강일매에게 임대되었다가 그 해 8월, 35억환에 강일매에게 불하되었다. 그러나 방만한 경영과 시설개선에 쓰여야할 자본이 자유당의 정치자금으로 들어가면서 시설의 노후화, 체불임금으로 인한 파업, 불하대금의 연체 등 자금난이 가중되어 불하 3년만에 불하금의 2배에 육박하는 55억환에 달하는 부채를 지면서 강일매는 몰락하고 결국 조선방직은 막대한 부채를 안은채 1968년 4월 부산시로 넘어가게 되었다. 부산시는 조방을 철거하고 그 자리에 시청 등 각종 공공시설을 이설하여 새로운 도시중심지를 조성하기 위해 그해 5월 1일 범일지구 재개발사업 기공식을 시행하였고 조방은 문을 닫았다. 조선방직은 1969년 7월 법인청산 절차가 종결되면서 공식적으로 해산되었다.

조선방직이 있었던 자리에는 부산시민회관, 한양과 삼익아파트, 자유시장, 평화시장과 각종 호텔, 예식장이 들어서 있으며, 현재도 조방 또는 조방앞이라는 명칭으로 불리고 있다.

한편 조선방직 대구공장(또는 대구방직)은 일제강점기 조선방직이 소유하고 있던 대구메리야스공장과는 별도의 공장으로 1940년 5월 일본계 자본에 의해 세워진 군시방적(郡是紡績,군제보세키) 대구공장이 모태이다. 방적기를 3만5천여추 보유하고 있었으나 해방직후 화재로 전소되었다가 불타버린 설비를 정비하여 1947년 조업을 재개하였다. 일본인 소유였던 이 공장은 미군정에 적산으로 접수되어 대구방적공사(大邱紡績公社)로 개칭되었다가 1949년 방직관계사업체 통합분리운영방침에 따라 조선방직에 통합되어 조선방직 대구공장으로 운영되었다. 그러나 양 공장은 생산관리가 융합되지 않아 제품원가까지 다를 만큼 독자적으로 운영되다시피 했을 정도로 경영상 비효율적이었다. 통합되었으면서도 독자적으로 운영되다시피 했으므로 조선방직 대구공장이라는 정식명칭 외에도 대구방적, 대구방직, 대구조방, 조방대구 등 여러 이름으로 불리워졌다.

결국 방만한 운영구조는 양 공장에 모두 부담이 되었고 특히 사장이 직접 경영하는 부산공장에 비해 상무이사가 경영하는 대구공장의 운영은 더욱 심각했다. 대구공장은 한국전쟁 당시 별다른 전화를 입진 않았으나 재생설비와 전쟁시 소개되었던 설비 등을 모아 운영해 설비효율성이 상대적으로 낮았기 때문이었다. 당시 대구공장의 경영을 책임지던 상무이사는 베를린 올림픽 금메달리스트 손기정 이후 1955년 2월 대구공장이 따로 분리되었으며, 5월 대한방직에 임대되었다가 8월 7억환에 대한방직 사장이자 자유당의 재정부장이었던 설경동에게 불하되어 대한방직 대구공장이 되었다. 대한방직 대구공장은 1997년 완전 폐쇄되었다.

제4장
현대 섬유기업과 기업인들

1. 현대 섬유기업과 섬유기업인 명감

《 일러두기 》

○ 글 배열 순서 : 업체명, 대표자(창업주, 현재 대표자), 설립년도, 지역의 사업장소재지, 생산업종, 특이사항, 계열사 또는 관계회사 순이며, 홈페이지주소부분에 있어 'www' 는 모두 생략되어 있음

○ 업체선정 기준 : 2010년말 기준 대구광역시 또는 경상북도 지역에 사업장을 두고있는 섬유, 또는 섬유관련업체(공장 포함), 1980년대 이전 회사(공장) 설립업체, 연간 매출액 100억원 이상 달성업체, 종업원 상시고용 40명 이상업체, 정부지정(세계일류상품 또는 기업, 대구광역시 '스타기업', 경북도 '프라이드기업' 등등의 지정업체), 기업부설 연구소 보유업체, 특이사항, 홈페이지(H/P)보유업체 등으로 이 가운데 한 가지 사항 이상 해당업체 중심으로 선정하여 기업체명을 기준으로 '가나다' 순으로 정리함

《 ㄱ 》

■ 갑을합섬 : 박효상, 1987, 대구달서, 화학섬유, 1951년 설립된 갑을의 후신 H/P : kbsyn.co.kr

■ 거성산업자재 : 문구의, 1985, 경북청도, 비의류용섬유, H/P : keosung.co.kr

■ 건영라벨 : 이상훈, 1992, 대구북구, 비의류용섬유, H/P : opticalcleaner.com

■ 건풍산업 : 이지철, 1986, 대구북구, 화섬직물, H/P : gkptex.com

■ 경남섬유 : 정재균, 1982, 대구서구/대구달서, 니트직물, H/P : kntextile.co.kr

■ 경봉섬유 : 이동섭, 1992, 경북영주, 화섬직물

■ 경성섬유 : 박정재, 1991, 경북경산, 화섬직물

■ 경우섬유 : 남광우, 1980, 경북성주, 섬유가공

■ 경원종광 : 이현국, 1978, 대구서구, 섬유기계

■ 경윤텍스타일 : 유윤열, 1999, 대구서구, 화섬직물

■ 경일섬유 : 손성락, 1974, 대구북구, 원사가공

■ 경일섬유 : 이규영, 1996, 대구달성, 섬유가공, H/P : kit.co.kr

■ 경일염직 : 이진정, 이재홍, 1970, 염색가공, H/P : kyungil.koreasme.com

■ 경응 : 강용구, 2001, 대구달성, 원사가공, H/P : keiocorp.net

■ 경진섬유 : 송재봉, 2001, 경북칠곡, 니트직물

■ 경향산업 : 박홍조, 1988, 대구달성, 비의류용섬유, H/P : khpp.co.kr

■ 경현섬유 : 박성실, 1999, 경북칠곡/경산, 화섬직물

■ 고려다이텍 : 이재수, 1992, 대구서구, 염색가공

■ 고려염공 : 정인식, 1992, 대구서구, 염색가공

■ 고려텍스타일 : 이주희, 2000, 대구달서, 섬유무역, H/P : knktextile.com

■ 곱따씨 : 노현주, 1994, 대구북구, 봉제

■ 광덕텍스타일 : 김희송, 2009, 대구서구, 염색가공

■ 광동산업 : 김광호, 1991, 경북의성, 비의류용섬유

■ 광림섬유 : 정창봉, 1984, 대구달서, 화섬직물, H/P : kwangrimtextile.co.kr

■ 광문 : 이해철, 2006, 대구동구, 봉제

■ 광성 : 안용기, 1983, 대구달서, 비의류용섬유, 2009년 3,000만달러 수출
  H/P : polytaroaulinworld.com

■ 광신섬유공업사 : 임영선, 1967, 대구달서, 비의류용섬유, H/P : bestks.com

■ 광진섬유 : 김귀도, 1980, 대구서구, 화섬직물, 2010년 2,000만달러 수출

■ 광진섬유 : 백영제, 1987, 대구달성, 화섬직물

■ 구미스펀본드 : 김양규, 2005, 경북구미, 비의류용섬유

■ 구일산업 : 고성호, 1992, 대구중구, 화섬직물

■ 국제염직 : 이승주, 1977, 대구서구, 염색가공

■ 그린화섬 : 김인호, 2009, 대구달서, 섬유무역

■ 근우 : 김장식, 2002, 대구달서, 섬유가공

■ 금보섬유 : 이곤모, 1999, 경북경산, 화섬직물, H/P : keumbo.biz

■ 금성섬유 : 박순천, 1995, 대구서구, 섬유가공

■ 금성직물공장 : 설춘수, 1973, 대구북구, 면직물

■ 금성카바링섬유 : 이철호, 2004, 대구달서, 섬유가공, H/P : gumsungtarn.com

■ 금용기계 : 이금용, 이무철, 1955, 대구북구, 섬유기계, 2005년 세계일류
  상품기업, 2009년 대구스타기업, 2008년 기업부설연구소, H/P : keumyong.com

■ 금호엔티 : 구자겸, 1979, 경북구미, 비의류용섬유, H/P : gumho-nt.com

■ 금화텍스 : 이상칠, 2005, 대구달서, 원사가공

■ 기풍 : 김진도, 1977, 경북경산, 화섬직물, H/P : kipoung.co.kr

■ 김복연한복연구소 : 김복연, 1960, 대구중구, 봉제

《 ㄴ 》

■ 나다 : 박성호, 2005, 경북청도, 니트직물

■ 나라산업 : 장용호, 1995, 경북영천, 비의류용섬유, H/P : taroaulinworld.com

■ 나원산업 : 김일자, 1994, 경북경주, 비의류용섬유, H/P : nawon.net

■ 나프 : 박재호, 2006, 경북군위, 비의류용섬유, H/P : nfiber.co.kr

■ 남승 : 남병섭, 1983, 대구달성, 화섬직물, H/P : spandexkorea.co.kr

■ 남아 : 이상준, 1997, 대구달서, 화섬직물

■ 남일산업 : 최덕열, 2000, 대구달성, 비의류용섬유, H/P : namilindustry.com

■ 남전산업 : 지찬동, 1982, 경북구미, 화섬직물, H/P : njwebbing.com

■ 네이텍스 : 김수동, 2001, 대구서구, 교직물, H/P : neitex.com

■ 뉴맨텍스타일 : 황현정, 1992, 대구달서, 교직물, H/P : newmantex.com

■ 니텍 : 김성태, 2001, 경북구미, 니트직물

《 ㄷ 》

■ 다인텍스타일 : 김지완, 2006, 대구달서, 모직물, H/P : daintextile.com

■ 대건산업 : 이상엽, 1983, 대구서구, 염색가공

■ 대경물산 : 김두철, 1975, 대구동구, 봉제, H/P : kdcggam.co.kr

■ 대광교역 : 손정웅, 1987, 대구서구, 화섬직물

■ 대광염직 : 이만식, 2006, 경북칠곡, 염색가공

■ 대구염직 : 구경모, 2001, 대구서구, 염색가공

■ 대구유직 : 이용훈, 1999, 경북칠곡, 비의류용섬유, H/P : braiding.co.kr

■ 대구특수나염 : 곽성호, 1988, 대구서구, 염색가공, 쌍호염직

■ 대기섬유 : 장주형, 1979, 대구달서, 니트직물

■ 대남 : 백용진, 1989, 경북영천, 화섬직물, H/P : daenam.co.kr

■ 대도무역 : 조충환, 1998, 대구서구, 화섬직물

■ 대덕직물 : 정완택, 1987, 대구달성, 화섬직물

■ 대동기업 : 김대환, 1980, 경북칠곡/대구달서, 비의류용섬유,

　　H/P : penetbag.com

■ 대동바이오텍 : 임달웅, 2000, 대구달성, 봉제, H/P : pantass.com

■ 대동산업 : 김홍민, 2003, 대구서구, 특수섬유

■ 대동섬유공업사 : 이동원, 1980, 대구서구, 원사가공

■ 대림직물 : 서석암, 1988, 대구수성, 니트직물, H/P : daelimtextile.com

■ 대보화섬 : 이재학, 2002, 경북칠곡, 화섬직물

■ 대봉레이스 : 이동율, 1987, 경북경산, 니트직물

■ 대산실업 : 윤은혁, 1994, 경북칠곡, 자수직물

■ 대성무역 : 허현규, 1983, 대구서구, 면직물

■ 대성사 : 최희장, 1975, 대구서구, 니트직물

■ 대성산업사 : 박상수, 1974, 경북경산, 비의류용섬유, H/P : dae-yang.co.kr

■ 대성직물 : 이순영, 1990, 경북영주, 인견직물

■ 대신기획 : 이수헌, 1990, 대구북구, 봉제

■ 대아산업 : 임형식, 1987, 대구달서, 비의류용섬유, H/P : danonwoven.com

■ 대안 : 김인숙, 2007, 대구서구, 염색가공

■ 대양 : 김정동, 1999, 경북성주, 니트직물

■ 대영섬유 : 강상윤, 1994, 대구달서, 염색가공

■ 대영염공 : 이응천, 1981, 대구서구, 염색가공

■ 대영인더스트리 : 신광식, 1999, 경북경산, 섬유가공

■ 대영패브릭 : 황하섭, 2007, 대구달서, 면직물, H/P : 패브릭.kr(daum)

■ 대영통상 : 이주철, 1985, 대구달서, 화섬직물

■ 대웅섬유 : 김영상, 1989, 대구서구, 화섬직물, H/P : daewoongtex.co.kr

■ 대웅섬유 : 박형규, 1993, 대구달서, 화섬직물

■ 대원그린 : 김춘덕, 1986, 경북군위, 비의류용섬유, H/P : daewongreen.com

■ 대원기계 : 이명규, 1975, 대구달서, 섬유기계, H/P : daewonmc.org

■ 대원기계공업 : 장용현, 박업규, 1977, 대구달성, 섬유기계

■ 대일직물 : 신점철, 1986, 대구달서, 자수직물

■ 대정 : 정호근, 1987, 대구달서, 면직물

- 대진섬유 : 이성일, 1970, 대구달성, 교직물, H/P : daejintextile.co.kr
- 대진섬유 : 박창서, 2000, 경북경산, 자수직물
- 대창무역 : 이호웅, 1995, 대구서구, 교직물, H/P : aatex.com
- 대천엠슈트 : 정기영, 2000, 대구달서, 봉제
- 대청섬유 : 차성근, 차희진, 1982, 대구달서, 침장류섬유, 2007년 기업부설연구소, H/P : dctex.co.kr
- 대한기업 : 김문기, 1983, 대구서구, 섬유종합
- 대한니트 : 한상훈, 2007, 경북구미, 니트직물
- 대한동방 : 송화웅, 1988, 경북경주, 비의류용섬유
- 대한미디어 : 김문기, 2003, 대구달서, 비의류용섬유
- 대한방직 : 설경동, 설영기, 1953, 대구서구, 섬유종합, H/P : thtc.co.kr
- 대한섬유 : 배만현, 1977, 경북고령, 교직물, H/P : dhsu.com
- 대한섬유 : 이순상, 1977, 대구동구, 자수직물
- 대한염직 : 김해수, 1972, 대구서구, 염색가공
- 대한제침 : 송민홍, 1979, 대구달서, 섬유기계, H/P : dhneedle.co.kr
- 대현테크 : 장용현, 1989, 대구달서, 섬유기계, 2007년 대구스타기업
- 대흥정밀공업 : 이규건, 1990, 대구달서, 섬유기계
- 따사로미 : 김치국, 2005, 대구서구, 침장류섬유
- 덕산산업 : 최종수, 1993, 대구달서, 면직물
- 덕산섬유 : 이인태, 1998, 경북경산, 섬유가공
- 덕우실업 : 이의열, 1994, 경북칠곡, 화섬직물, H/P : duckwooco.co.kr
- 덕진섬유 : 안경희, 1999, 대구달성, 염색가공
- 델타큐텍스 : 이창규, 2001, 대구서구, 섬유무역
- 도레이첨단소재 : 1999, 경북구미, 화섬원사, H/P : torayamk.com
- 도아인더스 : 장병율, 2002, 대구서구, 섬유가공
- 동광화섬 : 조복제, 1965, 경북구미, 화섬직물, 동성교역 관계회사, H/P : rosetex.co.kr

- ■ 동명섬유 : 한상길, 대구서구, 염색가공
- ■ 동산섬유공업 : 이정훈, 1976, 대구달성, 니트직물, H/P : dssocks.co.kr
- ■ 동선합섬 : 서석홍, 1973, 경북고령출신, 국내 최초로 지퍼용섬유 개발
- ■ 동성교역 : 민병욱, 민은기, 1965, 경북구미, 2000년 수출 7,000만달러, 성광은 계열사
- ■ 동성섬유 : 황호영, 2002, 대구서구, 섬유무역
- ■ 동신섬유 : 여은진, 1978, 경북경산, 니트직물
- ■ 동신정밀 : 채종률, 1994, 경북경산, 섬유기계
- ■ 동신직물 : 김형동, 1972, 경북영주, 화섬직물
- ■ 동아산업사 : 박재홍, 2000, 대구서구, 염색가공
- ■ 동아직물 : 문재혁, 1992, 대구달서, 교직물, H/P : dongatextile.co.kr
- ■ 동양씨저스 : 박영수, 1988, 노현주, 대구북구, 봉제, H/P : caesars.co.kr
- ■ 동영골프 : 배애경, 2006, 대구남구, 특수섬유
- ■ 동영염직 : 조정래, 조민성, 1988, 대구서구, 염색가공
- ■ 동원산자 : 이성만, 1970, 대구달성, 비의류용섬유, H/P : dongwon1.com
- ■ 동원침구 : 손문하, 1983, 대구서구, 봉제, H/P : koreadw.net
- ■ 동원편직 : 우충기, 1997, 경북칠곡, 니트직물
- ■ 동원화섬 : 김광웅, 1983, 대구달서, 화섬직물, H/P : dongwontex.co.kr
- ■ 동일무역 : 박소영, 1987, 경북경주, 특수직물
- ■ 동재통상 : 류기호, 2004, 대구달서, 화섬직물, H/P : dongjaecorp.com
- ■ 동진상사 : 노정자, 1979, 대구서구, 화섬직물, 대구스타기업, H/P : dong-jin.com
- ■ 동진섬유 : 현채홍, 1998, 대구달서, 특수직물, H/P : dongjin.textopia.or.kr
- ■ 동진침장 : 류광열, 2001, 대구달서, 침장류섬유, H/P : ebedding.co.kr
- ■ 동진화섬공업사 : 윤성광, 1979, 대구달서, 원사가공
- ■ 동호 : 서상봉, 1994, 경북경산, 섬유가공, H/P : clingwrap.com
- ■ 동호섬유 : 이동호, 2004, 대구북구, 화섬직물, H/P : donghotex.com

■ 동호합섬 : 장대섭, 1998, 원사가공

■ 동호화섬 : 박윤수, 경북칠곡, 원사가공

■ 동흥교역 : 전용환, 1993, 경북칠곡, 화섬직물

■ 동화인더스트리 : 김성은, 2000, 경북경산, 니트직물, H/P : technigloves.com

■ 두레통상 : 신창호, 1984, 경북칠곡, 화섬직물

■ 두손텍스 : 박진성, 2000, 대구서구, 섬유무역

■ 두영침구 : 라갑태, 1997, 대구달성, 봉제, H/P : dyb21.co.kr

■ 두용 : 윤기봉, 2006, 대구서구, 화섬직물

■ 두하실업 : 김용해, 김근호, 1959, 대구달서, 니트직물(양말),
　　H/P : dooha.co.kr

■ 득산실업 : 윤의오, 2004, 대구서구, 염색가공

■ 딘텍코리아 : 이철호, 2003, 대구중구, 섬유무역

《 ㄹ 》

■ 라이브론 : 박여훈, 2006, 대구달서, 봉제, H/P : gobedding.com

■ 라지산업 : 박철현, 1998, 대구달서, 비의류용섬유, H/P : lgind.com

■ 라크인더스트리 : 김종엽, 1996, 경북칠곡, 비의류용섬유, H/P : lark-lark.co.kr

■ 루디아 : 송세영, 1978, 경북영주, 교직물, 삼용직물, 삼용화섬,
　　H/P : ludiatextile.com

■ 림스 : 임희수, 1999. 대구북구, 자수직물

《 ㅁ 》

■ 만성 : 이순달, 2002, 경북고령, 섬유가공

■ 명성산업 : 배상헌, 1996, 대구달성, 비의류용섬유, H/P : mspvc.com

■ 명신섬유 : 이규삼, 1972, 경북칠곡/대구달성, 니트직물, 2010년 현재
　　지역최대 직편물생산(연간 8,000만야드), 2010년 3,000만달러 수출,
　　기업부설연구소, 풍신섬유(1997)

■ 명신염색가공 : 최임식, 2001, 대구서구, 염색가공

■ 명지특수가공 : 김이진, 2005, 대구서구, 섬유가공, H/P : mjnv.co.kr

■ 명진섬유 : 석정달, 1982, 대구서구, 화섬직물/염색가공, 2009년 대구상공
  회의소 103년 역사에 여성CEO로서는 처음으로 회장단(부회장)에 선임

■ 명화산업 : 이순희, 2001, 대구서구, 염색가공

■ 모아 : 송재동, 1990, 경북성주, 화섬직물

■ 목화토션레이스 : 여영윤, 경북칠곡, 니트직물, H/P : torchonlace.co.kr

■ 목화표장갑 : 백규현, 1976, 대구중구, 니트직물(장갑), H/P : m-gloves.co.kr

■ 무길염공 : 박광열, 1998, 대구서구, 염색가공

■ 미광 : 송우열, 1977, 경북경산, 화섬직물

■ 미광다이텍 : 김웅준, 1965, 대구서구, 염색가공, H/P : mikwangtex.com

■ 미광섬유 : 이상헌, 1992, 대구달서, 화섬직물

■ (사)미망인복지회 : 1973, 대구수성, 봉제(군복 등의 국가용품 전문)

■ 미성교역 : 배수환, 1999, 대구서구, 섬유무역

〈 ㅂ 〉

■ 바라산업 : 장성욱, 1996, 대구수성, 특수섬유

■ 반도 : 이광옥, 1974, 대구달서, 섬유필름

■ 반도정밀기계 : 이방부, 1979, 대구북구, 섬유기계, H/P : bdmac.co.kr

■ 박동준패션 : 박동준, 1984, 대구중구, 봉제

■ 박태복한복연구원 : 박태복, 1993, 대구남구, 봉제

■ 배명 : 강수진, 1998, 대구달서/경북고령, 화섬직물

■ 백마직물 : 백만수, 1990, 대구달서, 교직물

■ 백산무역 : 이정근, 1993, 대구서구, 교직물, H/P : baeksan.com

■ 백우 : 이춘명, 2001, 대구북구, 화섬직물, H/P : bwds.co.kr

■ 버팔로 : 곽종석, 1995, 대구달성, 특수섬유, H/P : paraten.co.kr

■ 베가 : 김태원, 1994, 경북청도, 교직물

■ 벽진바이오텍 : 추광엽, 1993, 대구달서, 섬유가공, 2010년 대구스타기업
2010년 기업부설연구소, H/P : bjbio.net

■ 보경텍스타일 : 김동일, 2002, 대구달서, 염색가공

■ 보광 : 윤원보, 1984, 대구달서, 화섬직물(나일론), 2009 대구스타기업,
2011년 기업부설연구소, H/P : bktex.co.kr

■ 보광직물 : 차순자, 2003, 대구서구, 특수직물, 2011년 대구스타기업,
H/P : evri.co.kr

■ 보광티엔씨 : 최성묵, 2004, 대구달서, 섬유무역

■ 보국섬유 : 황원식, 1999, 대구서구, 염색가공

■ 보람 : 구광시, 2000, 경북칠곡, 화섬직물

■ 보몬드 : 김원섭, 2008, 대구달성, 봉제, H/P : harmonydeco.co.kr

■ 보성자카드 : 유점열, 2000, 대구달성, 교직물

■ 보성직물 : 문재현, 1996, 경북경산, 화섬직물

■ 보우 : 김보경, 1988, 대구달서, 비의류용섬유, 세계 3대벨트업체,
H/P : bowooco.co.kr

■ 보천텍스타일 : 서주영, 1998, 대구서구, 화섬직물, H/P : bocheon.co.kr

■ 부경화섬 : 이승일, 2005, 대구달서, 화섬직물

■ 부광에프디 : 이강범, 1990, 대구서구, 모사사염, 2006년 기업부설연구소

■ 부광테크 : 이종학, 1982, 경북칠곡, 비의류용섬유, H/P : bktec.co.kr

■ 부민양행 : 김민수, 1983, 경북경주, 봉제, H/P : solaron.com

■ 부성 : 이천환, 1984, 대구서구, 염색가공

■ 부승섬유 : 김주섭, 1999, 대구달서, 면직물

■ 부영섬유 : 정기조, 1979, 경북칠곡, 니트직물, H/P : booyoungtextile.co.kr

■ 부영섬유 : 이원대, 1981, 대구달서, 교직물

■ 비에스지 : 홍재선, 홍종윤, 1957, 대구북구, 1964년 처음으로 나일론직물 수출,
2000년 기업부설연구소, 삼공화섬(홍종철, 대구북구, 1978)은 관계회사, H/P
: bsk.co.kr

■ 비엠에스무역 : 윤창헌, 2007, 대구달서, 니트직물

■ 비하이브텍스타일 : 이근우, 1999, 화섬직물

■ 빗살무늬 : 정순식, 2001, 대구서구, 봉제/염색가공, H/P : bitsal.com

《 ㅅ 》

■ 사림섬유 : 박실, 1984, 대구달성, 화섬직물, 우일염직(대구서구, 염색가공,
   1978) 계열사, H/P : salimtextile.com

■ 산찬섬유 : 피문찬, 1990, 대구달서, 화섬직물, 2008년 설비증설 신규투자
   분위기 조성, H/P : sanchan.co.kr

■ 삼경직물 : 박철현, 1990, 대구달서, 화섬직물, H/P : sktex.co.kr

■ 삼광염직 : 안상규, 1986, 대구서구, 염색가공, 2004년 기업부설연구소,
   H/P : skdyeing.com

■ 삼국 : 윤종후, 1999, 대구달서, 화섬직물

■ 삼남섬유 : 이영모, 2002, 경북경산, 면직물

■ 삼보텍스 : 안용직, 1993, 대구서구, 화섬직물

■ 삼보 : 김용기, 김유석, 1979, 대구달서, 비의류용섬유, 2006년 기업부설연구소,
   삼보화섬은 계열사, H/P : sambokorea.co.kr

■ 삼부섬유 : 유성재, 1992, 대구서구, 염색가공

■ 삼성염직 : 박영희, 박재경, 1973, 대구서구, 염색가공. 계열사
   삼성교역(1988), H/P : tgsstextile.com

■ 삼신세이드넷 : 채병규, 1987, 경북칠곡, 비의류용섬유, H/P : ssnets.co.kr

■ 삼신제침공업 : 문성근, 1965, 대구북구, 섬유기계

■ 삼아통상 : 곽우근, 1984, 대구달서, 면직물

■ 삼영 : 장기수, 1990, 경북칠곡, 니트직물

■ 삼우 : 이승구, 1986, 경북김천, H/P : samwookorea.com

■ 삼우디에프씨 : 우병룡, 1993, 대구서구, 염색가공

■ 삼우무역 : 주천수, 1986, 대구달서, 화섬직물, H/P : sam-woo.net

- 삼우섬유공업사 : 김기필, 1970, 경북성주, 화섬직물, 서림(대구)
- 삼우염공 : 우병조, 1994, 대구서구, 염색가공
- 삼원 : 염기현, 2001, 경북경주, 비의류용섬유
- 삼익양말 : 김강석, 1977, 대구서구, 니트직물
- 삼일방직 : 노희찬, 1979, 경북경산, 2008년에 세계일류상품 생산기업, 삼일화섬, 삼일염직(대구서구, samildye.com)은 계열사, CEO 주요 이력 : 대구상공회의소 제17대, 제18대 회장(2001-2005), 한국섬유산업연합회 제11대, 제12대 회장(2008-), H/P : samil-sp.co.kr
- 삼진 : 성목용, 1980, 경북고령, 비의류용섬유
- 삼진기계공업사 : 이충웅, 1970, 대구달서, 섬유기계
- 삼창니트 : 이창석, 1988, 대구달서, 니트직물
- 삼포교역 : 신교현, 1996, 대구달서, 교직물
- 삼풍상사 : 이광용, 1977, 대구달성, 섬유가공
- 삼화모데스띠 : 정영수, 1976, 경북경산, 봉제
- 삼화실업 : 문진기, 1993, 대구달서, 화섬직물
- 삼화직물 : 김정자, 1973, 대구서구, 염색가공, H/P : samhwa.textopia.or.kr
- 삼환염공 : 안용환, 1993, 대구서구, 염색가공
- 삼환산업 : 도상기, 1995, 대구달서, 화섬직물, 삼환염직(대구서구)
- 삼흥공업사 : 김종택, 1987, 경북고령, 비의류용섬유, H/P : samheungind.com
- 상원텍스타일 : 류기자, 2001, 대구서구, 섬유무역
- 상지모방 : 신용섭, 2007, 경북경산, 모직물
- 새날테크텍스 : 조정문, 1988, 경북구미/경북칠곡, 비의류용섬유, H/P : saenaltt.com
- 새석산 : 신동필, 1999, 대구서구, 염색가공
- 쌍마인더스트리 : 권오수, 2002, 경북구미, 1975년 쌍마섬유의 후신
- 서광무역 : 김대균, 1989, 대구북구, 2005년 3,500만달러 수출, 2007년 대구스타기업, H/P : agatex.co.kr

■ 서구산업 : 임혁기, 1990, 경북구미, 화섬직물

■ 서도산업 : 한수일, 한재권, 1953, 경북경산, 니트직물, 2005년 개성공단
　입주, H/P : sudocorp.co.kr

■ 서목통상 : 허재수, 2007, 대구서구, 섬유무역

■ 서진염직 : 송을헌, 1982, 대구서구, 염색가공, H/P : sjdt.kr

■ 서진섬유 : 육이수, 1991, 경북칠곡, 원사가공

■ 서진텍스타일 : 김문탁, 1993, 경북경산, 교직물, 기업부설연구소,
　그린힐텍스타일(대구서구, 염색가공)은 계열사

■ 서진화섬 : 박상완, 1997, 경북김천, 원사가공

■ 선경타올 : 장희구, 1969, 대구달서, 니트직물, H/P : sktowel.com

■ 선동화섬 : 김희순, 2000, 대구달서, 원사가공

■ 선미 : 최민주, 1953, 대구달성, 봉제, H/P : sunmi.co.kr

■ 선영통상 : 손영호, 1990, 경북경산, 섬유가공, H/P : sunyoung.co.kr

■ 선일 : 현진호, 1973, 경북경산, 니트직물

■ 선일섬유 : 박진덕, 1983, 경북경산, 니트직물

■ 섬영텍스타일 : 노현, 2000, 대구북구, 화섬직물

■ 성도섬유 : 유병욱, 1994, 대구달서, 화섬직물

■ 성도섬유 : 김재우, 1989, 대구서구, 화섬직물

■ 성림 : 권인섭, 1983, 경북구미, 원사가공

■ 성보섬유 : 이성호, 1992, 대구달성, 화섬직물, 성민텍스타일

■ 성안 : 박용관, 박상태, 1953, 대구북구, 2006년 세계일류상품, 대기업군,
　성안염직, 성안합섬(경북구미, 원사, 1990, H/P : sasyn.co.kr),
　H/P : startex.co.kr

■ 성안섬유 : 김기원, 2006, 경북경산/경북청도, 화섬직물

■ 성원직물 : 조동연, 1985, 경북구미, 화섬직물

■ 성진직물 : 박성일, 1999, 대구북구, 화섬직물

■ 성진통상 : 박성창, 1997, 대구서구, 염색가공

- 성창실업 : 오세구, 1999, 대구달서, 화섬직물, 대구스타기업인
  보라인터내셔널(대구북구, H/P : boramall.co.kr)은 계열사
- 성창직물 : 김병호, 2008, 경북경산, 화섬직물
- 성창직물 : 김수향, 1999, 경북성주, 화섬직물
- 성화직물 : 김진섭, 1992, 대구서구, 면직물, H/P : sounghwa.co.kr
- 세광산업 : 배효억, 1990, 대구달서, 섬유가공
- 세덕에스에프씨 : 이태환, 2001, 대구달서, 섬유가공
- 세명염직 : 배인환, 1993, 대구서구, 염색가공
- 세양섬유 : 이신광, 손금숙, 1985, 대구북구, 교직물, H/P : se-yang.com
- 세영 : 이천세, 2007, 경북성주, 비의류용섬유, H/P : syinc.kr
- 세운섬유 : 이영락, 1995, 대구북구/경북영천, 자수직물
- 세웅텍스타일 : 김병철, 1993, 대구달서, 화섬직물
- 세원기업 : 권창모, 1979, 경북성주, 섬유가공
- 세원섬유 : 예병목, 예병천, 1989, 대구달서, 특수직물, H/P : sewontex.com
- 세원종합텍스 : 송대섭, 1998, 대구달서, 화섬직물
- 세일코오드 : 김윤택, 경북구미, 비의류용섬유
- 세진 : 안홍석, 1998, 경북영천, 비의류용섬유
- 세진글로벌 : 이상헌, 1989, 대구서구, 화섬직물
- 세진물산 : 박인환, 1992, 경북경주, 비의류용섬유, H/P : swjind.co.kr
- 세창직물 : 김종규, 1989, 대구달서, 화섬직물
- 송이실업 : 손황, 1997, 대구달서, 화섬직물, H/P : songitex.bizdaegu.kr
- 수흥섬유 : 이상준, 1999, 경북구미, 교직물
- 스포릭 : 서재철, 1999, 대구달서, 섬유판매
- 승화섬유 : 이종화, 1998, 경북경산, 교직물
- 시노펙스 : 손경익, 1991, 경북포항, 비의류용섬유, H/P : synopex.com
- 시마 : 김지미, 1996, 대구동구, 교직물, H/P : simatex.co.kr
- 신광직물 : 이상호, 1985, 대구달서, 침장류섬유

■ 신광타올 : 이영노, 1960, 대구서구, 니트직물, H/P : e-towel.co.kr

■ 신대한물산 : 김해수, 김주헌, 1971, 대구달서, 화섬직물. 대한염직(1972)은
계열사, H/P : sdhcorp.co.kr

■ 신라섬유 : 박성형, 박재홍, 1953, 대구동구, 섬유무역, H/P : sta.co.kr

■ 신원섬유 : 이구휘, 1991, 경북성주, 화섬직물

■ 신우산업 : 이범녕, 1998, 경북칠곡, 화섬직물

■ 신우섬유 : 양인석, 1986, 대구달서, 니트직물

■ 신영염직 : 이명재, 1988, 대구서구, 염색가공

■ 신일산업 : 김항규, 1984, 대구달성, 화섬직물, H/P : dreamtex.co.kr

■ 신일염공사 : 김동균, 1980, 대구서구, 염색가공

■ 신일텍스 : 강득보, 1994, 경북구미, 화섬직물, H/P : shiniltex.co.kr

■ 신정화섬 : 이상원, 1996, 대구달서, H/P : s-j.co.kr

■ 신풍섬유 : 윤상배, 1993, 대구달서, 2004년 기업부설연구소,
H/P : shinpungtex.co.kr

■ 신한화섬 : 강동현, 1985, 경북영천, 화섬직물, H/P : shinhantex.com

■ 신화섬유공업 : 이상식, 1985, 대구달서, 화섬직물, 2008년 기업부설연구소,
2010년 대구스타기업에 선정되었으며, 2010년 3,000만달러 수출

■ 신화염직 : 권혁만, 1999, 대구서구, 염색가공, H/P : shinhwa.textopia.or.kr

■ 신흥 : 이동수, 1973, 대구서구, 화섬직물, 2002년 2,000만달러 수출,
신흥통상, H/P : monotex.co.kr

■ 신흥기계 : 권순건, 1995, 대구달서, 섬유기계

■ 실리텍스 : 정문석, 1995, 경북구미, 비의류용섬유, H/P : silitex.co.kr

■ 실버텍스 : 함문규, 2002, 대구달서, 화섬직물

■ 실크로드 : 김병규, 1989, 경북영주, 화섬직물, H/P : silkroadtextile.com

《 ㅇ 》

■ 아람인터텍 : 우성환, 1995, 대구북구, 비의류용섬유, H/P : aramintertech.com

■ 아영통상 : 정덕표, 1998, 대구수성, 화섬직물

■ 아진무역 : 이완우, 1998, 대구달서, 화섬직물

■ 아진산업 : 최진규, 1992, 대구달서, 화섬직물

■ 아진아이디티 : 이교홍, 1991, 대구달서, 염색가공

■ 안동삼베 : 김규학, 1981, 경북안동, 봉제, H/P : andongsambae.co.kr

■ 알아이시에이치어패럴 : 최혜정, 1972, 대구서구, 여성의류

■ 알앤디텍스타일 : 강영광, 2003, 대구달서, 특수직물, 2010년 대구스타기업
  H/P : rndtextile.co.kr

■ 앤디아이 : 백승호, 2001, 대구서구, 염색가공

■ 에스아이리소스(매일교역) : 최경덕, 1987, 대구달서, 교직물,
  H/P : jacquardtex.com

■ 에스에스에이치 : 손정희, 2002, 대구서구, 염색가공

■ 에스엔테크 : 이관철, 2008, 경북구미, 비의류용섬유, H/P : bktec.co.kr

■ 에스엔티 : 김종덕, 2003년(1949년 선경직물, SK의 모체), 대구서구,
  화섬직물, H/P : i-snt.com

■ 에스케이텍스 : 정현분, 2000, 대구달성, 화섬직물

■ 에스티원창 : 채형수, 채영백, 1976, 대구달서, 화섬직물(나일론),
  2006년 기업부설연구소, 2006년 대구스타기업, H/P : onechang.com

■ 에이스텍스타일 : 장문익, 1996, 대구서구, 섬유무역

■ 엔씨패브릭 : 김인출, 2004, 대구달서, 교직물

■ 영신타올 : 김의수, 김복용, 1969, 대구달서, 니트직물, 1999년 열전사기술
  개발, H/P : ystowel.co.kr

■ 에프티이엔이 : 박종철, 1997, 대구달서, 비의류용섬유, H/P : ftene.co.kr

■ 엑스플로어 : 박종희, 2003, 경북경산, 화섬직물, H/P : xploretrade.com

■ 엠에스물산 : 김숙희, 1999, 경북상주, 비의류용섬유, H/P : msgroup.kr

■ 연제자수 : 김남기, 2002, 경북경산, 자수직물

■ 영광직물공장 : 이응준, 1943, 대구서구, 화섬직물

■ 영남방직 : 오해영, 1973, 경북경산, 면사/면직물, H/P : yntex.co.kr

■ 영남직물공업사 : 박창우, 1978, 대구서구, 화섬직물

■ 영대산업 : 김영수, 1991, 대구동구, 자수직물, H/P : ksy4141hitel.net

■ 영도벨벳 : 이원화, 유병선, 1960, 경북구미, 벨벳직물, 2006년 세계일류상품,
2008년 경북프라이드상품, 2010년 3,000만달러 수출, 2005년
기업부설연구소, 2010년 벨벳박물관 설립, H/P : youngdovelvet.com

■ 영동섬유 : 정옥남, 1994, 경북영천, 화섬직물

■ 영동염직 : 서상규, 2004, 대구서구, 염색가공

■ 영빈 : 최정빈, 1978, 대구달서, 침장류섬유, 삼성직물, H/P : youngbin.com

■ 영신메리야스 : 김기수, 1973, 대구달서, 니트직물

■ 영신타올 : 김용복, 1969, 대구달서, 타올

■ 영우직물 : 김종환, 2009, 대구달성, 화섬직물

■ 영원무역 : 성기학, 1974, 대구달서, 봉제. 주요브랜드는 노스페이스

■ 영지산업 : 장수용, 1999, 대구서구, 염색가공

■ 영진섬유 : 박덕수, 1993, 경북칠곡, 화섬직물

■ 영진자카드기계제작소 : 황호인, 1978, 대구북구, 섬유기계

■ 영진화학공업 : 서상동, 1980, 대구달서, 섬유부자재, H/P : yjchemical.co.kr

■ 영풍필텍스 : 남복규, 대구달서, 염색가공, H/P : filtex.co.kr

■ 영풍화성 : 양준보, 1995, 대구서구, 섬유가공

■ 영텍스타일 : 윤정규, 1986, 경북경산, 화섬직물

■ 영흥기계 : 백남룡, 1954, 경북성주, 섬유기계

■ 예스텍스타일컨설팅 : 박인병, 2001, 대구동구, 봉제

■ 옥밀코리아 : 김성조, 2001, 대구중구, 니트직물(타올)

■ 왕보산업 : 김현태, 1987, 대구달서, 비의류용섬유, H/P : wangbo.co.kr

■ 와이엠에스에이 : 한광희, 1984, 대구동구, 섬유무역

■ 용성섬유 : 김성주, 1981, 대구서구, 니트직물

■ 용호패브릭 : 김대욱, 1985, 대구달성, 니트직물, H/P : yonghofabric.com

- 우석물산 : 황성미, 1987, 경북경산, 원사가공, H/P : woosuk.com
- 우양신소재벨트 : 윤주영, 1994, 대구북, 비의류용섬유, H/P : iwooyang.com
- 우양텍스타일 : 우종호, 2006, 대구북구, 모직물
- 우정 : 김풍일, 1987, 대구달서, 화섬직물
- 우정섬유 : 김진복, 2002, 대구달서, 화섬직물
- 우주글로브(우주IND) : 노계자, 1973, 경북경산, 니트직물,
  H/P : wooju-gloves.co.kr
- 우진크린텍 : 김갑원, 1989, 경북구미, 비의류용섬유, H/P : woojinct.com
- 우창모직 : 이일교, 1996, 대구북구, 모직물
- 욱일섬유 : 김욱주, 1989, 대구서구, 염색가공
- 욱일아이디씨 : 함정웅, 1966, 대구서구, 염색가공.
  에이디씨(1976, 봉제업체)는 계열사
- 울랜드 : 정동영, 2005, 경북구미, 모직물
- 웅진케미칼 : 2008년 사명을 변경한 웅진케미칼(경북구미)은 1972년 설립된
  제일합섬의 후신으로 2010년 폴리에스테르섬유로 세계일류상품에 선정,
  H/P : wjchemical.co.kr
- 원대문공사 : 박종성, 1973, 대구서구, 섬유가공
- 원영티엔비 : 정종섭, 1997, 대구북구, 화섬직물
- 원일물산 : 김완규, 1994, 대구달성, 화섬직물
- 원진염직 : 정명줄, 1978, 대구서구, 염색가공
- 원풍물산 : 박성택, 1987, 경북칠곡, 비의류용섬유, H/P : won-pung.co.kr
- 월드염공 : 장효석, 2003, 대구서구, 염색가공
- 유니아텍스 : 하헌주, 1992, 대구달서, 교직물, H/P : yoonia.com
- 유림물산 : 이진주, 1980, 대구달서, 침장류섬유, H/P : yurimpia.co.kr
- 유림침장 : 예제기, 2001, 대구달서, 침장류섬유
- 유상실업 : 정창배, 2002, 대구달서, 염색가공
- 유성산자 : 오성국, 1999, 대구서구, 비의류용섬유

■ 유성산업 : 손제익, 1980, 대구달서, 특수섬유, H/P : ysind.com

■ 유성어패럴 : 김종만, 1997, 대구동구, 봉제

■ 유신섬유 : 하영태, 1967, 대구달성, 벨벳직물

■ 유엔아이 : 박정한, 2001, 경북의성, 비의류용섬유, H/P : unicord.co.kr

■ 유원섬유 : 원국보, 2002, 대구서구, 화섬직물

■ 유유텍스타일 : 석상창, 1999, 대구달서, 면직물

■ 유일코퍼레이션 : 유성호, 1997, 경북성주, 면직물, H/P : youilcorp.com

■ 유일프라자 : 류용호, 2006, 대구서구, 화섬직물

■ 유진섬유 : 박태규, 1975, 대구달성, 화섬직물, H/P : youjintex.co.kr

■ 유창염직 : 박남규, 2001, 대구서구, 염색가공

■ 유한염직 : 유창민, 1976, 대구북구, 염색가공

■ 육일부직포공업 : 여권택, 1986, 경북상주, 비의류용섬유, H/P : yukil7040.com

■ 윤성산업 : 정윤동, 1991, 경북고령, 비의류용섬유, H/P : bktec.co.kr

■ 은성무역 : 강경수, 2003, 경북구미, 화섬직물

■ 은흥섬유 : 홍순철, 1998, 대구동구, 봉제

■ 을화 : 송인호, 송영권, 1985, 경북구미, 화섬직물, 2001년 7,000만달러
   수출, H/P : peacetex.co.kr

■ 이주 : 이창석, 2005, 대구서구, 섬유무역

■ 이진옥천연염색공방 : 이진옥, 2001, 대구수성, 봉제

■ 이화레이스 : 박춘헌, 1986, 대구달서, 니트직물, H/P : ehwalace.com

■ 이화산업 : 김동춘, 1999, 대구달서, 비의류용섬유

■ 이화제면 : 고동현, 1986, 대구서구, 침장류섬유

■ 인덕염공 : 김해용, 2006, 대구서구, 염색가공

■ 일동방적 : 서은송, 1988, 경북경산, 모사가공

■ 일성기계공업 : 김원묵, 1962, 경북구미, 섬유기계, H/P : ilsungmc.co.kr

■ 일성직물 : 김양웅, 1976, 대구북구, 화섬직물

■ 일신산업 : 이계윤, 1955, 경북경산, 화섬직물, H/P : e-ilshin.com

■ 일심글로발 : 유만현, 2010, 경북경산, 비의류용섬유, H/P : isgmicro.com

■ 일원섬유 : 김동건, 2001, 경북칠곡, 원사가공

■ 일흥이엠티 : 장사완, 2002, 대구북구, 화섬직물, H/P : ilheungemt.com

■ 임마누엘 : 이원유, 1995, 대구달성, 니트직물, H/P : imsocks.co.kr

■ 잉어(진영어패럴) : 박웅규, 2001, 대구동구, 봉제, H/P : inga.co.kr

《 ㅈ 》

■ 자인섬유 : 서효석, 1999, 대구서구, 화섬직물, H/P : jaintextile.co.kr

■ 장호물산 : 박성호, 1995, 대구달서, 화섬직물

■ 재광어패럴 : 이귀량, 1996, 대구북구, 봉제

■ 재부텍스 : 배재효, 1985, 대구달성, 화섬직물

■ 전보산업 : 윤경오, 2004, 경북성주, 비의류용섬유, H/P : jeonbo.co.kr

■ 전상진패션 : 전상진, 1984, 대구중구, 봉제

■ 정안섬유 : 류기환, 류병권, 1977, 대구달서, 화섬직물, H/P : jungan.co.kr

■ 정화실업 : 이선구, 1990, 대구서구, 니트직물, H/P : junghwa.com

■ 제원화섬 : 정우영, 정동인, 1982, 경북구미, 원사가공, 1997년 경상북도의
   세계일류중소기업, 신원합섬(1982, 경북구미, 화섬직물)은 계열사,
   H/P chewon.co.kr

■ 제이드청포도 : 이진국, 1970, 대구중구, 봉제, H/P : cheongpodo.com

■ 제이엔피 : 윤만수, 1997, 경북영천, 비의류용섬유, H/P : jnpcore.com

■ 제이케이텍스 : 김만영, 2000, 대구서구, 섬유무역

■ 제이투어텍스타일 : 김재중, 2003, 대구서구, 섬유무역

■ 제일모직 : 1954, 경북구미, 소모방분야의 글로벌기업, 삼성그룹 계열사
   H/P : cii.samsung.co.kr

■ 제일산업 : 남이식, 1991, 대구달성, 비의류용섬유, H/P : okroll.com

■ 제일섬유 : 임정희, 2009, 경북영천, 비의류용섬유, H/P : jangbeag.com

■ 제일화섬염공 : 한상우, 1987, 대구서구, 염색가공

■ 젠텍스 : 이종선, 2002, 대구동구, 섬유무역

■ 조양모방 : 민병오, 민웅기, 1981, 대구달서, 교직물, 2001년 기업부설연구소, 스카이텍스(대구서구)는 계열사

■ 조양염직 : 정명필, 1995, 대구서구, 염색가공, 2010년 기업부설연구소, H/P : choyangcorp.com

■ 조일염공 : 류귀량, 1978, 대구서구, 염색가공

■ 중앙나염 : 곽위구, 2001, 대구서구, 염색가공

■ 중앙자수 : 전은경, 1999, 대구서구, 자수직물

■ 중원무역 : 김진환, 2009, 대구달서, 화섬직물, H/P : jungonetrading.co.kr

■ 중원섬유 : 김형수, 1992, 경북경산, 원사가공, H/P : jwtex.co.kr

■ 중원코리아 : 1994, 섬유원료, H/P : jwkor.com

■ 지노인터내셔날 : 최진용, 2002, 대구달서, 섬유무역, H/P : jinnointl.co.kr

■ 지엘테크 : 서만호, 2002, 경북칠곡, 니트직물(장갑), H/P : gloveok.com

■ 지현 : 김경완, 2005, 대구서구, 화섬직물, H/P : premex.co.kr

■ 진경물산 : 김창경, 2005, 대구서구, 섬유판매

■ 진성염공 : 송병익, 2003, 대구서구, 염색가공

■ 진성염직 : 한성수, 1998, 대구서구, 염색가공

■ 진성메리야스 : 허만윤, 1976, 대구달성, 니트직물

■ 진성텍스랜드 : 유양혁, 1999, 대구서구, 화섬직물

■ 진영 : 박노욱, 1984, 경북칠곡, 니트직물, 진영니트, 진영레이스, 진영피앤티는 계열사, H/P : jinyoung.com

■ 진영무역 : 박재하, 1987, 경북칠곡, 니트직물, 진한섬유(경북경산)는 계열사

■ 진영어패럴 : 장영덕, 1984, 대구서구, 봉제, H/P : renomashirts.co.kr

■ 진우텍스타일 : 정덕진, 1998, 대구서구, 화섬직물

■ 진호염직 : 신현우, 1990, 대구서구, 염색가공, H/P : chdyeing.co.kr

■ 진흥섬유 : 김진철, 1990, 대구달서, 니트직물

■ 진흥패브릭 : 한정욱, 1998, 대구달서, 봉제, H/P : jhfabric.co.kr

《 ㅊ 》

- 천명텍스 : 김순동, 2004, 대구서구, 섬유가공
- 천우글로벌 : 제갈강, 2003, 대구북구, 니트직물, H/P : chunwooglobal.com
- 천우텍스타일 : 김원수, 1965, 대구서구, 니트직물(장갑), H/P : chunilglove.com
- 창동섬유 : 조희숙, 1995, 대구달성, 화섬직물
- 창득직물 : 이재희, 1979, 대구달성, 교직물
- 창림정밀 : 이종수, 1975, 대구달서, 섬유기계, H/P : changlim.co.kr
- 창신무역 : 한호길, 1997, 대구동구, 섬유무역
- 창운염직 : 홍덕주, 2005, 대구서구, 염색가공
- 창우섬유 : 이종남, 1992, 대구서구, 염색가공, H/P : chungwoo-textile.com
- 창조실업 : 노순학, 1988, 대구수성, 봉제
- 창진 : 방창덕, 1996, 대구달서, 비의류용섬유, H/P : changjintex.com
- 청오엘에스 : 이정해, 1997, 경북경주, 비의류용섬유
- 청우 : 이경규, 1990, 대구달서, 화섬직물
- 청우에스아이 : 손의호, 1978, 대구달서, 교직물
- 청원레이스 : 서구택, 2002, 대구달서, 니트직물
- 청진 : 조각희, 1999, 대구달서, 교직물
- 최복호패션 : 최복호, 1974, 대구서구/경북청도, 대구스타기업, 패션문화원운영
  H/P : choiboko.com

《 ㅋ 》

- 카본나노텍 : 강홍원, 2002, 경북포항, 비의류용섬유, H/P : carbonnano.co.kr
- 코로나텍스타일 : 김원주, 1998, 대구달서, 교직물
- 코아텍 : 김종태, 2003, 경북경산, 비의류용섬유
- 코오롱 : 이원만, 이동찬, 이웅열, 1947, 경북구미, 화학섬유(원사),
  H/P : ikolon.com(코오롱 경산공장 : H/P kolon.co.kr)
- 코오롱글로텍 : 1987, 경북구미/경북영천, 비의류용섬유,

H/P : kolonglotech.co.kr

■ 코오롱패션머티리얼 : 2008, 대구북구, 염색가공. 코오롱 계열사,
　H/P : kolonfm.com

■ 코텍 : 윤주석, 2007, 경북경산, 니트직물

■ 케이에스케이 : 고한식, 1997, 대구서구, 섬유가공, H/P : ksk.co.kr

《 ㅌ 》

■ 태광산업 : 1950, 화섬, 면방직공장(경북구미, 1987), 직물공장(경북경주,
　1990), 섬유가공(대구서구, 2005), H/P : taekwang.co.kr

■ 태광아이엔티 : 김해수, 2006, 대구달성, 화섬직물

■ 태광어패럴 : 차영기, 1989, 대구서구, 봉제

■ 태광유직공업사 : 김병춘, 1975, 대구서구, 비의류용섬유

■ 태경코퍼레이션 : 이광태, 1995, 대구달서, 교직물

■ 태성섬유 : 김성재, 1994, 경북칠곡, 화섬직물

■ 태성직물 : 이장대, 1974, 대구북구, 면직물

■ 태성직물 : 은진호, 은진원, 1984, 대구달서, 교직물

■ 태승섬유 : 김번웅, 1977, 대구서구, 염색가공, H/P : tae-seung.com

■ 태양글러브 : 차영기, 1989, 대구서구, 니트직물(장갑), 태양산업(경북문경)은
　계열사

■ 태원섬유 : 허진호, 1998, 경북성주, 화섬직물

■ 태원섬유 : 박정재, 1991, 경북경산, 화섬직물

■ 태윤섬유 : 김도훈, 2005, 대구서구, 섬유무역

■ 태평직물 : 김자여, 1999, 경북영주, 특수직물

■ 태호기계 : 정태용, 1999, 대구서구, 섬유기계, H/P : taeho.co.kr

■ 태화염공 : 김태열, 1969, 대구서구, 염색가공

■ 태흥산업 : 이병옥, 1992, 경북군위, 비의류용섬유, H/P : th-indus.co.kr

■ 태흥산업사 : 손규진, 1979, 대구달서, 섬유기계

■ 텍스랜드앤넥스코 : 김일한, 2000, 대구달서, 섬유판매

■ 텍스존 : 김진호, 2001, 대구서구, 염색가공

■ 텍스밀 : 이상용, 2003, 대구북구, 니트직물, H/P : texmil.com

■ 통합섬유 : 이철민, 1998, 대구서구, 염색가공

■ 투에스티인터내셔날 : 노동훈, 2003, 대구달서, 봉제, H/P : towost.co.kr

■ 티씨텍스타일 : 이순영, 2002, 대구달서, 면직물

■ 티에프텍스츄어 : 정재오, 1999, 대구서구, 섬유가공, H/P : tftex.co.kr

■ 티엔아이 : 신종배, 2007, 대구달서, 화섬직물

■ 티엔에스 : 송재성, 1993, 대구북구, 자수직물, H/P : tns.co.kr

■ 티엔지코리아 : 김석열, 1993, 대구달성, 섬유가공, H/P : tag-korea.co.kr

■ 티엔케이컴퍼니 : 이상범, 2002, 대구서구, 섬유무역

■ 티케이텍스 : 정연희, 2008, 대구서구, 섬유무역

■ 티케이케미칼 : 우오현, 2007, 경북구미, 화학섬유(원사), 티케이케미칼은
　　1965년 설립된 동국무역의 후신으로 1992년 섬유무역 5억달러를 달성하기도
　　함, H/P : tkchemi.co.kr

《 ㅍ 》

■ 파카텍스(RGB) : 박동호, 1989, 경북의성, 원사가공, 2001년 기업부설연구소
　　H/P : pakatex.com

■ 평안 : 오희택, 1993, 대구서구, 섬유가공, H/P : amante.co.kr

■ 평화산업 : 김시영, 1969, 대구서구, 봉제(아웃도어용). 브랜드명은 '발렌키'
　　H/P : phko.com

■ 평화산자 : 박종혁, 2004, 대구달서, 비의류용섬유

■ 풍신섬유 : 박능창, 1997, 대구달서, 화섬직물

■ 풍원 : 김원준, 1985, 경북경산, 화섬직물(나일론)

■ 풍전티티 : 윤길중, 2000, 대구달성, 침장류섬유, H/P : fusiontt.com

■ 퓨리텍 : 송만선, 1974, 경북구미, 섬유가공, H/P : puritech.co.kr

■ 프리앤메지스 : 김광배, 1991, 대구중구, 봉제, 대구스타기업,
  H/P : freebalannce.co.kr
■ 플러스원텍스타일 : 전태진, 2007, 대구서구, 섬유무역

《 ㅎ 》

■ 하진텍스 : 이관수, 2000, 대구달성, 화섬직물
■ 하이닛 : 김건우, 2001, 경북칠곡, 니트직물
■ 한국고분자 : 박찬수, 1998, 대구달서, 특수섬유
■ 한국섬유컨설팅 : 김경호, 1998, 대구달서, 화섬직물
■ 한국코오드 : 이재혁, 1990, 경북구미, 비의류용섬유
■ 한국통상 : 박종한, 1994, 대구달서, 섬유무역, H/P : hkts.net
■ 한남교역 : 강구문, 2000, 경북고령, 화섬직물
■ 한비염직 : 방종국, 1992, 대구서구, 염색가공
■ 한서실업 : 박정규, 1973, 대구, 특수섬유, H/P : hanskorea.co.kr
■ 한성섬유 : 박광진, 1974, 대구서구, 봉제
■ 한성에프엔씨 : 김한관, 2002, 대구북구, 봉제
■ 한성케미칼 : 최성환, 1996, 대구서구, 섬유부자재, H/P : hwasungchem.co.kr
■ 한성화이바 : 조정용, 1996, 경북칠곡, 섬유가공
■ 한신섬유 : 조병환, 1981, 대구중구, 섬유무역
■ 한신섬유 : 허영조, 1991, 대구달서, 화섬직물
■ 한신섬유 : 이상훈, 1989, 경북성주, 화섬직물
■ 한신텍스 : 한상웅, 2005, 대구달서, 화섬직물
■ 한신특수가공 : 한상웅, 2001, 대구달서, 비의류용섬유
■ 한올섬유 : 박노윤, 경북칠곡, 화섬직물
■ 한우염공사 : 김문기, 1987, 대구서구, 염색가공
■ 한웅섬유 : 박상학, 1998, 대구달서, 니트직물
■ 한일타포린 : 배효태, 1985, 경북고령, 비의류용섬유, H/P : goodsheet.co.kr

■ 한진섬유 : 한구일, 1997, 대구달서, 특수섬유

■ 한창텍스 : 김정란, 경북구미, 화섬직물

■ 한호직물 : 서정호, 1985, 대구달서, 화섬직물

■ 해동장갑 : 석종문, 1980, 대구달서, 니트직물(장갑)

■ 해성합섬 : 이종태, 2001, 대구달성, 섬유가공

■ 해원통상 : 김종욱, 1997, 대구달서, 교직물

■ 해일 : 허석구, 1992, 대구달서, 교직물

■ 현대기계 : 문상수, 1971, 대구달서, 섬유기계, H/P : hdmc.co.kr

■ 현대내장 : 김경주, 1988, 경북경주, 비의류용섬유

■ 현대케미칼 : 이재갑, 1995, 대구달성, 비의류용섬유

■ 현대타포린 : 박병초, 1972, 대구달서, 비의류용섬유

■ 현대화섬 : 손상모, 1981, 대구달성/경북칠곡, 화섬직물, H/P : hd.textopia.or.kr

■ 현대화이바 : 이영수, 1990, 대구달서, 섬유원료, H/P : hdfiber.com

■ 현욱염공 : 이성익, 1996, 대구달서, 염색가공

■ 협신모직 : 이효균, 1978, 경북경산, 교직물, 대경염직(대구서구)은 계열사,
   H/P : hyupshinwool.co.kr

■ 형제섬유 : 이치권, 1998, 대구달서, 화섬직물

■ 형제인터내셔널 : 이해수, 1960, 대구중구, 니트직물, 2011년 미국 조달청
   주계약자 자격취득, H/P : hi-gloves.co.kr

■ 혜공 : 김우종, 1981, 대구수성, 봉제, H/P : doho.co.kr

■ 혜광산업 : 허현, 1998, 대구달성, 교직물

■ 혜성섬유공업사 : 이용식, 1990, 대구서구, 염색가공

■ 호명염직 : 강구문, 1997, 대구서구, 염색가공

■ 호신섬유 : 이석기, 1994, 경북경산, 화섬직물, H/P : hoshintextile.com

■ 호한직물 : 김석근, 1992, 대구달서, 교직물

■ 홍익직물 : 장석규, 1996, 경북칠곡, 교직물

■ 화랑섬유 : 신정섭, 1977, 대구달성, 교직물

■ 화성직물 : 백순기, 1987, 경북영천, 화섬직물(나일론)

■ 화성화섬 : 허원욱, 1997, 대구달성, 섬유가공

■ 화신섬유 : 이종식, 1982, 대구서구, 니트직물(양말), H/P : ws-socks.com

■ 화웅섬유 : 배영운, 1986, 대구달서, 봉제, H/P : hw-mykid.co.kr

■ 효성 : 조홍제, 1957, 1966년 대구염색공장, 1973년 동양염공(경북경산),
1992년 경북구미 섬유제1공장 등 설립, H/P : hyosung.com

■ 휴비스 : 2000년 11월 SK케미칼과 삼양사 합작으로 설립된 휴비스는
2001년 새한구미공장 운영, 대구사업사무소 운영

■ 흥구염공 : 김상호, 1983, 대구서구, 염색가공, H/P : heunggu.co.kr

■ 흥국섬유 : 조천수, 1988, 대구달서/경북경산, 니트직물, H/P : hktextile.com

■ 흥안바이오텍 : 권칠규, 1982, 경북군위/대구달서, 섬유가공,
H/P : heunganbio.com

■ 희성섬유 : 방희용, 1995, 대구달서, 섬유무역

2. 섬유상품 브랜드 현황

《 일러두기 》
  ○ 조사기준 : 2009년도(조사가능업체에 한함)
  ○ 조사지역 : 대구경북 섬유제조 관련업체
  ○ 자료출처 : 한국섬유개발연구원
  ○ 글 순 서 : 기업명 기준으로 가나다순

■ 갑을합섬(주) : Kasylon, 갑을합섬syn

■ 거성산업자재 : LETOM

■ 건우디피솔 : 건우 DP솔

■ ㈜경영섬유 : 스판삼우지

■ ㈜대경물산 : KDC 깜

■ 대산실업 : 베스텍스

■ 대성섬유 : H/M chiffon

■ 대원화섬(주) : CHERRY TEX

■ 대진섬유 : 미화단

■ 대청섬유 : 세비앙, 나우텍스

■ 덕산섬유 : 덕산론

■ 동원섬유 : 양코팅

■ ㈜동진상사 : 엑스트론

■ 미망인모자복지회 : TBM

■ 박동준패션 : 박동준, 코코

■ 보광(주) : 프론텍스

■ ㈜부민양행 : SOLARON

■ 삼일염직(주) : 삼텍스

■ 삼영섬유 : 별표(STAR)

■ ㈜새한 : ESLON

■ 서광무역(주) : AGA TEX

- ■ 서광피치앤기모가공 : NOVACO
- ■ 선우어패럴 : 아르고스
- ■ (주)성안 : STAR TEX
- ■ ㈜송강 : 송강
- ■ 송도산업 : ROSE MARY
- ■ 수노아텍스 : 수노아
- ■ ㈜신광타올 : 부론
- ■ 신상무역 : 이너리마
- ■ 신풍섬유(주) : 스윙쿨
- ■ 신화섬유공업(주) : SARI
- ■ 신흥직물공업(주) : MONO TEX
- ■ 쌍용사 : 야누스
- ■ 연우(주) : 로베르따
- ■ 영남커텐 CYNO : YNC
- ■ ㈜영빈 : FLACIO(THE STYLE)
- ■ ㈜영신타올 : 마리 끌레르
- ■ 영창테크(주) : YC-12
- ■ 에스엠 텍스타일 : SM
- ■ 예진어패럴 : 하오
- ■ 유림침장 : 까사, 엘리지앙
- ■ 은진섬유 : KW(로고)
- ■ 전상진패션 : 전상진패션
- ■ ㈜진영어패럴 : RENOMA
- ■ ㈜제승 : 메가드라이
- ■ 제원화섬(주) : CHENA
- ■ ㈜제이티엠 : JTM
- ■ 천우텍스타일(주) : 베테랑

■ ㈜청화섬유 : NEWLON

■ 카라반인터내셔널㈜ : 카라반

■ ㈜한국화섬 : 미즈텍스

■ ㈜한성화이바 : ACELON

■ 한주통상㈜ : HJSEA TEX

■ ㈜호명염직 : UNITIVE

■ ㈜혜공 : 도호, 김우종패션

제3편

대구경북섬유, 현대 환경의 흐름

제1장
섬유정책의 변화

제1절 개관

1. 정부육성정책의 총괄

정부는 국가경제기반 조성의 제1차적 최대 목표를 외화가득과 고용창출에 섬
유산업육성에 중점을 두는 정책을 활발히 전개하여 나갔다. 1960년대 섬유공업
시설에 관한 임시조치법을 비롯하여 1980년대 섬유산업근대화 촉진법, 공업발전
법, 1990년대에서 2000년대에 이르기 까지 산업발전법을 제정하여 시행하였다.

우리나라 섬유산업육성 관련 주요 추진정책

시기	정책명	정책의 주요 내용
1960년대	· 외자도입법 제정(1966년)	· 기술도입 및 외국인 투자 촉진
	· 섬유공업시설 임시조치법 제정(1967-1979년)	· 시설과잉억제 · 시설 설치 허가 및 등록
	· 무역거래 및 관세법제정(1967년)	· 원부자재 구매 촉진 · 각종 수출입금융지원
1970년대	· 섬유산업근대화 촉진법 제정(1979-1986년)	· 섬유산업의 근대화 촉진 · 노후시설 자금지원 · 기술개발, 인력양성, 수출활동지원
1980년대	· 공업발전법(공업발전기금)	· 섬유분야 합리화 사업 (합리화자금 지원) · 신기술 및 신소재 개발 · 염색 폐수처리 시설 확충 · 패션·디자인 진흥자금 · 제품개발 및 연구시설 구입 지원 · 해외시장 개척지원
	· 조세감면규제법 제정(1981년)	· 외자 획득시설 관세감면
1990년대 ~ 2000년대	· 산업발전법	· 산업기반 기술개발 사업 · 전문연구소 설립과 기능강화 · 환경 친화 사업
	· 산업발전법	· 업종별 지역특화 육성사업 · 정보화 QR, 실용화 추진사업

※ 자료출처 : 지식경제부

2. 합리화업종 지정

정부는 수출주력업종인 섬유직물제조의 육성 강화를 위해 1986년 7월부터 1995년 6월까지 3개년씩 3단계 9년간에 걸쳐 산업합리화 업종으로 지정하여 운영하였다.

직물제조업의 제1차 합리화기간은 1986년 7월부터 1989년 6월까지 3년간으로서 이 기간동안 정부는 1800억원의 정책적 시설개체 융자금을 지원하여 직물제조업 가운데 경제성을 잃은 노후 직기의 정비와 근대화 추진, 직물제조업의 기술개발 촉진, 업계의 생산성 향상을 위한 기술지도와 전문인력 양성지원, 수출질서 확립 및 가격안정기능 정착, 한계기업의 전업 또는 폐업 유도를 적극 추진하였다.

그 결과 전국 직물제조업은 산업합리화 추진 이전 197,050대이던 직기가 14.5% 구조조정된 168,565대로 축소 조정되었으며, 자동화율은 25.0%에서 49.2%로 크게 높아지기도 하였다. 같은 기간동안 직물수출액은 연간 22.1억달러에서 38.6억달러로 증대되기도 하였다.

한편 제1차 기간동안 대구경북직물제조업은 전국의 정책적 시설개체 융자금 1800억원 중 97.2%인 1750억원을 배정받아 자동직기 중심의 직기 15,463대(전국 16,478대의 93.8%)와 제직준비기 1,713대를 개체하였다.

이와 같은 직물제조업의 제1차 산업합리화 정책에 힘입어 섬유업계에서는 제2차 지원을 요구하게 됨으로서 정부에서는 이를 정책에 반영하기도 하였는데 제2차 기간동안 대구경북직물제조업은 총자금 730억원 중 83.3%인 608억원을 배정받아 워터제트룸과 레피어 중심의 직기 1,636대(전국 2,698대의 60.6%)와 제직준비기 1,292대를 개체하였다.

하지만 직물제조업이라는 특정 업종에 대한 정부의 편중적 집중지원으로 말미암아 제문제점이 드러남에 따라 정부에서는 염색가공업과 조선업 등 6개업종을 산업합리화으로 추가 지정하기도 하였다.

그리고 직물제조업에 있어서도 직기시설등록제에 대한 제도보완과 시행규정 준수, 섬유산업의 전후방 업종간 기술격차와 생산 병목현상 해소, 연구개발 노력 강화, 과당경쟁 지양 등 판매가격의 적정화와 생산인력의 부당한 이동 지양 등이 현안으로 등장하기도 하였다.

이에 따라 직물제조업의 산업합리화 제3차 지정은 시설개체 산업융자금 지원 없이 섬유산업의 자생력 확보를 위한 자구노력에 초점이 맞추어 지기도 하였다.

3. 섬유패션산업 구조혁신 토론회

2000년대 중반, 섬유패션산업이 대내외적인 여건 악화로 크게 어려움을 겪게 되자 대구경북섬유인을 중심으로 섬유패션산업의 현안 및 문제점에 대한 진단과 대책을 정부 및 국회 등에 건의하게 되고, 이에 한국섬유산업연합회와 각종 섬유단체 주관으로 '섬유패션산업의 구조혁신을 위한 토론회'가 2006년 11월 2일 (목), 국회의원회관 대회의실에서 700여명의 섬유패션인과 국회의원, 정부 등 기타 관계자들이 참석한 가운데 성대하게 개최되기도 하였다.

강재섭 한나라당 최고대표위원(지역구 : 대구서구)은 축사를 통해 2006년 3월 수립된 '섬유패션 구조혁신전략' 추진에 필요한 예산이 이번 국회에 반영될 수 있도록 최선을 다하겠다고 밝혔으며, 이윤성 국회산업자원위원장은 인사말을 통해 우리나라 전통산업이면서 최고 고용산업인 섬유패션산업을 미래첨단산업으로 육성 발전시킬 수 있도록 특별법 제정에 최대한 지원을 하겠다고 약속하기도 하였다. 또한 국회 산업자원위원회 간사인 서갑원 국회의원은 축사를 통해 국회 및 정부의 지원도 중요하지만 섬유패션인의 자구적인 노력도 필요하다고 강조하였다.

사실, 섬유업계에서는 이날 행사에 앞서 '섬유패션 강국 실현'이라는 모토로 4개월여만에 목표를 달성한 '섬유특별법 제정촉구 100만인 서명운동'의 경과보고와 섬유패션인의 결의문 낭독, 구호 제창 등으로 섬유패션인의 단합된 모습과 결연한 의지를 대내외에 보여주기도 하였다. 즉, 이날 섬유업계에서는 섬유패션산업의 중요성 부각과 정부지원에 대한 의지를 요구함과 함께 고비용 저효율의 불합리한 제도개선 및 생산기반 확충을 위한 투자환경개선, 섬유패션산업의 구조혁신전략의 원활한 추진을 위한 법적 뒤받침 마련을 위하여 '섬유패션산업의 구조혁신을 위한 특별조치법'의 제정을 촉구하기도 하였으며, 협상이 진행되고 있는 한·미 FTA의 조속한 체결이 건의되기도 하였다.

이밖에 이날 행사에는 서울대학교 강태진교수의 '섬유패션산업의 걸어온 길'과 한국섬유개발연구원 조상호원장의 '대구경북지역전략사업 진흥사업(밀라노프로젝트)의 이해와 성과' 등 많은 주제발표가 있기도 하였다.

이 행사로 말미암아 섬유산업에 대한 신성장동력 창출의 계기가 마련되었으며, 실제로 '슈퍼소재융합화제품개발사업' 등 섬유산업이 업계 주도로 질적 성장을 기할 수 있는 메가프로젝트가 수립, 추진되기도 하였다.

제2절 대구경북섬유산업에 대한 정책과제 도출

1. 대구섬유산업육성정책(일명 밀라노프로젝트)

대구섬유산업육성사업은 김대중대통령이 새정치국민회의 총재시절인 1996년 10월 26일 같은 당 소속 국회의원 8명과 대구를 방문하였을 때 지역 섬유인들과 간담회가 있었는데 그 때에 어려움에 처한 '대구섬유'를 회복시켜 당시 세계에서 최고의 섬유선진지인 이탈리아 '밀라노와 같은 명품도시'로 만들어야 가야 한다는 견해가 많이 오고갔다.

이러한 의지는 김대중대통령이 1998년 4월 30일 대구광역시청을 방문하여 대구섬유산업육성 지원정책의 기본 골격을 발표하였으며, 같은 해 9월 9일 대구에서 220여명의 섬유인이 모인 가운데 박태영 산업자원부(현재 지식경제부) 장관이 구체적인 지원정책의 실행계획을 공포함으로서 본격적으로 정부정책으로 시행되었다.

'대구섬유산업육성방안' 사업은 1999년 9월부터 2003년 8월까지 5년간 6,800억원(국비 3,670, 지방비 515, 민자 2,615)의 예산을 투입하여 대구섬유를 '아시아의 허브', '밀라노와 같은 세계적 명품도시'로 만들기 위한 것으로, 그 주요 사업목적은 '직물중심의 소품종 대량생산체제인 지역섬유산업의 구조를 고부가가치를 창출하는 패션디자인, 어패럴산업과 연계하여 다품종 소량생산체제로 중점육성 지원'하는 것이었다. 구체적인 사업내용은 제품고급화 및 고부가가가치화 분야, 패션디자인산업 활성화, 연구인프라 구축, 기술개발 및 기업생산성향상 지원사업 등 4분야 17개사업으로 편성되어 추진되었다.

이 사업은 당시까지만 해도 절대다수가 원청업체에 의존한 임생산·하청구조에 머물러 있었던 지역섬유업계가 독자적 연구개발과 특화된 시장개척에 자발적으로 나설 수 있는 계기가 되기도 하였으며, 아울러 '지역전략산업진흥사업'의 롤 모델이 되기도 하였으며, 2단계 밀라노프로젝트부터 경상북도도 이 사업에 참여하였다.

밀라노프로젝트사업 추진현황(1999-2003)

구 분	사 업 명	사업비	추진주체
총 계	17개 사업	6,800억원 (국비 3,670)	산업자원부
제품고급화 및 고부가가치화 (6개사업)	신제품개발센터 구축	270(170)	한국섬유개발연구원
	염색디자인실용화센터 구축	270(170)	한국염색기술연구소
	니트시제품센터 구축	150(100)	한국염색기술연구소
	섬유정보지원 센터 설치	125(75)	한국섬유개발연구원
	섬유직물연구개발	160(80)	한국섬유개발연구원
	염색기술연구개발	215(125)	한국염색기술연구소
패션디자인산업 활성화 (3개사업)	패션정보실 설치	75(50)	한국패션센터
	패션디자인개발센터 구축	203(133)	한국패션센터
	패션어패럴 밸리조성(이시아폴리스)	1,556(700)	대구광역시
연구인프라구축 (2개사업)	섬유종합전시장 구축(EXCO)	639(250)	대구광역시
	섬유기능대학 확대개편(노동부연계)	367(367)	한국폴리텍섬유패션대학
기술개발 및 기업생산성향상 지원사업 (6개사업)	섬유소재개발 지원사업(융자사업)	400(200)	대구경북섬유산업협회
	염색가공기술개발 지원사업	190(100)	한국염색기술연구소
	중소섬유기업생산성향상 지원(융자사업)	790(350)	대구광역시
	염색기반시설도입 지원	490(200)	한국염색기술연구소
	염색폐수처리시설 확충	400(200)	한국염색기술연구소
	직물수출상품비축 협동화사업(융자사업)	500(400)	대구광역시

대구섬유산업육성정책(일명 1·2단계 밀라노프로젝트) 추진현황

	제1단계 밀라노프로젝트	제2단계 밀라노프로젝트
사업목적	·지역 섬유산업구조의 고도화 및 시장수요 변화에의 대응력 제고 ·제품의 고급화·다양화, 기술 및 인력개발지원을 통해 고부가치화 실현 ·중간소재 생산 중심의 산업구조를 패션의류제품 생산 및 유통까지 확장	·밀라노프로젝트로 구축된 연구 개발 인프라의 운영 활성화를 위한 소프트웨어 및 인력 확충 ·밀라노프로젝트에 포함되지 못한 산업용 섬유분야와 섬유기계 산업 육성
사업기간	1999~2003 (5년간)	2004~2008 (5년간)
총사업비	6,800억원(시, 민자 3,130억원)	1,986억원(시·도, 민자 591억원)
주 요 세부사업	〈총 17개 사업〉 ·섬유제품의 고급화 및 고부가 가치화 추진 (6개사업, 1,190억원) ·패션디자인산업의 활성화 기반구축 (3개사업, 1,834억원) ·섬유산업의 인프라 구축 (2개 사업, 1,006억원) ·경영안정 및 지원기능 강화 (6개사업, 2,770억원)	〈총 20개 사업〉 ·신섬유 등 연구개발 (6개사업, 988억원) ·기업지원 S/W (8개사업, 329억원) ·인력개발 (56억원) ·인프라보강 (4개사업, 198억원) ·융자사업 (415억원)

2. 경북지역 섬유특화단지조성 지원

2008년 경북상북도는 도내 많은 기초자치단체에 섬유산지가 입지되어 있으나 여러 가지 사정으로 성장발전에 한계를 노정시킴에 따라 이 가운데 섬유특화 조성지원 활성화 시범화사업으로 '안동삼베', '풍기인견', '구미원사' 등 3개사업을 지정하고, 2008년부터 2010년까지 3년간 총사업비 24.8억원(국비 4.6, 지방비 13.2, 기초자치단체비 3, 민자 4)을 투입하여 '경북지역 섬유단지특화지원사업'을 전개하기도 하였다.

안동지역은 '안동삼베에 대한 특화브랜드 창출을 위한 상품개발 및 홍보물 제작 지원사업'으로, 구미(칠곡)지역은 국내 제조기반의 3분의 2이상의 인프라가 확보된 원사생산기반을 활용한 '차세대 인테리어 섬유소재개발 기획사업'으로, 그리고 영주(풍기)지역은 전통적인 강점을 지닌 인견생산기반을 활용한 '하이테크 기술을 응용한 웰빙 Well Being용 인견소재 아웃웨어 개발사업'으로 전개되었다.사업목적은 이와 같은 지역별 섬유생산기반을 특성화, 차별화함으로서 새로운 경쟁력 창출과 지역 경제활성화에 적극 기여하려는 것이었다.

특히 안동지역의 경우, 우리나라의 대표적 정신문화 유산을 보유한 안동지역에 전통적으로 발달한 '안동삼베(안동포)'를 세계화하려는 첫 시범사업으로 추진되기도 하였는데, 마침 '영국 엘리자베스여왕의 안동 하회마을 방문 10주년'과 '한영수교 125주년'에 대한 기념사업으로 채택하고 영국대사관과 공동으로 영국의 여성디자이너 2명을 초청한 '안동삼베의 세계화를 위한 디자인컨설팅'이 전개되기도 하였다.

3. 신문화창조를 위한 분위기 조성

지역 섬유산업에 있어 오랜 숙원사업 중의 하나이자 심각한 병폐로 지적되어 온 사안 중의 한 분야가 '남의 상품 베끼기(Copy)' 관행의 만연이다. 오죽 했으면 '첫번째 개발자는 다 망하고 두 번째, 세 번째가 흥한다'는 자조적인 기업문화가 팽배해 있었다.

이는 섬유상품, 특히 지역의 주종상품인 직물제품의 경우 어찌보면 제품의 기획에서 설계, 생산에 이르기 까지 일련의 생산과정이 너무나 복잡하고 까다롭기도 하지만 농업처럼 너무나 오랫동안 축적되어 온 경험에 의존하는 산업임으로 인해 누구나 쉽게 접근이 가능하며, 아울러 대부분의 공정이 복잡다단하게 분업화되어 있어서 상품이나 기술의 노출도 거의 일상화, 보편화되어 있다 싶이하다 보니 벌어지는 현상이기도 하다. 다시말해 김치나 된장처럼 제조공정이나 제품의 차별성을 기하기가 매우 어렵게 되어 있다. 여기에다 점차 직기 등 생산시설이 빠르게 자동화되어감에 따라 제품을 특성화하기가 더욱 어렵게 되어 있고, 섬유제품의 특성상 계절상품이 많고, 또 상품의 수명도 제한되어 있어서 모든 양상이 더욱 복잡한게 현실이다. 그리고 원사 등 원재료의 보편화와 품목이 단순화되어 있지만 생산공정상, 제품의 특성상 특허나 의장등록 같은 제도적 장치에 의한 보호받음에도 많은 애로가 있는게 사실이다.

이처럼 직물상품은 지역에 그 생산기반이 폭넓게 형성되어 있음에도 많은 문제점을 내재하고 있는게 사실이며, 세계적으로도 흔하지 않는 이러한 산업환경을 역으로 우리 섬유산업의 미래먹거리를 이끌어 내는 소중한 성장동력의 기초자산이 되고 있기도 하다.

그럼에도 일부 섬유인은 '베끼기 관행을 근절시키기' 위해 기회있을 때 마다 정부에 호소하거나 투서를 넣기도 하였지만 '자본주의 산업환경에서 법적인 조치사항을 마련하는 데에는 한계'가 있어 기업, 산업 스스로 기업윤리, 즉 모럴해저드 확산을 위한 자정 노력을 기울이는게 더 효율적이라는 공감대가 형성하기에 이르렀다.

실제로 '하늘아래 새로운 것은 없다'라는 서양격언처럼 많은 '창조'나 '개발'은 과거나 주변의 상황과 환경에서 습득한 지식에 기인한 '모방'이나 '베끼기'에서 시작되는 경우가 대부분이고, 또 이것이 국내 상황만 정화시킨다고 모든 문제가 해소되는게 아니라 주변국이나 경쟁국까지 감안되어야 하는 복잡한 사안임으로 '어려운 현실에 바탕한 해결노력'을 기울이는게 더 현실적이고 합리적이라는 중론이 모아지기에 이르렀다.

지역 섬유업계는 지난 30여년간의 숙원사업 중의 하나인 이 어려운 현안을 해소해보기 위해 IMF 사태로 '배끼기 관행'이 최고조에 이른 1999년 7월 20일 '섬유산업에서의 불법복제 현실과 대책'을 강구하기에 이르렀고, 2004년 9월 16일에는 청와대와 대구광역시에 섬유업계의 불법복제 방지를 위한 일부의 의견이 문서로 전달되기도 하였다. 그러나 동종업체간, 그리고 전후방공정간 개별업체가 처한 상황이 너무나 상이하여 소기의 성과도 이끌어낼 수가 없었으며, 오히려 자본주의사회에서 경쟁환경을 위태롭게 할 수도 있다는 의견이 더 우세할 정도였다.

이후 2007년 9월 10일 대구경북중소기업청과 한국섬유개발연구원 등이 업계의 지속적인 건의를 받아들이기 위해 '섬유카피방지 간담회'를 주선하여 관련업계의 의견을 청취하기에 이르렀으며 마침내 지역 섬유산업의 오랜 숙원이자 최대 현안 중의 하나인 섬유상품 베끼기 풍조 근절을 위한 '대구경북섬유신문화창조 선포식'이 2008년 2월 28일, 300여명의 섬유인이 참석한 가운데 한국섬유개발연구원 국제회의장에서 개최되었다. 섬유경기의 회복 조짐과 1999년부터 9년간 추진되어 오는 밀라노프로젝트의 성과를 바탕으로 섬유산업의 새로운 국제경쟁력 확보가 시급하다는데 산학연관이 인식을 같이하고, 이를 성취하기 위하여 섬유기업의 경영혁신과 신제품개발, 신틈새시장의 개척, 세계 일류지향의 산업기틀 마련을 목표로 섬유관계자들의 자발적 의지구현과 이를 실천하기 위한 행동강령이 대내외에 선포된 것이다. 이날 선포식에서 있은 대구광역시 김범일 시장의 축사를 통해 시대상황과 사업취지를 일람해보기로 한다.

= 격려사 =

오늘, 지역 섬유인 여러분들이 함께 모여 지역 섬유산업의 새로운 마인드 혁신을 다짐하는 '대구경북 섬유산업 신문화 창조' 원년 선포식에 참석하여 축하의 인사를 드리게 됨을 매우 뜻 깊게 생각하며 진심으로 축하드립니다. (중략) 존경하는 섬유인 여러분! 섬유산업은 우리나라 경제발전의 원동력 역할을 수행하여 온 효자산업이며 변화하는 이 시대에도 일본, 이태리, 미국 등 세계경제 선진국을 중심으로 하여 고부가가치산업으로 새롭게 자리매김해 나가고 있는 미래 성장산업으로서 지역섬유산업의 육성 발전을 위한 우리의 의지도 더욱 강화시켜 나가야 한다고 생각합니다. 이를 위해 우리 시는 작년에 2011 세계육상선수권대회 대구유치와 경제자유구역지정을 통한 섬유 신수요 창출의 기반을 마련하였고, 한미 FTA 체결 등 Global 경제산업 환경변화에 효율적으로 대응할 수 있는 경쟁력을 갖춘 영원무역 등 국내·외 우량 기업군의 지역 유치 등 섬유산업 발전의 재도약을 위한 지원정책도 더욱 강화해 나가고 있습니다.

하지만, 이러한 대내외적인 기업환경의 긍정적 변화에도 불구하고 지역 섬유산업이 안고 있는 내부적 숙제도 적지 않다고 봅니다. 변화하는 시대에 섬유기업의 이미지를 쇄신하기 위해서는 경영인 여러분들의 마인드가 이제는 바뀌어야 한다고 봅니다. 그릇된 편견과 굳은 인식을 떨쳐 버리고 산업간, 스트림간 건전한 융합적 협력과 상생을 통하여 시대를 이끌어가고 시장 트렌드를 창조해 나가는 능력을 갖추지 않는다면 아무리 좋은 환경과 기회가 마련되었다고 하여도 무용지물이 될 것입니다. 따라서 현재의 호기를 최대한 활용하기 위해서는 섬유기업의 경영혁신과 신기술개발, 신규시장 개척을 통한 세계 일류 브랜드 창출을 목표로 Copy방지, 상품기획력 제고, 우수인재 양성, 덤핑방지, 신규 투자 확대 등 새로운 기업 문화를 창조해 나가는데 섬유인 여러분의 지속적인 노력이 절실히 필요한 시점이라고 생각합니다. 모쪼록, 오늘의 '섬유 신문화 창조 선포식'을 계기로 섬유업계 스스로 변화와 혁신을 지속적으로 추구하여 우리 모두가 할 수 있다는 자신감을 가지고 섬유산업이 미래 성장 동력산업으로 거듭날 수 있도록 한층 더 노력하여 주시기를 간곡히 당부드립니다.

우리 시에서도 업계 여러분들의 노력이 헛되지 않도록 '기업하기 좋은 환경'을 만들기 위한 각종 지원시책을 적극 발굴하여 여러분들이 계획한 사업 하나 하나가 성공적으로 추진될 수 있도록 모든 지원을 아끼지 않겠습니다. 끝으로, 오늘 '섬유 신문화 창조 선포식' 원년 행사를 다시 한번 축하드리며 앞으로 우리 섬유산업에도 새봄의 새순 같은 밝은 희망이 온누리에 가득하기를 기원드리겠습니다. 대단히 감사합니다.

2008년 2월 28일 대구광역시장 김범일

'Copy no! Creative yes!'라는 슬로건으로 운영되고 있는 '대구경북섬유산업신문화창조협의회'는 '배끼기'라는 극단적인 표현보다는 '우리지역 섬유산업의 영속적인 발전을 위하여 정성과 정열이 가미된 창조활동'을 위해 선포식 이후 현재에 이르기 까지 매월 1회씩 정기모임을 가지고 있으며, '자발, 자율적으로 참여한 업체'를 회원사로 하여 각 회원사가 개발한 제품을 공개하고, 품평회를 가짐으로서 새로운 '산업문화', '기업문화'의 장을 열어가고 있기도 하다.

즉 이 모임에서 공개된 제품이나 기술에 대해서는 '독자성과 고유성'을 인정해 주며, 비회원사업체가 단순모방을 할 경우에는 공동대응으로 개발업체를 보호해 주려 노력하고 있기도 하다.

각 회원사에게는 'Cretex인증서'와 현판을 수여함으로서 참여의 자긍심 고취와 동질감 부여에도 많은 노력을 기울이고 있으며, '어렵지만 아름다운 섬유산업 문화정착'을 위해 자발적인 헌신을 기하고 있기도 하다.

이에 따라 2009년 3월 5일 제1차 창조제품개발성과발표회를 가지기도 하였으며, 실제 각 회원사가 개발한 제품을 중심으로 각종 국내외 섬유전시회에 참여함으로서 그 존재감을 서서히 확산해 나가고 있기도 하다. 또한 2011년 10월 12일부터 일본 동경에서 개최된 '재팬크리에이션 Japan Creation'에 참가하여 좋은 평가와 함께 소기의 성과를 거두기도 하였다.

세계섬유변천사에 있어서도 20세기 초 프랑스 파리의 단순한 의류봉제기지로 출발한 이탈리아 밀라노는 21세기 초 세계섬유패션의 중심지로 부상하였고, 일본 섬유산지로 자리매김한 오오사까는 국제적인 섬유상권을 좌지우지하기도 하였다.

그리고 원사 등 원재료의 보편화와 품목이 단순화되어 있지만 생산공정상으로나 제품의 특성상 특허나 의장등록 같은 제도적 장치에 의한 보호받음에도 많은 애로가 따르고 있었기 때문이었다.

이러한 상황이 수월하게 정착할 수 있었던 것은 또한 고래로 부터 축적되어
온 전통적 섬유생산 기술기반이 있었기 때문에 가능한 일이었다.

18세기말, 당시로서는 혁명적인 사고로 연암선생이 열하일기를 통해 선진국
기술을 빨리 배울 것을 역설하는 등 근·현대사에 수 많은 선각자가 있음으로
인해 오늘날과 같은 기술기반이 확보될 수 있었지만 모방과 개발은 모두 배움에
서 시작된다.

이는 오랜기간의 관습적 경험과 제대로 된 기술의 축적이 있었기에 오늘날
에 와서 다종다양한 섬유상품 출시와 독자적인 고유기술을 확보해 나갈 수가
있었다.

4. 상생협력의 장 마련

2000년대 후반 대구경북섬유산업은 광역권역간 상생협력을 위한 자구노력의 필요성이 강력히 대두하기 시작하였는데 그 중의 하나가 2008년 7월 17일과 18일 이틀에 걸쳐 대구경북섬유직물공업협동조합 등 섬유단체와 업계, 금융계, 정부, 지자체가 공동으로 추진한 '대구경북섬유직물업계 CEO 워크샵'이라 할 수 있다. 경북 경주에서 섬유업계 및 관계자 190여명이 참석한 가운데 개최된 이 행사의 취지와 당시의 시대상황을 대구경북섬유직물공업협동조합 이의열이사장의 개회사와 경상북도 김관용 도지사의 특강을 통해 살펴보기로 한다.

= 개회사 =

(중략)

우리 섬유인들은 지난 2008년 2월 28일 '섬유신문화 창조 원년 선포식'을 통하여 베끼기 근절, 제값받기, 신개발제품의 보호, 인증은 물론 서로 신뢰하는 문화를 정착시키자고 결의를 다짐하고 이를 분야별로 시행해 오고 있습니다. 그러나 금년 초만 하더라도 섬유수출이 다소 회복되는 모습을 보였으나, 최근 고유가로 인한 원부자재, 유틸리티 비용의 급증과 환율의 불안정으로 인하여 우리 업계에서는 IMF때보다도 더욱 어렵다는 얘기가 나오고 있습니다.

따라서 오늘 1박2일로 개최되는 동 워크샵은 우리 섬유직물업계 CEO들이 한 자리에 모여서 경영학습의 기회로서는 물론 업계의 애로 현안을 함께 토론하고 공동 대응책을 마련할 뿐만 아니라 상생협력 방안을 마련하는 좋은 기회가 될 것으로 생각합니다. 특히 오늘 워크샵을 통하여 우리 업계 스스로가 경영혁신을 하여 '생산성은 15% 높이고, 비효율 요소는 15% 낮추는' 이른바 '15% Up & Down'을 실천하여 지금의 어려움을 극복할 것을 제안합니다.

특히, 오늘 특별초청강연은 김관용 지사님께서 최근 독도문제로 골치가 아프심에도 불구하고 우리 섬유인들을 위하여 특별하게 강연을 해 주십니다. 통상 지사님들은 이런 행사시 격려말씀을 해 주시는 것이 관례입니다만 지사님께서는 섬유인들에 사기진작과 섬유에 대한 중요성을 꼭 전달하시겠다는 말씀이 계셨습니다. 지사님의 초청강연이 기대됩니다.

그리고 김범일 시장님께서도 참석하시려고 했는데 지난 14일부터 유럽출장 중이셔서 이 자리에 못 나오시게 되어 아쉽다는 말씀을 전해 받았습니다.

주제강연을 해주실 최상철 국가균형발전위원장님께서도 오늘 하루를 저희를 위하여 시간을 할애해 주셨습니다. 우리 지역 섬유업계가 그간 추진해오던 지역진흥사업인 밀라노프로젝트사업은 물론 지역균형정책 등을 입안하시므로 특히 3단계 지역진흥사업예산이 많이 축소되는 우리 업계의 입장에서는 최위원장님의 섬유산업에 대한 이해와 지원이 필요하다고 생각합니다. 그리고 전성철 세계경영연구원 이사장님의 주제강연인 '글로벌 스탠다드를 기업경영에 접목시키자'라는 강연은 우리 기업의 세계경영에 매우 유익할 것으로 사료되며 우리 업계의 당면 애로현안 및 정책을 최용호교수님의 진행으로 토론하는 시간도 준비하였습니다. 좋은 의견을 개진하여 주시기 바랍니다.

(중략)

특히 오늘 동 워크샵에 협찬을 해주신 대구경북직물수출협의회, 주식회사 코오롱 FM, 대구은행, 주식회사 진영 관계자께도 깊은 감사를 드립니다.

2008년 7월 17일 대구경북섬유직물공업협동조합 이사장 이의열

= 특별초청강연 요지 =

(중략)

섬유인 여러분 많이 그동안 지쳐셨죠, 오랫동안 이 업을 하다보니 숱한 산전수전을 다 겪어 셨고, 또한 우리나라 산업의 맏형으로서 국가경제를 이끌어 오신다고 노고가 많았습니다. 정말 많이 지치신 것 같아서 저가 위로를 해 드리려고 여기에 나왔습니다. 여러분 힘냅시다. 절대 불가능은 없고 우리는 다시 도약할 수 있습니다. 저는 여러분을 믿습니다. 최근 섬유업계도 올해 초에는 수출도 제법 호전되는 듯하다가 최근 유가급등으로 인한 원부자재의 가격과 유틸리티 비용의 상승으로 채산성이 크게 악화 되었다지요. 여기에다 환율의 불안정과 외환보험의 제 문제점 등으로 인해 수출업체의 손해가 많은 것으로 파악하고 있습니다. 이처럼 경기가 어렵다 보니까 설치 10년 이상의 설비가 76.7%에 이를 정도로 신규 투자도 소홀할 수밖에 없었던 것 같습니다. 장사가 잘 되려면 지금 우리가 거래하는 기존의 중저가 바이어보다는 고가 바이어와 거래를 해야 하는데 국제경쟁력이 더욱 치열하다 보니까 이 또한 만만치 않은 것으로 알고 있습니다. 이와 같은 여러 가지 상황은 우리만의 문제가 아니고 세계적인 현상인 것 같기도 하구요. 심지어 제3차 세계 오일쇼크가 온다는 얘기도 있습니다만 이러한 때에 우리 기업인들이 더욱 지혜를 모아야 한다고 봅니다. 위기를 기회로 전환하는 우리의 저력이 요구됩니다.

우리 섬유산업은 의식주와 관련되어 있어서 인류가 존재하는 한 영속적인 산업일 뿐만 아니라 향후에는 경량 대체소재, 즉 비행기, 차량, 인공의료용, 전자부품, 각종 스포츠용품 등 대표적인 첨단산업으로 나아가고 있으며, 실제로 세계 섬유수출 상위 10위권 내에 있는 이탈리아, 독일, 미국, 영국, 프랑스, 일본 등 섬유선진국도 섬유상품의 50%이상을 첨단소재산업으로 육성 발전시키기 위해 많이 노력하고 있는 것으로 알고 있습니다. 그리고 세계적 유수 기업 중 섬유만으로 특화,

차별화하여 성장하고 있는 기업도 많은 것으로 알고 있는데 미국의 듀폰, 일본의 도레이, 스위스의 쉘러 등입니다. 또 독일, 일본, 이탈리아 등 소위 섬유선진국을 살펴 보면 기초기술인 섬유재료분야의 연구개발이 잘 이루어지고 있고, 이를 바탕으로 제품의 응용력, 아이디어 창출, 패션성을 가미되어 세계섬유시장을 선도하고 있는 것으로 알고 있습니다. 아울러서 기반기술인 섬유기계산업도 발달되어 있는 등 3박자가 고루 잘 갖추어져 있는 것 같습니다.

이에 따라 경상북도에서도 섬유기계연구소를 설립하여 연구개발을 하고 있지만 산업의 기반이 열악하여 상당한 어려움이 있음으로 섬유 CEO 여러분들이 모여서 지혜를 찾고, 또 끊임없는 자구 노력이 더욱 강화되었으면 합니다. 신무기가 없으면 전쟁에서 절대 승리할 수가 없습니다. 또 우수한 인재를 활용하려면 이에 상응하는 대우가 필요하다고 봅니다.

오늘 이 행사를 계기로 서로 협력하고, 정보를 공유하고, 상생하는 기업문화가 조성되었으면 합니다. 그러려면 항상 학습하는 준비가 되어 있었으면 합니다. 지금은 정보화시대이고, 제품의 라이프사이클이 매우 짧으므로 정보력이 바로 기업의 경쟁력임으로 이는 학습을 통하여 체득할 수밖에 없습니다. 변화를 통하여 성장하고 있는 지역 우수 섬유기업 사례가 많이 나왔으면 합니다.

섬유산업은 대구경북경제통합의 대표적 산업이며, 원사, 직물, 염색가공 등 섬유업종간 상호 협력연계도 수월한 특성을 보유하고 있습니다. 그리고 전자전기, 자동차, 조선, 철강, 바이오, 해양, 문화 등 타산업과 융합에 있어서도 대표성있는 분야이기도 합니다. 그리고 우리 경상북도에서는 섬유산업이야 말로 많은 지역에 골고루 분포되어 있어 기초자치단체인 지역경제에 매우 중요한 산업이기도 합니다. 그래서 경상북도에서는 섬유산업의 지속성장을 위한 중점육성을 위해 광역권 상생협력사업의 모델이 되고 있는 지역전략산업지원사업 뿐 아니라 별도로 3지역에 대한 특화지원사업도 추진하고 있는데, 경북 영주/풍기의 차별화 인견소재 개발, 경북 안동의 문화산업과의 접목, 경북 구미/칠곡의 전자산업과의 융합산업화 사업 등 특화지원사업을 시범적으로 수행하고 있기도 합니다.

섬유인 여러분, 오랜 세월에 걸쳐 인고의 노력으로 제조업을 유지시켜 주시는 여러분들이 바로 진정한 애국자들입니다. 고용, 수출, 무역수지 흑자, 지역의 산업 기반 유지, 국가경제 발전의 초석 등의 기초기반이기 때문입니다. 섬유산업은 반드시 부흥되어야 할 산업임으로 하루라도 빨리 새로운 먹거리를 발굴해 주시면 대구광역시장과 저가 함께 중앙정부와 각 요로에 적극 요청할 테니 그 실탄을 제게 만들어 주십시오. 좋은 정책을 개발하여 제안해 주시면 경상북도도 꼭 일조를 하겠습니다. 지금의 어려움은 반드시 극복해야만이 다음의 우리 후손세대가 있습니다. 현재 전 세계 모든 국가가 어렵습니다. 이러한 때에 무엇보다 우리 섬유인들의 지혜가 필요하고, 단합된 힘이 요구되며, 그리고 기업 스스로가 앞장 설 필요가 있다고 봅니다. 오늘 섬유직물업계 CEO 워크샵을 계기로 섬유인들이 다시 결집하여 새로운 도약의 기틀을 조성하는데 좋은 기회가 될 것으로 기대합니다.

2008년 7월 17일 경상북도지사 김관용

5. 산업융합화 추진(메디텍스)

　지역 섬유업계는 대구경북지역이 2009년 '첨단의료복합단지'로 지정된 것과 때를 맞추어 섬유산업의 융·복합화시대를 대비한 의료용·병원용 섬유소재개발사업이 적극 추진되고 있기도 하다.

　실제로 섬유산업과 의료산업의 접촉화 작업이 다양하고도 폭넓게 전개되었고, 또 추진되어가고 있기도 한데 이러한 노력 중에는 당시 최경환지식경제부장관과 대구광역시, 경상북도의 적극적 지원으로 국내에서는 거의 처음으로 섬유업계와 의료산업계가 공동으로 1년여간의 준비 끝에 2010년 2월 19일 섬유 및 의료산업 관계자 300여명이 참여한 가운데 '메디텍스 Medi-tex(Medical -textile)용 첨단 융합소재개발 활성화를 위한 국제심포지움'이 성대하게 개최되기도 하였다.

　이를 기화로 섬유산업과 의료산업간 다양한 교류가 더욱 빈번하게 이루어지게 되었으며, 아울러 이의 일환으로 대형 국책사업이 태동하는 계기가 되기도 하였다.

■ 'Medi-tex용 첨단 융합소재개발 활성화를 위한 국제 심포지움' 인사말 모음

= 섬유분야 개회사 =

　융복합의 시대, 제품의 질적 향상을 위한 산업간 융합이 활성화되고 있는 가운데 생산기반의 지식화와 집적화, 신뢰성 구축을 위한 Net-working이 더욱 중요시 되어가고 있습니다. 이처럼 소재산업의 융합이 특별히 강조되는 시대에 섬유산업의 시설, 인력, 연구기관 등 인프라가 풍부한 우리 지역에 있어 '메디-텍스분야에 대한 수요자와 생산자 간 소통'과 협력의 필요성이 제기됨에 따라 한국섬유개발연구원은 지난 2008년 말부터 창의와 혁신적인 사업영역 확대를 위해 국내 최대의 의학적 임상기반을 보유한 대구가톨릭대학교와 지속적인 만남을 통해 의료분야와 섬유분야간 진정한 융합의 장을 마련하기 위하여 많은 노력을 기울여 왔습니다.

　최근 우리 지역의 '메디시티'란 케치프레이즈와 같이 고품격 의료산업으로 육성 발전하기 위해서는 이의 위상에 걸 맞는 의료용 섬유소재를 개발, 생산할 수 있는 체계적이고 전문화된 생산기반 조성이 시급한 실정입니다. 옛 속담에 먼 길을 갈 때 혼자가면 빨리 갈 수도 있겠지만 더 멀리 가고자 할땐 서로 협력하여 함께 가는 것이 더 좋은 결과를 얻을 수 있다는 말처럼, 수요자와 생산자가 직접 소통하고 협력하면 엄청난 시너지 효과과 있을 것으로 믿어 의심치 않습니다. 시장환경 개선과 미래원천기술 도출을 위해서도 양 분야간에 원활한 소통은 꼭 필요하다고 봅니다.

따라서 이 자리는 새로운 기회와 도약의 자리로, 다양한 소통과 지혜를 모으는 '학습의 파트너 쉽'을 엮어갈 시작의 장이 되었으면 합니다. 수요자와 생산자 간 원활한 Net- work 구축으로 기존의 시장을 더욱 활성화시키면서, 체계적 소통의 부재로 그간 미쳐 대처하지 못한 분야를 새로이 발굴해냄으로서 다양한 창업과 새로운 일자리 창출도 가능하리라 봅니다. 구체적인 실행계획은 실무진을 구성하여 추진하겠지만 우리 섬유업계에서도 글로벌 환경과 국제경쟁력 향상을 위해 변화와 혁신을 통한 과감한 투자를 해야한다는데는 섬유인 모두기 공감을 하고 있습니다. 조금 늦은 감이 없지 않지만, 메디-텍스용 첨단 융합소재개발 활성화는 지식경제산업의 새로운 랜드마크를 구축함과 함께 의료서비스분야의 질적 개선에 대한 신뢰성 확보를 통한 수출 증대와 관광자원화 등으로 국가적 위상제고와 지역경제 활성화에도 큰 기여를 할 수 있을 것으로 봅니다. 다시 한번, 이 자리를 빌어 그 어느 지역보다 풍부한 인프라가 구축되어 있는 의료분야와, 오랜 경험축적과 집적화된 섬유산업이 만나 '메디-텍스분야'의 새 시대를 열어가는 소중한 만남의 장이 될 수 있기를 기대하며, 양 분야 관계자의 지속적인 관심과 참여가 있기를 당부드리는 것으로 개회사에 가름코자 합니다. 감사합니다.

2010년 2월 19일 한국섬유개발연구원 이사장 박노욱

= 의료분야 개회사 =

첨단의료 복합단지의 선정으로 대구·경북 지역발전에 큰 전기가 마련되었고, 이 사업의 성공을 위해 지역민 모두가 혼신의 힘을 쏟아야 할 때 저희 대구가톨릭대학교와 한국섬유개발연구원이 힘을 합쳐 첨단메디컬 섬유소재 개발을 위한 공동협력 MOU를 체결하고, 국제 심포지엄을 개최하게 되어 대단히 기쁩니다. 이번 국제 심포지엄은 Medi-tex용 첨단 융합소재개발 활성화 심포지엄으로서 대구경북의 발전과 미래 국가 성장 동력 창출을 위해 우리지역과 우리나라를 넘어 국제적인 역량을 모은다는 의미에서 그 의미가 더욱 깊다고 하겠습니다.

그동안 우리 대구경북은 섬유·철강·전자산업 등 국가기간 산업으로 우리나라 근대화의 초석을 다지는데 일조해 왔습니다. 하지만 최근에는 경기침체와 섬유산업의 쇠퇴 등이 맞물려 마땅한 성장 동력산업을 찾지 못한 채 많은 어려움을 겪어 왔습니다. 다행히 지역민 모두가 염원했던 첨단의료복합단지 유치로 이제 우리 지역이 재도약할 수 있는 발판이 마련되었습니다. 특히 대구하면 떠오르는 우리 지역의 섬유산업이 IT, BT와 연계해 슈퍼섬유, 메디컬섬유 등의 연구개발과 설비투자에 박차를 가하면서 다시금 성장동력산업으로서의 명성을 되찾고자 많은 분들이 지혜와 역량을 모으고 있습니다.

대구광역시가 메디시티를 표방하고 있듯이 1914년 영남최초로 대학 교육을 시작한 저희 대구가톨릭대학교는 메디유니버시티를 표방하면서 의료분야 특성화에 박차를 가하고 있습니다. 저희 대학은 의과대학, 약학대학, 의료과학대학, 간호대학 등 대구·경북지역 지역대학 중 의료분야관련 최다수 단과대학을 보유하고 있으

며, 인간의 생명과 삶을 아우르는 우리 대학의 모든 기구와 역량의 총집결체인 의약·보건·생명과학분야의 융·복합 연구단인 '인문학적 생명과학 클러스트'(Human Bio-Science Cluster)가 지난해 발족되어 활발한 활동을 진행하고 있습니다. 이러한 우리 대학의 의료 인프라가 오늘 MOU를 체결한 한국섬유개발연구원의 선진 기술력과 잘 융합되어 섬유산업과 의료산업의 융·복합을 통한 고부가 가치 의료용 섬유소재가 개발되어, 우리 대구경북이 그 중심지로 자리매김할 수 있기를 충심으로 기원합니다. 특히 오늘 많은 분들의 관심 속에 개최되는 이 심포지엄을 통해 이를 위한 실천적 방안들이 많이 도출될 수 있기를 희망합니다. 저희 대학에서도 지속적인 투자와 노력을 아끼지 않도록 하겠습니다.

다시 한번 오늘 심포지엄 개최를 위해 수고하신 모든 분들께 감사를 드리며, 여러분이 하시는 모든 일에 하느님의 풍성한 축복이 함께 하시기를 기도합니다. 감사합니다.

2010년 2월 19일 대구가톨릭대학교 총장 소병욱

= 정부의 격려사 =

오늘 우리 섬유산업의 '메카'라 할 수 있는 대구에서 섬유인과 의료인이 함께 모여 메디컬 섬유의 개발과 상용화를 촉진하기 위한 세미나를 개최하게 된 것을 매우 뜻 깊게 생각합니다. 섬유산업은 1920년대부터 우리나라 최초의 근대산업으로 태동하였으며, 1960년부터 본격 시작된 경제개발기에는 우리나라의 근대화를 이끌어 왔던 산업이었습니다.

그러나 1990년대 이후 중국 등 후발국의 급부상과 다자간 섬유협정에 의한 쿼타제가 폐지되면서 경쟁력 약화로 어려움에 처하기 시작하였습니다. 대구·경북 지역경제가 겪고 있는 어려움은 이 지역을 기반으로 한 섬유산업의 어려움과도 무관하지 않다고 생각하며, 이러한 어려움을 극복하기 위해 업계 스스로가 '한국섬유산업연합회'를 중심으로 신섬유 개발에 적극 나서고 있는데 대해 매우 바람직하게 생각합니다.

반면, 작년에는 대구시가 정부의 첨단의료복합단지사업을 유치하면서, 앞으로 세계적인 의료단지 및 의료기기 복합 생산기지로 발돋움할 수 있는 절호의 기회를 맞이하기도 하였습니다. 의료산업이 발전하기 위해서는 이에 걸맞는 병원용품이나 메디컬용 섬유소재의 개발이 뒷받침되어야 가능합니다. 메디컬 섬유는 과거 수술복이나 수술용 봉합사, 병원용품 등을 제조하던 수준에서 이제 혈액필터나 인공신장, 인공혈관 등 첨단제품을 만드는 수준으로 발전하고 있습니다.

마찬가지로 섬유산업도 기술력을 바탕으로 고부가가치화 하지 않으면 더 이상 발전을 기대하기 어렵습니다. 섬유산업의 부가가치율은 제조업 평균의 40%에도 못 미치고 있습니다. 남들이 100원을 버는 동안 섬유산업은 40원 밖에 벌지 못하고 있다는 이야기입니다. 그동안 섬유산업을 기반으로 발전하여 온 대구·경북의 지역경제가 한 발짝 더 도약하기 위해서는, 남들이 100원 벌 때 섬유산업도 100

원을 벌 수 있는 고부가가치 산업으로 탈바꿈 하여야 합니다. 첨단 메디컬 섬유를 개발하고 사업화하는 것이 섬유산업을 고부가가치화 할 수 있는 훌륭한 대안이 될 수 있을 것으로 확신합니다.

특히 대구·경북은 섬유산업기반과 의료산업기반이 균형있게 발달하여 첨단 메디컬 섬유 개발을 위한 잘 다져진 지역적 기반도 가지고 있습니다. 그러한 의미에서 오늘의 이 세미나는 매우 시의 적절하다고 할 수 있으며 섬유업계와 의료업계가 산업간 융합을 통해 상생협력을 확대할 수 있는 방안을 논의할 수 있는 좋은 기회가 될 것으로 생각합니다. 앞으로 건강과 복지에 대한 관심이 높아지면서 의료수요도 크게 늘어 날 것으로 예상됩니다. 급속한 고령화의 진전도 의료산업에 대한 전망을 밝게 하고 있습니다. 또한, 의료수요의 증가는 병원에서 사용되는 병원용품이나 의료기기뿐만 아니라, 가정에서 사용되는 헬스케어 제품 등에 있어서도 시장수요를 크게 증가시킬 것으로 생각됩니다. 하지만 일부 병원용품을 제외하고는 우리나라 메디컬 섬유의 기술수준은 아직도 초보수준에 그치고 있고, 고급 및 고기능 메디컬 섬유제품은 대부분 수입에 의존하고 있는 실정입니다. 또한 메디컬 섬유의 개발을 위한 연구나 평가, 신뢰성 테스트 등에 대한 기반도 매우 열악한 것이 현실입니다.

오늘 심포지엄이 아직 초보단계에 있는 메디컬 섬유의 개발 필요성에 대해 섬유업계와 의료업계가 상호 이해를 공유하고, 머리를 맞대어 효과적인 개발 방안을 모색하는 자리가 되기를 기대합니다. '늦었다고 생각할 때가 가장 빠르다'라는 말이 있습니다. 여기에 모이신 모든 분들이 힘을 모아 함께 노력한다면 머지않은 장래에 의료선진국에 걸맞는 메디컬 섬유 강국으로 발돋움 할 수 있으리라 생각합니다. 정부도 의료업계와 섬유업계의 노력에 발맞추어 필요한 R&D나 마케팅이 원활히 추진될 수 있도록 정책적인 뒷받침을 해 나가겠습니다. 마지막으로 오늘의 이 행사가 메디컬 섬유에 대한 업계의 관심과 역량을 모으는 계기가 되기를 바랍니다. 여러분 모두의 건승과 건강을 기원합니다. 감사합니다.

2010년 2월 19일 지식경제부 장관 최경환

제3절 섬유무역질서의 환경변화(FTA등)

우리나라의 섬유수출이 급증하자 미국을 비롯한 선진국에서는 자국의 섬유산업을 보호할 목적으로 강력한 수입규제 시책을 마련하고, 이를 국제적인 규범화하여 나가기도 하였다.

〈 주요 국제 섬유무역 규범의 사례 〉

○ 단기면직물협정
  (STA: Short-Term Arrangement Regarding International Trade in Cotton Textiles, 1961)
  - 일본 및 홍콩산 면직물의 대미수입 급증을 방지하기 위해 탄생
  - 미국에 의해 GATT와는 별도로 섬유교역만을 규율하는 다자간협정 발효
  - 수량규제에 의한 국별 쿼터제도의 기본이 됨

○ 장기면직물협정
  (LTA: Long-Term Arrangement Regarding International Trade in Cotton Textiles, 1962-1973)
  - 규제 대상품목이 면제품위주로 적용되었으며 규제국은 미국
  - 1964년에 한국이 28번째 체결국

○ 다자간섬유협정 (MFA : Multi Fiber Arrangement, 1974-1994)
  - 쌍무협정에 의한 섬유쿼터규제를 다자간 협상방식에 의해 규율

○ 섬유및의류에관한협정(ATC : Agreement on Textile and Clothing, 1995-2004)
  - 10년간 단계적이고 점진적인 섬유쿼터를 폐지하기 위해 UR 협상결과 섬유 및 의류에 관한 협정(ATC) 제정 : 1995-2004년간 한시적 규제규범 ('2005 이후 WTO 규범)
  - 대상품목(795개) : MFA하에 있던 쿼터제한 572 품목+非MFA 적용 223품목

○ WTO로의 복귀
  - MFA에 의한 섬유쿼터제도가 WTO섬유협정(ATC)에 의해 2005년까지 완전 폐지됨에 따라 2005년부터 섬유교역은 WTO의 일반규정에 적용을 받게 됨

국제섬유무역 규범의 변천

규범	STA	LTA	MFA	ATC	WTO/FTA
시대	1961.10	1962.10-1973	1974.1-1994.12.31	1995.1.1-2004.12.31	2005년 이후

제4절 역대 위정자와 대구경북섬유산업

■ 역대 대통령의 대구경북 섬유업체 방문

이승만대통령(제1-3대, 1948-1960년)은 1957년 10월 최초의 산업시찰 지역으로 대구의 제일모직을 방문하고, '옷이 모든 백성들을 입힌다'는 의피창생(依被蒼生)이란 휘호를 남겨주기도 했다.

박정희대통령(제5-9대, 1963-1979년)은 1961년 11월 국가재건최고회의 의장시절 대구의 제일모직을 방문하였으며, 1963년 8월 경북구미의 코오롱 섬유공장 준공식에 참석하기도 하였다.

전두환대통령(제11-12대, 1980-1988년)은 국내 섬유산업 육성에 많은 관심을 가짐과 함께 지역의 섬유산업 환경개선에 많은 관심을 보여주기도 하였는데, 1981년 대구 비산공단 입주업체인 국제염직(이승주)를 방문하고 당시 최고 선진국이던 이탈리아 수준의 염색공단을 조성할 것을 지시하여 오늘날의 '대구비산염색공단'이 있게 하기도 하였다.

노태우대통령(제13대, 1988-1993년)은 러시아(1991년 4월 19일), 중국(1992년 8월 24일) 등 그동안 적대관계에 있던 공산권지역과의 수교를 이룸으로서 극심한 침체기에 빠져있던 지역 섬유수출의 출구마련에 좋은 환경을 조성해 주기도 하였다.

이명박대통령(제17대, 2008년-)은 2011년 8월 11일 대구 달서의 ST원창(채형수, 직물업체)과 경북 구미의 도래이첨단소재(이영관, 원사업체) 등의 섬유업체를 방문하여 '어려운 구조조정기를 잘 극복하고 회생의 환경을 조성한 섬유인들을 격려'하고, '먹고 입는 것'의 기초산업인 섬유산업의 중요성 강조와 첨단화 환경조성에 국가적 지원을 약속하기도 하였다.

한편, 재미있는 역사적 사실은 김대중대통령(제15대, 1998-2003년), 노무현대통령(제16대, 2003 - 2008년), 이명박대통령(제17대, 2008년 -) 등 세명의 대통령은 대통령후보자 시절 각각 대통령 선거유세 때 지역의 섬유관련 연구기관이나 섬유업체를 찾아서 각종 선거공약을 제시하기도 하였다.

이러한 연유로 인해 입안된 정부의 섬유정책 중에는 김대중대통령 때 시행된 '대구섬유산업육성정책(일명 : 밀라노프로젝트)'이 있기도 하다. 이 사업은 이후 지역전략산업육성시책과 국가균형발전 정책의 모태가 되기도 하였다.

■ 민선 지방자치시대

민선지방자치시대에 대구광역시와 경상북도는 각각의 지역 특성에 부합하는 섬유산업 육성정책을 추진하여 오고 있으며, 2011년 11월 30일에는 김범일대구시장과 김관용경상북도지사가 합심하여 양 광역자치단체가 동반성장과 상생협력을 기할 수 있는 미래지향형 '섬유산업 비젼선포식'을 거행하기도 하였다.

▌대구광역시

대구광역시의 경우, 1995년 민선 제1기에 취임한 문희갑대구시장(1995. 7. 1. - 2002. 6. 30)은 '경제살리기'를 시의 주요 정책으로 채택하고, '경제도시 건설'과 함께 '세계적인 섬유패션도시' 구축에 주력하였다.

그리고 IMF로 극심한 애로를 격는 대구섬유산업의 질적 향상을 위한 구조조정에 대해 강도 높은 시정을 펼쳤으며, 이의 일환으로 1999년부터 시작된 '대구섬유산업육성정책(일명 : 밀라노프로젝트)'의 입안과 추진에 많은 역량을 쏟기도 하였다.

제3기 조해녕대구시장(2002. 7. 1. - 2006. 6. 30.)은 '기업하기 좋은 도시'를 시정으로 채택하였다.

제4기 김범일대구시장(2006. 7. 1. -)은 '미래성장동력 창출'을 위해 다양한 먹거리 확보에 시의 모든 역량을 집중하고 있기도 하다. 즉, 국책사업인 '슈퍼소재사업'과 '대구텍스타일비지니스센터건립'의 원만한 수주와 함께 우량 섬유기업의 지역 유치에도 성과를 나타내고 있기도 하다.

▌경상북도

경상북도의 경우, 민선 제1기 이의근경북지사(1995. 7. 1. - 2006. 6. 30.)는 경북섬유산업의 구조조정을 주요 도정에 채택하였다.

제4기 김관용경북지사(2006. 7. 1. -)는 2단계 밀라노프로젝트부터 경상북도의 참여를 적극 추진하였으며, 특히 2008년부터 3년간 경북지역의 안동, 풍기, 구미지역 등 3개 지역의 지역섬유특화사업을 시범적으로 추진하기도 하였다.

그리고 경상북도는 2010년에는 경북도정 최초의 독자적 섬유관련 국책사업이라 할 수 있는 '메디칼 섬유신소재개발사업'을 정부 정책에 반영시키기도 하였다.

제2장
섬유산업의 환경 흐름

제1절 생산환경의 변화

1. 개관

대구섬유산업은 1963년 당시 '꿈의 소재'라고 불리우던 화학섬유의 나일론섬유가 코오롱(당시 회사명은 한국나이로)에 의해 본격적으로 생산되면서 일대 변혁을 겪게 되었다. 나일론직물의 수출은 '합섬직물류 수출시대'의 서막을 열며 1960년대 말까지 일취월장 성장을 기하여 나갔으며, 이때부터 수많은 수출상품 하청섬유업체가 생겨나기도 하였다.

그러나 1960년대 중반까지 수출환경 열악으로 지역 섬유생산 중 수출비중은 30%에 불과하였으나 이때부터 조성된 산업기반으로 말미암아 오늘날까지 85% 이상을 수출에 의존할 만큼 튼튼한 환경을 조성해 나가기도 하였다.

당시까지 주종을 이루었던 면직물, 견직물, 인견직물 등은 내수에 기반하여 겨우 명맥을 유지해 나갔으며, 견직물 중 '홀치기'부분은 일본 쪽 수요 증가로 나일론직물과 함께 지역 섬유수출을 견인하기도 하였다.

대구지역의 섬유생산 입지 조성과 함께 경북지역의 섬유환경도 개척되었는데 1968년 제일모직 경산공장(제일합섬), 1969년 코오롱 구미공장(당시 회사명은 한국폴리에스텔)가 설립되었으며, 정부의 일군일사(一郡一社) 견직물업육성 시책에 따라 견사(絹絲) 생산이 매우 활발히 전개되기도 하였다.

대구지역 섬유생산환경은 1976년 혁신직기의 일종인 '워터제트룸 WJL(Water Jet Loom)이 소개됨으로서 일대 혁명적인 변환을 겪게 되며, 1977년부터 지역에서도 WJL의 도입이 본격화됨으로서 지역의 직물생산은 기하급수적으로 증대되기에 이른다. 당시 이 직기는 아직 국내 생산은 이루어지지 않고 일본과 체코

슬로바키아에서 들여 온 것이 대부분이었다.

한편, 혁신직기 도입에 있어 우리 보다 앞서 있었던 일본의 경우 WJL은 1974년, 레피어어직기 Rapier는 1975년, 에어제트룸 AJL(Air Jet Loom)은 1983년부터 자국 업계를 중심으로 보급된 것으로 파악되고 있다.

사실, 전통적 직물생산기계인 베틀은 당연히 1인 책임제였으며, 초창기 동력설비인 족답기도 상당히 원시적이어서 이의 범주를 크게 벗어나지 못하였다.

1900년대 초반 북직기(셔틀직기)가 도입되면서 직수 1명이 직기 3대 정도를 관리하게 되었으며, 1970년대 초 당시로서는 혁신적인 직기인 WJL은 직수 1명이 12대 정도를 관리할 수 있는 수준으로 발전하였다. 이후 지속적인 기업의 생산관리 개선노력으로 1980년대에 이르러 직수 1명이 직기 24를 관리할 있을 정도로 놀라운 발전을 이루어냈으며, 2000년대에 이르러서는 직수 1명이 직기 40대를 관리할 수 있는 시스템이 갖추어지는 등 직물업의 생산관리분야에 있어서 비약적인 성장을 거듭하였다.

한편 1999년에는 이러한 기업환경을 가능하게 하기 위해서 '한국형 직물제조업 표준화 모델'이 제시되기도 하였다.

이와 같은 지역 직물산업의 생산관리력 향상과 함께 지속적인 신설비 개체 등으로 생산능력도 가히 기하급수적으로 증가함에 따라 늘어나는 수출환경에 부응함으로서 세계적 입지를 다질 수 있는 기반이 조성되기도 하였다.

물론 쟈카드직물 생산의 경우에는 직수 1명의 관리력은 일반 범용직물의 절반 정도이며, 천연섬유직물과 교직물의 생산의 경우에도 상황에 따라 큰 편차를 나타내기도 하였다.

2. 생산집적화와 단지화 조성

1936년 7월 대구의 칠성, 태평로, 원대, 비산, 평리, 노곡 등지가 공업조성지대로 지정되었으며, 1941년 지역에서는 처음으로 대구 침산동 일대가 소위 제1공업단지가되는 공업지구가 조성되었다.

1960년대 초 대구 도심이 커짐과 함께 지역 섬유생산의 활성화로 공업용지 부족이 심화되자 제일모직, 대한방직 등이 입지한 제1공단 인근을 제2공단화하였다가 환경오염 등으로 근원적인 문제가 해결되지 않음에 따라 새로운 공업입지 조성을 추진하였다. 즉, 섬유수출 증대로 섬유생산 시설이 늘어나자 정부에서는 중소기업의 전문화와 일부 기업의 계열화 촉진을 지원하기 위하여 1965년 대구 노원, 비산, 침산동 일대에 당시로서는 매우 혁신적인 일종의 복합공업단지인 대구제3공업단지가 지정고시되어 조성되기에 이르렀다.

1970년대 이후 대구는 체계적인 정책입안으로 공업단지 조성을 더욱 본격화하기 이르렀다. 1965년 대구검단공업단지가 지정고시되고 1975년 도서되었다. 그리고 1975년 소위 '이현공단'이라고도 불리는 서대구공업단지가 지정고시되었으며, 1980년 12월에는 대구비산염색공단이 준공되기도 하였다. 1987년 대구성서공업1차단지가, 1982년 달성공업단지가 조성되었으며, 대구달성옥포농공지구 (1988년), 대구달성구지농공지구(1989년), 대구달성현풍농공지구 등이 조성되기도 하였다.

경북지역에는 1973년 중부지역공업단지관리공단(구 구미수출산업공업단지) 1차단지가 조성되었으며, 1970년 포항철강공업단지, 1990년 경주용강공업단지, 1989년 김천공업단지가 조성된 것을 비롯하여 영천, 경주, 상주, 고령, 영주, 김천, 선산, 문경, 예천, 성주, 의성, 군위 문경, 봉화, 청도, 칠곡 등지에 농공지구 (農工地區)를 조성하여 섬유업체 등 제조업 활성화 기반을 조성하여 나가기도하였다.

한편 경북의 구미국가산업단지는 행정구역상으로는 경상북도 구미시와 칠곡군 석적면 등에 입지해 있는 내륙공업단지로서 1968년 8월 구미지역 일원이 지방공업개발 장려지구로 지정된 후 1969년 3월 착수하여 1973년 12월 준공된 제1단지는 섬유단지로 출발한 일반단지와 전자단지로 구성되어 있으며 단지의 면적은 10,420,000㎡에 달한다. 1977년 4월 산업기지개발구역으로 지정된 뒤 그 해 7월 착공하여 1983년 2월 준공된 제2단지는 컴퓨터와 반도체단지로, 제3단지는 1979년 5월에 산업기지개발구역으로 고시되고 1987년 착공하여 1995년에 준공되는 등 구미국가산업단지는 2000년대에 들어와서도 지속적인 공단지역 확대를 추진함에 따라 우리나라 최대의 내륙공업단지로 발돋움하였다.

이 공단의 교통 여건은 공단에서 1㎞ 거리에 있는 경북 남구미와 구미인터체인지를 통하여 경부고속도로, 구마고속도로, 중앙고속도로 등과 연결되고, 33번 국도와 907번, 904번 지방도와 경부선 철도가 지나며, 공단에서 50㎞ 거리에 대구공항이 입지해 있다.

주요 생산품은 전자제품과 섬유제품이 주종을 이루고 있는데 섬유산업의 경우 각종 원사에서부터 제직 가공에 이르기까지 일관된 생산 체제를 갖추고 있으며, 국내 어느 지역보다 높은 자동화율을 보이기도 하였다. 섬유생산품 중 원사제품의 경우 폴리에스터사, 나일론사, 모사, 면사 등이 총 망라되어 있으며, 특히 합섬부문에서는 첨단 신소재개발에 적극적으로 주력한 결과 세계에서 가장 가는 0.001데니어 굵기의 초극세사를 비롯하여 제4세대 화학섬유 등 특수사의 개발과 함께 세계 최고 수준의 원사를 생산하고 있다. 이러한 환경 여건으로 말미암아 섬유직물업계에서는 우수한 투습 방수와 초발수 효과를 내는 피치스킨 등 신합섬원단 생산에 주력하고 있으며, 아울러서 최첨단 기술을 집약한 인공피혁의 개발로 섬유제품의 고부가가치화를 실현하여 나가는 등 끊임없는 변화를 추구해 가고 있기도 하다.

또한, 1972년 8월에는 섬유경기 회복과 생산시설 부족으로 대구제3공업단지에 '나일론직물협업단지'가 조성되는 등 1973년 말 기준 지역에는 경산수출(경산), 경북면직물조합(경북 구미), 동국직물(대구 달성), 동양나일론(경북 경산), 새한직물(경북 구미), 아미직물(경북 경산) 등 6개의 직물협업단지에서 67업체가 입주하여 4,359대의 직기시설을 가동하였다.

이후에도 대구지역에는 많은 공단이 조성되기도 하였는데 2011년 기준 일반 지방공단 8개단지를 비롯하여 총 13개공업단지가 조성되어 있으며, 이들 지역에 입주해 있는 섬유업체의 비중은 18.8% 정도이다.

대구 섬유관련업종 현황(1인이상 사업체 기준)

구분	산업단지명	총업체수	섬유업체수	섬유점유비
일반 지방 공단	성서지방산업단지(1차)	795	266	33.5%
	성서지방산업단지(2차)	1,057	184	17.4%
	성서지방산업단지(3차)	466	62	13.3%
	성서지방산업단지(4차)	29	-	-
	검단지방산업단지	347	18	6.9%
	염색지방산업단지	115	114	99.1%
	달성1차산업단지	304	67	22.0%
	달성2차산업단지	21	1	4.8%
	8개공업단지	3,134	718	22.9%
농공 단지	옥포농공단지	38	12	31.5%
	구지농공단지	23	4	17.4%
	2개공업단지	61	16	26.2%
공업 지역	서대구공단(임의공단)	1,465	619	42.3%
	제3공단(임의공단)	2,072	84	2.4%
	현풍공단(임의공단)	-	-	-
	3개공업지역	3,537	703	19.8%
합 계	13개 단지	7,632	1,437	18.8%

자료 : 대구경북 산업단지, 과거와 현재, 대구경북연구원, 2010.5

한편 2010년 기준 대구지역에는 테크노폴리스가 들어서는 국가산업단지를 비롯하여 이시아폴리스, 성서5차산업단지, 달성2차산업단지의 확장 및 달성3차산업단지가 조성되고 있기도 하다.

그리고 서대구공단은 2000년대 들어오면서 지리적 이점으로 말미암아 오늘날 크고 작은 봉제업체가 성업 중이기도 하다.

이와 같은 공단조성과 함께 대구 도심의 공장을 외곽지역으로 이전시킴에 따라 대구지역 섬유산업 생산이 위축되는 결과를 야기하기도 하였다. 1990년대 이전된 것이 대표적 사례가 제일모직과 코오롱의 대구공장 이전이다.

3. 섬유기업의 계열화, 협업화

1960년대부터 대구섬유산업은 늘어나는 섬유수요를 감당하기 위해 기업 규모 키우기와 함께 협업화, 계열화도 적극 추진하기도 하였다. 이의 대표적 기업군이 동국직물, 갑을견직 남선물산 등이었으며, 이들업체는 적게는 수십업체, 많을 때는 수백업체에 이른 하청기업군을 거느리기도 하였다. 당시 원청업체는 하청업체에게 운영자금의 지원은 물론이고 원부자재공급과 기술지도를 해주며 공존공영의 길을 걷기도 하였으나 대금결재의 지연, 과당경쟁에 대한 간섭 등으로 적지않은 부작용이 생겨나기도 하였다.

1970년대 코오롱, SK(당시 회사명은 선경그룹), 제일합섬 등 대기업 합섬메이커에서도 일관공정 계열화를 거느리기 위한 다양한 기반을 구축하여 나가기도 하였다.

이 가운데 코오롱의 경우, 한국나이롱은 나일론사, 한국폴리에스텔은 폴리에스테르사, 코오롱상사와 삼경물산은 각종 직물류와 편성물, 봉제 등의 생산과 수출을 포함한 내수 등의 판매를 담당하게 하였다. 이밖에 한국화섬(양말), 한림화섬(합섬직물), 한국부직포(부직포), 코오롱섬유(직물), 한국염공(염색), 한양섬유(면직물) 등 많은 협력업체와 계열사를 거느리고 있었으며, '대구삼경섬유협업단지'에는 제직업체 8개, 준비업체 1개, 가공업체 1를 입주시켜 월간 600만야드의 직물생산능력을 구축하기도 하였다.

4. 섬유제조업의 가업 승계 동정

섬유업은 농경수공업시대에 있어서는 주로 대를 잇는 가업 승계가 생활적 필수사항이었다고 할 수 있다. 즉, 왕조시대에 있어서 궁중을 중심으로 일부 관영적 수공업적 섬유공장제가 운영되기도 하였으나 거의 절대다수의 일반 백성들은 대부분이 자급자족의 생산적 활동을 영위하며 그 기술은 전승하여 왔다고 할 수 있다.

또한 산업자동화시대에 이르러서 섬유산업은 대량생산체제가 도입되면서 공장제운영의 전문생산기업이 등장하였는데 이들도 1960년대에서 1980년대까지는 자가경영적 환경 확보 보다는 주로 주문자생산체제를 유지하였을 뿐만 아니라 섬유산업의 특성상 워낙 중노동적이고 기업의 영세성으로 작업환경도 열악하다 보니 가업을 이어가려는 분위기가 매우 부족하였던 것 같다.

그럼에도 불구하고 역설적으로 대구경북섬유산업은 1990년대에 몰아닥친 극심한 경기불황을 분기점으로 자구노력이 부족하거나 경영환경이 열악한 섬유업체는 많이 도태되고 난 후 치열한 시장에서 경쟁력을 확보하여 살아남은 섬유기업을 중심으로 대를 이어 가업으로 승계하려는 기업이 많이 등장하기도 하였다.

사실 섬유업은 특성상 가족경영체제가 적합한 산업이기도 한데 실제로 대구경북섬유산업도 이탈리아나 일본 등 섬유선진국과 마찬가지로 가족 경영시스템이 잘 발달되어 있어 자제, 형제 등 혈족간 기업을 일군 경우가 많으며 대를 이어 가업을 잇는 기업이 많기도 하다.

지난 40여년간 섬유기업을 운영하며 개발연대를 잘 극복한 한 섬유인은 '평생을 여자 옷 만드는데 다 보냈지. 이제는 기업을 자식들한테 물려주어야 할 때가 된 것 같아'라는 회고처럼 비록 한 때 '자식에게는 이 어려운 섬유업을 절대로 물려주지 않겠다'는 기류는 사라지고 보수적이기로 유명한 지역 섬유업계에 가업 승계가 보편화되어 가고 있는 것도 사실이다. 아울러서 최근에는 섬유제조업이 고용창출과 유지, 수출증대 및 수입품대체에 일조를 함으로서 지역 경제 뿐아니라 국가적 부 축적에 있어서도 애국자 아닌 애국자가 되고 있다는 자부심을 갖기에 이르고 있기도 하다.

이처럼 대구경북섬유산업은 2000년대에 오면서 가업승계가 더욱 확산되는 추세에 있는데 이는 지역 뿐만 아니라 서울 등 수도권지역과 부산 등 전국 주요 섬유산지를 중심으로 2세 경영인들이 경영일선에 속속 나서면서 새로운 바람을 일으키고 있다.

1970년대에서 1990년대부터 중반까지는 소위 창업세대 또는 1세 경영인들이 규모 확장의 섬유산업 시대를 열었다면 2000년대에 등장한 2세 경영인들은 질적인 성장 경영의 섬유시대를 이끌어가고 있다고 할 수 있다. 특히 대구경북섬유산업은 수출산업으로서 직물업과 염색가공업 기반의 탄탄한 산업기반 구조에서 독자적인 시장개척 정신을 추구해 감에 따라 국내외에서 고등교육을 수학한 2세, 또는 3세 경영인을 중심으로 새로운 지역 섬유산업의 부흥의 시대를 활짝 열어 가고 있기도 하다 하겠다. 즉, 지역 1세대 섬유인들은 무한 성장의 분위기에만 몰입하였으나 현재의 2세대 섬유경영인들은 '섬유가업을 잇는다'는 대물림의 장인정신을 바탕으로 고부가가치 창출의 주역으로 급부상 중 이기도 하다.

실제로 지역 섬유업계의 2세대, 또는 3세대들은 대 물림받은 기업의 '수성'은 기본이고 젊은 세대 답게 '칭기즈칸'식의 공격경영을 활발히 전개해 나가고 있기도 하다. 즉, 자기가 하고 있는 분야에서의 최고 경쟁력을 자랑하는 제품생산력 뿐만 아니라 글로벌 시장을 장악하는 핵심전략 수립으로 양보다 특화된 질로써 사업경쟁력을 앞당길 수 있다는 사례를 스스로 만들어 나가고 있기도 하다.

2000년대 들어오면서 지역 섬유산업에는 40대에서 50대를 전후한 2세대, 또는 오랜 경험을 가진 경영인들이 많이 활동하고 있기도 한데 이들은 기획, 실무 능력을 바탕으로 기업성장을 가속화시켜 나가고 있기도 하다. 따라서 지역 섬유산업은 이러한 젊은 피의 수혈로 인해 2000년 전후 추락을 거듭해오던 지역 섬유수출 역시 2007년을 기점으로 바닥 탈출을 본격화했다.

현재 지역에는 섬유산업의 총괄적 모임 뿐 아니라 직물업, 염색가공업, 니트업, 패션업 등의 공식, 비공식 모임이 매우 활발하며, 일부에서는 '차세대 섬유기업인'이라는 협의체를 지역 섬유산업의 발전을 위한 다양한 의견을 제시하여 정책건의를 하기도 하고 이에서 도출된 주요 사안을 과제를 도출해 회사 발전과 업계발전의 지침서로 활용하고 있기도 하다.

한편 지역 섬유기업의 경우 산업적 특성상 기업 승계 방식도 매우 다양한데 창업자의 2세대에게 대물림하는 것 이외에 부인, 형제자매, 조카, 사위까지 총동원 가능한 모든 혈족이 참여하는 '가족경영'을 많이 하고 있으며, 일부 대기업을 제외하고는 전문경영인을 두는 경우는 희박한 게 사실이다.
또한 가업승계의 애로사항으로는 상속세와 채무관계 해소가 가장 큰 장애인 것으로 알려지고 있기도 하다.

제2절 섬유인재 양성

직수기능공양성은 1977년 경상북도 산하 섬유기술전문훈련소(후일 한국섬유개발연구원)가 설치됨으로서 체계적인 교육이 실시되었으며, 교육기간은 6개월이었다.

그러나 섬유업계의 늘어나는 인력수급을 충족시켜주지 못해 정부는 지역 섬유업계에 대해 섬유인력 확보를 위한 위탁교육제도인 '산업체 특별학급', 또는 '기업체 부설학교'를 설립과 운영을 권장하기도 하였다.

이에 따라 1978년 제일합섬을 필두로 많은 섬유기업이 직접 교육을 담당하는 제도가 도입되었다. 이 교육제도는 주로 '고등학교' 교육과정에 야간교육을 중심으로 진행되었는데 당시 사회적 여건상 '배움의 기회를 갖지 못한 계층'이 많아 좋은 호응을 얻기도 하였으며, 그리고 기업에게 있어서도 최소 3년간은 안정적인 인력관리를 할 수 있어서 한때 크게 활성화 되기도 하였다.

1985년의 경우 지역에는 총 17개교(중학교 3개, 고등학교 14개)에 1만여명의 학생이 재학하기도 하였으며, 위탁교육을 포함하여 이에 관계된 섬유업체가 200개사가 넘기도 하였다.

이 가운데 기업체 부설학교로 운영된 학교명을 살펴보면 경진실업고등학교(코오롱, 경북경산), 동국여자실업고등학교(동국방직, 경북구미), 성암여자실업고등학교(제일합섬, 경북경산), 성일여자실업고등학교(제일모직, 대구), 오운여자실업고등학교(코오롱, 경북구미), 이현여자실업고등학교(갑을방적, 대구), 자산여자상업거등학교(갑을방적,), 태화여자실업고등학교(태화방직, 경북경주), 한일여자실업고등학교(한일합섬, 대구) 등 9개교가 있었다.

이에 따라 1986년의 경우 대구지역 섬유업체 가운데 상시 종업원 500명 이상 보유업체가 12업체에 이를 정도로 섬유기업의 고용창출과 학업기회 제공에 많은 기여를 하기도 하였다.

1987년 4월에는 한국섬유개발연구원(당시 기관명은 섬유기술진흥원)은 부설교육기관으로 2년제 '섬유기술대학'을 설비하여, 제직과, 염색가공과, 니트과, 섬유디자인과, 패션디자인과를 두고 실무형 섬유인력 양성사업을 전개하기도 하였다.

이 교육기관은 2001년 노동부가 운영하던 '섬유기능대학'과 통합하여 오늘날의 '한국폴리텍섬유패션대학'의 모태가 되기도 하였다. 이밖에 대구광역시는 2009년부터 잠시 국제감각을 가진 섬유인을 양성하기 위해 2년간 4천만원의 학비를 지원하는 '글로벌 섬유인재 양성지원사업'을 전개하기도 하였다.

그리고 대구경북지역에는 섬유관련학과를 운영하는 대학이 경북대학교, 영남대학교, 경일대학교, 금오공과대학 등이 있으며, 계명대학교 등 거의 대부분이 대학에 의류관련학과가 설치되어 있어 기초적인 섬유인력 배출이 활성화되어 있기도 하다.

한편, 계명대학교는 1997년부터 교육부가 추진한 지방대학 특성화사업의 일환인 국책사업 '섬유패션산업특화 국제전문인력 양성(FISEP : Fashion and International Specialist Education Program)'에 선정되어 마케팅 중심의 국제적 섬유인력양성에 크게 기여하고 있기도 하다.

대구경북지역 섬유패션관련 고급 인재양성현황

구분	대학교명	학부 및 학과명	
종합 대학교 (4년제)	경북대학교	공과대학 섬유시스템공학과	대구
		농업생명과학대학 천연섬유학과	〃
		생활과학대학 의류학과	〃
		섬유패션디자인학부 섬유공학전공	경북상주
		섬유패션디자인학부 패션디자인전공	〃
	경일대학교	공학계열 섬유패션학과	경북경산
		디자인계열 패션스타일리스트학과	〃
	계명대학교	패션대학 텍스타일디자인전공	대구
		패션대학 마케팅학과	〃
		패션대학 패션디자인학과	〃
		PISEP(섬유패션특화 국제전문인력 양성)	〃
	금오공과대학교	소재디자인공학과	경북구미
	대구대학교	조형예술대학 패션디자인학과	경북경산
	대구예술대학교	디자인계열 패션디자인전공	경북칠곡
	대구카톨릭대학교	자연대학 패션산업학과	경북경산
	대구한의대학교	패션시각디자인학부 패션뷰티전공	경북경산
	동양대학교	사범예술대학 패션스타일리스트학과	경북영주
	안동대학교	생활과학대학 의류학과	경북안동
	영남대학교	섬유신소재계열(섬유생산공정)	경북경산
		섬유나노소재가공계열	〃
		의류패션학과	〃
일반 대학 (2년제)	계명문화대학	자연과학계열 패션디자인과	대구
	대경대학	패션스페셜리스트/패션쇼핑몰학과	경북경산
	영남이공대학	공업계열 섬유신소재과	대구
		자연계열 패션디자인/코디전공	〃
	선린대학	패션디자인전공	경북포항
	한국폴리텍섬유패션대학	패션계열(디자인/메이킹/마케팅)	대구
		섬유디자인계열(패브릭/니트/텍스타일)	〃

주) 1. 2010년 기준 구분별 학교명의 '가나다'순으로 정리

제3절 대구섬유의 유통환경(서문시장)

1. 개요

정부의 강력한 수출장려 시책에 따라 1960년대 대구섬유산업은 수출주도형 산업기반을 빠르게 형성하여 나갔다.

1961년 국내 물가불안과 해소와 가격안정을 위해 섬유상품 등 공산품에 대한 생산신고제가 실시되었으며, 1962년 6월 국내 통화개혁으로 면제품 등 섬유제품에 대한 가격고시제가 시행되기도 하였다.

당시까지 대구섬유상품은 서문시장을 주요 기반으로 전국 섬유물동량의 75% 이상을 담당하며 내수에 주력하여 왔으나 1962년부터 수출에 본격화됨에 따라 유통환경도 많이 바뀌게 되었다. 수출액은 1962년 125만달러에서 1970년 7,045 만달러로 늘어났으며, 같은 기간 대구지역 섬유수출업체는 19업체서 191업체로 증가하기도 하였다. 지역 총수출에서 섬유가 차지하는 비중도 78%에서 93%에 이르기도 할 만큼 대구는 완전히 섬유도시화 하였다.

이와 같이 대구지역 섬유수출이 빠르게 활성화 될 수 있었던 주요 요인은 서문시장에서 조성된 거대한 상업자금이 산업자본으로 유입되었기 때문인데, 이의 선도기업군은 동국직물을 비롯하여 갑을견직, 남선직물, 명성섬유, 보국직물, 범삼공물산, 삼성직물, 신라섬유, 이가직물 등이었으며, 이들 업체 중에 상당수는 직물업 뿐 아니라 훗날 원사와 염색가공업으로 까지 진출하면서 거대기업으로 성장해 나가기도 하였다.

당시 시대상황에 참여하였던 한 섬유기업인은 '바늘 구멍으로 나오는 것이 실이 아니라 모두 돈이었지…'라며 섬유수출 호황기의 기억을 회고해 주고 있기도 하다. 즉 공급이 수요를 따르지 못할 정도로 만성적인 물자부족과 함께 해외 수요도 급증하여서 지역 섬유산업은 '자고 나면 업체가 생겨나 있을길' 정도로 수많은 섬유업체 설립과 시설도입이 이루어졌는데, 대구가 이처럼 섬유생산기반

형성에 빠르게 대응할 수 있었던 것은 고래로부터 내려 온 오랜 기술적 경험과 인재가 풍부하였기 때문에 가능한 일이기도 하였다.

1980년에는 국내 정세의 혼란과 함께 주 수출시장이던 홍콩시장의 교란으로 보국직물, 동신직물, 제일화섬 등 20여 중견업체가 도산되는 아픔을 겪기도 하였다.

2. 서문시장과 섬유산업

1922년 9월 22일 개설된 서문시장은 대구읍성 서쪽 문 밖에 있던 '청어'라는 못을 메워서 조성되었는데 1948년 경 부터는 전국 원사거래의 80% 가까이를 담당하던 '동산동직물도매' 상권을 이양받으면서 시장기능이 비약적으로 발전하였다.

서문시장의 직물도매업은 1900년대 초반 평양과 함께 우리나라 섬유산업의 근대적 기반조성의 '싹을 틔어 온' 지역 섬유산업의 기반형성 영향으로 쉽게 뿌리내릴 수가 있었다. 당시에는 섬유상품의 대부분이 내수 중심의 유통구조를 가지고 있었는데 우리나라 섬유거래량의 75% 가까이를 담당하던 서문시장은 소위 '큰장'으로 불리며 막강한 영향력을 과시하기도 하였다고 한다. 아울러 대구 중심지인 동산동지역에 1900년대 초반부터 조성되기 시작한 '동산동 실가게(원사 거래상가)'와 인접해 있음으로 인해 그 파급력을 배가되었으며, 수 많은 '거상(巨商)'이 생겨난 것도 이때이다.

이들 거상들은 1960년대 지역 섬유산업이 수출산업으로 전환하는데 크게 기여하기도 하였는데, 즉 소위 '상업자본'이 '산업자본'화하며 혁명기를 이끌어 내는데 앞장서기도 하였다. 이의 대표적 섬유상인이 동국직물, 갑을섬유, 이가직물, 보국직물 이라고 하며, 1981년 대구의 매일신문이 조사한 바에 따르면 1960년대 서문시장 출신 섬유상업인 중 200여명이 섬유제조업에 진출 할 정도로 지역 섬유산업의 초기 기반정착에 큰 기여를 하기도 하였다 한다.

그러나 1960년대 삼남지방(영남, 호남, 충청) 상권의 중심지 역할을 하기도 한 서문시장은 1968년 호남지방에 불어닥친 가뭄피해와 1970년 개통된 경부고속도로, 그리고 수출 중심의 섬유판매 환경의 변화 등으로 말미암아 그 기능이 급속히 위축되기도 하였다.

당시, 대구 서문시장의 직물상인들은 일명 '꾸지(삼남지방의 사투리 방언)'라고 불리던 전남 목표지역 상인들과 특히 직물상품 상거래를 많이 하였는데 즉,

'봄철에 직물상품을 가져가고 가을 추수 후 곡물로 거래대금을 치루는 방식의 상거래'여서 위험요인이 없지 않았지만 이익도 4배에서 5배까지 남길 수가 있어서 광복 이후 한동안 그와 같은 방식의 상거래가 매우 성행하였다. 이러한 상황이 천재지변인 호남지방의 극심한 가뭄피해 발생으로 말미암아 서로가 많은 어려움에 처하게 된 것이다. 특히 지역 섬유산업은 아직 섬유수출이 미약하고, 상품거래량의 50% 가까이를 이들 상인에게 의존하였던 시절이어서 서문시장 직물상인들의 피해가 더 막심하였다고 한다. 그리고 이와 연관해서 원부자재 등 모든 상품제조 준비물품에 대해 외상거래를 해 놓았던 지역 섬유직물업계 등 연관산업 또한 기존 물품대금을 회수하지 못하고 채무를 변재해야 하는 상황이 도래함으로서 자금여력이 없어서 졸지에 연쇄도산으로 이어지기도 하였다고 한다.

설상가상으로 경부고속도로의 개통으로 모든 물류가 빠르게 수도권을 중심으로 이루어져감에 따라 서문시장의 섬유직물상권은 일시에 크게 축소되는 계기가 되기도 하였다.

《 르포기사 》 대구지역 명물골목의 어제와 오늘 : 동산동 실골목

'여기, 저기뿐만이 아니라 이 골목 전체가 원래는 실가게였어. 지금이야 다른 매장으로 변했지만…' 2012년 11월 5일 오후 대구시 중구 동산동 서문지구대가 위치한 골목. '실골목'이 위치했다는 이곳을 찾았지만 실매장은 쉽게 찾을 수 없었다. 동네 주민에게 물어물어 찾아간 한 실가게에는 노인 세명이 담소를 나누고 있었다. 간판이 없어, 이곳이 실가게라는 것을 알 수 없었다. 김재숙씨(74)는 '1년에 10원어치도 못 팔아 간판을 떼버렸다'며 '노인네들이 갈 곳이 없으니까 모여서 화투나 치려고 사무실에 나오는 것이다. 우리 가게 양옆 매장도 실가게지만 내키면 문을 열고 아니면 닫는다'고 현재의 상황을 설명했다. 주위의 한 신발가게 신모씨(61)는 '예전에는 이 일대가 전부 실가게 매장이었지만, 지금은 대부분 오토바이 매장으로 변해 이곳을 실골목이라고 부르는 사람은 더 이상 없다'고 말했다.

지금은 흔적만 미미하게 남은 실골목이지만 한때는 200여개의 매장이 모인 전국 최대의 실도매상권이었다. 일제강점기부터 1960년대까지 실골목과 서문시장은 전국 원사거래액의 70~80%를 차지할 만큼 번창했다. 당연히 실골목에는 돈이 넘쳐났고, 이곳에서 돈을 벌어 훗날 섬유업체를 차린 도매상들도 적지 않았다. 당시 실골목의 업체들은 원사업체의 실을 직물업체에 판매하는 중간도매상의 형태를 띠었다. 전국 각지에서 실골목으로 실을 사러 모여들었다. 일제강점기부터 시작되어 1960년대까지 전국 원사거래액의 70~80%를 점유할 정도로 한때는 섬유판매 매장이 200개가 넘을 정도였으나 1970년대 초 경부고속도로가 개통된 후 서울에 상권 형성되면서 대구 동산동 실가게 골목은 첫번째 쇠퇴기를 맞는다. 경부고속도로의 개통과 함께 전국이 일일 생활권이 되면서 수도권과 호남의 상인들이 서울 동대문시장을 중심으로 형성된 도매점을 이용하게 된 것이다.

　대구 섬유업계 관계자는 '1990년대 초까지는 그나마 실골목이 활성화됐다. 큰 규모의 실 도매상들이 실골목에 있었다'면서 '하지만 1990년대 후반기부터 실골목이 본격적으로 위축됐다'고 설명했다. 실골목 침체의 주된 이유는 주 고객인 직물공장의 대형화. 주 생산품도 폴리에스테르 등 합섬직물로 바뀌었다. 이 때문에 직물업체들은 원사업체와 직접 거래를 시작했다. 중간도매상의 역할을 해온 실골목이 위축될 수밖에 없었다. 그렇다고 실골목이 아예 사라진 것은 아니다. 10여개의 실도매상이 이 골목에 있다. 이들의 고객은 원사업체와 직거래할 수 없는 소형공장, 그 중에서도 물건구입시 대금을 지불할 수 없는 영세공장에 한정돼 있다. 1980년대 초반부터 실골목에서 도매상을 운영하고 있다는 이모씨는 '오래된 단골과 현금부족으로 대기업과 거래하기 힘든 영세업체들하고만 거래한다'며 '같이 사업을 했던 사람들은 다 은퇴했고, 이제 나까지 은퇴하면 실골목에 남는 매장은 없을 것'이라고 전했다. 한국섬유개발연구원 관계자는 '경제구조의 변화 속에 실골목이 사라져가고 있지만, 한때는 서문시장과 함께 실골목은 우리나라 섬유산업의 중심지였다'며 '우리나라 경제발전이 섬유산업에서 시작된 만큼 실골목은 대한민국 경제발전에 큰 공헌을 한 곳'이라고 평가했다.

자료출처 : 영남일보. 2012년 11월 7일

제4절 섬유단체와 지원기관

1. 태동준비기의 단체 활동

이와 함께 지역 섬유산업도 각 업종별로 상호권익 보호를 위해 조합결성이 적극 추진하였는데, 1940년대 후반과 1950년대 초반 지역에는 6개의 섬유관련 조합이 정비 또는 설립되어 혼란기의 섬유업계 의견을 대변하기도 하였다.

대구경북섬유관련 조합과 초대이사장 현황(1940년대 후반-1950년대 초반)

조합명	설립년도	이사장	비고
경북직물공업조합	1947	최익성	정비
경북중소섬유공업조합	1949	여상원	설립
경북염색공업조합	1949	이기우	재결성
경북메리야스공업조합	1950	강성덕	결성
풍기기업조합	1951	양원빈	설립
경북편물공업조합	1952	조규태	설립

자료 : 대구섬유산업사. (사)섬유기술진흥원. 1990. 2.

대구경북섬유업체 중 대한잠사회와 대한방직업체 회원 현황(1955년)

구분	업체명	대표자	비고
제사업 (9업체)	신흥공업(주)	김갑진	-
	달성제사공업(주)	이서구	-
	대한생사(주)	구재룡	-
	경북잠사공업(주)	이경용	-
	중앙생사공장	곽태순	-
	일출제사(주)	정상용	-
	예천제사(주)	황경섭	-
	안동방직	서해석	-
	상주제사공장	김창곤	-
면방직업 (5업체)	내외방적(주)	이순희	면사(메리야스용)
	삼호방직(주)	정재호	면사, 면직물
	신흥공업(주)	김갑진	면사
	조선방직(주) 대구공장	강일우	면사, 면직물
	금성방직(주) 대구공장	김성곤	염색가공

한편, 당시 섬유산업의 주력 업종이었던 주요 대형 제사업체들과 면방직업체들은 지역에서의 조합 활동 보다는 서울에 본부를 둔 대한잠사회(창립 1946년)와 대한방직협회(창립 1947년)에 가입하여 기업활동을 영위하였다.

1955년 기준으로 지역 섬유업체 가운데 대한잠사회 회원업체는 9업체, 대한방직협회 회원사는 5업체였던 것으로 파악되고 있다.

2. 협동조합 결성

1961년 '중소기업협동조합법'이 제정됨에 따라 지역 섬유업계에서도 조합 재정비 적극 나서게 되었다. 즉 그동안 산발적인 기업조직체 친목도모와 권익보호 중심으로 운영되던 조합체제와 협회성격의 모든 조직을 해체하고 법령에 따라 조합조직을 새로이 구성해 나갔는데 1962년 '경북직물공업협동조합'과 '경북메리야스공업협동조합' 결성, 1966년 '경북염색공업협동조합', 1969년에는 '경북견직물공업협동조합' 등이 결성되어 나갔다. 1969년에는 경북견직물공업협동조합 '풍기분소'가 설치되기도 하였다. 1977년 경북장갑협회가 발족되었다가 1987년 '경북장갑조합'으로 인가 받기도 하였다. 1989년에는 '대구패션협회'(초대회장 최복호)가 창립됨으로서 직물수출 위주의 미들스트림(Middle Stream)이 주류를 이루었던 지역 섬유업계가 "직물과 패션의 만남전" 개최 등으로 다운스트림(Down Stream)과 상생협력하는 계기가 마련되기도 하였다.

한편, 1967년 한국섬유산업연합회가 창립되는 등 국내 섬유관련 주요 단체와 연합회, 조합 등의 설립도 이 시기에 이루어지기도 하였다. 그리고 1993년에는 '대구경북섬유산업협회'가 설립되기도 하였다.

한편, 1970년에 들어 지역 섬유산업에는 산업성장과 함께 제조업 중심의 소조합 활동이 활발히 전개되기도 하였는데, 대구경북견직물공업협동조합의 경우 산하에 1976년 자수직물소조합, 1977년 죠젯트소직물조합, 모케트직물소조합, 생사(生絲)직물소조합, 1978년 나일론 태피터직물소조합, 자카드직물소조합, 1981년 임직(賃織) 등의 제직업자협의회, 1986년 싸이징(가호 假糊)업자협의회, 가연(假撚)협의회 등을 결성시켜 운영하기도 하였으며, 이 가운데 자카드직물소조합은 1987년 '문직총관(紋織總觀)'을 발간함으로 지역 섬유업계에 신선한 충격을 안겨 주기도 하였다.

대구경북직물공업협동조합도 조합산하에 모직물제직업자협의의회를 구성하여 운영하였다.

■ '대구경북섬유회관' 건축 등

1978년에는 경북견직물공업협동조합 주관으로 대구섬유명소 중의 하나인 '섬유회관'을 건립하기도 하였으며, 1985년에는 '대구경북연사직물생산협의회'를 설립하여 비수기의 직물생산품을 비축해 주는 기능을 담당하게 하기도 하였다.

3. 섬유산업 관련 단체

■ 한국섬유산업연합회

한국섬유산업연합회는 섬유산업의 장기적인 발전과 국민경제 발전에 기여하기 위하여 1967년 5월 5일 설립되었으며(서울 강남구 삼성동) 섬유산업의 구심체로서 급변하는 글로벌시장환경에 신속히 대응하고, 신성장 모멘텀을 발굴·강화할 수 있도록 섬유패션산업의 혁신전략 수립과 중장기적 비전을 제시하여 대외 환경변화에 따른 경쟁력 강화와 지식집약화, 섬유업종간 협력기반 구축 및 섬유산업의 인식제고를 위한 다양한 활동을 전개해 가고 있다.

한국섬유산업연합회는 1987년 11월 11일 국내산업 사상 단일 업종으로는 최초로 수출 100억달러를 달성한 섬유산업을 기념하기 위하여 '섬유의 날'을 제정하고, 매년 섬유산업발전에 기여한 공로가 큰 모범 섬유인을 선발·포상하고 있다.

이밖에 1988년 11월 11일 섬유센터의 기공과 1992년 11월 11일 개관하였으며, 2000년 1월 28일 제1회 대한민국 섬유의류교역전(Preview in Seoul), 2003년 4월 24일 제1회 중국상해 대한민국 섬유패션대전(Preview in SHANGHAI), 2003년 7월 14일 제1회 섬유업계 CEO 워크샵 개최 등 국내 섬유산업의 발전과 권익보호를 위한 다양한 사업을 전개하고 있다.

한국섬유산업연합회의 역대 회장은 초대 회장은 배덕진(1975년 4월 - 1980년 6월), 제2대 박용학(1980년 6월 - 1983년 6월, 대농), 제3대 이동찬(1983년 6월 - 1986년 6월, 코오롱), 제4대 김우중(1986년 6월 - 1989년 6월, 대우), 제5대 김각중(1989년 7월 - 1992년 12월, 경방), 제6대 장치혁(1992년 12월 - 1995년 12월, 고합), 제7대 장익룡(1995년 12월 - 1998년 12월), 제8-9대 박성철(1998년 12월 - 2005년 3월, 신원), 제10대 경세호(2005년 3월 - 2008년 9월), 제11-12대 노희찬(2008년 3월 - 현재, 삼일방직)가 역임하여 오고 있다.

한편, 한국섬유산업연합회는 1999년부터 매년 상하반기로 나누어 '섬유산업정책연구회'를 개최하여 오고 있기도 한데, 이의 첫 모임에는 산업자원부의 배승진, 백철규, 문철환, 대구광역시의 류종우, 생산기술연구원의 박영환, 이대훈, 한국산업기술평가원의 김숙래, 오명준, 김기원, 한국섬유개발연구원, 한국실크연구원, 한국염색기술연구소 등 20여명에 불과하였으나, 2011년도 상반기의 경우 16개 기관 361명이 참여하는 큰 회합으로 발전하기도 하였다.

■ 대구상공회의소 섬유인의 역대회장(1954년 - 2012년)

여상원(제일모직) : 초대-6대(1954년 4월 - 1969년 1월)

　- 오일룡 : 6-9대(1969년 1월 - 1977년 12월)

　- 박윤갑 : 9-10대(1978년 12월 - 1982년 4월)

　- 김흥식 : 11-12대(1982년 5월 - 1988년 5월)

박성형(신라섬유) : 13대(1988년 5년 - 1991년 4월)

박재을(갑을) : 14대(1991년 4월 - 1991년 7월)

　- 강재조 : 14대(1991년 8월 - 1994년 4월)

채병하(대하합섬) : 15-17대(1994년 4월 - 2001년 2월)

노희찬(삼일방직) : 17-18대(2001년 2월 - 2006년 3월)

　- 이인중 : 19-20대(2006년 3월 - 2012년 3월)

　- 김동구 : 21대(2012년 3월 - 현재)

■ 대구경북섬유협회

대구경북섬유협회는 1987년 7월, 지역 섬유산업의 발전과 섬유업체의 이익을 도모하며, 선진수준의 기술력을 갖춘 세계적 섬유산지로 육성·발전 및 글로벌 마케팅을 통한 국제 경쟁력 강화를 위하여 지원하는 것을 목적으로 설립되었는데, 설립근거는 민법 제32조와 지식경제부장관 및 그 소속청장의 주관에 속하는 비영리법인의 설립 및 감독에 관한 규칙에 의한 법인 규정이었다.

대구경북섬유협회의 주요 사업은 '섬유교류사업'을 비롯하여 '마케팅지원사업', 기술정보교류사업, 그리고 '대구국제섬유박람회(PID : Preview In Daegu)'과 기타 섬유산업활성화사업 등이다.

대구경북섬유협회의 주요 연혁을 살펴보면,

- 1989년 7월 6일 : 대구경북섬유산업협의회 창립
- 1993년 5월 10일 : 대구경북섬유산업협회 개칭
- 1993년 10월 26일 : 대구섬유연구개발센터 건립 추진
- 1996년 8월 1일 : 사단법인 대구경북섬유산업협회 허가(상공부)
- 2002년 8월 29일 : 제1회 대구국제섬유박람회(PID) 주관

대구경북섬유협회의 역대 회장을 살펴보면,

- 초대 회장 : ㈜동국무역 백욱기(재임기간 : 1993. 5. 1. - 1996. 7. 31.)
- 제2대 회장 : ㈜성안 박용관(재임기간 : 1996. 8. 1. - 1999. 7. 20.)
- 제3-4대 회장 : ㈜조양모방 민병오(재임기간 : 1999. 7. 21. - 2005. 4. 10.)
- 제5-6대 회장 : 달성견직㈜ 안도상(재임기간 : 2005. 4. 11. - 2009. 4. 3.)
- 제6-7대 회장 : ㈜신흥 이동수(재임기간 : 2009. 4. 4. - 현재)

【 대구경북지역 섬유관련 지원기관 현황 】

■ 섬유관련연구소 현황 : 5개

연 구 소 명	소재지	설립연도	규모(평)	인원(명)	지원분야	비고
한국섬유개발연구원	대구	83. 09. 01	8,293	91	원사직물	053-560-6550
한국염색기술연구소	대구	94. 12. 20	9,431	104	염색가공	053-350-3756
한국패션산업연구원	대구	10. 04. 01	1,954	54	패션봉제	053-721-7400
한국섬유기계연구소	경북	00. 04. 26	3,121	33	섬유기계	053-819-3139
경북천연염색산업연구원	경북	10. 06. 07	6,890	13	천연염색	054-338-6243

※ 한국패션산업연구원은 "한국패션센터"와 "한국봉제기술연구소"를 2010년도에 통합함

■ 단체/조합 현황

단 체 / 조 합 명	소재지	설립연도	지원분야	연락처
대구경북섬유산업협회	대구	1989	섬유산업	053-560-6500
대구경북섬유직물공업협동조합	대구	1969	화섬직물업	053-252-4081
대구경북직물공업협동조합	대구	1959	천연직물업	053-252-1821
대구경북패션칼라산업협동조합	대구	1966	염색분야	053-354-6802
대구경북니트공업협동조합	대구	1930	니트류분야	053-253-2060
대구경북장갑공업협동조합	대구	1987	장갑류분야	053-555-5400
대구경북한복협회	대구	2002	한복류	053-981-2356
대구중앙여성패션사업조합	대구	1989	여성복분야	053-383-5777
대구경북봉제공업협동조합	대구	2000	패션봉제	053-638-8898
경북풍기직물공업협동조합	경북	1969	인견직물	054-636-2331
대구경북천연염색협동조합	대구	2009	천연염색	053-744-6655
한국섬유센터(KTC)	대구	2006	섬유마케팅	053-421-4200
대구직물협동화사업단	대구	1999	직물창고운영	053-585-8387
섬유지식산업연구회	대구	2003	섬유산업지식	053-810-3897
한국섬유기계협회	경북	1990	섬유기계산업	053-817-5954

※ 대구경북직물수출협의회

■ 협력연관 관련기관
 · 대구경북과학기술원
 · 나노융합실용화센터
 · 한국과학기술정보연구원(대구경북지원)

■ 연구과제와 사업관리 평가기관 : 한국산업기술평가원,
　　　　　　　　　　　　　　　대구테크노파크/지역산업평가단
■ 섬유관련 교육기관 : 경북대학교, 영남대학교, 계명대학교, 경일대학교,
　　　　　　　　　　　금오공과대학교, 섬유패션대학(한국폴리텍)

4. 지원기관의 설립

■ 수출검사제도의 시행과 품질향상

1957년 12월 상공부는 수출검사법을 제정하고 상공부장관이 지정하는 수출품목에 한해 품질검사제도를 시행했다. 1962년 면사 및 면제품이 최초의 섬유류 검사품목으로 지정되면서 대한메리야스연합회와 대한직물공업연합회가 자체적으로 검사기관 설립을 추진하게 됐다.

1964년 1월 한국섬유시범검사소가 공식 지정되고 견직물, 인격직물, 합성직물, 교직물에 대해 수출검사를 하면서 자수직물, 코듀로이직물, 타월직물에 대한 검사까지 확대실시하자 상공부는 검사기관을 독립법인화 시키도록 했다. 당국이 검사기관을 독립법인으로 만든 이유는 협회나 연합회 예속에서 오는 검사의 존엄성 및 독립성 실추를 막기 위해서였다. 이후 니트 및 의류 검사소도 각각 독립 법인화 됐는데 대구에 검사소 지소가 문을 연 것은 1970년 4월 27일이다. 훈련된 검사요원이 각 공장에서 생산되는 직물을 정밀검사하고 종합분석해 취약점을 구체적으로 지적해 줌으로써 대구는 물론 국내 섬유제품의 품질 향상에 크게 기여했다

■ 대구섬유연구센터 건축

1996년 4월에는 한국섬유개발연구원 내에 '대구섬유연구센터'가 준공되기도 하였는데, 총사업비 116억원에 지상10층, 지하 2층, 연건평 2,700평의 초대형 최첨단 인텔리젠트 건물로 건축되었다.

특히 이 건물이 주목받는 것은 국내 최초로 중앙정부와 지자체, 지역섬유업계 41업체, 화섬업체, 섬유관련단체, 연구기관 등 소위 '민관연'에 의한 제3섹터 방식으로 사업이 추진되기 때문이다. 이와 같은 앞으로도 섬유산업 뿐 아니라 어떠한 업종에 있어서도 쉽지 않을 것으로 예상되기도 하는데 중앙정부와 원메이커인 대기업을 비롯하여 당시 지역 섬유산업을 리더하던 대부분의 섬유업체가 기금마련에 적극 참여하기도 하였다.

먼저 총괄부분에 있어 지식경제부(당시 통상산업부) 50억원, 대구광역시 12억원(현물 : 부지제공), 전국경제인연합회 17억5천만원, 한국화섬협회 15억원, 한국섬유산업연합회 2억6천만원, 그리고 지역의 59섬유업체와 지원단체가 18억7천7백만원 등 총사업비가 115억8천7백만원이었다.

이 가운데 이에 참여한 지역 섬유업체와 지원단체를 업체명 기준 가나다 순으로 살펴보면 지역 직물업계의 경우 갑을(박창호), 갑을합섬(박유상), 거성직물(문구의), 경동직물(정상수), 금강화섬(민병석), 달성견직(안도상), 동국무역(백욱기), 동남무역(정신섭), 동도섬유(김정강), 동성교역(조복제), 대덕직물(정완택), 대경교역(김달재), 대준섬유(박노화), 대하통상(채병하), 대흥(이충헌) 삼성견직(도재욱), 삼아(김태호), 삼원산업(민병오), 삼풍직물(정철규), 삼환직물(도상기), 서도산업(한수일), 선일섬유(전병조), 성안(박용관), 성원직물(조동연), 성일섬유(설춘수), 승우무역(강태승), 신라섬유(박성형), 영도벨벳(이원화), 영화직물(정기열), 원천산업(김인국), 옥방화섬(박종욱), 유신무역(하영태), 이화섬유(박동식), 제원화섬(정우영), 창영(배을출), 태왕물산(권성기), 협신모직(이효균) 등 37업체이다.

지역 염색업계는 국제염직(이승주), 대원염직(이기영), 대한염직(김해수), 명진섬유(석정달), 미광염공(송인택), 부성(이천환), 삼보염직(김용기), 삼일산업(노희찬), 세일화섬(김원묵), 조방물산(곽열규) 풍광염직(이재옥) 등 11업체였다.

지역의 니트 및 기타 섬유업체는 동산섬유(이원훈), 삼성직물(최정빈), 삼창니트(이창석), 진영섬유(박노욱), 회전니트(함정웅) 등 5업체였다

그리고 지원기관 및 단체는 대구경북연사직물생산협력협회, 대구중앙여성패션사업협동조합, 대구양말생산협의회, 대구양말수출업자협의회, 한국섬유개발연구원, 한국원사직물시험연구원 등 6개였다.

이들 섬유업체와 단체는 많게는 4억원에서 적게는 1백만원에 이르기까지 다양하게 기금을 자발적으로 출연하였으며, 준공식에는 기금출연업체 및 단체대표를

비롯하여 이만섭국회의원, 박재윤장관, 문희갑대구광역시장, 이의근경상북도지사, 최종현전국경제인연합회장 등 400여명의 섬유관계자가 참석함으로서 대 성황을 이루기도 하였다. 이러한 단합된 기반이 훗날 '밀라노프로젝트(일명 : 대구섬유산업육성정책)'가 입안되는데 중요한 기폭제가 되기도 하였다.

대구섬유연구센터 준공된 후 곧 바로 '지역 섬유산업 중장기 미래비전' 마련과 현안애로 해소를 위한 6개 업종별 전문분과위원회가 구성되어 운영되었는데 이의 현황을 살펴보면 다음과 같다.

먼저 견직물업종전문분과위원회는 광림섬유(정영명), 대청섬유(차성근), 서진섬유(육이수), 신흥(이동수), 윤섬유(윤길중) 등 5업체, 직물업종전문분과위원회는 대성직물(강규원), 동원섬유(이성만), 서도산업(한재권), 천우모직(전창규), 화창섬유(유정필) 등 5업체, 메리야스업종전문분과위원회는 대기메리야스(장주형), 삼창니트(이창석), 삼성직물(최정빈), 송복양말(이상준), 우신산업(강병화), 유창섬유(손차헌) 등 6업체, 염색업전문분과위원회는 경부실업(이진원), 삼성사(정봉욱), 성화염직(나정완), 한주섬유(신개식), 한창산업(이영삼) 등 5업체, 패션업종전문분과위원회는 민제오패션, 세아상사(김세아), 앙비숑(최태용), 주원실업(주영빈), 최복호패션 등 5업체, 섬유기계업종전문분과위원회는 구일기계(강유원), 금용기계(이동원), 대원기계(장홍석), 일성기계(김재영), 쌍용중공업(강덕수) 등 5업체, 섬유디자인업종전문분과위원회는 한올섬유디자인(김일범), 혜원(손수익) 이정우디자인연구소와 김지희교수(효성카톨릭대학교) 등 4명이 참여하였다.

대구섬유연구센터에는 섬유산업의 지속적인 발전으로 인류문명의 복지증진과 유토피아를 지향하는 섬유소재전문전시관인 'Textopia(Textile Utopia) 리소스센터'가 설치되기도 하였다.

■ 스포비즈연구센터 구축

2008년 지식경제부는 지역 섬유산업의 활성화와 균형적 발전을 위해 봉제패션업 지원 중심의 첨단 스마트 스포츠의류 연구개발 지원정책을 입안하고 2008

년부터 2010년까지 3년간 총사업비 115억원(국비 60, 지방비 50, 민자 5)을 들여 대구시 동구 봉무동 이시아폴리스에 '스포비즈연구센터(Sports Business R&D Center)'를 구축하였다.

센터의 구축과 함께 2011년 한국봉제기술연구소와 한국패션센터를 통합하여 '한국패션산업연구원'으로 개원하였다.

■ 섬유수출전담 지원기관인 '한국섬유마케팅센터'

지역섬유산업의 수출환경 변화에 대응하기 위하여 설립된 2004년 10월 설립된 한국섬유마케팅센터(Korea Textile Marketing Center : 이하 'KTC'로 표기)는 2005년 6월 중국 상해, 2006년 미국 LA 등이 3개 지역에 해외지사를 설치한 것을 비롯하여 2006년 러시아 모스코바와 인도 몸바이, 칠레 산티아고, 2007년 브라질 상파울로, 중국 광조우, 2009년 중국 홍콩, 프랑스 파리, 2011년 터키 이스탄블, 폴란드 바르샤바 등 10개 지역에 섬유마케팅과 정보거점을 구축하고 섬유수출에 애로를 겪고 있는 지역 섬유제조업체의 해외마케팅에 훌륭한 길잡이 역할을 담당하였다.

실제로 KTC는 과거 종합무역상사를 통해 수출에 거의 대부분을 의존하여 오던 지역 섬유제조업체가 1990년대 후반기 이후 새롭게 형성되기 시작한 섬유수출 질서의 급속한 환경변경에도 불구하고 독자적 무역부 운영이나 해외지사 설치가 어려워 해외 마케팅 추진에 큰 애로로 작용하자, 이를 해소하여 주기 위해 대구섬유산업진흥사업의 일환으로 설립되었는데 설립 당시 대구지역 1,844개 섬유제조업체 중에 무역부를 설치하고 있는 업체는 0.7%에 불과하였으며, 실제로 섬유수출 희망기업의 대부분이 지극히 영세함으로 인해 해외시장 개척이나 바이어 발굴, 전시회 참가 등 독자적 해외마케팅은 감히 엄두도 못내는 게 현실이었다.

이러한 섬유기업의 애로를 위해 KTC는 지역의 섬유수출희망업체가 공동으로 이용할 수 있는 해외지사 설치와 함께 해외 유명 전시회 참가, 신제품 상설전시, 맞춤형 바이어 연계와 수출상담장 제공, 최신 트랜드 정보제공 등 왕성한 지원전개로 말미암아 2004년부터 2011년까지 지난 8년간 국내 전업종 대상 마케팅지원사업의 각종 평가에서 최상급의 성적을 거두고 있기도 하였다. 실제로 KTC는 2011년도의 섬유업계에 대한 섬유수출지원 실적이 전년대비 34% 신장하는 등 설립초기에 비해 거의 4배 가까이 섬유수출 바이어상담도 2011년 886회에 이르는 등 매년 두 자리수 이상의 급격한 신장세를 초기 대비 10배 이상으로 늘어나기도 하였으며 KTC의 회원사도 50개사에 이르고 있기도 하였다.

■ 한국섬유직물수출입조합

한국섬유직물수출입조합은 1963년 국내 섬유직물수출의 발전을 지원하기 위해 민법 제32조에 의거하여 설립되었으며, 주요 역할은 섬유제품의 오더 연결과 섬유수출업체의 해외 전시회 참가 지원, 세계 각국 섬유류 FTA에 적극 대응, 섬유수출업체의 애로사항 대 정부 건의 등을 수행하고 있기도 하다.

주요 연혁을 살펴보면
- 1963년 5월 25일 : 한국견직물수출조합 창립
- 1965년 9월 25일 : 한국직물수출조합으로 명칭변경
- 1975년 7월 3일 : 대구출장소 설치
- 1999년 2월 25일 : 사단법인 한국섬유직물수출입조합으로 재 출범

■ 기타 대구은행 등 금융지원기관의 설립

이밖에 1961년 중소기업은행, 1967년 대구은행과 외환은행 등이 설립됨으로서 지역 섬유산업이 원활한 수출성장을 기하는데 금융적인 지원에 많이 기여하기도 하였다.

1970년 대구세관이 부산세관 대구출장소에서 승격되었으며, 1972년에는 대구세관 구미출장소가 설치되기도 하였다.

제5절 섬유볼거리

■ 대구오페라하우스와 창작오페라 '목화'

　제일모직이 삼성그룹의 모태이자 창업 발상지인 대구광역시 침산동 옛 사업장 터에 건립한 오페라하우스를 2003년 8월 7일 개관식과 함께 대구시민을 위해 대구광역시에 기증하기도 하였다. 대구오페라하우스는 제일모직이 1996년 6월 사업 구조조정 계획에 따라 제일모직 대구사업장을 구미로 통합할 당시 터를 대구시민을 위한 문화공간으로 사용하기로 결정하면서 들어서게 된 것으로 서울의 '예술의 전당'에 이어 지방에서는 최초로 건립된 오페라 전용극장이다. 제일모직이 2000년부터 500억여원의 예산을 출연해 2년 9개월 만에 완공된 이 극장은 2,620평의 터에 지하 2층, 지상 4층의 규모로 지어졌으며 건물 외관은 유려한 곡선미의 그랜드 피아노를 형상화했으며, 내부에는 450평의 이동식 무대와1500석의 객석이 설치됐다.

　대구오페라하우스 개관 축하공연으로는 대구시립오페라단의 창작 오페라인 '목화'가 무대에 올려졌는데 2003년 7일부터 9일까지 3일간 공연된 '목화'는 1363년 우리나라에 목화씨를 처음으로 보급한 문익점의 일화와 21세기에 패션 디자이너로 환생한 문추백의 사랑 이야기를 한데 엮어 만든 것으로 '섬유도시 대구'를 형상화한 작품이다. 대구오페라하우스 초대관장인 김완준 대구예술대 부교수가 예술총감을, 지휘는 이일구 울산대 겸임교수가, 연출은 오페라 전문연출가인 이강윤씨가 맡았으며, 김일영 경상대 교수의 대본에 이영조 한국종합예술학교 교수가 곡을 붙였다. 모든 무대의상과 섬유관련 소품은 대구의 중견 패션 디자이너인 최복호 패션디자인연구소장이 기증하기도 하였다. 대구오페라하우스는 목화 공연에 이어서 대구하계유니버시아드 기념공연과 함께 섬유의 도시인 대구를 오페라의 고장으로 세계에 알리기 위해 2004년부터 매년 '국제오페라축제'를 열 계획을 기획하기도 하였다.

　한편, 코오롱은 대구공장의 이전과 함께 2000년 9월 29일 대구두류야외음악당을 지어 대구시에 기증하기도 하였다.

■ 자연염색박물관

자연염색박물관은 2005년에 설립되었으며, 이의 전시공간은 유물실과 세계공예예술전시실, 민속염직도구실, 갤러리 등 4곳으로 나뉘어져 있다. 민속염직도구실에는 베틀, 물레, 씨아(목화에서 씨를 추려내는 도구), 다듬이 등과 같이 옷과 관련된 유물이 전시되어 있으며, 유물실에는 의류를 비롯해 염색, 자수, 누비, 매듭, 보자기 등의 민속자료가 전시돼 있다. 현재의 위치는 대구광역시 동구 팔공산자락에 위치하고 있으며, 홈페이지 주소는 'naturaldyeing.net'이다.

■ 벨벳전시관 '영도다움'

2012년 6월 14일 세계 최초의 벨벳전문전시관인 '영도다움'이 대구광역시 중구 삼덕 2가에 문을 열었다. 연면적 1천56㎡에 3층 건물로 지어진 이 전시관은 벨벳체험 및 교육장, 벨벳제품의 전시 및 판매장, 전문갤러리 등으로 이루어져 있다. 벨벳체험 및 교육장에는 벨벳 제직과 프린팅, 염색 등을 직접 경험해 볼수 있으며, 전시 및 판매장에는 벨벳의 다양한 제품이 테마별로 선보이고 있으며, 영도다움의 '다움'은 '아름다움' 등의 우리말에서 따온 것이라 하는데, 즉 사물이 자기다움을 가질 때 가장 바람직한 모습을 지닐 수 있다는 것을 의미한다고 한다. 50여년의 섬유직물제조 역사를 지닌 영도벨벳이 운영하는 이 전시관에 대해 류병선대표이사는 '대구섬유의 관광명소로 자리매김'하고 싶다고 한다.

■ 대구자수박물관

2011년 2월 11일 개관된 '대구자수박물관'은 '우리나라 자수(刺繡), 특히 베개에 새겨진 자수의 섬세함 등 자수에 대한 모든 것을 집약, 압축'시켜 놓은 것이다. 대구광역시 수성구 범어동에 위치하는 자리한 이 박물관은 1층과 2층 등 총 330㎡ 규모로 1층은 박물관으로, 2층은 교육프로그램을 위한 공간으로 활용되고 있으며, 전시품으로는 병풍, 주머니, 민화, 베갯모 등 자수가 놓인 전통공예품 1000여점이 있다.

제6절 국제교류

■ 국제협력과 교류

1998년 10월 이탈리아 밀라노시와 MOU(업무협약 M O U)

1999년 프랑스 섬유연구소(리용, 릴)

2000년 3월 이탈리아 국립섬유연구소

2001년 7월 글로벌 섬유기업인 일본 이토추섬유상사와

1990년대 중반부터 중국의 섬유인과 공무원들의 지역 섬유업계 방문이 매우 빈번해지기 시작하였으며, 이어서 일본, 미국, 러시아, 인도, 파키스탄, 짐바브웨 등의 섬유관계자의 방문도 계속되었다. 특히 오늘날의 '한상대회'의 기초가 되기도 하였지만 미국 로스엔젤레스 거주 한국계 섬유상인들의 지역 섬유산업에 대한 관심 증대와 함께 아르헨티나 등 중남미 거주 한국상인들의 방문도 이어졌다.

■ 세계한상대회

2002년에 출범한 세계한상대회(世界韓商大會, HANSANG, The world korean business convention)는 2000년 지역의 섬유인들이 미국 로스엔젤레스(LA)지역의 교포상인과 원활한 섬유교역을 위해 정부에 제안하였던 사업으로 섬유기업인을 중심으로 전세계에 진출한 교포상인과 국내 기업인들의 '만남의 장'이 매년 국내 각 지역에서 돌며 순차적으로 개최되고 있는데 2010년 제9차 대구경북 세계한상대회가 대구에서 개최되기도 하였다. 홈페이지 주소는 'hansang.korean.net'이다.

제3장
대구경북의 섬유현황

1. 섬유산업 현황

가. 세계 섬유산업 현황

■ 세계 섬유시장의 흐름

21세기 세계 섬유산업은 과거 의류용 섬유소재와 패션 편중에서 최근 급격한 기술개발로 동종·이업종 융·복합기술과 다양한 지식정보가 접목된 종합산업으로 급격한 구조조정이 이루어지고 있음.

- 최근 우리나라 섬유산업도 의류용 섬유분야에 있어서의 고가화 노력과 함께 비의류용(산업용) 섬유분야로의 진출도 적극 전개해 나가고 있음.

세계 주요국의 섬유생산구조에 있어 미국과 일본, 유럽 등 전통적 섬유선진국은 산업용 섬유분야의 생산비중이 매우 높으나, 우리나라는 의류용 섬유분야의 생산이 79%에 이르고 있음.

- 산업용 섬유생산비중 : 미국 70%, 유럽 69%, 일본 59%, 한국 21% 순.
- 의류용 섬유생산비중 : 한국 79%, 일본 41%, 유럽 31%, 미국 30% 순.

세계 주요국의 섬유생산구조

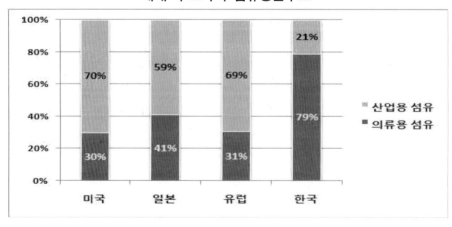

※ 자료: 일본화학섬유협회, 한국섬유산업협회(2007)

■ 세계 섬유무역 현황

세계 섬유/의류수출은 2000년 대비 2009년 수출규모가 48.4% 증가하였으며, 세계10대 상위수출국 가운데 베트남이 392.6%로 가장 높은 신장세를 보였으며, 중국이 117.7%, 터키가 88.9%, 인도가 78.3%의 신장세를 이룸.

- 우리나라의 섬유/의류수출은 같은 기간 IMF 여파로 40.5%가 감소하였음.

2009년 기준 세계 섬유/의류수출의 점유율은 중국이 "세계의 공장"답게 세계 섬유수출의 38.0%를 점유하고 있으며, 그 다음으로 EU가 30.2%로 세계섬유수출시장의 커다란 한 축을 형성함.

- 2009년 기준 우리나라의 세계 섬유/의류수출 점유율은 2.0%로 세계 7위권에 위치함.

중국의 섬유/의류수출은 미국, 일본, EU등 선진국 섬유시장을 거의 독점함.

세계의 섬유/의류 수출국 순위와 추이

(단위 : 백만불, %)

년도	순위	1위 중국	2위 EU(27)	3위 인도	4위 터키	5위 미국	6위 방글라	7위 한국	8위 베트남	9위 파키	10위 인니	세계 합계
2009	수출액	200,208	159,020	20,559	19,278	14,117	11,797	10,551	10,444	9,867	9,123	526,676
	점유비	38.0	30.2	3.9	3.7	2.7	2.2	2.0	2.0	1.9	1.7	
2000	수출액	91,982	112,977	11,530	10,205	19,581	5,460	17,737	2,120	6,676	8,239	354,970
	점유비	25.9	31.8	3.2	2.9	5.5	1.5	5.0	0.6	1.9	2.3	

자료 : WTO, "International Trade Statistic 2010" (주:중국은 홍콩 마카오포함)

지역의 주력 생산품인 직물중심의 섬유분야에 경우 2009년 세계섬유수출 기준 중국이 33.1%, EU가 29.5%로 역시 최상위권을 형성하고 있음.

- 2009년 기준 우리나라는 세계 섬유수출 점유율 4.3%로 4위권을 형성하고 있으나 2000년 8.1% 보다는 크게 낮아진 위상을 보이고 있음.

세계 섬유수출국 순위

(단위 : 백만불, %)

년도	순위	1위 중국	2위 EU(27)	3위 미국	4위 한국	5위 인도	6위 대만	7위 터키	8위 파키	9위 일본	10위 UAE	세계 합계
2009	수출액	69,854	62,223	9,931	9,155	9,105	7,891	7,723	6,510	6,099	4,850	211,054
	점유비	33.1	29.5	4.7	4.3	4.3	3.7	3.7	3.1	2.9	2.3	
2000	수출액	29,848	56,737	10,952	12,710	5,570	11,891	3,672	4,532	7,023	3,903	157,400
	점유비	19.0	36.0	7.0	8.1	3.5	7.6	2.3	2.9	4.5	2.5	

자료 : WTO, "International Trade Statistic 2010" (주:중국은 홍콩, 마카오 포함)

■ 세계 화학섬유 생산동향

현재 세계섬유시장은 천연섬유의 원재료 수급불안과 폴리에스테르를 비롯한 화학섬유의 기술개발 활성화로 화학섬유의 생산이 급격히 늘어나고 있음.

- 화학섬유 가운데서도 폴리에스테르섬유의 생산비중이 79.0%에 이를 정도로 세계 섬유시장에서 큰 각광을 받고 있음. 폴리에스테르섬유 생산의 62.4%를 점유한 폴리에스테르필라멘트분야가 범용성시장을 선도해나가고 있음.
- 또한 최근 레져문화의 확산과 첨단 기술개발에 의해 의류용 나일론섬유의 소비도 늘어나고 있으며, 운·수송용, 토목용 등 산업용분야로의 용도전개도 빠르게 진전되고 있음.

이에 따라, 과거 미국과 일본, 서구지역에서 개발되어 생산이 주도되어 오던 화학섬유의 생산기반이 중국을 비롯한 우리나라와 대만 등 동아시아권 지역으로의 전이가 빠르게 이루러지고 있음.

- 실제로 중국은 세계화학섬유 생산의 64.4%를 점유하고 있으며, 우리나라와 대만 등 동아시아 3개국의 점유율이 72.6%에 이름. 기술과 플랜트 수출에 주력하고 있는 일본을 포함하면 이러한 점유비중은 더욱 높아짐.

이와 같은 추세는 향후 상당기간 지속될 것으로 보임에 따라 3국간 기술과 생산협력시스템 구축과 안정화, 그리고 국제시장에서의 과열경쟁 지양을 위한 다양한 노력이 필요한 실정임.

세계 주요국별 화학섬유 생산현황(2010년)

(단위 : 천톤, %)

지역	폴리에스테르			나일론	아크릴S	기 타 화학섬유	화학섬유 총 계
	F	S	(소계)	(S+F)			
세계 계	22,938	13,822	(36,760)	3,874	1,986	3,944	46,564
구성비	49.3	29.7	(79.0)	8.3	4.3	8.4	100
한 국	748	527	(1,275)	135	50	25	1,485
점유비	3.3	3.8	(3.5)	3.5	2.5	0.6	3.2
일 본	188	156	(344)	94	142	185	765
점유비	0.8	1.1	(0.9)	2.4	7.2	4.7	1.6
대 만	1,115	602	(1,717)	388	98	122	2,325
점유비	4.9	4.4	(4.7)	10.0	4.9	3.1	5.0
중 국	16,789	8,695	(25,484)	1,617	663	2,210	29,974
점유비	73.2	62.9	(69.3)	41.7	33.4	56.0	64.4
미 국	470	588	(1,058)	628	0	133	1,819
점유비	2.0	4.3	(2.9)	16.2	-	3.4	3.9
서 구	428	475	(903)	385	572	456	2,316
점유비	1.8	3.4	(2.5)	10.0	28.8	11.6	5.0
기타지역	3,200	2,779	(5,979)	627	461	813	7,880
점유비	14.0	20.1	(16.2)	16.2	23.2	20.6	16.9

※ 자료 : 일본화섬협회, "2011 섬유핸드북"

▣ 세계의 의류종류별 소비시장 변동추이

세계 섬유소비의 주력부분인 의류분야의 경우 포멀분야는 다소 감소하고 있으나 생활문화의 급격한 변화로 캐주얼분야는 소비확대에 따른 시장규모가 매년 크게 신장되고 있음.

- 폴리에스테르분야는 캐쥬얼 웨어용 복합소재분야의 소비가 지속되고 있으며, 최근 소비심리가 살아나는 조짐을 보이고 있는 미국시장과 중국 내수시장의 활황 여하에 따라 소비는 더욱 늘어날 것으로 보임.
- 나일론분야는 원천기술의 개발진전으로 스포츠웨어용 등 기능성 소재가 각광을 받고 있으며, 아울러서 최근에는 등산 등 여가생활 활성화와 기성복분야의 퇴조조짐으로 향후 성장 유망한 분야가 될 것으로 보임.

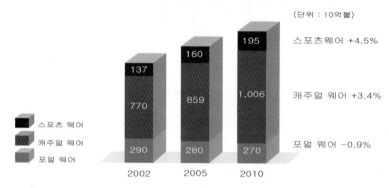

세계 의류 소비시장 변동추이

(단위 : 10억불)

스포츠웨어 +4.5%

캐주얼 웨어 +3.4%

포멀 웨어 −0.9%

스포츠 웨어
캐주얼 웨어
포멀 웨어

※ 자료 : Kurt Salmon Associates, 「Wool Mark」, 2002
　주 : '02 ~ '10년 연평균 증가율임

■ 세계 섬유산업의 수출시장 전망

세계 유명 섬유 예측연구소도 향후 세계 섬유시장의 규모는 2015년까지 꾸준
한 성장세를 이어갈 것으로 전망하고 있음.

세계 섬유산업의 수출시장 전망

구 분	2006년	2008년	2010년	2013년	2015년
물량(천톤)	63,470	68,649	74,251	83,522	90,338
금액(백만불)	502,535	554,045	610,835	707,118	779,597

※ 산출근거 : PCI, Saurer's Fiber Year 등의 전망자료

나. 국내 섬유산업 현황

■ 총 괄

우리나라 섬유산업은 2009년 기준 상시종업원 10인 이상 보유한 기업을 기준
으로 할 때 업체수는 5,851업체, 종업원수는 168,303명, 수출액은 116억달러,
부가가치액은 약14조원에 이르는 것으로 파악되고 있음.

지역 섬유산업은 2009년 기준 상시종업원 10인 이상 보유한 기업을 기준으로
할 때 업체수는 전국의 20.2%인 1,183업체, 종업원 수는 전국의 19.9%인 33,492명,
수출액은 전국의 20.1%인 23억달러(2011년 기준 추정액은 32억달러 달성 예상)

에 이르는 것으로 파악되고 있음.

- 대구의 경우 섬유업체는 728업체 종업원은 2만여명, 부가가치액은 1조원 정도임.
- 경북의 경우 섬유업체는 455업체 종업원수는 13천명, 부가가치액은 1조원 정도임.

지역 섬유산업의 경우 섬유수입액은 전국 대비 6.1%에 불과하며, 섬유수출 대비 섬유수입 비중은 19.3%에 불과함.

- 이는 지역의 섬유산업 기반이 국내에서 원자재 조달이 가능한 직물 및 염색가공업종 중심으로 구성되어 있으며, 판매구조 또한 85% 이상이 수출에 주력하고 있기 때문임.
- 섬유생산구조 또한 대구지역과 경북지역의 섬유기업은 상호 연과된 생산공정과 기업경영 지배구조를 형성하고 있음.

우리나라 섬유산업의 주요지표(2009년)

구 분	전 국	대 구	%	경 북	%	대 구 경 북	%
업 체 수(개)	5,851	728	12.4	455	7.8	1,183	20.2
종 업 원 수(명)	168,303	20,024	11.9	13,468	8.0	33,492	19.9
생 산 액(10억원)	33,769	2,813	8.3	3,241	9.6	6,054	17.9
부가가치(10억원)	14,029	1,130	8.1	1,027	7.3	2,157	15.4
수 출(백만불)	11,634	975	8.4	1,367	11.8	2,342	20.1
수 입(백만불)	7,407	239	3.2	214	2.9	453	6.1

※ 자료 : 통계청 "광공업통계조사보고서(10인이상 사업체 기준)", 무역협회

■ 섬유산업의 업종별 구성비 분석

우리나라 섬유산업의 경우 2009년도 상시 종업원 10인이상 보유업체 기준 업종별 분포도를 살펴보면 업체수는 원사업종이 5.0%, 제직업종이 22.9%, 염색가공업종이 15.7%, 봉제패션업종이 8.5%, 기타업종이 8.5%로 구성됨.

- 이를 종업원 보유기준으로 분석하여도 구성비에 있어서는 업체분포도와 큰 차이가 없는 것으로 파악되고 있음. 즉, 원사업종이 7.2%, 제직업종이 19.9%, 염색가공업종이 17.4%, 봉제패션업종이 47.1%, 기타업종이 8.4%임.

지역 섬유산업 구성비에 있어서는 전국과 달리 화섬직물과 염색가공업이 주력분야여서 업체수 기준 제직업종이 43.4%로 절대적 비중을 차지하고 있으며, 염

색가공업종 24.5%, 원사업종 10.2%, 봉제패션업종 11.6%, 기타업종 10.3%로 분포되어 있음.

- 종업원 보유 구성비에 있어서는 제직업종 38.6%, 염색가공업종 29.7%로 두 업종의 편차가 그리 크지 않은데 이는 제직업종은 소규모 업체가 많고, 염색가공업은 비교적 많은 종업원을 보유하고 있기 때문임.

지역 섬유산업의 전국섬유산업 대비 업종별 점유비중을 살펴보면 업체수 기준 전체적으로는 20.2%이지만 이 중 원사업종이 41.0%에 달하며, 제직업종 38.3%, 염색가공업종 31.7%임 등 우리나라의 미들스트림의 섬유산지임을 증명해 주고 있음. 그리고 기타업종의 비중도 24.5%에 달하는데 이는 산업용 등 비의류용 섬유소재업체가 많이 입지해 있기 때문임.

- 종업원 보유기준 점유비도 소규모 영세업체가 대부분인 원사업종을 제외하면 큰 차이가 없음.

대구경북섬유산업 업종별 현황(종업원수 10人 이상 사업체 기준)

(단위 : 개, 명, %)

구 분		업종합계	원사업종	제직업종	염색업종	봉제패션	기타업종
전국 섬유 산업	업 체 수 (구성비)	5,851 (100.0)	295 (5.0)	1,341 (22.9)	916 (15.7)	2,801 (47.9)	498 (8.5)
	종업원수 (구성비)	168,303 (100.0)	12,152 (7.2)	33,385 (19.9)	29,286 (17.4)	79,340 (47.1)	14,140 (8.4)
지역 섬유 산업	업 체 수 (구성비)	1,183 (100.0)	121 (10.2)	513 (43.4)	290 (24.5)	137 (11.6)	122 (10.3)
	종업원수 (구성비)	33,492 (100.0)	2,752 (8.2)	12,914 (38.6)	9,929 (29.7)	4,045 (12.0)	3,852 (11.5)
전국 대비	업 체 수	20.2	41.0	38.3	31.7	4.9	24.5
	종업원수	19.9	22.7	38.7	33.9	5.1	27.2

※ 자료 : 통계청 "2009년 광업제조업조사보고서(2010년)"

■ 국내 섬유산업의 무역구조

우리나라 섬유류수출은 1997년 IMF 이후 약 9년간 계속 하향세를 보이다가 2007년부터 빠른 회복세를 보이고 있음.

- 대구경북지역의 경우에도 극심한 구조조정으로 수출 추이가 계속 감소세를 유지하다가 최근 수출성장세 기조를 유지해 나가고 있음.

- 최근 지역 섬유수출은 한·미 FTA 협상체결로 인한 대외신용도 상승으로 미국을 비롯한 전반적인 수출 상승기조가 이어져 나가고 있기도 함.
- 하지만, 2009년도 미국발의 금융위기, 2011년도 유럽 일부국가군의 국가재정위기로 인해 세계금융시장이 경색됨에 따라 세계섬유소비시장도 급격히 침체되는 국면을 맞이하고 있는데 이로 인한 지역 섬유수출도 영향을 받고 있음.

우리나라의 섬유수입은 세계유명 브랜드제품을 중심으로 한 의류제품의 수입이 꾸준하게 상승하고 있음.

무역수지 흑자측면에 있어서는 섬유산업이 국가경제에 기여하는 기여도가 매우 높은 편임. 이는 우리나라가 세계적인 제조기반 구축과 화학섬유분야의 원재료가 안정정적으로 수급되고 있기 때문임.

- 섬유무역에 있어 무역수지흑자가 2007년 45억달러, 2010년 40억달러 등 섬유분야가 국가무역수지 흑자를 유지하는데 큰 기여를 하고 있음.
- 섬유무역수지 흑자 가운데 대구경북지역의 기여비중은 2007년 39%에서 2010년도 57%로 크게 높아지는 등 지역의 기여도가 늘어나고 있음.

전국 대비 대구경북지역 섬유수출입의 비중

(단위 : 백만불, %)

구분	년도	2007	2008	2009	2010
전 국	섬유수출	13,446	13,317	11,634	13,899
	섬유수입	8,909	8,800	7,407	9,924
	무역흑자	4,537	4,517	4,227	3,975
대구경북	섬유수출	2,445	2,755	2,342	2,856
	섬유수입	677	621	453	602
	무역흑자	1,768	2,134	1,889	2,254

주) 대구 및 경북의 무역수지 비중은 전국 대비 무역수지 비중임.
자료 : 한국무역협회

■ 국내 섬유산업의 부가가치율

우리나라 섬유산업의 부가가치율은 2000년대 큰 기복없이 27%대 내외를 유지하고 있음. 이는 섬유분야의 국제경쟁력이 날로 치열해지고 있고, 생산기반이 의류용 중심의 중간재 섬유소재분야에 편중되어 있기 때문임. 또한 분단된 각

공정별 독자적 판매시스템을 갖추고 OEM 중심의 경영이 이루어지고 있기 때문이기도 함.

- 그러나 우리나라 섬유산업의 부가가치율은 2009년 기준 26.44%로 국내 전제조업종의 평균 부가가치율 19.92% 보다는 많이 양호한 것으로 파악되고 있음.

2000년대 우리나라 섬유산업은 커다란 구조조정기를 거친 시기이기도 함. IMF 체제와 정부의 종합상사제 폐지 등 대내외적인 무역환경의 변화가 있었음에도 직물분야를 중심으로 독자적 상품개발과 자가판매망 구축 등 자생력 회복 산업기반 환경을 마련해 온 기간이기도 함.

- 의류용 섬유분야 중심의 독자적 고유한 상품개발을 위한 R&D에 대한 관심 증대와 기반이 확산되어 가고 있음.

하지만, 섬유산업의 부가가치율 향상을 위해서는 현재와 같은 응용기술개발도 중요하지만 지속적인 시설개체와 신규투자 확대, 판매망 강화, 원천기술개발과 "비의류용으로의 진입 확대", 섬유산업의 전통적 이미지 개선을 위한 "섬유전문 전용단지 조성" 등 산업전문화 노력도 매우 시급한 실정임.

- 한·미 FTA등 급변하는 대내외적인 판매환경에 능동적 대처능력 확보.
- 지역섬유산지 환경에 맞는 차별화된 특화상품에 대한 지속적 노력 전개.
- 특히, 섬유산업에 젊고 참신한 인재 유입을 위해서는 작업환경 개선과 함께 미래가 있는 비젼제시가 무엇보다 중요함.

섬유산업의 부가가치율 변동추이

(단위 : %)

산업 \ 년도	1999	2000	2001	2002	2003	2004	2005	2006	2007	2008	2009
제조업	24.29	24.49	24.21	24.40	24.02	23.82	22.82	22.12	21.83	19.42	19.92
섬유/의류	23.05	30.94	30.44	29.74	27.84	27.18	27.17	27.21	26.36	27.14	26.44
의류	22.34	33.40	32.62	31.98	30.18	29.58	29.17	28.71	27.85	28.76	27.33
섬유	23.76	28.48	28.25	27.49	25.49	24.78	25.16	25.70	24.86	25.51	25.55

주) 한국은행 국민계정 기준 산출자료 임.
　　자료 : 산업연구원 "ISTANS"

다. 대구경북 섬유산업 현황

■ 대구경북에서의 섬유산업 비중

대구지역의 섬유산업은 상시종업원 10인이상 기준 지역 전제조업 대비 업체수는 25.4%, 종업원수 21.0%, 출하액 13.9%, 부가가치액 15.8%, 수출액 25.1%를 점유함으로서 지역의 기간산업으로서의 입지를 다지고 있음.

경북지역의 섬유산업은 상시종업원 10인 이상 전제조업 대비 업체수는 11.5%, 종업원수 6.4%, 출하액 2.4%, 부가가치액 2.2%, 수출액 3.8%로 전체적인 비중은 낮은 편이나 각 기초자치단체 지역별 중요 기간산업이며, 고용유지 중요업종을 견지하고 있음.

한편, 2007년부터 지역 섬유수출이 빠르게 회복되고 대내외적인 무역환경도 개선됨에 따라 2010에 와서는 첨단기능을 지닌 직기와 편기를 중심으로 한 신규 시설투자와 시설개체가 매우 활발해지고 있음. 이에 따른 산업현장 중심의 인력수요도 점증하고 있는 실정임.

대구경북 제조업 중 섬유산업의 비중(2009년)

		사업체수 (개)	종업원수 (명)	출하액 (10억원)	부가가치액 (10억원)	수출액 (백만달러)
대구	전제조업	2,869	95,272	20,065	7,140	3,892
	섬유산업	728	20,024	2,797	1,130	975
	점유비중	25.4%	21.0%	13.9%	15.8%	25.1%
경북	전제조업	3,972	210,827	134,316	47,296	38,510
	섬유산업	455	13,468	3,275	1,027	1,708
	점유비중	11.5%	6.4%	2.4%	2.2%	3.8%

자료 : 통계청 "광공업통계조사보고서(10인이상 사업체 기준)", 무역협회

한편, 대구경북지역 스트림간 업종구조는 상시종업원 5인이상 기준으로 제직업종이 37.8%, 제직준비업종이 11.9%, 염색가공업종이 11.2%, 사가공 4.8%, 패션봉제업종이 11.4%, 기타업종이 22.0%로 구성되어 있음.

■ 대구섬유산업 현황

2012년도 대구상공명감에 수록된 종업원 1인 이상 섬유관련 업종을 살펴보면 전체 1,453업체에 20,345명의 종업원이 종사하고 있음

- 섬유제품 제조업은 904업체 종업원 15,014명
- 의복, 의복액세서리 및 모피제품 제조업은 111업체에 종업원 2,332명
- 섬유, 의복 및 가죽제품 제조업은 118업체에 종업원 1,004명

대구지역의 섬유관련 업종별 현황(1인이상 사업체 기준)

(단위 : 업체수/업체, 종업원수 /명)

구 분	대분류	세분류	업체수	종업원수
제조업	섬유제품 제조업	합성섬유제조업	6	62
		방적 및 가공사 제조업	67	1,517
		부직포 및 펠트 제조업	6	70
		섬유사 및 직물호부 처리업	8	143
		섬유제품 염색, 정리 및 마무리 가공업	40	681
		솜 및 실 염색가공업	10	285
		어망 및 기타 끈 가공품 제조업	11	116
		자수제품 및 자수용재료 제조업	14	98
		적층 및 표면처리 직물 제조업	8	147
		직물 및 편조원단 염색 가공업	112	4,315
		직물직조 및 직물제품 제조업	166	2,256
		편조원단 및 편조제품 제조업	13	179
		화학섬유직물 제조업	395	4,191
		날염 가공업	19	527
		기타 섬유제품 제조업	29	357
		(소계)	904	15,014
	의복, 의복 액세서리 및 모피제품 제조업	봉제의복 제조업	18	343
		셔츠 및 체육복 제조업	20	315
		스타킹 및 기타 양말 제조업	25	153
		남성, 여성용 정장 및 한복 제조업	23	917
		의복 액세서리 제조업	23	592
		편조의복 제조업	2	12
		(소계)	111	2,332
	가죽, 가방 및 신발제조업	가방 및 기타 보호용 케이스 제조업	7	70
		신발 및 신발 부분품 제조업	11	286
		원피 가공 및 가죽 제조업	2	49
		(소계)	20	405
	기타 섬유관련 제조업	합성염료, 유연제 및 기타 착색제 제조업	10	86
		섬유, 의복 및 가죽가공 기계 제조업	108	918
		(소계)	118	1,004

구 분	대분류	세분류	업체수	종업원수
도매, 소매업	-	섬유 및 사 도매업	160	1,399
		섬유, 의복, 신발 및 귀금속 제조업	29	193
		(소계)	189	1,592
합 계		-	1,453	20,347

자료 : 2012 대구상공명감, 대구상공회의소

▣ 경북섬유산업 현황

경북섬유산업의 특징은 기초자치단체별로 제조기반이 특화되어 있음으로 인해 산업발전이 매우 역동적으로 이루어지고 있으며, 실제로 해당 기초자치단체 내에서 지역경제 활성화와 고용창출에 매우 중요한 기여를 하고 있음.

- 구미지역은 대형 원사메이커가 밀집되어 있음으로 인해 인근지역과 대구지역에 형성된 직물제조업군과의 동반성장 발전에 중요한 입지가 되고 있음.
- 경산, 영천, 칠곡, 고령, 성주지역은 대구지역의 판매상권과 염색가공업과 연계한 클러스터화가 발달되어 있음.
- 경주 등의 지역은 구미의 전자산업, 울산의 자동차, 경남의 조선업, 부산의 해양레포츠 등과 연계한 초광역원 소재부품산업이 급성장하고 있음.
- 영주지역에는 여름용 의류소재인 인견직직물업이 밀집되어 있음.
- 또한 경북지역은 전통적인 천연섬유원료 생산 및 공급기지가 잘 발달되어 있는데 안동의 대마(안동포), 상주, 성주지역의 양잠업(견직물/비단), 의성, 봉화지역의 면화생산이 옛날부터 유명함.
- 최근에는 세계적인 웰빙생활문화 발달로 청도지역의 감물염색을 비롯한 천연염료 생산 확대와 용도개발이 활발히 이루어지고 있음.

경북섬유산업의 지역별 특화기반 구축현황

지역별	특화 기반 내역
구미지역	· 세계적인 화학섬유생산기반 (원료개발 · 조달용이) · 원사중심의 클러스터 구축(협력기업, 전문인력)
경산지역	· 고기능성 의류소재 · 비의류용(산업용) : 자동차내장재, 흡음재, Carpet 등
영천지역	· 차별화 직물 협업클러스터 기반 조성
칠곡(왜관)	· 전자·전기업종 등과 연계한 산업용소재 공급기반형성
경주지역	· 자동차·운송업종 등과 연계한 소재특화 기반형성
영주지역	· 인견직물의 특화기반 형성(생활용 차별화 고가소재)
고령/성주등	· 대구산지와 연계 차별화 소재공급 기반조성(System화)
안동/상주등	· 안동(대마), 상주(견), 의성·봉화(면)지역의 전통천연섬유 원료생산기반
청도지역	· 청도 "감염색" 등 경북도내 전지역에서 천연염료재배와 천연염색이 특화

이러한 경북섬유산업은 대구섬유산업과 밀접한 관계를 유지함으로서 광역경제권 활성화사업의 선진화 모델이 되고 있기도 함. (선진사례 : 이탈리아 롬바르디아 ⇔ 밀라노)

경북지역 주요시군별 전제조업 대비 섬유산업의 위상을 살펴보면,

- 종업원수에 있어 성주 43.5%, 경산 27.4%, 영천 20.7% 등 도내 평균 10.1%를 점유
- 출하액과 부각가치에 있어서는 구미지역의 전기전자, 포항지역의 철강업 등에 비해 규모면에서 낮은 비중을 보이나 주요 기초자치단체 내에서는 주요 기반산업으로 자리하고 있음.

경상북도 주요 시 · 군별 섬유산업의 위상(전제조업대비)

구분	구미	경산	영천	칠곡	성주	道內 평균
종업원수 점유비중	6.6%	27.4%	20.7%	14.2%	43.5%	10.1%
출하액 점유비중	2.3%	26.4%	14.3%	12.8%	38.9%	3.9%
부가가치 점유비중	1.8%	26.9%	18.2%	15.1%	38.6%	3.8%

경북지역 섬유산업의 업종별 분포도는 직/편물업이 75.5%로 절대적인 위상을 점유하고 있으며 제사방적업이 14.4%, 염색가공업이 2.8%, 봉제업이 2.9%임.

경북지역 섬유업체의 업종별 분포도

구 분	제사방적업	직/편물업	염색가공업	봉제업	기타 섬유업	합 계
사업체수(업체)	137	719	27	28	41	952
업종비중(%)	14.4	75.5	2.8	2.9	4.4	100

자료 : 광공업통계보고서. 통계청.

경북지역 섬유산업 중 절대적인 위상을 점유하고 있는 직/편기에 대한 지역별 분포도를 살펴보면 경산지역이 27.2%로 가장 높으며, 칠곡지역이 15.7%, 구미지역이 14.1%, 영천지역이 10.6%를 점유하고 있는 것으로 파악됨.

경북지역의 지역별 직/편기 설치분포 현황

구 분	경산	경주	구미	상주	영주	영천	고령	칠곡	기타	합계
직·편기(대)	5,082	457	2,637	88	1,500	1,974	1,009	2,934	3,017	18,698
분포비중(%)	27.2	2.4	14.1	0.5	8.0	10.6	5.4	15.7	16.1	100

■ 대구경북지역 섬유산업 투자전망 분석

2010년도 하반기에 한국섬유개발연구원이 조사한 "대구경북지역 섬유산업 투자전망분석" 자료에 따르면 섬유업계는 AJL, WJL 등 혁신직기와 환편기에 대한 관심도가 많은 것으로 나타났으며,

실제로 표본조사분석에 근거한 향후 3년간 지역 전체 섬유기업에 대한 투자 추정규모는 2,023업체(75.2%)에서 1조1,641억원 정도를 계획하고 있으며, 노후 설비대체 부문을 제외한 설비 부족 및 신제품 아이템 전환에 따른 순수 신규설비 예상 투자규모는 6,008억원(총예상투자 규모의 51.6%)정도로 추정됨.

대구경북 섬유업계의 시설투자계획 현황

기업 구분	현재 기업체수 (비중)	향후 투자액규모(억원)			순수 신규투자액(억원)	
		업체수	3년간	연평균	3년간	연평균
10인 이상	1,253	942	10,174	3,391	5,321	1,774
5인~10인 미만	1,438	1,081	1,467	489	767	256
계	2,691	2,023	11,641	3,880	6,008	2,030

주) 1. 현재 기업체수는 광공업통계(2007년 12월) 적용
   2. 10인미만 기업의 추정은 광공업통계의 출하액 비중을 적용(12.6%)

신규투자를 망설이고 있는 업체의 경우 섬유업은 지속할 계획이나 경기의 불확실성(81.1%) 때문에 결정을 미루고 있으며, 특히 생산현장의 근본적인 인력부족과 고령화가 가속되고 있음에도 수급전망이 밝지 않기 때문에 애로를 겪고 있음.

한편, 동 조사에 의하면 조사대상 업체의 인력부족은 2,268업체서 2,817명이 필요한 것으로 파악되고 있으며, 향후 3년간 신규 고용인력은 4,799명으로 추정됨.

● 분야별 부족 및 신규인력 창출에 있어서는 "좋은 일자리(R&D, 관리인력)"에 대한 비중이 25%~28%로 높게 나타났으며, 기업의 작업환경 개선에도 관심이 많았음.

대구경북 섬유업계의 인력부족 현황과 고용전망

구 분	현 재		인력부족현황		향후 고용전망
	기업체수 (비중)	종업원수 (비중)	기업체수	부족인원	
10인 이상 업체	1,253 (46.6%)	35,352 (80.3%)	1,056	2,262명	3,853명
5인~10인 미만	1,438 (53.4%)	8,678 (19.7%)	1,212	555명	946명
계	2,691	44,030	2,268	2,817명	4,799명

2. 섬유기술 현황

가. 세계 섬유기술 현황

■ 섬유소재 분야별 용도전개

섬유의 주된 용도는 지금까지 의류용 섬유소재와 비의류용(산업용) 섬유소재로 대별되어 오고 있으며, 기술개발도 이에 근거하여 용도 중심의 원료분야와 직/편물분야의 개발이 활발히 이루어 짐.

- 섬유소재의 경우 19세기 이전까지는 지역별로 약간의 차이는 있지만 세계적으로 면, 모, 견 등 천연섬유소재가 주류를 이루며 의류용을 중심으로 수공업적 생산형태를 취해 왔으나, 영국의 면방적을 중심으로 산업혁명을 기점으로 대량 소비시대에 진입하게 됨.
- 19세기 들어오면서 화학섬유개발이 프랑스, 미국등을 중심으로 본격화되면서 의류용 섬유소재 범위가 넓어졌으며, 비의류용 섬유소재분야의 용도개발도 급진전을 이루게 됨.

1980년대 이전에는 천연섬유소재와 함께 폴리에스테르, 나일론 등의 화학섬유소재가 미국, 일본을 주축으로 기술개발이 가속화되고 용도도 토목용 소재 등 비의류용 분야로까지 빠르게 확산됨.

2000년대 들어오면서 섬유소재분야는 차별화 단계를 거쳐, 현재에는 화학섬유 중심의 고감성, 환경적합성 섬유소재가 부각되고 있으며, 용도분야도 스마트/인텔리젼트 섬유소재에 고성능복합기능이 각광을 받고 있음.

섬유소재 분야의 품목별 주도권 이동현황

구분		1980년대 이전	2000년	2011년 현재
소재 분야	원료류	폴리에스테르/ 나일론/ 아크릴	차별화 폴리에스테르 스판덱스초극세섬유	초극세/생분해섬유 특수소재섬유
	직/편물류	모직물/면직물 화섬직물	마이크로직물 신축직물/니트직물	복합기능/고감성직물 환경적합직물
용도 분야	의류용	정장류	스포츠/캐주얼의류 스트리트의류	스마트/스포츠의류 인텔리전트의류
	비의류용 (산업용)	토목섬유 타이어코드	토목용섬유 타이어코드/필터	고성능복합기능섬유 나노/의료용섬유

▣ 화학섬유산업의 기술변천

기술발전의 속도가 가속화되고 있는 화학섬유산업의 경우 자연과 조화를 이루는 친환경 소재에 대한 관심이 증폭되고 있는데 이를 시기별 특징을 살펴보면,

- 20세기 이전 : 기초원천기술개발 추진
- 1950년대 : 화학섬유시대 태동(저가품소재 대체시대)
- 1970년대 : 착용의 편리성과 내구성 강화(대량소비시대)
- 1990년대 : 차별화/다양화에 대한 관심 증대(감성중시시대)
- 2010년대 이후 : 인간과 자연의 조화를 강조(친환경섬유소재 개발시대)

향후, 화학섬유산업은 의류용 섬유소재의 고성능 · 다기능화와 함께 비의류용(산업용)분야는 융·복합소재분야로의 기술발전 속도가 매우 빨라 질 것으로 전망됨.

- 기능 : 지구환경 오염과 고비용 에너지 문제 해소
- 융합 : 나노기술 등과 융합
- 소재 : 극한에 도전하는 복합기술 접목
- 용도 : 비행기, 자동차등 운수송용, 의료용, 토목용 등 산업용 전반

나. 국내 섬유기술 현황

▣ 국내 섬유산업의 기술수준

우리나라 섬유산업은 2000년대 들어오면서 신규 설비투자는 매우 저조한 반면 9여년간의 구조조정기를 거치면서 기업별 자구노력 강화와 자생력 확보, 응용적 R&D부분에 대한 관심도는 많이 높아졌으나 원천적인 신소재 개발과 고부가치용 독창적 분야 진입의 애로로 섬유선진국에 비해 아직 기술경쟁력이 매우 취약한 실정임.

실제로, 우리나라의 섬유산업 기술수준은 일본을 100으로 기준으로 하였을 때 섬유산업 전반에 있어서 약 80 정도의 수준에 불과한 실정임. 일본을 100으로 보고 분야별 한 · 중 섬유산업의 기술수준을 비교해 보면,

- 의류용 방적사분야 : 현재는 90 정도이나 2015년경에는 95 수준에 달할 것으로 전망
- 산업용 섬유분야 : 가장 낙후된 65 정도이며, 중국에 비해서도 크게 앞서지 못함
- 제직분야 : 비교적 양호한 85 정도에 이르나 직기설비의 대부분이 일본산임에도 제품의 제한된 용도전개와 관리기술이 미흡한 실정이기 때문으로 보임

- 염색가공분야 : 전반적으로 일본에 비해 기술이 매우 미흡한 70 정도에 불과함
- 봉제분야 : 단순봉제분야는 양호한 편이나 첨단섬유소재분야는 기술력이 크게 낙후됨

섬유산업의 한국 · 중국 · 일본의 기술수준 비교(일본=100)

	한 국		중 국	
	현 재	2015	현 재	2015
의류용 방적사분야	90	95	65	75
산업용 섬유분야	65	75	50	65
제직분야	85	90	75	87
염색가공분야	70	80	53	65
봉제분야	90	95	85	90
섬유산업 전반	80	85	65	75

자료출처 : 한국섬유산업연합회

기술력 경쟁력 이외에 비가격경쟁분야에 있어서도 제품의 고유한 차별성, 브랜드 인지도, 참신한 디자인력, 국제 이벤트를 활용한 마케팅력, 소량다품종 공급의 대응력 부족 등으로 섬유선진국인 이탈리아, 독일, 일본 등과 비교하면 50 ~ 70%수준에 불과한 것으로 파악되고 있음.

■ **세계 주요 섬유시장에서의 우리나라 합섬직물의 종합경쟁력 현황**

지역 주종생산품인 합섬직물의 국제경쟁력은 세계 주요 섬유시장에서 가격적 부분에 있어서는 다소 유리한 측면이 있으나 기술력과 품질면에서 상당히 뒤쳐진 것으로 조사됨.

한국섬유직물수출조합이 관련업계 조사자료에 의거, 우리나라의 합섬직물의 국제경쟁력을 100을 기준으로 하고, "가격", "기술", "품질", "종합"으로 나누어 섬유선진국인 일본, 이탈리아, 미국과 경쟁국인 중국을 비교해 보면

- 기술적 측면 : 우리나라 기술수준을 100으로 했을 때 일본 131.8, 이탈리아 127.2로 우리나라의 기술력 보다 크게 앞서 있는 것으로 파악됨. 기술력 가운데서도 5년 이상 중장기간이 소요되는 "기초기술력(일본 145.1, 이탈리아 135.7)"분야가 매우 허약한 것으로 나타났으며, "생산기술력(일본 118.8, 이탈리아 115.0)"분야를 제외한 "응용기술력"과 "개발기술력"분야도 취약한 편임

- 품질력 측면 : 상품의 성능과 기능 뿐 아니라 비가격경쟁력 요소까지 가미되는 품질부분의 경쟁력은 우리나라 수준을 100으로 했을 때 일본 135.6, 이탈리아 140.0으로 세부 3분야 중 가장 취약한 것으로 나타남
- 종합경쟁력 : 우리나라 합섬직물의 국제경쟁력은 일본, 이탈리아, 미국 등 섬유선진국은 물론이고 2010년 들어와서는 중국과 비교해도 열세인 분야가 많은 것으로 추정됨

국내 섬유제품(합섬직물)의 종합경쟁력 국제비교 (한국=100)

구 분	일 본		이탈리아		미 국		중 국	
	2004	2010	2004	2010	2004	2010	2004	2010
가 격	90.2	87.8	93.4	88.7	95.0	91.8	111.9	114.0
기 술	131.6	131.8	127.6	127.2	109.2	111.1	80.7	95.6
품 질	134.5	135.6	136.0	140.0	111.3	115.0	80.0	96.8
종 합	123.2	122.7	123.6	123.0	105.2	106.0	90.9	102.1

자료출처 : 한국섬유직물수출입조합(업체설문조사 결과) (2006)

다. 대구경북 섬유기술 현황

■ 대구경북 섬유기업의 기업부설연구소 현황

개별 기업이 연구개발과제사업 참여에 주관으로 참여하게 되는 지역전략진흥산업 2단계가 진행된 2005년부터 지역 섬유기업의 기업부설연구소 설립도 매우 활발하게 진행되고 있음.

- 지역 섬유기업의 기업부설연구소는 2005년 이전까지는 38개에 불과하였으나 2010년에는 4배 이상 늘어난 132개에 달함.
- 같은기간 동안 지역 섬유기업의 연구인력도 2005년 162명에서 2010년에는 3배 정도 늘어난 469명에 이르고 있는 것으로 파악됨.

대구경북 섬유기업의 기업부설연구소 현황

구 분	~2005년	2006년	2007년	2008년	2009년	2010년
연 구 소 수	38개	53개	79개	102개	122개	132개
연 구 원 수	162명	241명	334명	394명	445명	469명

자료 : 한국산업기술진흥원

■ 대구경북 섬유산업의 국제 경쟁력 수준

지역 섬유산업의 국제경쟁력은 섬유선진국인 이탈리아를 100으로 했을 때 가격 뿐 아니라 품질 및 기술수준, 브랜드인지도, 디자인 전반적으로 매우 취약

- 비슷한 제품의 경우 인지도 미흡으로 80 정도
- 제품의 마무리와 기능적인 면을 측정하는 품질 및 기술력은 79 정도
- 브랜드 인지도는 가장 낮아 66 수준에 불과하며, 디자인력도 68 정도로 매우 취약

대구경북지역 섬유산업의 경쟁력 변화

구 분	가격	품질 및 기술	브랜드	디자인
2010년	80	79	66	68
2005년	72	65	51	53

주 : 1) 섬유선진국(이탈리아)을 100으로 했을 때 지역 섬유산업의 경쟁력
자료 : 한국은행 대구경북본부, 대구경북지역 섬유업체 대상 설문조사 결과(2010.7)

■ 대구섬유산업 기술지원 현황

◎ 3단계 지역전략산업(섬유분야) 지원사업

사업목적 : 지역 섬유산업의 고부가가치화를 위한 연구개발, 기업지원사업을 중점 추진하여 섬유업체 혁신역량과 경쟁력을 제고

사업기간 : 2009 ~ 2012년(4년)

총사업비 : 426억원(국비 211, 시비 112, 도비 5, 민자 98)

사업내용 : Life style 소재와 Hightech 섬유개발에 집중 투자, 연구개발, 기업지원서비스, 인력양성, 인프라 보강 등

추진주체 : 섬유관련연구소, 기업체 등

향후 계획 : 광역경제권 2단계 선도산업 확정 및 세부계획 수립

- 목적 : 6개 광역별로 그 지역을 선도할 수 있는 산업별 육성 지원사업
- 공간적 범위(6개 권역) : 충청권, 호남권, 대경권, 동남권, 강원권, 제주권
- 사업형태 : 지역주력산업, 미래성장산업
- 사업비 : 권역별 600억원, 프로젝트별 80억원
- 사업형태 : 고용 조건부 R&D 사업(64억원), 산업생태계 사업(16억원)
- 기술수준 : TRL 5-6단계 이상

◎ 섬유산업 기술지원사업

사업목적 : 산업용, 의류용 차별화소재의 신규 수요 창출, 신섬유 소재의 개발
과 용도 전개 및 협력체제 구축을 통한 관련업체들의 기술혁신 활
성화, 제품의 질 향상, 원사의 용도창출 및 소비촉진 유도

사업기간 : 2009 ~ 2012년(4년간)

총사업비 : 14,797백만원(국비10,480, 민자4,317)

주관기관 : (재)대구테크노파크 지역산업평가단

참여주체 : 특화센터, 기업

사업내용 : 지역기업 연구개발 지원

향후계획

- 환경친화적 리사이클제품 생산기술 개발과 산업용 섬유소재를 중심으로 한 신기술
(IT, BT, NT 등)과의 융복합 기술 과제 중심의 선정
- Hightech 섬유소재 분야의 범위를 슈퍼소재융합제품산업화사업과 중복되지 않고
연계할 수 있는 범위로 조정하여 선정

◎ 슈퍼소재 융합제품 산업화사업

사업목적 : 자동차, 조선, 스포츠·레저, 환경·에너지, 특수산업에서 핵심부품
으로 사용되고 있는 슈퍼섬유 융합제품의 산업화 촉진 등 산업용
섬유산업 육성을 위하여 R&D 지원 및 인프라 구축

사업기간 : 2010-2014년(5년)

총사업비 : 1,404억원(국비 882, 지방비 166, 민자 356)

사업주체 : 한국섬유개발연구원, 한국염색기술연구소

사업내용

기술개발사업(3개사업 - 846억원)	연구기반구축사업(2개사업 - 558억원)
슈퍼섬유, 복합소재, 융합제품 개발	융합소재가공연구센터 설립, 신뢰성 평가사업

◎ 수송용 섬유소재산업 글로벌 경쟁력강화 초광역 연계벨트 구축사업

사업목적 : 생산기반의 대경권과 수요기반의 동남권의 연계 네트워크 구축을
통한 통합적 제품개발 시스템 구축

사업기간 : 2011. 7 ~ 2014. 4(34개월)

총사업비 : 135억(국비 60, 시비 15, 도비 9, 부산 16, 민자 35)

사업주체 : 한국염색기술연구소

사업내용
- 수송용 섬유소재 분야 혁신적 소재 개발, 사업화 환경조성 및 지원
- 수송용 섬유소재 분야 선진국 수준 기술 확보

◎ 기타 지역섬유산업 연구개발 및 기술지원분야

High-tech섬유의 개발 및 국외 마케팅에 집중투자
- 장비도입 6대, 연구개발 13개과제 지원, 신상품 개발 지원 등 (110억원, 310건)

사력기술개발로 시장지향형 통합패키지사업 지원

진단 · 감응형 소재 및 첨단센서 원천기술개발(1단계)
- 소재원천기술개발사업 : 진단 · 감응형 나노소재 개발
- 산업원천기술개발사업 : 친환경 리싸이클 섬유제품 개발

연약 지반을 보강할 수 있는 부직포 소재 개발(국비 16억원)
- 섬유스트림간협력사업 : 연약지반보강용 진공배수재 개발

섬유-IT융합 제품 원천기술 개발(국비 20억원)
- IT융합 다목적 섬유기반 센서 및 제품 개발

■ 경북 섬유산업 기술지원 현황

경북지역의 섬유기술정책은 대부분을 국가기술시책에 크게 의존하고 있으며, 진행과제도 절대다수가 대구시와 연계하여 진행하고 있음

경북도는 2005년부터 대구시의 "지역전략산업진흥사업(섬유분야)"에 참여하고 있는 것을 비롯하여 대구시에서 추진하고 있는 섬유연구개발 및 기술지원사업에 대부분을 참여하고 있음

경북도는 2011년 처음으로 독자적인 섬유관련 사업과제인 "첨단 메디컬 신소재(섬유) 개발사업"을 기획 · 수주하여 수행하고 있음
- 사업기간 : 2011 ~ 2015년 (5년)
- 사업주체 : 지식경제부, 경상북도,

- 사 업 비 : 952억원(국비 647, 지방비 163, 민자 142)
- 사업내용 : 2분야 4사업

기술개발 (571억원)			기반조성 (381억원)
치료/수술용 섬유소재개발	헬스케어/위생용 섬유소재개발	기반기술개발	메디컬 섬유소재 테스트 베드 기반조성

경북도는 섬유산업을 구조혁신을 통한 지역특화산업으로 육성하기 위해 다양한 정책을 기획입안과 사업전개를 준비하고 있음

- 지역별 특화분야별 기능제고 및 기업의 신규투자 유도 : 기획제안형 Marketing 전개와 기술의 융·복합화 확산, 경영혁신지원 등
- Stream간 R&D 협력 강화(원사-사가공-제직-염색-봉제/패션기획)
- 이업종 교류사업 협력사업 활성화 및 소재부품공급의 HUB 기반구축(운수송용, 반도체, 건축, 의료, 국방, 농수산업, 해양오염방지 등)
- 지역지원센터(연구소 등)의 인프라를 활용한 기업지원 확대

☞ 최대 목표 : 지역경제 활성화를 통한 일자리 창출(2010년도)

3. 섬유산업 육성정책

가. 세계 섬유산업 육성정책

■ 국가별 섬유산업육성 정책과 개발전략

OECD 국가군 중 섬유산업을 기반산업으로 하지 않는 국가가 캐나다와 호주만 없을 정도로 대부분의 국가들이 국내 섬유산업보호와 육성을 위해 많은 노력을 기울이고 있음

선진국 가운데 미국과 일본이 섬유산업 육성정책 입안과 전략수립에 많은 심혈을 기울이고 있으며, 최근에는 잠재적인 섬유강국으로 부상하고 있는 인도의 노력도 매우 강하게 전개되고 있음

국가별 섬유산업육성 정책개발과 전략의 주요내용

국가	정책/전략	연도	주 요 내 용
미국	AMTEX	1993 ~ 2003	· 섬유산업의 종합경쟁력 강화를 위해 정부와 업계, 연구소, 대학으로 구성된 섬유연구개발단 구성, 초대형 프로젝트 수행 · 국립섬유센터(NTC), 직물/의류기술공사(TC2:Textile/Clothing Technology Corp.) 등 의류제조업 부문의 경쟁력 향상 추진
영국	12-Point Plans	2003	· 대학, British Textiles Tech. Corp(BTTG), 무역협회, 노동조합, 100여개 업체(소매/제조업체)로 구성된 국가차원의 전략수립(TCGS) 구성, 영국의 의류 및 섬유산업 관련 지원/프로젝트 수행 · 「A National Strategy for the UK Textile & Clothing Industry」 · 산업용 섬유관련 총 15개 프로젝트 수행
일본	신섬유비전	1993 ~ 2003	· 섬유산업 구조고도화 정책의 일환으로 섬유관련 지원법 · 공급위주(Product-out)에서 시장수요위주(Market-in)로의 전환 · 섬유리소스센터, QR시스템 구축의 기반정비 · 「일본 섬유산업과 이상적인 산업정책」 보고서(1998)
	분야별 산업기술전략 개요 일람	2003	· 전체산업을 40개 분야로 구분, 자국산업 SWOT분석 ⇒ 문제점도출과 전략수립 : 생체기능섬유, Health-care기술, 감성정보, 정보 인프라, 자원재생 및 유해물질 제거, 스마트 패션, 초고강도 및 인텔리전트 기술, 지적재산권 보호, 인재육성, 산학관 제휴 활성화 등
인도	National Textile Policy-2010 (NTxP-2010)	2004	· 경쟁력 향상을 목적으로 하는 새로운 섬유산업 정책 · Technology Upgradation Fund Scheme(TUFS) · 산업용섬유 부문의 연구개발과 원료생산의 증대 · 벤처캐피탈 자금으로 지식기반 기업지원

■ 섬유선진국의 개발전략

주요 섬유선진국인 미국과 일본, 유럽의 섬유개발은 모두가 국가 주도적으로
전개되고 있음

- 미국의 경우 섬유연구개발사업단과 국립섬유센터응 주축으로 전략제품 선정과 전략
  기술개발을 추진하고 있음
- 일본도 국가주도로 "신섬유비전"을 Up-grade 시켜나가고 있는데 특히 산업용 분야
  에 대한 신기술 개발을 적극 추진하고 있음
- 유럽의 경우에도 유럽 산업용섬유협회 주관으로 환경친화성 섬유기술개발을 주력함

섬유 선진국의 개발전략

	미 국	일 본	유 럽
전략제품	- 위생/의료용 - 부직포, 섬유복합재료 - 타이어 코드 - 항공우주용	- 전자정보용 - 토목건설용 - 부직포 - 위생/병원용	- 환경친화성(프) - 섬유기계개발(독) - 수송, 의료용(프) - 토목, 건축(독)
전략기술	- 하이테크 섬유개발 　(Kevlar 등) - 섬유복합화기술 　(항공, 우주, 군사)	- 고기능 섬유개발 　(항균, 방염, 고강도 등) - 제품의 고성능/고기능화 　(복합화, 후가공)	- 제품의 성능평가 - 제품의 표준화 - 특수기계개발 　(M/B, S/L, N/P)
추진방법	- 섬유연구개발사업단 　(AMTEX) - 국립섬유센터(NTC)	- 국가주도 : 신섬유비전 - 차세대 섬유개발위원회	- 유럽산업용섬유협회 　(Messe Frankfrut) - ISO, EDANA

■ 세계 섬유생산국가의 인재유치 전략전개

한편 세계 주요 섬유 생산국가는 우수한 섬유인재를 유치하기 위해서도 많은
노력을 기울이고 있음

세계 주요 섬유선진국의 인재유치 경쟁

국 가	인재유치 전략
미 국	- IT기술자 취업 촉진을 위해 H-1B 비자 발급제한 철폐 　(2000~03년)
아일랜드	- '인력자유지대' 선포 　: 2005년까지 3만2천명의 외국인 근로자를 고용
중 국	- 고급인력에 대한 이중 국적 허용 - 해외 대학과의 제휴를 통해 해외 우수교수 초빙
독 일	- 특별 노동허가증(그린카드) 발급 　: 인도를 중심으로 해외 IT인력 2만5천명 확보 계획

■ 섬유선진국별 섬유산업 육성 시책

미국섬유산업의 구조조정 현황

【유통개혁】
· '70년대 양판점, '80년대 브랜드 전문점 및 할인판매점(월마트 등) 등장
· QR시스템 등을 도입하여 유통개혁 추진

【통상정책】
· MFA(수입쿼터제)체결 및 원산지 증명 강화
· 상무성 등 정부의 해외시장 정보수집 강화

【구조조정】
· 기술개발로 품질고급화 추진
· 해외합작투자, 위탁가공무역 등을 통해 국제분업 및 글로벌화 추진
· 합섬직물(대형화, 고부가가치화), 원사직물(설비자동화합리화),
  의류(제품 다양화, 해외이전) 등 각 부문별로 차별적 대응

EU지역 섬유산업의 주요 정책

【연구 개발 및 혁신 촉진】
· EU집행위 차원에서 유럽 기술플랫폼(European Technology Platform for Textile
  and Clothing)설립을 추진하고, EU의 R&D 프로그램을 통해 섬유·의류산업을 첨단
  고부가가치화

【평생교육 및 직업훈련 강화】
· EU 직업훈련 종합계획인 레오나르도 다빈치 프로그램과 유럽 사회기금 (European
  Social Fund)을 활용하여 섬유산업의 고용혁신 추진

【구조조정기금 지원 확대】
· '07~ '13년간 구조기간 운용계획 내에 섬유산업의 구조조정 지원과 무역자유화에 따른
  사회·경제적 영향을 최소화하기 위해 유보기금(Reserved Fund)을 별도 마련

【위조방지 등 지재권 보호 강화】
· 지적재산권과 관련, 유럽차원의 사용자 친화적인 별도 웹사이트를 만들어 관련정보
  제공

【제3국 시장접근개선 노력】
· 원칙적으로 상호주의 원칙에 입각, 유럽 섬유산업의 제3국 시장 접근 환경 개선을
  위해 다자 및 양자 차원에서 노력
· 특정 국가별로 시장접근 확대를 위한 구체적인 전략을 마련할 것이며 우선 대상
  국가로는 미국, 일본, 중국, 러시아, 인도, 이집트, 지중해 국가
· 아울러 집행위는 최빈국을 포함한 개도국의 EU시장 접근을 강화하는 방안을 제시 예정

【유럽-지중해 구간(Euro-Mediterranean Zone) 협상 조속 완결】
· 원산지규정을 포함, 모든 EU-지중해국가와 협정을 조속히 체결 추진하여 유로-지중해
  범섬유 자유무역지대를 출범시켜 동지역을 대상으로 경쟁력 있는 섬유·의류산업
  가치사슬 재구성

일본 섬유산업의 구조개선 사업현황

1967년 : 특정섬유공업구조개선 임시조치법의 시대	- 설비근대화(스크랩&빌드)형 구조개선 · 국제경쟁력 강화를 위해 설비근대화 · 업종, 산지의 구조개선 사업 시작
↓	
1974년 : 섬유공업구조개선 임시조치법(纖維新法)의 시대	- 지식집약화형 구조개선 · 상품개발센터의 설치를 축으로 한 지식집약화 · 고부가가치 상품의 개발
↓	
1989년(平成 元年) : 실수대응형(實需對應型) 구조개선	- 소비자수요의 고급화·다양화, 단사이클에 대응 · 실수대응형 보완연휴(補完連携)-LPU 그룹에 의한 QRS(즉시대응체제)의 실현으로 전환
↓	
1994년 : 마켓인(Market-in)형 구조개선 사업 * 섬유산업구조개선 임시조치법으로 명칭 변경	- 마켓인(Market-in)형 구조개선 사업 시작 · 크리에이션(Creation)을 육성하는 산업구조의 구축 · 글로벌 전략의 확립
↓	

1999년 :
일본 신섬유 비전 제시
(일본 섬유산업 및
시책방향)
* 6월 말로 섬유산업구조
  개선 임시조치법(纖産法)
  폐지
	- 21세기형 섬유산업 발전을 위한 5가지 개혁 추진
	· 소비자 중심의 공급구조 확립
	· 세계의 섬유산업으로 발전
	· 기간산업으로 기반정비·강화
	· 산지의 산업집적 고도화
	· 인재의 확보, 육성

↓	
2003년 : 새로운 섬유비전 제시 (일본 섬유산업이 나아갈 방향과 정책)	- 중소섬유제조업자 자립사업을 중심으로 실천시책을 추진 · 구조개혁, 기술개발, 인재육성, 수출진흥

나. 대구경북 섬유산업 육성정책

■ 주요 정책

1999년 대구섬유산업육성정책 시행(일명 밀라노프로젝트)

- 사업목적 : 지역 섬유산업구조의 고도화 및 시장수요 변화에 대응력 제고
- 사업기간 : 1999-2003(5년간)
- 총사업비 : 6,800억원(국비 3,670, 지방비/대구시 515, 민자 2,615)
- 사업내용 : 섬유산업의 연구인프라 구축 등 총 17개사업
- 사업성과 : 공공 연구인프라 구축(직물, 염색, 패션등)

2004년 대구전략산업진흥사업의 일환으로 "섬유전략진흥사업" 시행

- 사업목적 : 연구인프라를 활용한 기업의 연구개발 참여 활성화 지원
- 사업기간 : 2004-2008(5년간)
- 총사업비 : 1,986억원(국비 1,395, 대구시비 205, 경북도비 100, 민자 286)
- 사업성과 : 중소기업의 연구개발사업 참여 유도

2009년 3단계 대구섬유전략산업진흥사업 추진

- 사업목적 : 지역섬유산업 구조고도화를 위한 중소기업 연구개발 참여확대
- 사업기간 : 2009-2012(4년간)
- 총사업비 : 426억원(국비 211, 대구시비 112, 경북도비 5, 민자 98)
- 사업성과 : 중소기업의 연구개발사업 참여 활성화

■ 기타 정책

대구텍스타일 Complex(DTC) 건립 및 지원사업

- 사업목적 : 섬유도시 랜드마크 건립
- 사업기간 : 2010년-2014년(5년)
- 사업장위치 : 대구광역시 동구 봉무동(이시아폴리스 산업시설용지)
- 사업규모 : 부지 13,732㎡, 연면적 48,736㎡(지하2, 지상9)
- 총사업비 : 1,200억원(국비 720억원, 시비427억원, 민자53억원)

제4편

섬유의 역사와 전통섬유 이야기들

제1장
세계섬유의 역사

1. 자연섬유직물의 역사

■ 개관

면, 견, 모, 마로 대변되는 천연섬유의 역사는 약 4만년에서 4천년에 이르기까지 인류문명과 함께 매우 유구한 흔적을 지니고 있지만 합성섬유(합섬)의 개발은 석유화학공업에 의해 20세기에 들어와서 본격화된 것으로 알려지고 있다.

■ 면직물에 대하여

면직물의 원료인 면은 일찍이 인도에서 수공업화되어 기원전후에 페르시아, 이집트 등과 그 주변지역, 그리고 동남아시아, 중국, 우리나라 등 여러 지역으로 전파된 것으로 보인다. 기원전 2500년경 인도 모헨조다로(Mohenjo-daro)유적에서 천염된 면 유물이 발견되었고, 서아시아에서는 3세기경의 팔미라 도시의 묘에서 인도면이 유품으로 발견되기도 하였다. 우리나라에는 일반적으로 고려말기 문익점의 면이 전래에 의한 것으로 알려져 있다.

우리나라에 면이 전해지기 전에는 삼베, 모시, 명주 등을 옷감 밖에는 없어서 우리 선조들은 겨울에 매우 춥게 지낼 수 밖에 없었다.

■ 견직물에 대하여

견직물의 원료인 견은 누에고치의 형태로 자기 몸을 둘러싸고 만들어진 고체화된 단백질의 분비물로써 대단히 가는 섬유 가닥으로 짠 직물을 일컫는데 그 일관 작업과정을 양잠이라 한다.

처음에는 야생 누에(野蠶)를 양잠에 사용한 것으로 여겨지는 데 일반적으로 양잠은 중국의 전설 속에 나오는 황제(黃帝, 기원전 2650년)의 비인 서릉씨에 의해 시작되었다고 한다. 양잠이 처음 시작된 지역으로는 오늘날의 중국 태산

주로 옛날 동이인들의 거주지역이었던 대야(大野)지역 일대라고 한다. 대야 일대와 발해 연안에는 뽕나무 숲(桑林)이 풍부하였고, 이 지역에 거주하였던 동이인과 복희씨가 8천여년 전에 야잠을 길들여 가잠을 한 것으로 알려지고 있다.

견은 중국에서 시작된 이후 약 2천여년 동안 그 자체지역에서만 생산되어 오다가, 그 후 동쪽으로는 우리나라를 거쳐 일본으로 전파되었고, 서쪽으로는 인도를 거쳐 기원전 550년경에 페르시아로 전달되었다.

우리나라 견직물과 그 사용에 대한 역사적 사실들은 삼국지의 위지동이전과 삼국사기, 삼국유사, 고려사 등 많은 국내 문헌에 전하여지고 있다.

■ 모직물에 대하여

모(毛)와 관련된 제품은 축융포(縮絨布)와 모직물로 크게 구분된다. 우리나라의 옛날 각종 문헌에 의하면 축융포는 '전(氈)', 모직물은 '계'라고 기록되어 있다.

모제품의 소재는 주로 양모를 뜻하는데 일반적으로 알려진 '양' 사육의 역사는 기원전 9천년경에 이라크 북부의 샤니타르 지역에서 사육된 것으로 알려져 있다. 약 4천5백년전 신석기 시대의 스위스 호상의 주거 유적에서 양모 등의 수모를 방적하는 장치가 발견되었으며, BC 4천년경 메소포타미아에서도 양모직물이 착용한 것으로 알려져 있다.

우리나라는 일찍이 서아시아로 부터 중앙아시아를 거쳐 전해진 양 사육과 양모 생산, 그리고 제품의 제조기술들이 전파된 것으로 보인다. 오늘날 중국의 서부 끝 접경 지역인 신강에서 모의 평직물, 능직물, 문직물 등이 많이 발견되고 있는데, 이것은 서역과 중앙아시아 모제품이 전파된 경로의 흔적으로 보고 있기도 하다. 또한 고조선시대의 유적인 중국 동북 길림성 연길현의 성성초(星星哨) 유적에서는 죽은 사람의 얼굴을 가린 평직 모직물이 발견되어 일찍이 모직물이 사용된 사실을 보여주고 있다.

'삼국지'에는 부여인들이 외국에 나갈 때 '계'를 입었다는 기록이 있다. 삼국시대에는 오늘날의 카펫, 러그에 해당하는 제품으로 신라에서 '구유', 백제에서

'답' 등이 제조되어 각각 중국 당나라, 일본 등과 거래되기도 하였다. 실제로 신라에서는 오늘날의 축융 카페트와 같은 화전을 제조하여 보냈는데 지금까지 일본 정창원에 보존되어 있기도 하다.

고려사에 의하면 요(遼)에서 2,000마리의 양이 들어왔다는 기록이 있고, 또 동국통감에도 고려 의종 23년에 금나라에서 2,000마리의 양 가운데 뿔이 넷 있는 양 한 마리가 섞여 있었다는 기록 등이 전하여 지는 것으로 보아 북방으로부터 양이 많이 들어온 것 같다는 사실이 나타나 있다. 또한 다른 여러 문헌에서도 모제품과 관련 생산기술이 전파된 사실을 많이 전하고 있기도 하다.

■ 마직물에 대하여

마직물의 주요 원료는 마(麻, 대마), 모시 등이며, 예로부터 우리나라에서는 주로 의복용으로 많이 사용되었다. 여러 고문헌에서는 대마(大麻)와 저마(苧麻)를 특별히 구분하지 않고 있으며, 일반적으로 마(麻)로만 기록한 경우가 많다. 이들 직물의 경우도 다만 포(布)라고만 기록한 경우가 많다.

대마는 기후에 잘 적응하는 식물로 세계 각처에서 재배되고 있는데 우리나라에서도 예로부터 전국적으로 재배되어 왔다. 따라서 대마직물의 명칭도 지역에 따라 매우 다양하게 불리워진 것으로 보인다. 함경도 지역에서 생산되는 마포는 북포(北布), 강원도지역에서는 강포(江布), 경상도지역에서는 영포(嶺布), 특히 안동지역에서 생산되는 마포는 안동포(安東布)라고 하였다. 그러나 대마포는 고려시대에도 '베'라고 불렀다는 기록이 있으며, 오늘날까지도 일반적으로 대마직물을 대마포라고 하지 않고, '베' 또는 '삼베'라고 부르고 있기도 하다.

마직물, 특히 대마직물은 여름철 일상 의복감, 즉 고의적삼으로 가장 많이 사용되었으며, 여름철 침구용(이불요, 홑이불, 베갯잇), 조각보로도 많이 애용되고 있다. 그리고 대마직물은 오늘날까지도 수의와 상복으로 많이 사용되고 있는데 이처럼 우리 민족에게서 대마직물은 예로부터 오늘날에 이르기까지 산사람, 죽은 사람 모두에게 아주 요긴하게 쓰이는 옷감이었다. 특히 대마직물은 조선시대 이전까지 때때로 화폐로도 사용되었으며, 고급품은 대외교역품으로 많이 사용되었다.

한편 우리나라 저마직물의 역사를 살펴보면, 계림유사(鷄林類事 : 중국 송(宋)나라의 사신 손목(孫穆)이 1103년 고려방문 후 지은 저서)에 의하면 고려의 방언으로 '저포왈 모시배(紵布曰 毛施背)'라고 한다는 기록이 있다. 이는 오늘날 모시라는 명칭이 이미 오래 전부터 사용되고 있었음을 알 수 있다.

그리고 '고려도경(高麗圖經 : 중국 송나라의 사신 서긍이 1123년 고려 방문 후 지은 저서)'에 의하면, '왕이 평상시에 흰 모시(白紵) 도포를 입어 백성과 다를 바가 없다'는 기록이 있다. 또한, '고려는 모시(紵), 삼(麻)을 스스로 심어 사람들이 베옷을 많이 입는다. 제일 좋은 것을 시라 하는데, 깨끗하고 희기가 옥과 같고 폭이 좁다. 그것은 왕과 귀신들이 다 입는다'고 하였다. 이처럼 고려시대에는 신분에 관계없이 많은 사람들이 모시옷을 입었던 것으로 보인다.

2. 인조섬유의 역사

■ 개관

합섬은 인류가 천연섬유에 의한 의생활에 만족하지 않고 끊임없는 화학섬유개발을 추진한 결과 1884년 프랑스의 H·샤르도네가 초산셀룰로오스로부터 초화법 레이온을 제조하는 특허를 획득함으로써 화학섬유공업의 창시자가 되었다.

1893년 미국에서 유리섬유를 견사와 교직한 직물이 등장하기도 했으나 본격적인 합섬의 생산개시는 나일론의 공업화에 의해서이며 현재 3대 합섬으로 일컬어지고 있는 폴리에스테르, 나일론, 아크릴의 개발사에 대해 개괄적으로 간략히 살펴보면 다음과 같다.

화학섬유산업의 변천과정과 미래 전망

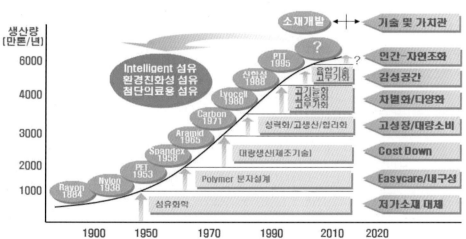

자료 : 지식경제부

■ 폴리에스테르섬유

3대 인조섬유 가운데 가장 늦게 공업화된 폴리에스테르 섬유는 높은 장력, 낮은 흡습성, 열가소성, 내약품성이 우수할 뿐 아니라 특히 내열성이 있고 신장, 굴곡에 대해서는 특유의 탄성을 지니고 있어 꿈의 섬유로 선풍을 일으킨 나일론을 제치고 합섬수요의 60%를 점유할 정도로 제1위의 의류용 합섬으로 군림하고 있기도 하다.

폴리에스테르섬유를 구성하는 소재의 분자구조가 Ester 그룹의 반복단위로 되어있는 합섬을 폴리에스테르섬유라 하며 영어로는 'Polyester', 약어로 'PET' 많이 표기하기도 한다. 1928년경부터 개발이 본격화되기 시작하여 1930년 고분자량의 폴리에스테르가 발견되었으며 1953년부터 공업적 생산에 돌입했다.

폴리에스테르섬유의 1세대는 '60년대 실크와 같은 광택을, 2세대는 '70년대 실크와 같은 질감의 촉감(이수축사, 이형단면사)을, 3세대는 '80년대에는 실크와 같은 염색성을, 제4세대는 '90년대 이후 기존의 합섬과는 개념이 완전히 다른 신합섬 시대로 접어들기도 하였다,

폴리에스테르 섬유의 개발현황

년도	개발현황
1930	○ 미국 듀퐁사의 W. H. Carothers, Dicarboxylic Acid와 다가 알코올로부터 고중합물을 생성시키는 법을 발견 (Polyester)
1941	○ 영구 CPA(Calico Printers Association)사의 J. R. Whinfield와 S. T. Dickson, Terephthalic Acid와 Ethlene Glycol로부터 PET 섬유 제조에 성공 (Polyethylene Terephthalate)
1946	○ 미국 듀퐁사, 영국 CPA사로부터 PET 특허권 구입 (1953년 Dacron이란 상품명으로 생산 개시) ○ ICI사, CPA사와 제휴하여 미국을 제외한 전세계의 특허실시권 취득 (Terylene으로 개명하고 1955년부터 본격 생산)
1955	○ ICI사, 프랑스, 서독, 이탈리아, 네덜란드, 캐나다 등 ICI 자회사에게도 PET 생산참여 허용
1957	○ ICI사, 일본의 Toray와 Teijin에 PET 생산관련기술 이전
1958	○ 미국 Eastman Kodak사, Kingsport 공장에서 PCT(Poly 1,4-Cyclohexane dimethylene terephthalate) 생산 개시
1971	○ 미국의 Hoechst Celanese사 PBT(Polyethylene Terephthalate) 공업화 ○ 미국의 듀퐁사, TPE(Thernoplastic Elastomer) 공업화
1972	○ 미국의 Carborundum사, LCP(Liquid Crystalline Polymers) 공업화
1973	○ 일본 Unitika, PAR(Polyarylate) 공업화

■ 나일론섬유

3대 인조섬유 가운데 가장 먼저 개발된 나일론섬유는 그 발견이 곧 바로 본격적인 인조섬유시대 즉, 합섬시대를 개척하였다고 하여도 과언이 아니며 인류의 섬유역사에 있어서도 획기적인 분기점이 되기도 하였다. 즉 합성섬유의 3대 대표 주자는 나일론, 아크릴, 폴리에스테르인데 이 가운데서도 '기적의 섬유'로 불리며 인류의생활문화사에 가장 큰 족적을 남긴 나일론은 보통 '폴리아미드계' 수지로서 1938년 10월 27일 미국의 섬유회사인 듀폰은 '강철보다 강하고, 거미줄보다 가늘다. 석탄과 공기와 물로 만들었는데, 탄성과 광택이 비단보다 더 우수하다'며 최초로 시장에 공개했는데 이의 발명자는 월리스 캐러더스이다. '나일론(Nylon)'이라는 이름의 탄생에 대해서는 몇 가지 설이 있는데 그 중 하나는 처음에 '실의 올이 풀리지 않는다'는 뜻의 '노 런(no run)'이었으나 이는 '점수를 못 낸다'라는 뜻도 있어서 'no run'을 거꾸로 하여 'nuron'으로 했다고 한다. 그런데 이것도 'neuron(신경 단위인 뉴런)'과 발음이 같아서 가운데 'r'을 'l'로 바꾸어 'nulon'으로 했다가 이도 발음이 너무 어려워서 'nilon'으로 바꿨다고 한다. 하지만 이것도 영국식 영어발음으로 다르게 읽을 것을 우려하여 'Nylon'으로 정했다는 것이다. 또 하나는 1940년 듀폰의 존 에클베리가 '나일은 임의로 붙였고, '코튼'이나 레이온처럼 섬유 이름의 끝에서 어미 '온'(-on)을 따서 만들었다'고 설명했다고 하며, 세 번째는 듀폰이 경영전략적 차원에서 '시장에서 제품의 실 올이 풀리면 클레임이 발생할까봐 미리 염려'하여 미국의 최대 도시명인 'New York'의 영문 머리글자 'NY'와 영국의 국가 수도명인 'LONDON'의 앞 부분 'LON'을 차용, 합성하여 'NYLON'으로 만들었다는 설이 있기도 하다.

이후 독일 I. G사의 P. 슈릭크는 1938년 아미노카프로락탐으로부터 인출된 「나일론6」 를 개발하여 1943년부터 공업화시켰는데 이 기술이 일본을 거쳐 우리나라를 비롯 동남아 각국에 이전됨으로써 개도국의 섬유산업 발전에 절대적 기여하기도 하였다.

■ 아크릴섬유

3대 인조섬유 가운데 하나인 아크릴섬유는 1894년 프랑스의 모로가 아크릴 섬유의 모노머인 Acrylonitrile(AN)을 개발한 이후 1934년에 이르러 독일 I.G사의 R. Herbert가 합성고무인 BuNa-N제조에 성공함으로써 공업화의 가능성을 보였으며 1944년 미국의 듀퐁사는 나일론 이후의 신섬유라는 기대감으로 「Fibre A」라는 품명으로 군수용품 제조에 돌입했다.

■ 기타 화학섬유

이밖에 기타 인조섬유의 개발역사로는 1936년 미국 도우케미컬사가 특허출원한 Vinylidene 섬유와 1924년 독일에서 개발되어 1940년 일본에서 공업화된 Vinylon 섬유를 생산하였으며, 1955년 이탈리아 밀라노공업대학 G. 나타가 발명하여 한때 꿈의 섬유로 일컬어진 Polypropylene 섬유를 세상에 내어 놓기도 하였다.

그리고 1937년 I. G사의 O. 바이에르가 개발하여 1952년부터 공업화한 Spandex 등 새로운 인조섬유가 끊임없이 개발되어지고 있기도 하다.

그러나 기타 인조섬유들은 폴리에스테르, 나일론, 아크릴 등 3대 합섬에 비해 아직까지는 수요와 기능의 한계를 많이 나타내고 있음

3. 직물제직의 역사 대하여

▣ 개관

인류가 일정한 장소에 정착하여 농경생활을 하면서 부족국가를 이룬 선사시대부터 자연상태의 섬유소재로 간단한 옷을 만들어 입기 시작한 것으로 여겨지기도 하며, 이후 직물과 편물이 옷감으로 사용되었을 것으로 추정될 뿐 직물의 기원이 언제부터인지는 확실하지 않고, 다만 고고학적인 자료에 의하여 짐작할 따름이다.

현재까지 밝혀진 가장 오래 된 유적으로는 고대 이집트의 나일강 유역에서 발견된 아마직물(기원전 3000년경), 고대인도의 인더스강 유역에서 발견된 면직물(기원전 3000년경), 그리고 이 보다 늦은 것으로서 고대 중국의 황허강(황하 黃河) 유역에서 발굴된 견직물 등이 있다. 이 밖에 스위스의 듀엘러 호반에서는 마직물(BC 약 5000년), 그리고 남아메리카의 고대국가인 잉카와 마야유적과, 북아메리카 인디언의 고대문화 유적에서도 마직물과 모직물이 발견되었다고 한다. 이처럼 선사시대 문명의 발상지에서 마다 고유한 토산섬유의 종류에 따라 제각기 다른 직물이 사용되었던 것으로 추정되어지고 있다.

이러한 문화는 오랜 기간에 걸쳐 부족의 이동, 국가간의 침략, 교역, 공물, 종교의 전파에 따라 특정 지역에서 다른 지역으로 점차 전파되어 갔을 것으로 추측되고 있다. 즉, 섬유직물의 생산과 문화는 역사시대에 들어오면서 지배자, 또는 왕실에서 주요 기밀사항으로 지정하고 관리 또는 보호하기에 이르고, 국가운영을 위한 주요 세금이나 주변국과의 주요 교역품으로 관리하기에 이르른 것으로 보인다. 또한, 중앙아시아에서 발생했던 것으로 추정되는 모직물은 이탈리아를 거쳐 네덜란드의 플랑드르지방으로, 이것이 다시 영국으로 건너가 모직물공업의 발전 터전이 되었다고 한다. 중국에서는 황금과 같이 중요하게 취급하였던 견직물이 실크로드를 통해 유럽에 전파되었는데 중동지역과 로마를 거쳐 프랑스 리옹지방에 들어감으로서 오늘날의 유럽 견직물공업의 중심지가 되기도 하였다. 인도 면직물의 경우 인도 항로와 수에즈 운하를 통한 대량의 직물수입에만 의존하다가 뒤늦게 영국 맨체스터지방을 중심으로 산업혁명을 일으켜 세계 면직물공업의 중심지가 되기도 하였다.

18세기에 들어와서 영국은 산업혁명의 기폭제가 된 역직기(力織機)의 발명으로 면직물의 대량 생산을 가능하게 함으로서 세계산업사의 전환점을 만들기도 하였는데, 종래의 수공업적인 환경에 의존하던 직물의 생산체제를 기계적 공업 생산으로 탈바꿈시킴으로서 오늘날의 산업화된 사회인 공업자본주의적 환경의 기초가 이에서 확립하였다는 게 정설로 되어지고 있다.

20세기에 들어서는 개량화된 각종 섬유생산 설비와 발명과 함께 레이온, 나일론, 폴리에스테르 등의 각종 인조섬유의 발명과 개발도 활발히 전개되었으며, 이의 주도국들이 소위 오늘날의 선진국가들인 영국, 프랑스, 독일 등 유럽제국과 미국, 일본 등이었다.

한편, 우리나라에 있어서 직조, 직물제조(織物製造)의 역사는 선사시대이자 삼한시대의 한 나라인 진한시대 때부터 '남자는 농사일을 하고 여자는 직조하였다(남경여직 男耕女織)'고 할 만큼 섬유생산인 양잠과 길쌈(베짜기)는 이미 일상화, 보편화되어 있었다고 한다. 이 보다 앞서서 우리나라와 인접한 중국에서는 갑골문 가운데에서도 섬유와 관련된 단어인 누에(잠 蠶), 실(사 絲), 뽕나무(상 桑), 비단(백 帛) 등의 상형문자가 보일 만큼 오랜 역사를 지니고 있다.

이러한 전통은 삼국시대에 와서는 국가의 제도적인 뒷받침으로 직물의 제작과 생산이 체계화, 분업화 하기에 이르른다. 즉, 신라의 직조관청은 섬유원료와 직조방법에 따라 여러 관청으로 세분화되었는데, 마전(麻典)에서는 삼베를, 조하방(朝霞房)에서는 조하주나 조하금을, 기전(綺典)에서는 능직금(綾織錦)의 일종인 기(綺)를, 금전에서는 각종 금을 짰다. 고려시대 때에 이르러서는 일반 직물의 생산은 잡직서(雜織署)에서 담담하였으며, 고급직물은 방직장, 금장(錦匠), 나장(羅匠), 능장(綾匠)과 같이 고급 기능직 장인들이 소속된 액정서(掖庭署)에 서

담당하게 하는 등 이원화된 관리체제를 두었다고 한다.

조선시대에는 직조기술의 숙련도에 따라 방직장(紡織匠)과 능라장(綾羅匠)으로 구분하였으며, 상의원, 제용감, 내자시, 내섬시에 110여명의 방직장이 있었고, 상의원에만 105명의 능라장을 두었다고 한다. 특히 직조는 직기에 의해 제한을 많이 받기 때문에 조선시대에는 직기의 부속품 중에서도 제작이 까다로웠던 바디를 만드는 성장(筬匠)을 같은 직조관청에 소속시키기도 하였다.

■ 직조의 종류

직조의 방법은 어느 정도의 길이를 가진 두 가닥의 실(사 絲)을 날씰(경사 經絲)과 씨실(위사 緯絲)로 삼아 베틀 등을 이용하여 서로 얽으면서 꼬임의 표면을 만들어 내는 것으로 이때의 이러한 꼬임을 조직이라 한다. 이와 유사한 것으로는 편직(編織)이 있다.

직조의 조직에는 직물의 기본조직인 평직(平織), 능직(綾織), 단직(緞織), 사라직(紗羅織) 등의 4대 조직과 이러한 기본조직들을 변형시킨 변화조직이 있었다. 평직은 가장 기초가 되는 조직으로서 날실과 씨실을 90°로 각도로 교차시킨 것이다. 이에 사용된 섬유재료에는 식물성 섬유로서 삼베, 모시, 면(무명)이 있었고, 동물성 섬유에는 누에에서 뽑은 견직물, 즉 비단이 주류였다. 이들 비단을 조하주(朝霞紬), 어아주(魚牙紬) 등 여러 가지 이름으로 불리워지기도 하였다. 능직은 날실과 씨실의 교차점이 날실 2올에 씨실 1올이 교차되는 것이 가장 기본적인 것이 었다. 그 교차점이 일정한 사선을 이루므로 기술적 용어로 사문조직(斜紋組織)이라고도 하였으며, 직물명 중에 대표적인 것으로 소문능(小紋綾)이 있었다. 단직은 기본조직 중에서 시기적으로 가장 늦게 발달된 것이며, 날실과 씨실이 각각 5올 단위로 교차되기 때문에 교차점이 많아서 표면이 매끄럽고 광택이 난다. 조선시대에 가장 많이 사용했던 대표적인 직물제조방법이기도 하였다. 사라직은 날실과 씨실이 교차하면서 꼬임을 이루므로 직물의 바탕에 구멍이 뚫려서 공기가 잘 통하고, 여름철 직물에 애용된 직물조직이었다. 변화조직은 실을 선염한 색사를 날실과 씨실에 사용해서 문양이 들어간 직물을 짜는 것인데, 그 대표적 직물명을 금(錦)이라 하였다. 날실로 문양을 만들면 경금(經錦)이라 하였고, 씨실로 문양을 만들면 위금(緯錦)이라고 하였다. 경금은 직기의 제약을 많이 받는 데 비해 위금은 그렇지 않기 때문에 복잡하고 회화적인 문양을 가진 고급직물을 많이 생산할 수 있었다.

각종 자료에 우리나라의 변화조직 직물 가운데는 문금(紋錦), 운포금(雲布錦), 조하금(朝霞錦), 어아금(魚牙錦), 자지힐문금(紫地纈紋錦) 등이 있었다고 한다. 이밖에 금빛이 휘황하고 호화로운 직물인 직금(織金)은 고려시대 말기부터 만들어지기 시작하여 조선시대에는 왕실용, 의례용으로 가장 많이 사용되었다고 한다. 이 직금은 사라능단의 바탕직물에 금박지를 얇은 실처럼 잘라내 문양을 넣어 짠 것으로, '금실로 짠 비단'이라는 뜻에서 금선비단(金線緋緞)이라고도 부르기도 하였다고 한다.

4. 섬유염색가공의 역사

섬유염색의 역사는 인류의 역사와 함께 시작된 것으로 추정되지만 시간이 오래 지나면 탈색, 퇴색되는 특성 때문에 오늘날까지 유물이나 유적으로 남아 있는 경우가 매우 드물다.

기원전 5000 - 4000년경의 모헨조다로 유적에서 발견된 꼭두서니염색을 비롯하여 비슷한 시기 이집트지역의 쪽염색, 테베 고분의 미라를 싼 천의 잇꽃염색, 기원전 1600년경 페니키아에서는 자색염색이 성행했던 흔적이 보인다고 한다. 이러한 유물이 보존될 수 있었던 것은 사막이므로 건조해 습기의 피해를 입지 않았기 때문이다. 중국에서는 허난성(하남성 河南省)과 산시성(섬서성 陝西省) 등 중국고대 시대인 상대(商代)의 유적지에서 홍색, 황색, 흑색의 섬유염색 흔적이 발견되고 있기도 하다.

우리나라에 있어서는 진한시대의 실물자료를 통해 문양판을 좌우대칭으로 찍어낸 협힐(夾), 홀치기염법인 교힐(絞), 납방염법인 갈힐(蝎)등이 고안되었음이 알려지고 있기도 하다. 이처럼 옛날부터 섬유염색이 발달한 것은 삼한시대 때부터 조선시대에 이르기까지 높낮이를 복색으로 구분했기 때문이며, 토속종교의 물품으로 많이 사용되었기 때문이기도 하다.

삼국시대에는 염색을 전담하는 관청을 두어 전문적으로 염색을 담당하게 했는데, '삼국사기'에 의하면 신라에는 염궁(染宮), 홍전(紅典), 소방전(蘇方典), 찬염전(撰染典) 등의 전문관청에 모(母)라 불리는 장인들이 소속되어 있었다고 한다.

고려시대에는 도염서(都染署)에서 염색을 관장했으며, '해동역사'에 의하면 고려에서는 붉은색과 자색(紫色)의 염색이 특히 뛰어났다고 한다.

조선시대에는 상의원(尙衣院)과 제용감에 소속되었던 장인들이 하엽록장(荷葉綠匠), 청염장(靑染匠), 홍염장(紅染匠), 초염장(草染匠) 등으로 세분화되었다고 한다. 더욱이 조선의 세조와 연산군 때에는 염색기술의 향상을 도모하기 위해 염색장인을 중국에 보내 염색기술을 습득해 오도록 했다는 기록이 있으므로 염색기술의 향상에 국가적인 관심과 정책적인 배려가 있었음을 알 수 있다. 조선시대에도 고려시대와 마찬가지로 섬유에 대한 염색기술이 매우 뛰어나 중국의 황제나 사신들이 자국의 견직물을 가져와 자색(紫色) 등으로 염색해 줄 것을 요청하기도 하였다고 한다.

5. 섬유기계의 개발사

산업혁명에서 주도적인 역할을 담당한 것은 면직물 공업이었다. 면직물공업은 비교적 새로운 부분으로서 오랜 전통을 가지는 모직물 공업과는 달리 별로 제약이 없었고, 값싼 대중적인 상품으로서 방대한 해외시장과 국내 수요의 밝은 전망을 가지고 있었다.

1730년대에 케이(John Kay)가 발명한 '나르는 북(flying shuttle)'이 60년대에 면직물 공업에 응용되어 직포생산이 배가 되자 원사의 수요가 급증하여 연달아 방적기가 발명되었다. 1760년대에 하아그리브스(James Hargreaves)가 '제니(Jenny)'방적기를 발명하고, 이어 아아크라이트(Richard Arkwright)가 수력방적기를(1769), 그리고 이들 두 기계의 장점을 살려 크롬프턴(Samuel Crompton)이 '뮤울(Mule)' 방적기를 발명하여, 질기고 정교한 원사의 생산이 급격하게 증가하였다. 그 결과 이번에는 원사공급에 직포생산이 따라가지 못하게 되어 카아트라이트(Edmund Cartwrit)가 역직기를 발명하고(1784) 그것에 다시 개량이 가해졌다. 이미 아아크라이트의 수력방적기는 종래의 가내공업적인 수공업단계를 넘어선 '공장'을 출현시키게 되었고, '뮤울' 방적기의 경우 수력 대신 증기기관이 동력으로 사용되고 역직기에도 증기기관이 이용되었다.

최초의 직기는 BC 5000년에 등장했으며, 한 곳에 고정되어 틀을 형성하는 빔(막대기)들로 이루어져 있었다. 틀에는 수많은 실들이 서로 엇갈리게 2군으로 걸려 있었는데, 날실을 형성하는 이 실들의 1군을 들어올리면 그 사이로 씨실이 가로지를 수 있었다. 날실들 사이로 씨실을 끌고 다닐 때 사용하는 나무 부속품을 '북'이라고 했다. 기본적인 조작과정은 변하지 않았지만 아시아와 유럽에서 고대와 중세 시대를 거쳐 조작방법이 계속 발달했다. 그중 가장 중요한 움직일 수 있는 막대인 종광(綜絖)은 바로 위쪽 날실을 들어올릴 때 사용되었고, 후기 직기에서는 끈, 철사, 강철 밴드 또는 이들을 동시에 사용하는 형태가 되었다. 아시아에서 견직물 직조를 위해 발명된 것으로 추측되는 드로룸(drawloom)은 필요한 만큼의 날실들을 한꺼번에 위로 올리는 것이 가능하여 보다 정교한 무늬의 옷감을 짤 수 있었다. 이 역할은 처음에 소년(drawboy)이 했지만, 18세기 프랑스에서 기계화에 성공하고 구멍뚫린 카드를 이용하여 더 큰 발전을 이루었다. 자크 드 보캉송과 조제프 마리 자카르가 고안한 기계는 구멍 뚫린 카드로 기계의 드로보이를 조절할 수 있어서 노동력이 절약되고 실수가 방지되었다. 한편 영국에서는 존 케이가 북이 좌우로 움직이는 위입장치(緯入裝置)를, 에드먼드 카트라이트가 역직기를 발명하는 등 여러 사람들의 발명품이 산업혁명에 크게 기여했다. 현대의 직기는 옛날 것과 기본적인 조작원리는 같지만 점점 자동화되어왔다. 이들 직기와 비슷한 것이 다른 여러 문화권에서도 발견되었다. 콜럼버스 발견 이전의 아메리카와 아시아에서는 백스트랩 직기(backstrap loom)가 알려져 있었고, 나바호 인디언들은 수세기 동안 2개의 막대기로 된 직기를 이용하여 담요를 짰다.

고대 이집트에는 가장 강한 평직(平織)을 짜는 기구가 있었던 것으로 수직기(手織機)의 기원을 거슬러 추측할 수 있다. 아마 본격적인 수직기의 등장은 경사를 일시에 개구시키는 종광을 고안하게 되면서부터였을 것이다. 처음에는 종광을 손동작에 의하여 개구시켰던 것이 차츰 인지가 발달함에 따라 발동작에 의하게 됨으로써 지금까지 제직의 주역이었던 손으로 하여금 위입이나 바디질만 하게 하여 제직속도를 빠르게 하거나 직공의 수효를 줄이는 방향으로 변하였으며, 이것이 족답식(足踏式) 수직기이다. 1733년 영국의 J.케이가 기계적인 위입장치인 플라잉셔틀을 처음 발명함으로써 종래의 수직기의 제직능률을 크게 향상시켰다. 한 손으로 끈을 잡아당겼다 놓기만 하면 북이 좌우로 총알처럼 비주(飛走)하는 반자동식의 위입장치이다. 다른 한 손으로는 바디질, 그리고 한 발로 개구동작을 하게 되고, 특히 광폭수직기에서는 종래보다 4배나 능률이 빨라져서 원사투하량이 폭증하게 되었다. 결국 원사품절·원사대폭등 그리고 직공의 실업이 야기되었다. 이것이 사회산업적인 문제로 비화되어 자동방적기를 발명한 동기가 되었으며, 드디어 산업혁명의 제일보를 내딛게 되었다.

이어서 1785년 영국의 E.카트라이트에 의하여 증기의 원동력을 이용한 역직기가 발명되었으며, 이것은 급속도로 보급되어 19세기 중반 영국에서는 수직기가 거의 역직기로 대체되었다. 자동방적기 및 역직기의 대대적인 보급은 영국에서 근대적 공업 자본주의의 기초를 확립시켰으며, 특히 맨체스터를 중심으로 한 면방직공업은 세계시장을 지배하는 위치에까지 이르렀다. 직기의 동력화 또는 자동화로 인해 종래의 남자직공 대신 여공만으로도 충분하게 되었다. 수직기가 오랜 세월을 두고 역직기로 발전하기는 하였으나 경사송출장치·개구장치·위입장치·바디질장치 등 기본적인 기구면에서 볼 때 양자간에 차이는 없다. 단지, 역직기는 동력화되었다는 점에서 제직능률이 향상되고, 보다 균정(均整)한 직물을 얻을 수 있다는 것밖에 없다. 위입동작이 수직기에서는 느리고 구차스러웠던 데 대하여, 역직기에서는 북이 동력에 의하여 개구 속을 주행하기 때문에 빠르고 편리해졌다. 그러나 '한 번 개구 다음에 반드시 위입 한 번'이라는 답답한 제직원리는 동서고금을 통하여 변함없는 것이다. 바로 여기에 2계열의 실을 다루는 직기가 1계열의 실을 다루는 편기보다 역사적으로 발전이 늦어지게 된 원인이 있다.

카트라이트의 역직기 발명 이래, 1889년 미국의 노스롭이 처음 위사를 자동공급하는 자동직기를 발명하는 등 개량을 거듭하였으나, 아직도 이들 개량직기는 상당한 무게를 가진 북이 평형(平型)의 직기에서 좌우운동을 하고, 또 소음 같은 골칫거리 때문에 생산성과 환경문제가 남아 있는 것이다. 그리하여 경사를 원형으로 배열해 놓고 북이 연속적인 회전운동을 하게 함으로써, 북의 좌우운동과 소음을 한꺼번에 지양한 원형직기(圓型織機)가 나왔다. 이것은 마치 환편기(丸編機)와 비슷해서 대상(袋狀)의 원형직물을 생산한다. 그러나 원형직기와 같은 개량직기라 하더라도 개구 속에 위사를 끌고 다니는 물체, 즉 북이 있어야 하는데, 북을 사용하지 않고도 위입이 가능한 북 없는 직기를 개발하기에 이르렀다. 1929년 M.파보의 에어 제트식 직기가 영국 특허를 얻었고, 이어 워터 제트식(water jet) 직기가 발명되어 현재 공업적으로 실용단계에 있다. 그 위입방법은 먼저 위사를 개구 안에 넣기 전에 직물의 폭에 맞추어 위사의 길이를 끊는 장치가 있다. 다음 에어 제트식에서는 분사기류(噴射氣流)가, 그리고 워터 제트식에서는 분수(噴水)가 노즐을 통하여 분출되는 동안 위사는 이 유속(流速)에 의하여 잡아 끌려서 개구 속으로 진입된다. 원형직기나 북 없는 직기는 모두 혁신적인 최신예기이다.

역직기의 출현 이래 이처럼 위입장치의 개혁이라는 과제에 줄곧 고심해 온 것은, 역직기가 수직기에서와 마찬가지로 위입이라는 과정을 없앨 수 없는 숙명 아래, 다만 그 자동화와 고속화를 통한 생산성의 향상을 위해서였다. 한국에서는 조선 후기만 해도 전래의 수직기, 즉 베틀은 농촌의 아녀자의 손재주와 노동력으로 가동이 가능한 편족답식이었으므로, 중국의 남자노동력에 의한 양족교답식 직기보다 생산성이나 직물의 품질면에서 뒤떨어질 수밖에 없었다. 한국 직물공업의 여명기였던 20세기 초 무렵에도 이러한 수직기가 대부분이었고, 근대화되기 시작한 일부 영세공장에서 극소수의 서구식 역직기를 도입하여 소량의 광목을 짜내는 정도였으니, 직기의 동력화는 일본이나 중국에 비하여 늦은 편이었다. 당시 농가의 베틀에 의해서는 재래의 무명베·명주를 조금씩 짜서 농가 자신이 자급자족하는 정도에 불과하였으며, 날로 수요가 늘어나는 광목은 영국이나 일본으로부터 수입하는 실정이었다.

1919년 일본인 회사인 조선방직이 역직기 610대, 곧 이어 22년 한국 민족자본인 경성방직이 역직기(풍전식) 100대를 도입·가동하는 등 직기의 본격적인 근대화는 면직기에서부터 시작하였다. 역직기 1대의 생산성이 수직기 5대에 해당되었고, 직공 1인당 생산량이 수직기 3대 이상이나 되어, 당시 역직기의 출현은 재래식 수직기의 퇴락을 가져와 일종의 사회산업적인 문제를 야기하기도 하였다. 이후 역직기의 증설은 계속되어, 8·15광복 이후 1947년에 한국의 역직기 보유대수는 8,005대, 수직기(족답식 포함) 3,621대, 합계 1만 1626대(영세공장 및 농가 미등록분 제외)였다고 하는데, 이 때만 해도 수직기의 비중이 컸고, 비

록 어엿한 직물공장이라 할지라도 역직기와 수직기를 겸용하는 실정이었다. 이나마 광복 직후의 혼란으로 인한 조업중단과 6·25전쟁으로 인한 대량파손으로 한때는 암흑 속에 빠졌다. 이후 정부의 경제부흥정책에 따른 기설(旣設) 직기설비의 복구와 국산직기의 제작 및 보급에 힘입어 1960년대에 들어서는 1970년대의 도약을 위한 성장기반이 구축되었다. 1970년대에 섬유공업이 한국 수출산업의 주역이 되자, 수출산업으로서의 기반확충 아래 대대적인 직기증설과 대형 직물공장이 설치되었다. [출처] 직기의 역사| 네이버 백과사전

☞ 물레에 대하여 : '물레' 섬유생산시설은 우리나라에 목면을 전래한 문익점의 손자인 '문레'의 이름에서 유래 되었다고 하며 이는 목면에서 실을 뽑아내어 베틀에서 천을 짤 수 있게 실을 만들어주는 기계이의 일종이다. 물레가 처음 발명된 곳이 인도라는 설이 있지만 확실한 것은 아니며 중세에 중동지방으거쳐 극동지역과 유럽 등 동서양 지역으로 전파된 것으로 알려지고 있다. 물레 이전에는 손으로 섬유를 잣던 원시적인 방법이 있었다고 하는데 즉, 막대기에 달아놓은 솜털 뭉치에서 실을 뽑아낸 뒤 마주 꼬아서 긴 가닥을 만들고, 이것을 다른 막대기에 감는 것이었다. 물레를 사용하는 첫 번째 단계는 물레 축(굴똥)을 받침대에 수평으로 끼워서, 손으로 움직이게 되어 있는 큰 물레바퀴에 실이 감기면서 회전할 수 있게 하는 것이다. 그리고 솜털 뭉치가 감겨 있는 가락을 왼손에 쥐고 물레바퀴를 오른손으로 돌리면 된다. 이때 가락에 감겨 있는 섬유의 일정한 각도에 따라 필요한 정도의 꼬임을 얻을 수 있다. 16세기초 유럽에 처음 소개된 색슨(또는 색스니) 물레는 실을 계속 감을 수 있는실패와 함께 사용했으며 수직으로 고정시킨 막대에 섬유 뭉치를 감았다. 또 이 물레는 발판을 밟아서 움직였기 때문에 양손은 자유로이 사용할 수 있었다. 18세기 영국에서 개량직기가 등장하면서 그 직기에 제공할 실이 부족해지자 실의 대량생산이 요구되었다. 그 결과 기계방적에 대한 필요성이 커지면서 기존의 물레를 대신하는 동력기계를 이용한 여러 가지 발명품이 등장해 산업혁명의 한 부분이 되었다고 한다.

제2장
전통섬유 관련 이야기들

제1절 길쌈에 대하여

1. 개관

길쌈은 인간생활에 필수 항목이었기에 한때 우리나라 농촌 가정은 년중 행사처럼 길쌈을 하지 않는 가정이 없었다. 길쌈은 부녀자들이 비단, 삼베, 무명, 모시 등의 직물을 짜는 모든 과정을 일컬었는데 우리나라에서 삼베길쌈, 비단길쌈 등은 삼한시대이전부터 있었던 것으로 전해지고 있다.

그러나 무명길쌈은 1363년 문익점이 중국 원나라로부터 목화를 들여온 이래 정천익에 의해 방적구(紡績具)가 만들어짐에 따라 방적과 제직이 일반화된 것으로 알려지고 있다. 면직물(綿織物)은 목화의 재배, 씨앗기, 숨타기 등을 거쳐 물레와 베틀을 이용하여 베를 짰다.

삼베 즉,마직물(麻織物)은 대마(大麻)의 파종 후 수확, 껍질벗기기, 삼째기, 삼삶기, 베날기, 매기, 베짜기 순으로 제직(製織)했고, 모시는 재배, 수확 후 껍질벗기기, 모시째기, 모시삼기, 모시날기, 매기 꾸리감기, 모시짜기의 순이다.

비단 즉, 견직물(絹織物)은 누에 고치에서 푼 견사로 제직했다. 특히 견직물을 생산하기 위해서는 뽕나무 기르기와 누에고치 치기, 실을 뽑은 후 비단 실 켜기, 비단 실 내리기와 날기, 비단 매기와 짜기의 순으로 제직, 많은 일손이 소요돼 협동작업체를 조직, 이야기도 나누고 노래도 부르며 작업이 이루어졌다.

이들 길쌈으로 생산된 직물은 농가의 중요한 소득원으로 때론 화폐의 대용으로 쓰이며 가축의 구입이나 농토마련의 밑거름이 됐을 뿐 아니라 직물의 자급자족으로 가족들의 의류를 충당하기도 했다.

특히 길쌈을 하기 위해서는 물레로 실을 뽑고 베틀을 사용해 베를 짜야 하는 등 오랜 시간과 고된 시간의 연속이었으며 특히 외부와 차단된 공간에서 고독한 작업이 이루어졌기에 시어머니와 며느리는 오손도손 이야기를 나누기도하고 때론 가사(家事)의 계획 등도 정겹게 논의하며 차칫 멀어지기 쉬운 고부(姑婦)간의 정을 더욱 새롭게 했다. 그러나 부녀자들은 오랜 시간의 고독에 겨워 애환과 동경을 그리는 노래들을 불르기도 했는데 이를 길쌈노래라 한다.

우리나라에서 길쌈은 조선말기까지 성행했으나 개화 및 서양직물의 수입으로 서서히 퇴색됐으며 거제를 비롯한 남해안지역은 지난 50년대 후반까지만 해도 모시길쌈, 삼베길쌈 등이 명맥을 유지하며 이곳지역 여름철 의류를 공급하기도 했으나 각종 의류소비의 형태변화와 함께 이제는 우리의 곁에서 영원히 사라졌다.

2. 비단길쌈

■ 정의

비단길쌈, 또는 잠업(蠶業)은 먼저 뽕나무를 재배하여 누에를 쳐서 고치를 생산하는 과정으로 보통 양잠업(養蠶業)이라고 하며, 이에 생산된 고치를 원료로 생사를 생산하는 과정을 제사업(製絲業) 또는 견방업(絹紡業), 그리고 직물을 짜는 제직업, 옷이나 제품을 만드는 패션봉제업으로 나누어진다고 할 수 있다. 여기서 양잠업의 기반이 되는 뽕 밭을 만드는 데 필요한 뽕나무의 묘목을 생산하는 상묘생산업(桑苗生産業)과 누에씨를 생산, 공급하는 잠종생산업(蠶種生産業)도 중요한 농업적 생산과정이기도 하다. 따라서 이와 같이 이들 모든 업종을 종합한 산업분야를 잠업(蠶業) 또는 '잠사업(蠶絲業)'이라고도 한다.

■ 누에에 대하여

우리나라에는 단군 조선 때(4300년 전)부터 누에를 치기 시작하였다고 하며, 또한 기원전 1,170년 경에 중국으로부터 양잠법과 견직물 생산방법이 많이 유입되었다고도 한다. 그리고 한서 지리지에 의하면, 기자조선(箕子朝鮮) 시대인 지금부터 3000여년 전부터 누에치기기가 주요 농경(農耕)으로 행하여졌다는 기록이 나오기도 한다(한서 지리지 : 教其民以禮儀田蠶織作 교기민이예의전잠직작).

☞ 양잠의 기원에 전설 : 누에치기가 이루어지기 시작한 연대와 장소에 대하여 명확한 정설은 아직 없으며 중국이 발상지일 것이라는 설이 가장 많기도 하다. 즉, 양잠의 기원에 관한 중국의 신화나 전설에 의하면 기원전 4,600년경 복희씨(伏羲氏) 또는 신농씨(神農氏) 시대부터 양잠이 시작되었다고 하며, 중국 고서 회남자(淮南子)의 '잠경蠶經'에 '황제(黃帝)의 원비인 서릉씨가 처음으로 누에를 쳤다(黃帝元妃西陵氏初蠶)'는 기록도 있는데 이러 한 것이 양잠과 관련된 가장 오래된 기록이다. 그리고 기원전 2650년경 중국의 왕비가 궁중에서 처음 누에를 쳤다는 기록도 있는데 당시 일반 농가에서도 누에를 널리 행하였을 것으로 추측해 볼 수 있다 하겠다.

누에치기는 처음에는 야생뽕(野蠶, 야잠)을 이용하여 원시적인 방법으로 양잠을 해오다가 점차 뽕나무를 재배하기 시작하여 기술적인 방법을 개발하여 누에를 치게 되었고, 고치의 품질도 점차 향상시켜 온 것으로 추측된다. 즉, 누에는 본래 자연상태의 야생곤충이던 것을 인류가 양잠용으로 변화시킨 것으로 추정되고 있는데 누에치기는 시기별로 봄누에용과 여름구에용, 가을누에용 등으로 크게 세 시기로 나누어지기도 한다.

양잠과정별 누에의 크기를 살펴보면 누에가 알에서 갓 부화되었을 때의 처음 크기는 약 3미리미터 정도이며, 털이 많고 검은 빛깔을 띠기 때문에 털누에 또는 개미누에(蟻蠶 의잠)이라고도 한다. 이 개미누에는 뽕 잎을 먹으면서 성장하며, 4령 잠을 자고 5령이 되면 급속하게 자라서 8센티미 정도가 된다. 5령 말까지의 유충기간 일수는 품종과 환경에 따라 일정하지 않으나 보통 20일 내외이다. 5령 말이 되면 뽕 먹는 것을 멈추고 고치를 짓기 시작하는데 약 60시간에 걸쳐 2.5그램 정도의 고치를 만든다. 실(견사)은 한 개의 고치에서 1,200에서 1,500미터 정도가 생산된다.

이처럼 오랜 역사를 가진 누에치기는 유구한 역사 만큼이나 누에의 명칭도 매우 다양하였던 것 같은데 즉, 알에서 갓 깨어난 새끼는 묘(眇), 검은 털을 벗지 못한 새끼는 의자(蟻子), 세 번째 잠자는 누에는 삼유(三幼), 누에치기 27일 된 누에는 잠노(蠶老), 늙은 누에는 홍잠(紅蠶), 번데기로 된 누에는 용(蛹), 누에 성체는 아(蛾), 고치상태가 된 누에는 견(繭), 누에의 똥은 잠사(蠶砂)라 하였다고 한다.

사람이 누에를 치는 목적은 고치에서 실과 베를 얻기 위해서인데 처음에는 오늘날처럼 긴 실을 얻는 방법은 알지 못했고, 다만 고치 껍질을 삶아서 부드럽게 한 것을 활 줄로 퉁겨 펴서 늘인 다음 이것을 다시 꼬아서 긴 섬유로 만들었을 것이라고 추측해 볼 뿐이다.

이 후 실켜는 연모 등 각종 기구가 개발됨에 따라 고치를 삶아 손으로 직접 실을 잡아 당겨 실켜기를 하게 되었으며, 이를 옛날에는 베틀로, 근대에는 족답식(足踏式)로, 현대에는 직기 등의 제조기로 개선, 발전되어 왔는데, 옛날 방식인 비단길쌈 즉, 얼레를 발로 밟아 실 얼레를 돌리면서 손으로는 고치를 붙여 실켜기하는 방법으로 발전시켰는데 이와 같은 실켜기와 베짜기 방법은 근대적 직기인 족답기가 소개되는 1910년까지 계속되어 왔으며, 일부 지역과 농가에서는 1970년대 이르기까지도 그 전통적 방식이 전승되기도 하였다.

■ 비단짜기

그러나 삼국시대 때부터 상류층이 중국산 견직물을 수입하여 의복재료로 삼음으로써 가끔은 명주를 길쌈하는 기술이 크게 발전하지 못했고, 이 상태가 고려시대까지 지속되었다.

조선왕조에서는 정부차원에서 명주 길쌈을 권장하여 각 지방에 잠실(蠶室)을 설치하고, 종상법(種桑法)을 반포했으며 관복을 국내산 명주로 바꾸어 짓게 했다. 또 성종대(成宗代)에는 후비들의 친잠례(親蠶禮)가 행해졌다. 그러나 왕실을 중심으로 한 지배계층에서는 명주를 고작 의복 안감이나 운혜(雲鞋)감으로만 사용했을 뿐 겉감으로 사용한 예는 거의 없었다. 반면 서민들에게는 혼수감이나 명절복에 쓰였던 가장 호사스러운 옷감으로 널리 애용되었다

비단의 길쌈 과정은 다음과 같은 공정을 거친다.

〈 양잠길쌈의 생산과정 〉

▷ 누에치기
  양잠이라고도 하며 춘잠(春蠶), 하잠(夏蠶), 추잠(秋蠶)으로 나뉜다. 뽕나무를 심어서 뽕잎으로 친다. 누에 알을 받아내고 부화된 어린 누에를 키워 고치를 얻는다.

▷ 실 뽑기
  따낸 고치로부터 실을 뽑는다. 가마솥에 물을 부은 후 물이 끓을 때 고치를 넣어서 나무젓가락에 실을 걸어 올리는 방법과, 가마솥 둘레에 진흙을 개어 바른 뒤 가마솥이 뜨거워졌을 때 물을 부어서 실을 뽑는 방법이 있다

▷ 실 내리기
  왕채의 날개로부터 거둔 실을 실 솥에 1번 담가 올이 풀어지게 한 다음 잘 말려 돌곁에 올린다. 한동안 말뚝에 실을 걸어두었다가 타래를 만들어준다.

▷ 비단매기
  타래 지은 실을 다른 직물의 길쌈 때와 같이 풀칠을 해 말려서 도투마리에 감아준다.

▷ 비단짜기

도투마리에 감긴 명주실을 베틀에 올려서 잉아를 걸고 실꾸리를 북에 넣은 다음 명주를 짠다. 명주는 특히 올이 가늘어 가장 굵은 것이 10새이고 보통이 12~13새이며, 15새 정도가 되어야 상품(上品)으로 친다. 옷을 지을 때는 흰 명주 그대로 짓는 경우도 있고, 잇꽃·지치·느티나무꽃 등으로 빨강·자주·초록 등의 물을 들여 짓는 경우도 있다.

명주의 질은 산지의 기후조건이나 누에의 종류에 따라 다르며, 지방에 따라 천의 넓이가 다를 수도 있다.

1988년 성주 두리실의 명주짜기가 중요무형문화재 제87호로 지정되어 조옥이(曺玉伊)씨 등에 의해 그 명맥을 이어가고 있기도 하다.

3. 삼베길쌈

▣ 개관

삼베는 우리나라 말로 '베'라고 불리며, 한자어로는 마(麻), 마포(麻布), 포(布)라고도 한다. 삼베는 신석기시대의 궁산 패총에서 뼈로 된 바늘에 마사(麻絲)가 감긴 것이 출토된 것으로 보아 그 이전에 사용된 것을 알 수 있다.

삼베의 제작과정은 우선 삼나무(대마 大麻)를 재배해서 수확을 한 후, 잎을 훑은 삼단을 쪄서 껍질을 벗기고 햇볕에 말린다. 삼을 쪼갠 후 실을 한올 한올 길게 이은 다음 베 한필의 길이와 폭에 따라 몇 올의 실이 들어갈지 결정한다. 마지막으로 풀 먹이기 과정을 거친 후 베틀을 이용해 직물을 짠다. 이를 삼베길쌈이라 한다.

이러한 삼베길쌈의 모든 생산과정은 일일이 손으로 해야 하며, 그것도 100번 이상의 손질을 해야 발이 곱고 부드러운 안동포만의 삼베를 얻을 수 있다고 한다. 즉, 삼베의 원료인 대마를 다듬을 때 대마 껍질을 무릎에 올려 손으로 비벼 겉 껍질을 벗겨서 입술로 실을 잇는 작업을 지소적으로 반복해야 해야 함으로서 길쌈을 하는 여인들의 손과 몸은 '마치 가뭄에 말라버린 논바닥과도 같이 쩍쩍 갈라져 있더나 거칠어'지는게 다반사라고 한다.

대마는 흔히 '삼' 또는 '마'라고 불리며 쌍떡잎 식물 쐐기풀목 삼과의 한해살이 풀이다. 원산지는 중앙아시아이며 분포지역은 우리나라와 중국, 일본, 러시아, 유럽, 인도 등지 이다. 다 자란 대마는 온대 지방에서는 3미터 정도이지만 열대 지방에서는 6미터까지 이른다고 한다. 또 뿌리가 곧아 지하 30-40cm까지 뻗어 들어가지만 곁뿌리가 발달하지 않아 쉬이 잘 뽑힌다. 대마의 녹색 줄기는 횡단면이 둔한 사각형으로 잔털이 있고 속이 비어 있다.

7-8월에 연한 녹색꽃을 피우는 대마는 암수 딴 그루로서 수꽃은 가지 끝의 잎 겨드랑이에 원추꽃차례를 달고 있으며, 암꽃은 매우 작고 꽃자루가 없는 것이 특징이다. 또 1개의 암술이 있고 씨방은 1개의 꽃받침에 싸여 있다. 수꽃은

큰 꽃밥을 가진 5개의 수술과 5개의 꽃받침조각이 있어 꽃이 피면 꽃밥이 세로로 갈라져 많은 수의 화분을 날려보낼 수 있다.

10여세 어릴 때 부터 대부분의 여성들이 길쌈을 해야했는데 베 짜는 기간인 농가 하한기 동안에는 하루도 쉬지 않고 베틀에 앉아 반딧불처럼 숱한 밤을 밝히며 안동포를 짰다고 한다. 길쌈을 하다가 졸음이 오면 손톱으로 제 살점을 꼬집어 깨우며 밤새워 짜고 또 짰다고 한다.

삼베의 길쌈은 무엇보다 먼저 베 매기를 잘 해야 베가 잘 짜지고, 짜고 난 베가 곱게 된다고 한다. 이때 풀을 세게 먹여서도 안 되지만 약하게 먹여서도 안 된다. 또 바짝 말려서도 안 되고, 덜 말려서도 안 된다. 그만큼 베 매는 일은 까다로와 오랜 경험과 뛰어난 감각을 요구한다. 그래서 베 매는 일만큼은 아무나 시키지 않는다고 한다.

■ 삼베재배와 생산

생냉이는 대마의 겉껍질은 훑어내고 속껍질만을 생으로 즉, 날로 길쌈해서 짜맨 삼베를 말하며, 익냉이는 대마를 삶아 익혀서 길쌈한 것이다. 익냉이로 거칠고 억센 삼으로 올이 굵게 길쌈한 것을 '무삼'이라고 도한다. 여기서 익힌다는 말은 대마의 섬유를 콩 깍지나 서속대(기장이나 조의 대) 같은 것을 태워 낸 재와 그 잿물이나 사람 소변, 또는 양잿물로 마전(표백)하여 빛깔을 밝게 하고 감촉을 부드럽게 하는 것을 말한다.

- 정선종 대마를 4월에 파종하여 7월에 수확한다.
- 삼대를 물에 담그거나 가마솥에 쪄서 말린다. 말린 삼대를 필요에 따라 12시간 물에 불렸다가 껍질을 벗긴다.
- 벗겨서 말린 삼껍질을 손톱으로 째는데 이때 안동포의 섬세함의 정도가 결정된다.
- 삼을 삼은 다음 물레에 올려 날실다발을 만든다.
- 날실에 좁쌀 풀을 먹인다.
- 베틀에 얹어 제작한다.

4. 무명길쌈

무명의 제작과정은 목화재배와 수확, 씨앗기와 솜타기, 고치말기, 실잣기, 무명날기, 베매기, 무명짜기 순으로 나뉜다. 씨앗기와 솜타기는 목화에서 씨를 빼내고 솜활이라는 기구를 이용해 솜을 부드럽게 만드는 과정이다. 고치말기는 솜을 말판 위에 펴놓고 말대로 비비는 과정이며, 실잣기는 물레를 이용해 실을 뽑고, 뽑은 실을 가락에 감는 단계이다. 무명날기는 실의 굵기에 의해 한폭에 몇 올이 들어갈지 결정하는 것이다. 무명날기가 끝난 날실을 팽팽하게 하는 베매기와 풀먹이기 과정을 거친 후 베틀을 이용하여 무명을 짠다.

제2절 길쌈문학과 길쌈노래 모음

1. 개관

'길쌈'은 선사시대 때부터 행하여져 온 우리나라 전통섬유 제조의 생산방식을 총칭하여 일컫는 것으로서, 근대화가 이루어지기 시작한 1970년대까지 농경시대를 살아 온 우리 선조들의 일상사 중의 중요한 한 분야로서 대부분의 농촌 가정의 주요 소득원이기도 하였다. 즉, 자급자족 기능으로 의복 등 생활섬유를 조달할 수 밖에 없었던 일반국민에게는 길쌈이 먹거리 농사만큼이나 중요하였으며, 국가에서도 이의 활성화를 적극 권장하거나 강제로 육성을 추진하기도 하였다.

사료에 의하면, 우리나라의 길쌈은 옛날 예(濊), 마한(馬韓), 진한(辰韓), 변한(弁韓) 등의 시대에 이미 번성했던 것으로 알려지고 있으며, 본격적인 국가의 형태가 갖추어지기 시작한 원삼국시대 초기부터 왕실을 중심으로 각종 길쌈을 적극 장려했던 것으로 밝혀지고 있다. 신라 등 삼국시대의 때는 길쌈 수준이 한층 더 발달해 고급 생산품은 중국 등 국가간 교역의 중요 물품으로 자리매김하가도 하였다. 이러한 신라 중심의 길쌈기술은 대부분이 고려시대에 그대로 전승되어진 것으로 알려지고 있으며 조선시대 때는 특히 길쌈 더욱 더 적극적으로 장려하였는데, 왕비가 친히 누에를 치고 잠신에게 제사를 지내게 하는 친잠례(親蠶禮)를 거행했다고 한다. 또한 왕실에서는 직접 누에를 배양하여 일반 국민에게 그 종자를 나누어주기도 하였다고 한다.

우리나라 길쌈은 견직물로 대별되는 '비단길쌈'과 마직물의 주종인 '삼베길쌈'과 '모시길쌈' 등이 고대사회 때부터 이루어졌으며, 고려시대인 1363년 목화가 전래된 이후 '무명길쌈'이 크게 활성화되기도 하였다. 또한 우리가 흔히 부르는 '명주길쌈'은 비단길쌈의 일종으로 조선시대 때 유행되었는데 이는 중국 명나라 견직물에 대한 별칭으로 '명주(明紬)'를 사용한 것이 근래까지 전승되어 온 것이다.

길쌈의 제조공정은 섬유재료에 따라 작업방법이 조금씩 달라지고 있는데 '무명길쌈'으로 불리기도 하는 면직물의 생산과정은 목면의 재배와 씨앗기, 솜 타기 등을 거쳐 물레를 실을 가공하였으며 베틀을 이용하여 베를 짰다.

'삼베길쌈'으로 불리기도 하는 마직물은 대마의 재배와 수확, 껍질벗기기, 삼째기, 삼 삶기, 베날기, 베매기, 베짜기 순으로 작업이 이루어 졌고, 모시는 재배와 수확 후 껍질벗기기, 째기, 삼기, 날기, 매기 꾸리감기, 짜기의 순으로 작업을 거쳤다. '비단길쌈'인 견직물은 누에고치에서 실을 뽑은 견사로 제직했다. 견직물을 생산하기 위해서는 자연산 뽕나무를 이용하거나 뽕나무 재배를 통한 누에고치치기를 거쳐 실을 뽑은 후 실 켜기, 실 내리기와 날기, 매기, 베 짜기의 순으로 이루어짐에 따라 그 어떤 섬유제조보다 많은 일손을 필요로 하기도 했다.

하지만, 이러한 길쌈은 20세기에 들어오면서 공업화, 산업화 도시화가 이루어지면서 급속히 퇴조해 갔는데, 1970년대 중반까지 경북지역 일원 전역에 있어 지역 특성에 맞는 김쌈이 행하여 지기도 하였다. 이 가운데 특별히 집중화된 분야를 살펴보면, 비단길쌈은 대구를 비롯한 성주, 상주, 삼베길쌈은 안동, 청도, 무명길쌈은 의성, 청도 등지에서 주로 행하여 졌다고 한다.

지금은 그 흔적만 남아 있을 뿐 이고 옛 길쌈기능을 가진 몇몇은 무형문화재로 지정되어 예우받을 만큼 시대적 변화와 함께 거의 사라져가는 전통풍습이 되고 있기도 하다. 이러한 힘든 길쌈노동 가운데서 생겨난 것이 길쌈노래 등 길쌈문학이라고도 한다.

국어국문학자료사전 등의 자료에 의하면 길쌈노래는 노동요(勞動謠)의 하나로 부녀자들이 길쌈을 하면서 부르는 민요의 일종이다. 섬유제조 과정의 오랜 시간 일의 지루함을 덜기 위해 부르게 된 길쌈노래는 당연히 길게 이어지게 마련이고 어지보면 사설(私說)에 가깝지만 그 어떤 노래 보다도 여성의 삶을 잘 드러내 주기도 한다. 그래서. '시집살이 노래'라고 일컬어지는 길쌈노래는 베짜는 것을 배경으로 한 이야기가 신화로도 전해져 올 만큼 다양하고 많았던 것 같으나 제대로 전승되는 것은 아쉽게도 그다지 많지 않다. 즉 역사와 신화가 섞인 이야기 가운데는 선도산(仙桃山) 성모(聖母)가 비단을 짜서 조복(朝服)을 만들었으므로 신라 사람이 그 신기함을 알았다든가, 연오랑세오녀 이야기, 회소곡 등이 남아 있을 뿐이다.

길쌈은 신라시대 때는 왕실이 직접 나서서 길쌈을 장려할 만큼 귀한 대접을 받기도 하였으나, 고려시대, 조선시대를 거치면서 '필요는 하지만 아녀자들의 단순노동으로 취급'받으면서 모든 고됨의 노동이 민간 중심의 여성의 몫으로만 넘겨지게 되었으며, 시대가 흐름에 따라서 길쌈하는 여성의 지위도 더욱 낮아지고, 이로 인해 길쌈노래는 더욱 애조를 띠게 되었다. 실제로 전통 길쌈노래에 관한 내용을 간단히 살펴보면, 길쌈노래는 길쌈의 과정에 따라서 물레노래·삼삼기노래·베틀노래로 나누어진다. 물레노래와 베틀노래의 경우에는 노동이 기구를 사용하면서 진행되기 때문에 노래도 기구의 움직임과 박자가 맞아들어가게 되어 있다. 삼삼기노래의 경우에는 노동이 기구를 사용하지 않고 이루어지기 때문에 노래의 박자도 그런 데 매이지 않는 차이점이 있다. 물레노래와 베틀노래는 도리깨를 사용하여 타작을 하면서 부르는 노래와 유사하며 삼삼기노래는 모내기노래와 상통한다고 볼 수 있다. 그러나 물레나 베틀을 사용하면서 하는 노동은 동작이 느린 편이고, 혼자서 해야하는 경우가 많으므로 기분에 따라 속도를 조절할 수 있다.

따라서 길쌈노래는 어느 것이든지 형식이 고정되어 있지는 않으며 선후창이나 교환창으로 부르도록 정해져 있는 것도 없다. 물레질은 일정한 동작이 되풀이되기 때문에 노래를 부르면서 노래의 박자에 맞추어서 손을 움직이면 동작이 규칙적으로 되어 힘이 덜 들고 흥이난다. 그런데 물레질은 혼자서 하는 것이 예사이므로 노래도 부르는 사람 자기만 듣는 푸념이 일쑤이며 일정한 형식이나 고정된 사설이 없다. 사설은 물레질 자체와 관련된 내용, 일하는 괴로움, 일을 다 해놓고 딴 짓을 하자는 상상 등을 나타내는 것들로 나눌 수 있다.

물레질 자체와 관련된 내용에는 '일구영덕 이물레야 / 병이드네 병이드네 / 기 어디서 병이드노 / 괴머리에 병이 드네' 하면서 물레가 고장이 났다고 하는 말이 흔하다. 그래서 고장이 난 곳을 고친다고 하는데 그렇게 말하는 속뜻은 고생스럽게 살면서 얻는 마음의 병을 암시하자는 것이다. 일하는 괴로움을 하소연한 노래에는 잠타령이 흔하다. 새벽까지 잠을 자지 못하고 물레질을 하노라면 '구름겉은(같은) 잠이오네'하다가도 시아버지의 기침소리에 놀라 깼다고 하기 일쑤이다. 일을 다 해놓고 딴 짓을 하자는 데는 뒷집의 김도령이 자기를 기다린다든가 하는 파격적인 내용도 들어 있다. 조선시대 규방가사 중에도 아녀자들 여자탄식가 중에는 '모시낫키, 삼비낫키, 비단짜기, 무명짜기, 다담이러 뵈올보니, 적임방젹 괴롭더라'는 구절이 있어 조선시대의 여인들이 모시, 베, 비단, 무명의 길쌈에 힘겨워하였음이 나타난다.

삼은 여러 사람이 한자리에 모여서 함께 삼을 수 있으며, 그런 기회에 부르는 노래가 흔하다. 이렇게 하는 것을 '두레삼' 또는 '둘게삼'이라고도 한다. 여럿이 모이면 그 중에 노래를 잘하는 사람이 있다. 삼 삼는 동작은 각자 자기대로 하지만, 노래는 함께 부를 수 있고 같이 즐기며 떠들고 웃을 수도 있다. 삼삼기노래에는 삼 삼는 일 자체와 직접 관계되는 내용이 오히려 흔하지 않다.

'진보청송 진삼가리 / 강릉삼척 뻗쳐놓고'하면서 삼 삼는 동작을 묘사하고 밤을 새워서 야단스럽게 삼은 삼이 얼마 되지 않는다는 사설을 이따금씩 들을 수 있을 정도이다. 이 보다 더 인기가 있는 것이 시집살이 노래이고 긴 노래이다. 긴 노래는 서사민요라고 부를 수 있는 것이다. 일정한 이야기 줄거리를 지니고 있어서 서정민요와는 구별되는 것이며, 그 내용은 대체로 여주인공이 거듭되는 좌절을 겪다가 중이 되어 떠나간다든가 죽고 만다든가 하는 것이다. 그런데 슬픈 사연과 어조에도 해학이 있고 풍자가 들어 있다. 시어머니를 '시금시금 시어마님'이라 하고, 중이 되기 위하여 머리를 깎는 주인공의 모습을 '팔월이라 원두막에 돌수박이 되었구나'라고 표현하면서 슬픔에 빠져 들어가지 않는 심리적인 거리를 확보한다. 또한 음담패설에 가까운 내용을 노래로 부르며 웃고 떠들기도 한다.

베틀노래는 대부분이 혼자서 부른다. 그래서 내용이 다채롭거나 기발하지는 않다. 물레질할 때처럼 무슨 사연이든지 흥얼거려야 지루하게 계속되는 일을 고되지 않게 할 수 있을 따름이다. 베틀노래로서 널리 알려진 것은 천상에서 놀던 선녀가 지하에 내려오니 할 일이 없어 옥난간에 베틀을 놓았다고 서두를 꺼내놓고, 베틀 부분품 하나하나를 들먹이며 그 거동을 차례대로 묘사하여가는 것이 있다. 베틀만 줄곧 들여다보는 사람에게는 이 노래가 더욱 교묘한 것일 수 있다. 사설이 거의 고정되어 있고, 지역에 따른 변이도 두드러지지 않은 것을 보면 이러한 내용의 베틀노래는 작자가 있어서 지어낸 것이 아닌가 한다.

내용상으로는 이것만 베틀노래라 하지만 기능을 따지면 이것은 베를 짜지 않을 때도 부르고 남자들도 부를 수 있다. 베를 짜서 과거보러 가는 남편에게 도포를 해 입혔더니 남편이 죽어서 칠성판에 실려온다는 사건으로 이어지는 서사민요인 베틀노래도 있다. 기능에 있어서의 베틀노래는 이와 같이 베짜는 일에 한정되지 않는다. 길쌈노래는 일과는 거의 밀착됨이 없이 길쌈도구의 묘사, 길쌈하는 사람의 심정, 시집살이의 가지가지 고통을 교술적, 서정적, 서사적으로 길고 다양하게 엮어나가는 특징을 가지고 있다.

그렇게 함으로써 비로소 길쌈이라는 지루하고 힘겨운 작업을 수월하게 해낼 수 있었고, 생활의 고통을 지혜롭게 이겨낼 수 있었던 것이다. 또한, 그 문학성에 있어서도 묘사의 절실함, 작품구조의 치밀함 등에서 기록문학작품에 못지않은 우수성을 보인다.

2. 길쌈노래의 탄생

전통적 길쌈은 복잡한 작업과정과 고된 노동으로 인해 마을이나 가족간 협동 작업으로 많이 이루어 졌으며, 힘든 근로와 장시간의 작업 중에 이야기도 나누고, 노래도 부르며 삶의 고단한 애환을 극복하기도 하였다.

이로 인해 우리나라에는 지역별로, 마을별로 여러 풍습과 함께 많은 길쌈노래가 생겨나기도 했으며, 최근까지도 많은 지식인들의 주요한 창작재료가 되기도 하였다.

길쌈은 오랜 시간 고된 노동을 요구하기 때문에 그 지루함을 덜기 위해 '자연스럽게 생겨' 났으며, 따라서 노래의 형식이나 형태도 특별히 갖추어진 격식이 없이 섬유처럼 들쭉날쭉한게 대부분이었다. 그리고 가사나 곡의 내용도 길쌈을 하는 '아낙네'들의 희노애락을 담고 있는게 대부분이며, 가락도 힘든 삶의 '한'을 나타내며 넋두리하듯 흥얼거리며 부르는게 주류를 이루었다. 가사의 내용 중에는 간혹 고대 때부터 전승되는 옛날이야기 전설을 자신의 처지와 빗대어 노래가락으로 마든 흔적이 보이기도 한다.

길쌈노래 가운데 가장 오래된 것은 신라시대 때 불리워졌다고 하는 '회소곡(會蘇曲)'이다. 일명 '회악(會樂)'이라고도 하는 이 회소곡은 작자가 미상으로 알려져 잊으며 정확한 창작 연대나 민가에 전승되어 불리워진 시기도 정확하지가 않을 뿐아니라 더욱 아쉽게도 그의 전체 가사가 오늘날 전래되지 않고 있다는 점이다.

단지 삼국사기와 삼국유사 등 사서와 몇몇 자료에 다음과 같은 유래만 수록되어 있다. 서기 32년(신라 유리왕 9년)에 왕은 신라의 수도인 서라벌의 육부(六部)를 둘로 나누어, 왕녀(王女) 두 사람으로 하여금 부내(部內)의 아녀자들을 차출하게 하고, 7월 16일부터 날마다 육부의 마당에 모여 길쌈을 시작하게 하였다. 이들은 매일 오후 10시경까지 길쌈을 하게 하고, 8월 보름에 이르러 한 달 동안에 걸친 성적을 심사하고 진 편이 이긴 편에게 술과 음식을 마련하여 대접하게 하며 노래와 춤으로 즐겼다고 한다.

이 때 승부에서 진 편의 한 여자가 일어나 춤을 추면서 탄식조의 노래를 부르면 무리를 이룬 같은 편 여자들이 앞 소리에 이어서 '회소(會蘇), 회소'라는 여음으로 화답하였다고 하는데 이때의 탄식하는 듯한 그 음조가 구슬프면서도 아담하였고, 청아하면서도 슬프고, 전체적으로 매우 아름다웠다고 한다. 또한 혹자는 이 노래가 개인적이며 서정적인 내용이 주조를 이루었을 것으로 추정하기도 한다. 이러한 후렴조의 뒷사람들의 그 소리를 인연으로 하여 후세에 '회소곡'이라 이름하였다는 것이다. 이러한 행사를 '가배(嘉俳)'라 하였는데, 이것이 곧 오늘날의 한가위(추석 秋夕)의 근원이라고 한다. 즉 가배절인 음력 8월 15일을 지금도 '한가위'라 부르는 것은 '가배'를 '가위'의 어원으로 보기 때문이다.

한편, '회소'에 대한 해석은 아직 정확히 밝혀진 정설은 없는 것으로 알려지고 있으며, 여러 가지 가설만 무성한 실정이다. 어떤 이는 그 의미를 '아서라, 말아라', 또는 '아소(아소서, 지 知)', 또는 '모이소(집 集)', 또는 '마소, 마소'라는 뜻이 아닌가 짐작해 보기도 하는 등 그 풀이하는 견해가 매우 다양함을 알 수 있다. 그리고 체계적이고도 심층적인 많은 연구가 이루어져야 하겠지만, 혹자 중에는 이 '회소'라는 행사가 초기 기독교 일파의 하나의 종교적 행사가 아니었을까 하는 추측을 내어놓기도 한다. 아무튼 이와 같은 길쌈대회 행사를 통해 신라는 왕실차원에서 섬유산업의 육성정책을 적극적으로 활성화하려고 노력하였음을 짐작할 수 있다 하겠다.

한편 이 회소곡을 두고 조선시대의 학자인 김종직선생은 신라시대 때의 길쌈노래인 '회소곡'과 관련하여 시(詩)를 남기기도 하였다.

3. 길쌈노래의 종류

길쌈노래 가운데에는 '길쌈노래'라는 명칭 외에 지역이나 상황에 따라 '삼삼기노래', '베틀가', '물레노래' 등 공정이나 작업방법 등과 관련된 다양한 명칭이 사용되고 있으며, 이들 노래도 '농요(農謠)'처럼 여럿이 모여서 할 수 있는 노래가 있는가 하면 혼자서 부르는 노래가 있다. 그리고 비슷한 작업방법이라도 부르는 사람이나 지역에 따라 가사나 형식이 조금씩 조금씩 다르게 나타나기도 한다.

이 밖에도 지역별로 '뽕따는 노래', '누에노래', '목화노래' 등 수 많은 길쌈노래가 불리워졌던 것으로 전해지고 있는데 이미 거의 잊혀지거나 사라져가고 있다.

지금부터라도 이와 관련한 사료와 자료를 발굴하거나 채록하여 중요 민속자료로 보전할 가치가 있다고 본다. 비록 시대변화와 함께 길쌈문화는 퇴조하고 있으나 우리의 전통문화이자 국민적 애환이 담긴 이들 역사적 숨결은 대 끊김없이 맥맥이 이어졌으면 하기 때문이다.

4. 길쌈노래 모음

이에 현대에 와서 빠르게 잊혀져 가는 길쌈노래 가운데 각종 사료와 자료 가운데 수집 가능한 몇 편을 소개해 보기로 한다. 현대에 전해지고 있는 길쌈노래를 몇 편을 찾아보면 다음과 같다.

▷ 베틀노래(1)

비틀(베틀) 놓세 비틀 놓세 / 옥란강에 비틀 놓세

하늘에다 비틀 놓고 / 구름 우(위)에 잉애 걸고

비틀 다리 양의 다리(양쪽 다리) / 앞 다리는 돋은 놓고

뒷 다리는 낮은 놓아 / 이 내 다리 양 두 다리

어사중(어중간하게)에 던져 놓고 / 전반(인두관) 겉은 앉은 귀에

큰 애기(처녀, 며느리)가 앉았구나 / 먼저 굴러(만지고) 꾸리비어

안개(김) 끝에 꾸리 삼아 / 대추나무 연지북(대추나무로 만든 북)에

백학이 말을 하고 / 허공으로 드나드네 / 박달나무 바디질에

길배나무(질배나무) 꼬뚜마리(바디집 비녀) / 잉앳대는 삼형제요

눌름대(눌림대)는 호불애비(홀아비) / 누썹대(용두머리)는 둘이 형제

부모님께 잔을 들고 / 허리 굽게 굽히시네

미물모로(메밀처럼 세모진) 비게미(비경이)는 / 중심으로 고여 있고

둘이 형제 사침대는 / 올러가락 니러가락(올라갔다 내려갔다)

절로 굽는 신나무(신대)는 / 헌신짝에 목을 매고

소실(첩) 많은 도투마리 / 앉으시락 누우시락

늙으신네 병환인가 / 용두머리 우는 소리

위기러기(외기러기) 쌍기러기 / 짝을 지어 노는 듯다

바디질 치는 양은 / 우리나라 신선이니 / 장개(장기) 바둑 두는 듯다

앙금 가득(앙금앙금) 체할(버티는 버팅게)으로

동에 동쪽 무질개(무지개)가 / 차박차박 저질개(저즐개)는

강태공의 낙숫댄가 / 이 코 저 코 말코에는

금조(금같이 귀한 베) 한 필 감겼고나 / 비수 같이 드는 칼로

썩썩 비어 내어 놓고 / 앞 냇물에 씻어다가

뒷 냇물에 횅겨다가 / 돋을 양지 은줄에다

사흘 나흘 바래가주 / 댓수 엿수 풀을 믹여

여드레를 다듬어서 / 앞 창문을 반만 열고

뒷 창문을 온 문 열고 / 직렴(직령, 조선시대 옷이름) 도포 말려내고

저기 가는 저 선비야 / 우리 선비 돌아올 때

바늘 한 쌈 실 한 타래 / 사 가주고 오라 하소

※ 자료출처 : 경북 안동 임하 김점호씨의 노래

▷ 베틀노래(2)

베틀 놓세 베틀 놓세 / 녹난강에 베틀 놓세

베틀 다리 네 다리요 / 앞 다리는 돋은 놓고

뒷 다리는 낮은 놓고 / 가로(실)라 찌른 양은

은하수라 푸른 물에 / 다리라 놓은 듯다

전반이라 놓은 양은 / 그 우(위)에 앉은 님은

사관을 숙여 쓰고 / 여산을 반반 걸고

비태라 두른 양은 / 절로 굽은 산 기슭에

허리 안개 두른 같다 / 말케라 차는 양은

무슨 선녀 악을 안고 / 용서에 좌안하네

물치는 양 저질개는 / 강태공의 낚싯대요

북 나 드는 지상은(기상은) / 백호를 품에 품고

날아 돌고 날아 가네 / 채 밭이야 옮긴 양은

백사 길에 홀로 늙네 / 바디집을 치는 소리

두메골 좁은 길에 / 백열이 지친 소리

잉앳대는 삼형제요 / 눌름대는 홀애비라

비개미라 넣은 양은 / 홍은 자라 높은 집에

살창 문을 떠곤 듯다 / 사침이라 넣은 양은

앙큼상큼 헝클었네 / 지거랑에 팔자로다

용두머리 우는 양은 / 조그마 한 외기러기

벗을 잃고 슬피 운다 / 황새 같은 도투마리

앉으시라 누우시라 / 귀찮게도 내 싫어라

베비라 널찌는 양은 / 어영굽은 화살이요

절로 굽은 신낭근(신나무는) / 헌신짝에 목을 메어

오락가락 해를 지워 / 자두방에 항복하네

※ 자료출처 : 경북 안동 임하 배분령씨의 노래

▷ 베틀노래(3)

오늘이야 심심한데 / 노래 한번 불러 볼까

무슨 노래 불러 볼까 / 베틀노래 불러 보세

월궁에서 놀던 선녀 / 지하에야 내려 와서

하도 할께 전혀 없네 / 베틀노래 불러 보자

물레 구경 채려 놓고 / 굵으나 굵은 고치

실에 둥실 자사 내어 / 백모 한 필 모았구나

백모 한 필 짤라 카니 / 베틀 연장 전혀 없네

연장 망테 둘러 메고 / 서울이라 올라 가여

삼각산을 밟아 보니 / 나무 한 주 섰건만은

그 넁기(나무)라 못 쓰겠네 / 황새 덕새 새끼치여

부정이라 못 쓰겠네 / 연장 망테 올러 메여

하늘에야 치치 올라 / 달아내다 계수나무

북편에다 북편수야 / 남쪽에라 남편수야

다래 송곳 연장 망테 / 갓가치도 걸어 놓고

땡기라 톱질이야 / 밀어라 톱질이야

스스렁 톱질이야 / 나무 한 주 넘어갔다

뿌렁 통(뿌리 통)은 비어다가 / 나라님 전 시주하고

중 통 올랑 비어다가 / 비틀 한 채 모았구나

413

살금 살짝 대패질을 / 불하장을 달아내고
굽은 나무 편을 치고 / 곧은 나무 곱게 담아
비틀 한 채 놓았구나 / 비틀 놀 때 전혀 없네
좌우 한 편 살펴보니 / 옥난간이 비었구나
옥남강에 비틀 놓아 / 앞 두 다리 낮게 놓고
뒷 두 다라 낮게 놓고 / 비틀 몸은 두 몸인데
이네 몾은 한 몸이라 / 가르세를 후아 맞촤
안친을 잣 낭게는 / 그 우(위)에라 안친 양은
우리 조선 금자님이 / 용상 좌우 하신 덧네
허리부태 들인 양은 / 절로 생긴 산중허리
허리 안게 두딘 텃고 / 말코 동동 감은 양은
삼대 사대 외동 아들 / 밍복으로 감는 덧고
한 치 두 치 저 치 빠른 / 남해 서산 무지갠가
기하수로 길러 업고 / 물이 찔끔 저질개는
오뉴월에 하산 물에 / 꽁지 넓은 금붕어
목욕사는 지상이네 / 북 나 드는 저 지상은
청색 홍색 알을 낳고 / 아양국도 넘나 들고
대동강도 넘나 드네 / 바데집 치는 양은
우리 청춘 소년들이 / 밑창 들창 방문열고
장구(장기) 바둑 올린 덧네 / 잉앳대는 삼형제요
만남지중 달라들어 / 억만 군사 허치덧네
눌름대는 호부래비(홀아비) / 강태공의 은하수라
누슬누슬 잼겼도다 / 시모 납짝 저 비게미
홍문 안의 높은 잔체(잔치) / 들 장문도 고운 덧고
놀 장문도 고운 덧네 / 용두머리 거동보소
문경새제 외기러기 / 짝을 잃고 슬피우네
벗을 잃고 슬피우네 / 꾸벅꾸벅 저 신나무
헌신짝에 목을 메어 / 올라가면 내 죽는다

내려가면 내 죽는다 / 도투마리 거동보소

구 시월 시 단풍에 / 가랑잎 지는 덧네

그러저럭 백모 한 필 다 짰구나 / 앞 도랑에 씼겼다가

뒷 도랑에 횡기다가 / 직림 한 채 말갔구나

대문 밖에 썩 나서여 / 서울갔던 선보님요

우리 선보 안 오시나 / 오기사 오지만은

칠성판에 실려오네 / 아이구 답답 내 팔자야

쌍가매는 어딜 두고 / 칠성판이 다 한 말가

서른둘에 쌍두군아 / 어째맞차 발 맞차라

발안재나 지내보자 / 북망산천 돌아가여

적막하게 누웠고나 / 황토 흙을 밥을 삼고

떳잔디랑 옷을 삼고 / 도래솔은 울을 삼고

까막까치 벗을 삼고 / 적막강산 누웠구나

어느 친구 찾아 오노 / 당나라 양귀비가

술 먹자고 날 찾겠나 / 날 찾으리 전혀 없네

적막하게 누웠고나

※ 자료출처 : 대구광역시 동구 김선년씨의 노래

▷ 한산세모시 길쌈노래

추야공산 긴긴 밤을 / 짠지 바탕 마주 보며 / 서울 임을 줄 것인가 /

오동잎이 우거질 때 / 강골 낭군 줄 것인가 / 편지 왔네 편지 왔네 /

강남 낭군 편지 왔네 /한 손으로 받아들고 / 두 손으로 펼쳐보니 /

시앗 죽은 편지여라 / 옳다 그년 잘 죽었다 / 고기 반찬 그리더니 /

소금 반찬 꼬습구나 / 꾸리꾸리 모시 꾸리 / 박달나무 쇠망친가 /

오미 상근 감긴 뿌리 / 삼천리를 열 번 간다...

(앞소리)삼승 버선 겹버선에 아질자질 모아 신고

(뒷소리)에헤야 헤야 에헤야 에헤야 차차 에헤야

415

닥쳤구나 닥쳤구나 잔칫날이 닥쳤구나

에헤야 헤야 에헤야 에헤야 차차 에헤야

강남땅의 강수자는 둘이 좋아 소문나고

에헤야 헤야 에헤야 에헤야 차차 에헤야

한산땅의 이수자는 솜씨 좋아 이름났네

에헤야 헤야 에헤야 에헤야 차차 에헤야...

하늘에다 베틀 놓고 구름잡아 잉아 걸고

(뒷소리)찔꿍잘꿍 바디집아 삐듯빼듯 쇠꼬리야

참배나무 바디집에 옥배나무 북에다가

찔꿍잘꿍 바디집아 삐듯빼듯 쇠꼬리야

뒷다리는 돋아놓고 앞다리는 낮춰놓고

찔꿍잘꿍 바디집아 삐듯빼듯 쇠꼬리야

올공졸공 짜노라니 조그만한 시누이가

찔꿍잘꿍 바디집아 삐듯빼듯 쇠꼬리야

올케올케 우리 올케 그 베 짜서 뭐할라나

찔꿍잘꿍 바디집아 삐듯빼듯 쇠꼬리야

서울 가신 자네 오빠 강남 도포 해줄라네

찔꿍잘꿍 바디집아 삐듯빼듯 쇠꼬리야

대문 밖에 썩 나서서 거송 남기(나무) 걸어놓고

찔꿍잘꿍 바디집아 삐듯빼듯 쇠꼬리야

올라가는 시선비야 내려오는 시선비야

찔꿍잘꿍 바디집아 삐듯빼듯 쇠꼬리야

우리 선비 아니 오나 오기는 오네만은

찔꿍잘꿍 바디집아 삐듯빼듯 쇠꼬리야

중단목이 화살 잃고 고을 모시 실러 오네

찔꿍잘꿍 바디집아 삐듯빼듯 쇠꼬리야

※ 자료출처 : 충남 서천군 전금순의 '한산세모시 길쌈노래' 중에서

▷ 삼삼기노래(길쌈노래)

어화 친구 벗님네야 둘게를 하고삼자

고목나무 삼뚜가리 앞앞이 던져놓고

외씨같은 대광주리 옆옆허에 던져놓고

진보청송 진삼가리 영해영덕 뻗처놓고

요내나는 내리치고 우리형님 비비치고

우리오빠 관솔패고 우라부지 관솔놓고

우리어매 밤참하고 밤새도록 삼은삼이

한광주리도 안차구나

우리어매 베날라니 요거갖고 어이나노

밤새도록 삼은 삼이 정낭길에도 못미치네

에라 요년아 요년아

어마님요 어마님요

그 말 마소 그말 마소

당시의 부요(婦謠)를 대표하는 규방문학(閨房文學)의 하나이다

부녀자들이 길쌈할 때에 부르던 노래이다. 바깥 세계와는 단절된 생활을 하면.

《물레노래》 《베틀노래》 《삼삼기 노래[織麻歌]》 등이 모두 이에 속하며

※ 자료출처 : 경북 영주시청

▷ 길쌈노래

김해길산 긴삼가리 / 남해남산 관솔가지 / 진주덕산 꽃광우리 /

무주영동 때전주야 / 불 잘 놓는 간나무야 /시방중우 저원일고 /

칠월초생 긴삼가리 / 팔월초생 걸렸구나 / 있는 솜씨 뉘를 주고 /

없는 솜씨가짓는고 / 마당 앞에 목화불은 / 남과 같이 속만 타네 /

겉이 타야 남이 알지 /뒷동산에 고목 낭근 / 날과 같이 속만 타네 /

겉이 타야 남이 알지 / 속이타야 남이 아냐?

※ 자료출처 : 경남 거창군청

이밖에도 남해안의 일대에서 불리워진 것으로 알려지고 있는 '비단짜는 노래'와 '모시길쌈 노래' 살펴보면

▷ 비단짜는 노래
　유주(琉珠) 비단 행군 낭게
　명지 백필 감겼드니
　그 씨 짜고 모자라면
　넘으 씬들 못짤 소냐

▷ 모시길쌈 노래
　모시적삼 저 적삼 안에
　분통같은 저 젖 좀 보소
　이 내손이 살살이 가면
　에라 소리가 정만 든다

제3절 전통섬유의 장인들

대구경북지역에는 전통섬유분야의 장인들도 많이 활동하고 있기도 하다.

무형문화재 제87호 조옥이(경북성주, 1988년 지정, 명주짜기)를 비롯하여 안동포짜기로 경북무형문화재 제1호 배분령(경북안동, 1975년 지정, 안동포짜기), 경북무형문화재 제16호 백문기(경북성주, 1990년 지정, 무명짜기), 경북무형문화재 제17호 이팔개, 1990년, 모필장) 등이 있으며, 경북무형문화재 24호에는 특이하게도 경북 청도 정상리 사람들 전체가 집단으로 삼베제작 명인으로 지정되어(1995 지정, 삼삼기) 있기도 하다.

무명짜기는 경상북도 무형문화재 제16호로 지정되었는데(지정일 : 1990년 8월 7일) 목화재배와 무명짜기의 기능이 15세기에 전래되어 그 전통기법이 현대에 이어지고 있기도 하다. 경북성주의 백문기가 중요무형문화제 제87호로 지정된 조옥이로부터 기능을 이어받아 그 기능을 전승하고 있다.

이밖에 고용노동부에서 시행하는 대한민국 명장 섬유분야에 한복명장으로 대구의 김복연(2002년), 박태복(2011년) 등이 선정되기도 하였다.

제4절 길쌈 관련 설화와 전설

1. 견우직녀 이야기

견우직녀(牽牛織女) 이야기는 우리나라를 비롯하여 중국, 일본 등 생활습속이 비슷한 동아시아 농경국가에서 전하여져 오는 전설의 일종이다. 문헌상으로는 중국에서 먼저 시작된 것으로 여겨진다고 하며, 중국의 4대 민간전설의 하나이기도 하다고 한다.

즉 우리나라에서는 견우직녀(牽牛織女)의 전설로, 중국에서는 우랑직녀(牛郎織女)의 이야기로, 일본에서는 타나바타(七夕) 등의 풍습으로 나타나고 있는데 큰 틀의 이야기 구성내용은 비슷하나 세부내용에 있어서는 각 나라마다 조금씩 차이를 보이기도 한다. 그리고 우리나라에는 '선녀와 나무꾼'과 같은 변형된 이야기도 전해져 오고 있기도 하다.

또한 음력을 사용하고 있는 우리나라와 중국은 음력기준으로 기념일이 정하여 지지만 우리와 달리 양력 중심사회인 일본의 경우는 지정 날짜가 달라지기도 한다.

'직녀'는 하늘나라의 공주인 직녀라는 이름으로 '베짜는 여자'에서 따온 것이며, '견우'는 '소를 끄는 청년'에서 비롯된 것이다. 이 이야기가 주는 상징적 의미는 농경사회에서 '농사 짓'는 일과 '길쌈하는 일'의 중요성을 일깨워 주는 것이기도 하지만 노동의 고단함을 우회적으로 표현한 것이기도 하다. 또한 '비'를 나타내는 '눈물'은 농사에 있어서 '비'의 중요성을, 그리고 1년의 한번 뿐인 '휴식일' 또한 '먹고 입는' 일이 그만큼 힘들었음을 의미적으로 나타내 주는 것이라 하겠다.

여러 자료를 종합하여 우리나라 중심의 이 이야기의 줄거리를 엮어보면 다음과 같다.

어느날 하늘나라 공주인 직녀가 인간세상에 내려 왔다가 소를 몰며 일하는 견우를 보게 되었는데 이에 한 눈에 반해서 서로 사랑하게 되었다.

그런데 하늘의 상제인 직녀의 아버지는 이러한 사실을 알고 크게 화를 내며 직녀와 견우를 따로 떼어 두었으나 직녀가 견우를 너무 사랑함으로 아비된 도리로서 자녀의 괴로움을 보고 참지 못하고 마침내 1년 중 단 하루인 매년 음력 7월 7일 저녁에만 잠시 만나는 것을 허락하게 되었다. 즉 직녀는 1년간 열심히 베를 짜고, 견우는 밭을 갈면서 제각기 고독하게 보내다가 1년에 단 하루 회포를 풀게 해주었다는 것이다.

그때 직녀는 하늘에서 내려오고, 견우는 땅에서 올라가게 되어 있었다. 그러나 은하세계에는 다리가 없어서 이들이 잘 만날 수 있도록 까치와 까마귀들이 떼를 지어 다리를 놓아주었는데 이 다리를 '오작교(烏鵲橋)'라고 하기도 하고 '칠석교(七夕橋)'라고 하기도 하였다.

그러기에 칠월칠석날에는 까마귀, 까치를 한 마리도 볼 수 없다 하는데, 어쩌다 있는 것은 병들어서 오작교를 놓는데 참여하지 못한 까마귀나 까치들 뿐이었다고 한다.

칠월칠석날 저녁에 비가 내리면 견우와 직녀가 상봉한 기쁨의 눈물이고, 이튿날 새벽에 비가 오면 이별의 눈물이라 전한다. 즉 그들은 사랑의 회포를 풀기도 전에, 새벽 닭이 울고 동쪽 하늘이 밝아오면 다시 이별을 하지 않으면 안 되었다고 한다.

그래서 여름별자리로 밤하늘에 나타나는 견우성(알타이르)과 직녀성(베가) 사이에는 눈물과 같은 은하수가 서려 있는 경우가 많으며, 이들의 애처로운 사랑 이야기 동화처럼 회자되기도 하였다.

참고로 최남선의 '조선상식(朝鮮常識)'에 따르면 칠월칠석은 원래 중국의 속절(俗節)로 우리나라에 전래되어 고려의 공민왕(恭愍王)은 몽고 왕후와 더불어 내정에서 '견우성과 직녀성'에 제사하였고, 또 이날 백관들에게 녹을 주었으며, 조선시대에 와서는 궁중에서 잔치를 베풀고 성균관 유생들에게 절일제(節日製)의 과거를 실시하였다고 하였다고 한다. 그리고 다양한 생활주기와 가치관의 변화 속에서 오늘날 칠석의 풍속은 다만 견우와 직녀의 전설이 동심의 세계에 꿈을 부풀리는 기능을 하고 있을 뿐이다라고 말하고 있으며 중국 한대(漢代)의 괴담(怪談)을 기록한 책인 '재해기(齋諧記)'에도 이와 비슷한 이러한 이야기가 전하여 지고 있다고 한다.

2. 천의무봉 이야기

 '태평광기의 영괴집(靈怪集) 곽한(郭翰)'편(김장환 역)에 의하면, 중국 당나라 때 중국 태원(太原)지방의 곽한은 어려서부터 대범하고 고상했으며 맑고 수려했다. 또한 풍채가 빼어났으며 담론을 잘 하고 초서와 예서에 조예가 깊었다. 그는 어렸을 때 부모를 잃고 홀로 지냈는데 어느 한 여름날, 달빛이 쏟아지는 가운데 마당에 누워 있었다. 마침 시원한 바람이 불어오며 향긋한 향기가 조금 나더니 점점 진해졌다. 곽한이 매우 이상하게 여기며 공중을 쳐다보자 한 사람이 천천히 내려와 바로 곽한 앞에까지 이르렀는데 가까이에서 보니 소녀였다.

 그녀는 절세 미인으로 그 아름다운 광채가 눈으로 보기에 부족할 정도였으며 현초의(玄綃衣)를 입고 상라피(霜羅帔)를 두르고 취교봉황관(翠翹鳳凰冠)을 쓰고 경문구장이(瓊文九章履)를 신고 있었다. 두 명의 시녀 모두 매우 아름다워 마음을 흔들 정도였다. 곽한은 옷과 두건을 바로 하고 침상에서 내려와 절하며 말했다. 뜻하지 않게 존귀한 신선께서 멀리서 강림해 주시니 원컨대 좋은 가르침의 말씀을 내려 주시기 바랍니다 라고 하자 여자가 미소지으며 말했다. 나는 천상의 직녀입니다. 오랫동안 상대할 지아비가 없이 좋은 시절 다 가 버리고 우울함이 가슴에 가득하자 상제께서 인간 세상을 유람해 보라고 명을 내리셨지요. 그대의 맑고 고아한 풍모를 흠모하여 그대에게 몸을 맡기려 합니다 라고 했다. 곽한이 말했다. 그러한 일은 제가 감히 바랄 일이 아니지만 저의 감정을 더욱 깊게 하는군요 하자 여자는 시녀에게 방을 깨끗이 청소하게 하고 상무단곡위(霜霧丹縠幃)를 펼치고 수정옥화점(水晶玉華簟)을 깔고 회풍선(會風扇)을 흔들게 하니 마치 맑은 가을이 된 듯했다. 이에 손을 잡고 당에 올라 옷을 벗고 함께 누웠다. 그녀의 속옷은 가벼운 붉은 비단 옷으로 마치 작은 향낭같이 그 향기가 온 방안을 가득 메웠다. 동심용뇌침(同心龍腦枕)을 베고 쌍루원문금(雙縷鴛文衾)을 덮었다. 그녀의 부드러운 피부, 깊은 정과 은밀한 자태, 아름다운 용모는 아무도 비할 수가 없었다.

 날이 밝아 떠나려 할 때 보니 그녀의 얼굴 화장은 이전과 같았다. 곽한이 그녀에게 그것을 닦아 보라고 했는데 알고 보니 원래 그녀의 본 모습이었다. 곽한이 문 밖까지 배웅하자 그녀는 구름을 타고 떠났다. 그 후 그녀는 밤마다 왔으며 정은 더욱 절절해졌다. 곽한이 그녀를 놀리며 말했다. 견우 낭군은 어디에 있소? 어찌 감히 혼자 나다니는 것이오? 그녀가 대답했다. 음양의 변화가 그와 무슨 관계가 있단 말이에요? 하물며 그와 나 사이에는 은하수가 가로 놓여 있으니 이 일을 알 수 없을 것이고 설령 그가 이 사실을 안다고 하여도 염려할 것이 못 됩니다. 라고 했다. 이어 곽한의 가슴을 어루만지며 말했다. 세상 사람들은 하늘의 일을 잘 모릅니다. 곽한이 또 말했다. 그대는 이미 성상(星象)에 몸을 기탁했으니 성상의 단서에 대해 들려 줄 수 있으시오? 그녀가 대답했다. 사람들은 성상을 살필 때 다만 그 별들만 볼 뿐이지만, 그 안에는 궁실과 거처가 있어 여러 신선들이 거기에서 노닐며 보고 있답니다. 만물의 정기는 각각 하늘에 그 상이 있고 땅에서 그 형태를 이룹니다. 하계 사람들의 변화는 반드시 천상에 드러납니다. 그대가 지금 성상을 바라보면 모두 분명히 알 수 있을 것입니다. 그리고 나서 그녀는 곽한에게 여러 별자리의 분포와 방위를 가르쳐 주고 천상의 법칙과 제도를 상세히 그에게 알려 주었다.

그리하여 곽한은 드디어 당시 사람들이 깨닫지 못하는 일들에 대해 확실하게 알게 되었다. 그 후 곧 칠월 칠석이 다가올 무렵 그녀는 갑자기 더 이상 오지 않더니 며칠 밤이 지나서야 왔다. 곽한이 그녀에게 물었다. 견우와 만나 즐거웠소? 그녀가 웃으며 대답했다. 천상의 일을 어찌 인간 세상의 일에 비하겠습니까? 마침 운명이 이러하기 때문에 그런 것이지 다른 뜻이 있는 것은 아니니 그대는 질투하지 마십시오. 곽한이 물었다. 그대는 어째서 이리 늦게 왔소? 그녀가 대답했다. 인간 세상에서의 5일이 천상에서는 하루 저녁이랍니다. 그녀는 또 곽한에게 하늘의 음식을 차려 주었는데 모두 세상에서 볼 수 있는 음식들이 아니었다. 곽한이 천천히 그녀의 옷을 살펴보니 바느질한 자국이 전혀 없었다. 곽한이 이에 대해 묻자 그녀가 곽한에게 말했다. 천상의 옷은 본래 바느질로 만드는 것이 아닙니다(天衣無縫 천의무봉). 그녀는 그를 떠날 때마다 늘 옷을 가지고 갔다.

일 년이 지난 어느 날 저녁 그녀는 갑자기 얼굴에 슬픈 빛을 띠고 눈물을 마구 흘리며 곽한의 손을 잡고 말했다. 천제의 명령에 정해진 기한이 있으니 이제 영원히 이별을 해야 합니다. 그녀는 마침내 오열을 하며 스스로를 가누지 못했다. 곽한은 놀라 슬퍼하며 말했다. 아직 남은 날이 며칠이나 되오? 그녀가 대답했다. 다만 오늘 저녁뿐입니다 라며그들은 슬피 울며 밤새도록 잠을 이루지 못했다. 아침이 되자 그녀는 곽한을 끌어안으며 이별을 했는데 칠보 사발 하나를 그에게 주며 내년 모일에 안부를 묻는 서신이 있을 것이라고 말했다. 곽한이 답례로 옥환 한 쌍을 주자 그녀는 곧 허공을 밟고 떠났는데 뒤를 돌아보고 손을 흔들며 한참 후에야 사라졌다.

곽한은 그녀를 그리워하는 것이 병이 되었으며 잠시도 그녀를 잊은 적이 없었다. 다음 해 그 날이 되자 그녀는 과연 이전에 왔던 시녀를 보냈으며 그들은 서한을 가지고 왔다. 곽한이 곧 서한을 뜯어보니 푸른 비단을 종이로 삼고 연단(鉛丹)으로 글씨를 썼는데 언사가 아름답고 정이 겹겹이 배어 있었다. 서한 말미에 시 두 수가 적혀 있었는데 그 시는 다음과 같다.

은하수는 비록 광활하다고 하나,
삼추(三秋)의 시간에는 여전히 기한이 있구나.
정든 임과의 인연은 다했지만
좋은 만남은 다시 언제일런가?

또 이렇게 말하고 있다.
붉은 누각 맑은 은하수에 닿아 있고,
옥 같은 궁이 자방(紫房 : 신선이 사는 仙房)을 가리우네.
좋은 기약과 정이 여기 있으니,
다만 사람의 애간장을 끊는구나.

곽한은 향기 나는 종이에 답신을 썼는데 그 뜻이 매우 애절했다. 또한 화답시 두 수를 적었는데 다음과 같다.

인간 세상은 천상의 뜻을 받드니, 원래 기약할 수 없구나

누가 알리오? 한 번 돌아봄으로 인해,

서로 그리워하게 될 줄이야.

또 이렇게 말하고 있다.

선물로 준 베개에는 아직도 향기가 남아 있고,

흐느껴 운 옷에는 여전히 눈물 자국 남아 있네.

옥 같은 얼굴 저 하늘 은하수 안에 있고,

헛되이 혼만 왕래하는구나.

그 후로는 소식이 끊어졌다. 그 해, 태사(太史)가 직녀성에 빛이 없다고 상주했다. 곽한은 그녀를 끊임없이 그리워하며 모든 세상의 여색에 대해 더 이상 마음을 두지 않았다. 후에 후사를 잇기 위해 인륜의 도의상 혼인을 해야 했으므로 억지로 정씨 집 딸을 아내로 맞았으나 마음에 들지 않았고 또 후사가 없어 결국 서로 반목하게 되었다. 곽한은 후에 관직이 시어사(侍御史)에 이르러서 세상을 떠났다.

3. 산해경이 전하는 옛날옛적 섬유풍속 이야기

이 글은 '산해경(山海經)'에 수록되어 있는 옛날 옛적 섬유풍습과 관련된 이야기를 발췌, 정리한 것이다.

■ 털 몸을 가진 옛 사람

옛날에는 사람 몸에 털이 있어서 바람과 추위를 막았는데 옷을 지어 입은 후부터 털이 없어졌다고 한다. 원래는 사람 몸의 가죽도 말처럼 파리나 모기를 쫓을 수 있게 저절로 움직였다고 한다. 그런데 손으로 어디든지 긁을 수 있게 되자 가죽의 움직임이 사라졌다고 한다. 마음 쓰는 능력도 마찬가지이다. 사람이 만물의 영장이라는 이유는 바로 한 가닥 마음이 의(義)와 리(理)를 밝히고 시비를 가리고 이해를 따지고 득실을 살피면서 신령스러워지기 때문이니 이 모든 것이 마음의 작용이다.

■ 누에로 변한 딸

구사(歐絲)의 들이 대종국(大踵國) 동쪽에 있다. 그곳에서 한 여자가 큰 나무에 기댄 채 꿇어앉아 실을 토해내고 있다.

옛날 어느 집안의 가장이 먼 곳으로 출정하게 되자 집에는 딸만 남게 되었다. 딸은 집에서 기르고 있던 수 말 한 마리를 벗 삼아 세월을 보냈다. 그녀는 혼자 살면서 늘 멀리 있는 아버지를 그리워했다. 어느날 그녀가 말에게 농담 삼아 이야기를 했다. '네가 만약 우리 아버지를 집에 모시고 오면 너한테 시집가지.' 말은 이 말을 들은 후 매어놓은 줄을 끊어버리고 나는 듯이 달려가 처녀의 아버지를 찾았다. 아버지는 말을 보고 놀랍기도 하고 기쁘기도 했다. 하지만 피로에 지쳐 힘이 빠진 말은 고개를 돌리고 슬피 울부짖었다. 부친은 이상한 생각이 들었다. '집에 무슨 일이 있는 것일까.' 그는 급히 말을 타고 날 듯이 집으로 돌아왔다. 집에 온 후로 아버지는 말이 사람의 정을 이해한다는 것을 알고는 좋은 풀과 먹이를 주었다. 하지만 말은 아무것도 먹으려 하지 않았다. 말은 딸을 볼 때 마다 발굽으로 흙을 차면서 화를 냈다가 기뻐했다가 했다. 이런 일이 한 두 번이 아니었다. 그러자 아버지는 이상하게 여기다가 어느 날 몰래 딸에게 물어 보았다. 딸은 사실대로 고백했다. '말이 아무래도 그 약속 때문에 기뻤다 슬펐다 하는 것 같아요.' 그 말을 들은 아버지가 말했다. '절대로 이 일이 새어나가서는 안 된다. 만약 그렇게 되면 가문의 치욕이 될 것이다. 그러니 당분간은 나다니지 말거라.'

그런 후 아버지는 말을 활로 쏘아 죽인 다음 가죽을 벗겨 집 앞에서 말린 뒤에 다시 출정 길에 올랐다. 그러던 어느 날 딸이 옆집 처녀와 함께 그 말가죽 위에서 놀고 있었다. 딸은 발로 말가죽을 밟으면서 말했다. '짐승인 네가 어찌하여 사람을 아내로 맞고 싶어 했을까. 결국 이 꼴로 도살되어 가죽이 벗겨지고 말 것을. 왜 그렇게 스스로를 힘들게 했는지...' 그때였다. 그녀의 말이 채 끝나기도 전에 말가죽이 갑자기 날아오르더니 딸을 둘둘 말고 뛰기 시작했다. 옆집 처녀는 겁에 질려 친구를 구할 엄두도 내지 못하고 허겁지겁 뛰어가서는 그녀의 아버지에게 그 일을 알렸다. 처녀의 아버지가 황망히 와 보았지만 딸은 이미 어디로 갔는지 알 수 없었다. 며칠 뒤 큰 나무 아래에서 딸과 말가죽이 발견되었는데 이미 누에로 변한 딸은 나무 위에서 바쁘게 기어 다니고 있었다. 옛날 구사의 들에서 일어난 일이다. 구사의 들 동쪽에는 뽕나무가 세 그루 있다. 이 뽕나무들은 키가 100장에 달하지만 가지와 잎이 없고 민둥한 줄기만 있다.

☞ 중국 잠녀(蠶女) 이야기에 대한 또 다른 이야기 : '태평광기의 잠녀(蠶女)'편에 의하면, 중국 고신제(高辛帝 : 고대의 황제인 帝嚳) 때 중국 촉(蜀)나라(중국에서도 일찍부터 양잠이 성행하였던 것으로 보임) 땅에 아직 군장(君長)이 없어 백성을 통솔할 방법이 없었다. 그곳 사람들은 부족끼리 모여 살면서 서로 침략하고 잡아먹었다. 잠녀의 옛 자취는 지금 광한(廣汉)에 남아있으나 그녀의 성씨(姓氏)는 알 수거 없다. 그녀의 아버지는 이웃 나라에 잡혀간 지 1년도 넘었고 집에는 아버지가 타던 말만이 남아 있었다. 딸이 아버지와 소식이 두절된 것이 안타까워 가끔 식음까지 전폐하자 어머니는 그녀를 위로해 주기 위해 많은 사람들 앞에서 맹세하며 말했다. 이 아이의 아버지를 돌아오게 해주는 사람에게는 딸을 시집보내겠다 했다. 부족 사람들이 그 맹세를 듣기는 했으나 그 아버지를 돌아오게 할 수 있는 사람은 아무도 없었다. 그런데 말이 그 소리를 듣더니 놀라 펄쩍펄쩍 뛰며 급히 요동을 치더니 묶어 놓은 줄을 끊고 뛰쳐나갔다. 그리고 며칠 뒤 아버지가 그 말을 타고 돌아왔다. 그날부터 그 말은 히잉! 하고 울기만 할 뿐 먹고 마시려 하지 않았다. 아버지가 그 이유를 묻자 어머니는 사람들 앞에서 맹

세했던 말을 들려 주었다. 그러자 아버지가 말했다. 그건 사람에게 맹세한 것이지 말에게 맹세한 것이 아니오. 사람을 다른 짐승과 짝으로 맺어 주는 법이 어디 있소? 나를 환난에서 구해 준 것은 그 공이 실로 크다 할 수 있으나 당신이 한 맹세만은 시행할 수 없소. 했다. 말이 더욱 심하게 뛰어오르자 아버지는 화를 내며 활을 쏘아 죽여 버리고 가죽을 벗겨 마당에 널어 놓았다. 그러나 딸이 그 옆을 지나가자 말가죽이 갑자기 벌떡 일어나 딸을 말아가지고 날아가 버렸다. 열흘 뒤에 말가죽이 다시 뽕나무 위에 걸쳐져 있었다. 딸은 이미 누에가 되어 있었는데, 뽕 잎을 먹고 토해낸 실로 고치를 만들어 세상 사람들의 옷이 되어 입혀졌다. 그녀의 부모는 후회스러워하며 딸 그리워하는 마음을 그치지 못했는데, 어느 날 갑자기 보았더니 잠녀가 흘러가는 구름을 타고 그 말에 올라 탄 채 수십 명의 시위를 거느리고서 하늘에서 내려와 부모에게 말했다. 태상(太上 : 옥황상제)께서 저의 효심이 능히 몸을 바칠 수도 있을 정도이니, 마음 속에 의로움을 잊지 않고 있다면서 구궁선빈(九宮仙嬪)의 자리를 맡겨 주셨습니다. 저는 이제 오래도록 하늘에서 살게 되었으니 더 이상 그리워하지 마세요라고 했다. 그러고는 다시 하늘로 솟구쳐 떠나갔다. 그 집은 십방(什邡), 면죽(綿竹), 덕양(德陽) 세현의 경계 부근에 있다. 매년 잠녀에게 제사지내려는 사람들이 사방에서 구름처럼 몰려드는데, 그들은 모두 영험함을 보았다. 도관과 불사에서도 여자의 형상을 빚어 놓고 말가죽을 입혀 놓은 뒤 그것을 '마두낭(馬头娘)'이라 부르면서 양잠이 잘 되게 해달라고 기원한다. 계성부(稽聖賦)에 다음과 같은 구절이 있다. 여기 여자가 있는데, 저 죽은 말에게 감응되어 누에 벌레로 변하고 세상 사람들의 옷이 되어 입혀졌다는 이야기가 바로 그녀 이야기이다. (원전 : 원화전습유 原化傳拾遺)

■ 뼈 침으로 베를 짜다

중국은 세계 최초로 누에를 길러 방직하는 기술을 발명하였는데 산해경에는 날실을 가로대에 드리우고 뼈 침으로 씨실을 이동하면서 날실을 위 아래로 꿰면, 날실과 씨실이 교차하면서 베가 짜지는 그림이 있다. 상아로 빗을 만들어 쓰기도 했다.

■ 배 짜는 고기 능어

능어(陵魚)는 사람 얼굴을 하고 있으며 손도 있고 발도 있지만 몸은 물고기의 몸을 하고 있다. 이 물고기는 바다에 사는데 그것이 바로 인어(人魚)이다. 인어가 울면 눈물에서 진주가 떨어져 내린다. 그들은 또 육지에 사는 사람처럼 베를 짤 줄 안다. 그들은 가끔 물에서 나와 육지의 인가에 살면서 자신들이 짠 비단을 판다. 그들은 모두 아름다운 여인으로 피부가 옥처럼 희고 긴 머리를 어깨에 드리우고 있는데 머릿결이 말꼬리처럼 빛나며 5, 6척이 될 정도이다.

▣ 잠총

잠총(蠶叢)은 중국 촉나라의 1대 국왕으로 백성들에게 누에 기르는 법을 가르쳤다고 한다. 촉(蜀)자의 갑골문은 한 마리 누에처럼 생겼다. 상고시기에 이미 중국 촉나라인 사천지역에서 누에를 기르는 양잠업이 발달했다고 한다. 한편 잠총은 마지막에 사천성 관현에서 사냥을 하다가 신선이 되어 승천했다고 한다.

▣ 나무껍질 옷

우리 선조는 원래 중화인이었는데 군주의 명을 받들고 서왕모가 있는 곳으로 약을 캐러갔다가 길을 잃고 말았지요. 이곳에 도착하였을 때는 이미 양식이 다 떨어져서 같이 온 수십명이 여기 눌러 앉아 과일을 따서 양식을 대신하고 나무껍질을 짜서 옷을 대신하였다고 합니다.

▣ 우랑직녀

산해경에는 우랑직녀(牛郎織女)의 그림이 있는데 그림 속의 우랑은 아득한 시선으로 날아가는 까치를 보고 있고 직녀는 우랑을 보고 있는 것이다.

▣ 베 짜는 황아

중국 전설에서 황아는 천상에서 베를 짜는 직녀이다. 옥으로 꾸며진 천궁에서 베를 짜다 보면 늘 밤이 깊어지곤 했다. 그녀가 짠 베는 하늘을 찬란하게 물들이는 노을이 되었다. 피곤할 때면 황아는 뗏목을 타고 은하수를 노닐었다. 하루는 황아가 은하수의 발원지인 서해 바닷가 뽕나무 숲 궁상에 이르렀다. 궁상 밑에 있는 은하의 두둑에서 속세의 모습과는 다른 미소년을 만났다. 그는 황제의 친형제인 서방 백제의 아들 금성(金星)이었다. 황아와 금성은 서로 첫 눈에 반해 혼인을 약속했다고 한다.

■ 서왕모

화산국 안에는 불이 꺼지지 않는 나무인 부진목이 있어 밤낮으로 불길이 활활 타오르며 폭우가 쏟아져도 꺼지지 않는다. 이 끝없이 펼쳐지는 숲에는 큰 쥐가 산다. 체중은 일천근이나 나가고 실처럼 가는 털은 그 길이가 2척이 넘는다. 이 쥐는 붉게 활활 타 오르는 불 동굴 속에서 사는데 동굴을 나오면 털이 바로 순백색으로 변하며 물에 빠뜨리면 익사한다. 그 털로 베를 짤 수가 있다. 이렇게 짠 옷감에 오물이 묻으면 불로 태워 깨끗하게 빤다. 곤륜산에 신인이 있다. 그녀는 머리에 옥비녀를 꽂았고 호랑이 이빨에 표범 꼬리를 하고 동굴에서 사는데 서왕모라고 한다. 이 산에는 세상 만물이 다 있다.

■ 잠신 누조

잠신(蠶神) 누조(嫘祖)는 뇌조라고도 하며, 서릉씨(西陵氏)의 딸이자 황제의 정비이다. 누에를 길러 실을 뽑는 방법을 가르쳤다고 한다. 북주(北周) 이후로 선잠(先蠶), 즉 잠신으로 불린다. 누조가 누에를 가르치기 시작하자 많은 사람들이 따라하기 시작했다. 누에가 엄청나게 번식해서 날로 늘어나 풍요롭고 넓은 중국 땅을 가득 채우게 되었다고 한다. 뽕나무를 캐고 누에를 기르고 옷감을 짜면서 노래가 절로 나오니 이 아름다운 일이 중국 고대 여인들의 주업이 되었다고 한다. 잠업과 관련된 사랑과 행복을 추구하는 감동적인 이야기가 이에서 생겨나기 시작했다고 하며 그 중에서도 우랑직녀와 효자동영, 일곱 선녀 이야기가 특히 유명하다고 한다.

■ 인류의 탄생 신화와 농경, 음악의 시작

옛날 중국 사람들은 여와(女媧, '왜'자를 '와'로 읽는다고 한다)가 흙을 빚어 인류을 탄생시켰다고 믿고 있으며. 그녀는 황제의 딸이라 한다. 여와가 황토로 사람 형상을 빚은 후 숨결을 불어 넣었더니 진흙이 말을 하면서 진짜 사람이 되었다고 한다. 이에 대한 그림이 중국 감숙성 민간의 전지공예 작품으로 남아 있다고 한다. 여와는 인류를 창조하는 작업을 끝내고 휴식에 들어갔는데 이 휴식을 중국인은 '죽음'이라고 한다. 하지만 여와의 죽음은 사라지는 것이 아니라 우주의 다른 사물로 바뀌는 것이라 한다. 즉 여와의 내장이 10명의 신인으로 변해서 율광의 들에 살았으니 그들을 '여와의 장(腸)'이라고 한다.

한편, 중국에서는 인류의 기원에 대한 신기한 이야기가 많이 전해져 오고 있는데 '흙으로 사람을 만든 여와'이 이야기를 비롯하여 '태양을 쫓는 과보' 이야기, '태양을 쏘는 후예' 이야기, '곤과 우의 치수' 이야기 등이 있기도 하다.

중국의 역사는 그 나라에서 창조신으로 추앙받고 있는 반고(盤古)의 천지창조로부터 시작되었다고 한다. 반고가 하늘과 땅을 열자, 하늘은 날마다 1장씩 높아졌고 땅은 1장씩 두터워졌다고 한다. 그렇게 1만8천년이 지나고 나서야 하늘과 땅이 갈라졌고, 그 사이에 3황5제(三皇五帝)가 나타났다고 한다. 복희(伏羲), 수인(燧人), 신농(神農)의 3황이 해와 달과 함께 동방에서 나왔고, 황제(黃帝), 전욱(顓頊), 제곡(帝嚳), 당뇨(唐堯), 우순(虞舜)의 5제는 후한 덕을 베풀어 천하를 다스렸다고 한다.

숙균이 처음으로 각종 농작물을 심었는데 이로부터 천하에 농경이 시작되었다 하며, 전욱의 자손들인 노동(老童)과 태자장금(太子長琴)이 노래를 만들기 시작하면서 인간 세상에 음악이 있게 되었다고 한다. 즉, 노동이 말을 하면 종과 경쇠를 두드리는 소리처럼 음악적인 운율이 감지되었다고 한다.

■ 무질국, 조선의 사람들

대황남경(大荒南經) 무질국(巫載國) 백성은 순임금의 후예이다. 그들은 천을 짜지 않아도 입을 옷이 있고 밭을 갈지 않아도 먹을 곡식이 있다고 한다. 또 무질국에는 노래하고 춤 잘 추는 새가 많고 온갖 곡식들이 모여 자란다. 그야말로 인간계의 천당인 셈이다. 무질국 백성들은 노래와 춤으로 생계를 유지하는 군무를 추는데 성격이 활달하고 몸도 마음도 영원히 늙지 않으니 집시의 유랑가무단처럼 베를 짜고 곡식을 심지 않아도 먹고 입을 수가 있다.

　모민국(毛民國)이 있는데 성이 '의(依)'씨이고 오곡을 먹으며 네 가지 짐승을 부린다. 묘민국(苗民國)이라고도 한다.

　동해 내해 북해 모퉁이에 조선(朝鮮)이라는 나라가 있고, 천독국(天毒國)이라는 나라도 있다. 이들 나라 사람들은 물가에 살며 어질고 착해서 살생을 하지 않는다.

　동쪽으로 500리를 가면 단혈산(丹穴山)이 있다. 이 산 위에는 황금과 아름다운 옥이 많다. 단수(丹水)가 산 속에서 흘러나와서 동남쪽으로 흘러 발해(渤海)로 들어간다. 이 산에는 '봉황(鳳凰)'이라는 새가 사는데 닭처럼 생겼지만 화려한 오색 깃털을 지녔다. 머리의 무늬는 '덕(德)'자의 모습을, 날개의 무늬는 '의(義)'자의 모습을, 등의 무늬는 '예(禮)'자의 모습을, 가슴의 무늬는 '인(仁)'자의 모습을, 배의 무늬는 '신(信)'자의 모습을 하고 있다고 한다. 봉황은 자유자재로 먹고 마시며 노래도 부르고 춤도 추며 지낸다. 이 새는 길조와 인애의 상징이며 사람사는 곳에 나타나면 천하가 태평해진다고 한다. 수컷을 '봉(鳳)'이라 하고 암컷을 '황(凰)'이라고 부른다고 한다. 봉황은 중국 갑골문에서 '바람'을 일컫는 것이라 하는데 중국 상(商)나라 관념에 '바람'은 물과 함께 '상제의 사신'이라고 한다.

　중국의 황제는 황포를 입고 금띠를 맨 후 금빛 모자를 쓰고 누각에 서서 봉황이 날아오기만을 빌었다. 그러자 봉황이 태양빛을 가르며 날아들었다. 이에 황제는 머리를 조아리고 절을 했다. 봉황은 황제의 동쪽 정원 오동나무에 둥주리를 틀었다. 황제는 성씨가 희이고 호는 허원씨, 또는 유웅씨라고도 한다고 한다. 황제는 오제의 으뜸으로 황제족은 원래 서북쪽에 살았다고 한다. 황제 관련 전설로는 옥으로 병기를 만들었고 창힐이 문자를 발명하고 황제가 친히 간지를 만들고 영윤이 악기를 제작했다고 한다. 이에 우(虞)와 하(夏) 2대가 황제에게 제사를 모셨다고 하며 황제부락이 염제부락과 치른 전쟁이야기는 중국에서 너무나 유명하다고 한다.

■ 원단산

원단산(元丹山)이 있다. 다섯 색깔의 새가 있는데 사람의 얼굴에는 머리털이 있다. 이 원단은 흑단(黑丹)이다. 그리고 왕모산에는 백단(白丹), 청단(靑丹)이 있다. 이들은 모두 단사(丹沙)의 일종이다.

■ 황제와 치우의 전투

대황 가운데에 산이 있는데 그 이름을 불구(不句)라 한다. 바닷물이 북쪽에서 들어온다. 계곤산(係昆山)이라는 곳이 있고, 공공대(共工臺)가 있는데 활을 쏘는 자는 감히 북쪽을 향하지 못한다. 사람이 있는데 푸른 옷을 입고(有人衣靑衣) 이름하여 황제여발(黃帝女魃)이라 한다. 치우(蚩尤)가 병기를 만들어 황제를 공격할 때 황제는 응룡(應龍)에게 명령하여 기주야(冀州野)에서 공격하였다. 응룡이 물을 모아 두었는데 치우가 풍백(風伯)과 우사(雨師)에게 청하여 폭풍우를 쏟아지게 했다. 황제가 천녀(天女)인 발(魃)을 내려 보내니 비가 그치고 드디어 치우를 죽였다. 발이 다시 천상으로 오를 수 없게 되자 그녀가 사는 곳에는 비가 오지 않았다. 숙균(叔均)이 황제에게 아뢰어 뒤에 그녀를 적수(赤水)의 북쪽으로 옮겼다. 숙균이 이때부터 농사의 책임자가 되었다. 발이 때때로 그곳을 도망나오면 발을 쫓아내고자 하는 자들이 명령하여 이르기를 '신이여 북쪽으로 가소서(神北行)'하고 먼저 물길을 다스리고 도랑을 터서 통하게 하였다.

☞ '산해경'에 대하여 : '산해경(山海經)'은 중국 요나라(기원전 2357) 때 우(禹)가 백익(伯益)과 함께 지었으며 그 후 중국 후진의 곽박, 중국 전한 때 유수를 거쳐 현재 남아있는 것은 중국 청나라 때 필원(畢沅)이 '시교정산해경'으로 정리한 것이라 한다.

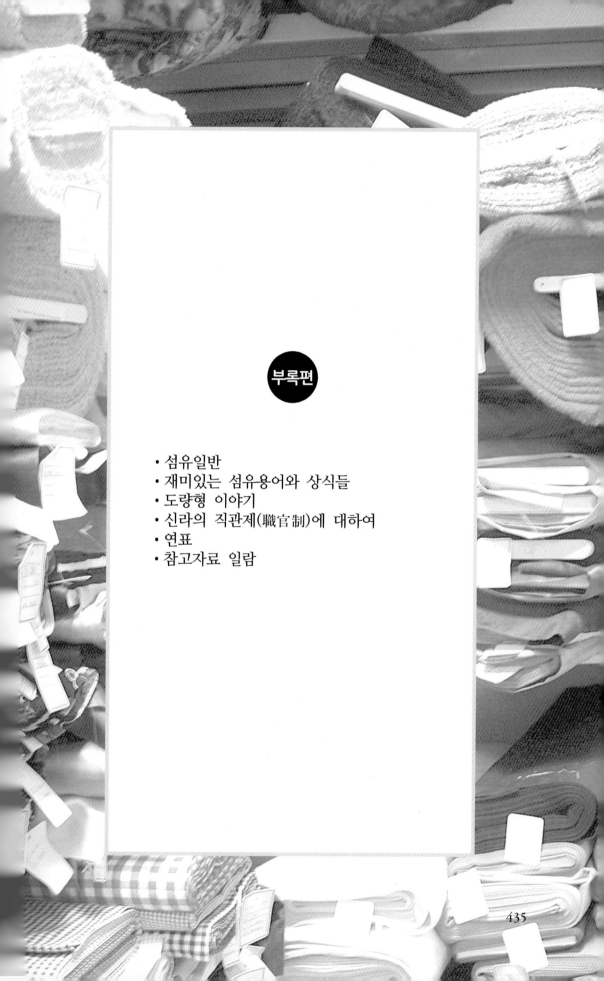

부록편

- 섬유일반
- 재미있는 섬유용어와 상식들
- 도량형 이야기
- 신라의 직관제(職官制)에 대하여
- 연표
- 참고자료 일람

섬유일반

■ '섬유'에 대하여

'섬유'라는 용어는 '가늘고 긴 것'이란 의미이며, 한자로는 가늘 섬 '纖'자와 줄이나 끈을 의미하는 유 '維'자를 합성해서 통상적으로 '섬유 纖維'라고 표기한다. 섬유에 대한 영어의 표현으로는 넓은 의미로, 또는 학술적 용어로 'Fiber'가 주로 쓰이며, 좁은 의미 또는 섬유제품을 표현할 때는 'Textile'이 많이 쓰인다. 'Textile'는 직물을 짠다는 의미가 포함되어 있기도 하다.

원사는 '실'로도 불리고 있으며, 한자의 표기는 '원사 原絲', 영어의 표기는 'yarn'이다.

직물은 상황과 환경에 따라 베, 천, 포, 원단 등 여러 가지로 표현되고 있으며, 한자의 표기는 '직물 織物', 영어의 표기는 fabric이다. 직물은 짜는 것을 의미하며, 편성물은 뜨개질 한 것을 의미하는데 영어표기는 니트 knit이다.

메리야스는 그 어원이 스페인어의 'medias', 또는 포르투갈어의 'meias'에서 유래한 것으로 20세기 초에 일본을 통해 우리나라에 전래된 편성물의 또 다른 표현이기도 하다.

사실, 우주의 모든 물질 가운데 물과 불, 공기를 제외하고는 모든 물질이 섬유의 성질을 갖고 있다. 통상 섬유는 대체로 길이가 굵기의 1,000배 이상이면 실용성이 있는 것으로 보고 있다. 천연섬유는 굵기와 길이가 한정이 되어 있는데, 보통 1mm 이하의 굵기를 가지며, 20-30㎛의 것이 많다. 화학섬유를 포함한 인조섬유는 용도에 따라 임의로 굵기를 조정할 수 있는데, 1㎛ 이하의 섬세한 섬유질도 많이 만들어지고 있다.

면사 등 천연섬유의 굵기표기는 '수 手', 인조섬유 굵기의 단위로는 주로 데니어(denier)가 사용된다. 데니어는 섬유길이 9,000m의 무게(g)에 해당하는 수치로 나타내는데 현재의 기술로도 섬유길이 9,000m의 무게가 0.01g 밖에 안 되는

0.01데니어의 초극세섬유에서 부터 수천 데니어에 이르기까지 다양한 제품이 만들어지고 있다.

섬유는 생산공정에 따라 중합, 방사, 방적, 제직, 편직, 정련, 표백, 염색가공, 봉제, 패션 등으로 구분되며, 이를 포괄적으로 표현할 때 일반적으로 '섬유산업'이라고 부른다.

이와 같이 섬유는 우리가 태어나서 죽을 때까지 우리 생활주위를 둘러싸고 있으며, 그 용도개발 또한 매우 빠르게 진전되고 있다. 섬유소재는 전통적으로 의류용이 주류를 이루었으나 최근에는 의료용 및 치료용, 운수송용, 건축용 등 그 사용범위가 무한대로 넓혀져 가고 있다.

■ 섬유의 분류와 특성

- 정의 : 섬유란 길이와 직경의 비가 1백배 이상(가능하면 1천배이상)인 상태
- 원료적 분류 : 섬유는 천연섬유와 화학섬유(화섬)로 대별되며, 천연섬유는 식물, 동물, 광물, 화학섬유는 재생, 반합성, 합성(합섬)로 나누어짐
- 공정적 분류 : 공정에 따라 원료, 원사, 직물, 의복 및 제품으로 나누어짐

섬유의 분류

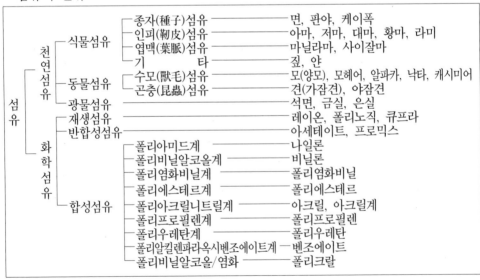

자료 : 합섬직물업의 구조고도화 방안, 한국섬유개발연구원, 1992.

■ 섬유의 특성과 용도

분 류	특 성	용 도
면	흡습성과 피부감촉이 좋고 질기다. 젖었을 때에도 약해지지 않는다.	속옷, 타월, 손수건, 목욕용 옷, 이불덮개, 이불솜, 양말
마	인장강도가 강하다. 뻣뻣한 느낌이 있다.	여름철 의류, 손수건, 로프, 어망, 범포
모	구김이 가지않고 탄력성이 뛰어나다. 마모에 강하다. 흡습성이 좋고 보온성이 높다.	모포, 복지, 스웨터류
견	견 특유의 우아한 광택, 촉감이 부드럽고 질기다.	벨트, 넥타이, 스카프, 침구지
레이온 폴리노직	흡습성이 있고 혼방·교직에 적합하다. 피부감촉도 좋다.	속옷, 여성복지, 아동복지, 안감, 침구, 커튼
큐프라	섬세하고 우아한 광택이 있다. 흡습성이 좋다.	레인코트, 안감, 스카프, 여성복,
아세테이트 (트리아)	견과 비슷한 감촉과 광택을 가졌다. 가볍고 탄력성이 있다. 흡습성이 있다.	드레스, 블라우스, 속옷, 스카프, 침구지, 복지, 안감
프로믹스	견에 가까운 감촉으로 광택과 염색성이 좋다.	수트, 원피스, 스웨터, 스카프, 넥타이, 띠
나일론	질기고 가볍다. 견과 비슷한 감촉과 광택을 갖고 있다. 화학약품에 강하다.	양말, 여성속옷, 여성복지, 수영복, 스포츠웨어, 어망, 로프
폴리 에스테르	구김이 가지 않아 형태가 안정성이 있다. 질기고 화학약품에 강하다.	와이셔츠, 레인코트, 플리츠스커트, 바지, 복지
아크릴	가볍고 부드러운 감촉을 가지고 있다. 구김이 가지 않아 탄력성이 뛰어나다. 보온성이 좋고 화학약품에 강하다.	여성복, 아동복, 스웨터, 카펫, 모포, 이불솜
비닐론	마찰이 강하다. 보온성이 좋고 합성섬유 중에서도 가장 흡습성이 풍부하다. 일광에도 강하다.	작업복, 학생복, 트레이닝 팬츠, 커튼, 카펫, 범포, 텐트, 어망, 로프
폴리우레탄	가볍고 신축성이 풍부하며 질기다.	수영복, 양말, 코르셋, 브래지어 등의 신축성이 필요한 부분에 사용
폴리크랄	양모에 가까운 부드러운 감촉이 있다.	여성복지, 작업복지, 코트, 커튼, 가구 장식품
벤조에이트	견에 가까운 감촉으로 광택을 갖고 있다.	수트, 넥타이, 스카프, 벨트

자료 : 합섬직물업의 구조고도화 방안, 한국섬유개발연구원, 1992.

재미있는 섬유용어와 상식들

☞ '낭패'에 대하여 : 낭패(狼狽)는 '바라던 일이 실패로 돌아가거나 기대에 어긋나 딱하게 된다'는 의미로 중국 당나라 때 단성식(段成式)이 지은 '유양잡조(酉陽雜俎, 毛篇)'에 처음 나타나는 말이다. '낭(狼)'은 앞다리가 길고 뒷다리가 짧은 이리이고, '패(狽)'는 반대로 뒷다리가 길고 앞다리가 짧은 이리로서 '낭(狼)'은 항상 '패(狽)'에 업혀서다닌다는데 이 둘이 떨어지면 넘어지게 되므로 둘 중의 하나가 없으면 어떤 일을 성공적으로 도모할 수 없다는 데에서 온 말이다.

☞ 다듬이질 : 옷감 따위를 구김이 없이 반드러워지도록 방망이로 두드리는 것을 가리키며, 이를 '도침(搗砧)'이라고도 한다. 다듬이질 할 옷감을 올려 놓으려고 만든 돌을 '침석(砧石)', 다듬이질 하기 위한 나무를 '침저(砧杵)', 다듬이질 할 때 나는 소리를 '침성(砧聲)'이라고 한다.

☞ '대포(大布)', 대백(大帛), 세인(細人), 세작(細作)에 대하여
이수광의 지봉유설에 의하면 '대포', '대백'이니 하라 말하는 것은 추하고 크다는 뜻이며, '세인', '세작'이라는 말은 '간세(姦細 간사한 간첩)'라는 뜻이다. 따라서 글자와 뜻이 다르다고 한다.

☞ '두루마기'에 대하여
북방계 민족이 방한(防寒)을 위해 상고시대부터 입던 옷에서 비롯되었으며, '삼국지' 부여전의 기록으로 보아 부족국가시대부터 입었음을 알 수 있다. 고구려 벽화에 의하면 두루마기의 형태는 크게 2가지로 나뉜다. 하나는 소매가 넓고 길며, 여밈이 직령교임식(直領交袵式 : 깃은 곧고 섶은 겹치도록 옷을 여미는 방식)인 것과 소매가 좁고 길이가 짧은 것이다.
삼국시대의 두루마기는 '백제국사도', '삼국사신도' 등에서도 볼 수 있는데 여기에 나타난 삼국시대의 두루마기 형태도 그와 비슷하다. 상하에 모두 두루마기를 착용한 데에는 방한용 이외에도 의례가 더 크게 작용한 듯하다.
고려시대에는 백저포(白苧布)로 이어져 착용되었고, 이것이 조선시대에까지 이어져 철릭, 창의(氅衣), 도포(道袍), 중치막, 학창의(鶴氅衣), 심의(深衣), 답호(褡)처럼 다양하게 발전했다.
조선시대 초기의 두루마기는 목판깃, 칼깃, 옷길이가 종아리에 오고 소매도 좁고 품이 상당히 넓은 두루 막힌 옷이었는데 둥그레 깃이 되고 무와 옷고름이 첨가되어 오늘날과 같은 두루마기로 정착되었다. 여름에는 모시홑단 두루마기, 봄과 가을에는 목면 두루마기, 겨울에는 솜을 두어 만든 솜 두루마기와 누비 두루마기를 흔히 입었다고 한다. 이처럼 두루마기는 매우 널리 입혀졌고, 조선 후기에 이르러서는 하층민까지 보편화되었다. 그 후 고종(高宗)대에 도포가 비활동적이라는 이유로 좀 더 단순화된 두루마기가 평상시의 예복이 되었다. 개화기에 착용하기 시작한 두루마기는 이미 복제에 대한 신분상의 구분이 없어졌다. (자료출처 : 브리태니커)

☞ 맥반석 : 맥반석(麥飯石)은 지질학적 암석명은 아니다. 중국의 한방의학에서 사용한

용어로 알려지고 있으며 지질학적으로 분류하자면 화강암류에 속한다. 석영반암, 장석반암, 화강반암과 같은 것으로서, 암석명으로 석영-몬조나이트와 일치한다. 석영과 장석이 촘촘하게 섞여 있다. 누런 백색, 연한 누런 갈색, 옅은 회색, 짙은 녹색 또는 옅은 녹색 암석에 빨간 점 또는 하얀 점이 고르게 섞여 있는 모습이 보리밥으로 만든 주먹밥과 같다고 하여 맥반석이라는 이름이 붙었다. 주성분은 무수규산과 산화알루미늄이고, 산화제2철이 소량 함유되어 있다. 약석으로 알려진 것은 누런 백색을 띤 맥반석으로 예전에는 환약을 정제하는 여과제, 등에 나는 부스럼 또는 종기 등 피부질병을 치료하는 소염제로 사용하였다. 동의보감에 의하면 그 성질은 달고, 따뜻하며, 독이 없다고 한다. 1㎤당 3-15만 개의 구멍으로 이루어져 있어 흡착성이 강하고, 약 2만 5000종의 무기염류를 함유하고 있다. 중금속과 이온을 교환하는 작용을 하기 때문에 유해금속 제거제로도 사용하며, 이 암석에 열을 가하면 원적외선을 방출하는 것으로 알려져 있다. 이러한 특성 때문에 찜질방·식기·의료기 등 여러 산업 부분에서 이용하고 있다.

(자료출처 : 네이버 백과사전)

☞ 명주 : 명주(明紬)는 원래 중국 명(明)나라에서 생산되는 견직물을 가리키는 말로서 조선시대 중기 때부터 본격 사용되었던 것으로 보인다. 우리나라에서는 이를 '비단' 등 여러 명칭으로 불리워지고 있기도 한데 실제로 누에를 쳐서 비단을 생산하기 시작한 것은 이미 삼한시대부터이며, 당시에 이미 길쌈문화가 일반화되어 있었다.

☞ '바늘'에 대하여
봉제에 있어 필수 도구인 바늘 Needle의 역사는 매우 길다. 기록에 의하면 옛날에는 동물의 뼈나 뿔로 바늘을 만들었다고 하는데 이 뼈바늘과 뿔바늘이 사요되기 시작한 것은 적어도 2만년 전이었다고 한다. 우리나라에 있어서 바느질 사용의 오랜 기록은 삼국유사에 의하면 김유신의 여동생인 문희가 김춘추의 찢어진 옷을 꿰매워 주었다는 기록이 있기도 하다.
바늘은 그 쓰임에 따라 여러 가지 모양이 있으며, 쇠(강철)나 프라스틱재 바늘이 나오기 이전부터 일반 가정에서 널리 사용되었던 것으로 보인다. 초기 바느질용 바늘은 작고 가는 막대 모양으로 끝이 뾰족해서 옷감을 뚫기 쉽게 만들어졌으며, 그 반대편 끝에 가늘고 긴 구멍이 있어서 실을 꿸 수 있게 되어 있다.
근대적인 최초의 쇠바늘은 14세기 유럽에서 만들어졌다고 하는데 당시에는 바늘의 구멍은 없었고 그 대신 막힌 고리에 실을 꿰매게 되어 있었다고 한다. 구멍 뚫린 바늘이 나온 것은 15세기경이며, 지금의 벨기에, 네덜란드, 룩셈부르크인 대서양 북해 연안의 저지대지역에서부터 널리 쓰여지기 시작했다고 한다.

☞ '바지'에 대하여
바지는 다리 각각을 감싸기 위해 2부분으로 나뉘어 있다. 바지를 정의하려는 역사학자들에 따르면 의복의 일부분이 두 다리 사이를 지나가는 것이 바지의 원형이었을 것이라고 한다. 이렇게 정의하면 바지의 역사는 스키타이인, 페르시아인, 파르티아인, 일본인, 힌두인들이 착용했던 고대로 거슬러 올라가기도 한다. 그리고 영국의 조지 3세가 다스리던 시대에 이르러서 유럽의 의복은 2갈래로 바지통이 갈라져서 브리치, 니커보

커, 판탈롱 등의 형태를 취하게 되었다.

1820년에 와서 비로소 현재 우리에게 알려져 있는 바지가 등장해 남자들이 보편적으로 입게 되었다고 한다. 즉, 그때부터 바지통이 좁은 것에서 바지통이 극도로 넓은 1920년대의 옥스퍼드백에 이르기까지 다양한 스타일이 나왔고, 남성의복의 기본 형태로 자리를 잡아갔다고 한다. 20세기 중반에 와서는 패션혁명과 더불어 여성들에게도 거의 모든 활동에 쓰이는 의복으로 받아들여지고 있다.

☞ '베틀'에 대하여

우리나라 베틀의 경우 그 재료는 나무재료이며 여러 가지 부품으로 이루어진 조립식 기구이다. 베틀의 모양은 2개의 누운다리에 구멍을 뚫어 앞다리와 뒷다리를 세우고 가랫장으로 고정시킨 것이다. 여기에 앞다리에는 아래쪽에 도투마리를 얹고, 위쪽 용두머리에는 나부산대를 길게 연결해 그 끝의 눈썹노리에 잉아를 걸었다. 잉앗대는 말코에 걸어 부테로 모이며, 부테허리는 뒷다리 위에 얹힌 앉을개를 앉은 사람의 허리에 두르게 되어 있다.

이외에도 베틀의 부속품은 상당히 많은데 각각의 부속품의 기능은 다음과 같다. 눈썹끈은 눈썹대 끝에 잉앗대를 거는 줄이고, 잉앗대 밑에 들어가는 나무는 속대라고 한다. 베를 짤 때는 배 모양으로 생긴 북 속에 씨실로 사용하는 실꾸리를 넣은 다음 북바늘로 눌러서 실뭉치가 솟아나오지 못하게 막으면서 씨실을 날실과 교차시킨다. 이때 날실을 고르며 북의 통로를 만들어주고 씨실을 쳐주는 것이 바디인데, 이 바디는 흔히 가늘고 얇은 대오리를 참빗살 같이 세우고 단단하게 실을 얽어서 만든 것이다. 바디의 위아래에는 나무를 끼워서 바디집을 만든다. 베틀에서 베를 짤 때 그 폭이 좁아지지 않고 일정한 폭을 유지시켜주는 기구는 최활인데 활처럼 등이 휘고 끝이 뾰족하다. 베를 짜면 도투마리에 감으며 날실이 서로 엉켜붙지 않도록 뱁댕이로 눌러준다.

☞ 베틀의 명칭

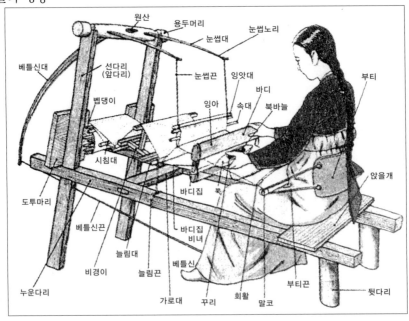

☞ 베틀의 구조명칭과 설명 ※ 괄호(　)안은 방언

▷ 베틀 : 삼베, 무명, 명주의 피륙을 짜는 틀
▷ 용두머리(용두마리·원산) : 베틀의 앞기둥(두개) 위에 걸쳐놓은 원형 또는 타원형의 나무. 여기에 눈썹대, 베틀신대를 끼운다.
▷ 눈썹대(나무신대) : 용두머리 양쪽 끝에서 베짜는 사람쪽으로 뻗어 있는 막대기, 눈썹줄로 잉앗대에 연결된다.
▷ 눈썹노리 : 눈썹대의 끝부분, 눈썹줄이 연결된다.
▷ 눈썹줄(찡가리·눈썹꾼) : 눈썹대에 연결된 끈으로서 잉앗대가 매달림.
▷ 잉앗실(잉애실) : 잉앗대에 연결된 실고리로서 날실 하나하나를 걸쳐 잉앗대에 연결함. 용두머리의 동작에 따라 날실을 위로 끌어올리는 역할을 함.
▷ 잉앗대(잉애대) : 눈썹줄과 잉앗실을 거는 나무
▷ 속대 : 잉앗실 양쪽, 잉앗대 아래에 연결된 나무
▷ 북 : 실꾸리를 넣고 날실사이를 오가면서 씨실을 넣는 배모양의 나무통
▷ 북바늘 : 북에 실꾸리를 넣은 다음 고정시키는 바늘
▷ 꾸리 : 씨실을 감은 실. 북안에 들어감
▷ 바디 : 대오리를 참빗처럼 세워서 두 끝의 앞두에 대오리를 대고 단단하게 실로 엮어 만든 것
▷ 바딧집 : 바디의 위와 아래에 두른 두짝의 나무테 홈이 있어 바디를 끼운다. 양현 마구리에 바딧집 비녀를 꽂는다.
▷ 바딧집비녀(마구리·꼴드마리·바딧집비네) : 바딧집의 머리를 잡아꿰는 가는 나무와 쇠
▷ 회활(치활·췌발) : 포목을 짤 때 좁아지지 않게 하기 위하여 가로 넓이를 유지시키는 버팅게
▷ 부티(부테) : 베를 짤 때 말코 두 끝에 부티끈으로 매어 짜는 사람의 허리에 두른다. 날실에 장력을 준다.
▷ 부티끈(부테끈·개톱대·부탯줄) : 베틀의 말코 양끝과 부티를 연결하는 끈
▷ 말코(말쾌·매듭대) : 베가 짜여 나오면 감기위한 대
▷ 앉을 개 : 베짜는 사람이 앉는 널판
▷ 다올대(밀대·다울대·다불대) : 날실을 풀기 위하여 앉은 채로 도투마리를 밀어서 넘기는 긴 막대
▷ 눌림대(눌름대) : 잉아뒤에 있으며 베날을 눌러 고정시키는 작용을 한다.
▷ 눌림끈 : 베틀에서 눌림대를 베틀다리에 잡아매는 끈
▷ 가로대(가리새) : 베틀의 두다리 사이에 가로 놓는 나무
▷ 비경이(비게미·베게미) : 잉아 뒤와 사침대 앞 사이에 있어서 날실이 잘 벌어지게 하는 작용을 함
▷ 베틀신(지틀신·끌신) : 용두머리를 돌려 잉아를 잡아올리기 위해 신대 끝에 신끈을 달고 그 끝에 외짝 신(짚신)을 맨다.
▷ 베틀신대(신낭게·신나무·쇠꼬리) : 용두머리 중앙 뒤쪽에 박아서 아래로 내려뜨려 베틀신과 베틀신끈으로 연결시키는 대나무

▷ 뱁댕이(뱁댕이·뱃대·베비) : 베메기에 의해 날실을 도투마리에 감을 때 붙지않게 사이사이에 끼우는 댓가지. 수수깡대, 지릅대, 싸릿대 등이 쓰임.

▷ 도투마리 : 날실을 감아 베틀 위에 얹어둠.

▷ 사침대(궁구리대) : 두 개의 대나무 꼬챙이를 만들며 베틀의 비경이 옆에 있어 날실의 사이를 떼어주는 작용을 함.

▷ 젖일개(물줄개) : 직조 중 날실의 건조를 막기 위하여 날실을 축이는데 쓰임. 끝에 헝겊이 달려 있음.

☞ 벨벳 : 벨벳 Velvet은 1247년 이탈리아 프로렌스에서 처음 사용되었다고 하며, 벨벳이라는 말은 이탈리아어 'velluto 털 같다'에서 유래되었다고 한다. 원래는 100% 실크로 짜여졌는데, 오늘날의 벨벳은 뒷면은 코튼이나 레이온 등 다양한 섬유소재와 함께 짜여지기도 한다.

☞ 브래지어에 대하여

여성들의 가슴을 감싸 주는 브래지어의 어원은 프랑스어 '브라시에르 Brassiere'이며, 최초의 사용시기는 기원전 300년경 그리스인들이 유방을 감싸는 밴드를 사용한 흔적에서 찾는 이도 있으며, 고대 로마시대인 기원전 79년 화산폭발로 멸망한 폼페이의 벽화에도 여인들이 얇은 띠를 가슴에 두르고 있음을 볼 수 있다고 한다.

유럽에서의 브래지어가 처음 사용될 때에는 뭇 남성들의 시선을 끌기 위한 것이 주요 목적이었으나 사회적 문제 등 폐단이 많아 대부분의 문화권에서 오랜 세월동안 없어졌다가 20세기에 들어와서 현재와 같은 브래지어가 다시 등장하게 되었다. 즉 중세시대 서양 여성들은 아예 가슴을 드러내놓고 생활하거나 청교도들처럼 가슴이 큰 것을 수치로 생각해 유방을 납작하게 조이는 '보디스(Bodice)'라는 옷을 입기도 했으며, 17-18세기 서양에서 사치와 향락이 극에 달했을 때는 풍만한 가슴과 잘록한 허리, 큰 엉덩이를 만들기 위해 철이나 고래의 뼈를 헝겊으로 싸서 만든 '코르셋'이 브래지어처럼 사용되었다고 한다.

지금과 같은 브래지어는 20세기 들어오면서 여성의 사회참여가 늘어나면서 간편복이 인기를 끌면서 이에 대한 착용도 자연스럽게 늘어나게 되었다고 한다. 현대적 브래지어 사용의 시원에 대해서는 여러 설이 있기도 한데 1914년 뉴욕 사교장에서 한 여성이 손수건을 묶어서 브래지어용으로 착용하기도 하였으며, 1921년 프랑스 파리의 양장점 주인이었던 카돌이 지금과 비슷한 모양의 브래지어를 만들어 냈다고도 하며, 1928년 B.케네디가 고안하기도 하였다고 한다.

우리나라에는 1930년대 이후 한복 대신 양장을 입으면서 브래지어를 착용하기 시작했으며, 본격적인 대중화는 1950년대 전후로 알려지고 있다. 그전까지 우리나라의 여성들은 저고리 보다 조금 적게 만든 속적삼으로 브래지어를 대신했으며, 겨울에는 무명을, 여름에는 모시나 비단(항라)이 주요 섬유소재였다고 한다. 결혼 첫날밤에는 분홍모시로 된 아름다운 속적삼을 입기도 하였다고 한다.

☞ 비키니에 대하여

'비키니 Bikini'라는 이름은 태평양 한 가운데에 있는 마샬 군도의 서쪽에 위치한 '비키니 섬'에서 따온 것이다. 뜨거운 태양, 푸른 산호초, 멋진 해안이 펼쳐진 이 낯설고

외딴 섬에서 1946년 6월 30일 미국이 핵폭탄 실험을 감행하면서 그 이름이 전세계에 널리 알려지게 되었다. 참혹한 전쟁의 기억이지만 프랑스 파리의 디자이너인 루이 레아르는 이 사건에서 영감을 받아, 극도로 절제된 투피스 수영복인 비키니를 만들어낸 것이다. 이것이 선풍적인 인기를 끌게 되어 전세계로 빠르게 확산되어 오늘에 이르고 있다.

그러나 비키니와 비슷한 의상은 기원전 350년 경 그리스에서 여성들이 수영복을 입고 수영을 하였다는 최초의 사용기록이 있으며, 기원 후 이탈리아의 시실리 빌라에서도 오늘날의 비키니와 유사한 옷을 입은 소녀들이 그려져 있는 모자이크 벽화가 발견되고 있기도 한다고 한다. 그리고 고대 로마시대에 수영과 목욕에 대한 사회적 인기가 매우 높아 평상복처럼 수영복을 입고 수영을 즐겼다고 한다. 로마제국의 몰락 후 이러한 수영문화는 급속히 쇠퇴하게 되었으며, 이후 여성의 수영복 착용은 사회악으로 인식되어 18세기경까지 거의 자취를 감추게 되었다고 한다.

☞ 속옷(팬티)의 역사

속옷, 즉 팬티의 역사는 구약성서 창세기 3장7절에 나타난 에덴동산에서 하나님의 명령을 어기고 금단의 과일을 따 먹은 아담과 이브가 서로의 육체의 차이에 놀라게 되고, 이에 당황하여 무화과 나뭇잎을 엮어서 국부가렸다고 하는 것을 유사이래 첫 기록문화로 보는 이가 많다.

프랑스 여성들은 16세기경부터, 영국의 여성들은 18세기 들어서야 처음으로 가랑이가 있는 '팬티'와 유사한 '드로우즈'를 입기 시작했으며, 인도의 여성들은 예부터 그들의 겉옷인 '사리' 속에 페티코트 비슷한 것을 입었다고 한다. 이러한 것이 영국의 산업혁명, 프랑스의 문화주의 등에 힙입어 변화되어 왔으며, 20세기에 들어와서야 비로소 보편화된 의복문화의 일종으로 자리매김하게 되었다고 한다.

속옷도 외의류 복장문화와 마찬가지로, 산업혁명이 이루어지면서 섬유의 생산이 대량화, 다양화되고, 19-20세기 유럽의 전쟁 빈발로 인한 경제적 어려움과 여성인력의 노동참여 보편화 등으로 간편복을 중심으로 착용에 혁명이 일어나게 되었다. 즉 당시까지 널리 착용되던 콜셋, 크리노린 스커트, 바슬패드, 페티코트, 화려한 레이스나 자수 등 장식적인 복장문화는 급속히 쇠퇴하여 가고, 사회적, 시대적 감각에 부합되는 기능적이고 단순화된 복장문화가 등장하게 되었다고 한다.

속옷의 소재는 20세기 초기까지는 면섬유 소재가 대부분이었지만 전쟁물자 조달 등으로 정부의 규제가 있자 재료 품귀로 견(絹)섬유소재로 대치되기도 하였다. 그러나 황변 등 변색이 심한 견섬유 소재의 약점을 보완하기 위해 색깔있는 속옷을 만들게 되었으며, 이러한 유행이 빠르게 널리 확산되기도 하였다. 이후 속옷의 섬유소재는 나일론, 레이온 등의 등장으로 다양화되었으며, 옷의 형태와 착용 방법도 사회발전과 함께 빠른 문화를 형성하여 나갔다.

우리나라의 속옷 역사는 고구려 때의 고분벽화에 직령(直領) 사이로 속옷인 듯 한 선이 보이고 있고, 고려 때 중국에서 사신으로 왔던 서긍이 쓴 고려도경에 선군(旋裙)이라는 속치마가 있었던 것으로 기록되어 있으며 그가 그린 그림 속에도 팬티와 비슷한 속옷이 보이고 있다고 한다.

그러나 우리나라에서의 속옷의 기원에 대해서는 이설도 많다. 속저고리, 속곳과 같은 것을 착용하긴 했으나 그것은 특정 계급만을 위한 옷일 뿐 대중적인 속옷은 아니었다는 것이다. 간혹 속바지나 '고쟁이', 전통적인 반바지인 '베잠방이'를 속옷, 혹은 팬티라고 주장하는 견해가 있기도 하며, 역시 아낙네들이 속바지나 고쟁이 차림으로 들에나가 일했던 것으로 보아 그것이 속옷이 아니라 겉옷의 한 종류인 작업복으로 보는이도 많다.

20세기 들어와서 비약적으로 발전된 속옷 중의 하나가 브래지어이기도 하다.

☞ '쉬메릭'에 대하여

대구지역 중소기업 상품의 공동 브랜드인 '쉬메릭(CHIMERIC)'은 1996년 대구광역시와 대구상공회의소 등 관련기관에서 지역상품의 특화를 위해 제안한 것으로, 이는 '꿈같은', '환상적인'이란 의미의 프랑스어 'CHIMERIQUE'의 파생어이다. 고급스럽고 세련된 이미지를 더 허여 '인류의 꿈, 환상'을 나타내기도 하는데 세계적인 품질로 '고감각 토탈브랜드'를 지향하고 있는 쉬메릭은 양말, 우산, 양산, 안경테 등 8개 특화품목으로 시작하여 참여상품수을 점차 늘려나가고 있기도 하다. 홈페이지 주소는 'chimeric.kr'이다.

한편 대구에는 1991년 경에는 대구지역 패션업계를 중심으로 여성의류상품의 공동브랜드인 '코지호(코리아제품이 제일 좋지요)'가 등장하기도 하였으나 그리 오래 가지못하기도 하였다.

☞ '실라리안'에 대하여

경북지역 중소기업 상품의 공동 브랜드인 '실라리안 Sillarian'은 경상북도에서 주관하는 것으로 1997년 지역 중소기업상품의 명품화로 세계시장 진출을 위해 시행하고 있으며, 이는 '신라 silla'와 'r', 그리고 '사람들 ian'이라는 뜻의 합성어이다. 그 의미는끈기있는 장인정신을 담은 신라인의 후예라는 뜻을 내포하고 있기도 하다. 참여상품은 섬유제품인 양말과 침구류, 잡화류를 비록사여 식품류, 공예품류, 가구류 등 경북지역 중소기업의 생산상품을 총망라하고 있다. 홈페이지 주소는 'sillarian.co.k'이다

☞ '오지랖'에 대하여

'오지랖'이라는 단어는 사전적 의미로 '웃 옷이나 윗 도리에 입는 겉 옷의 앞자락'을일컬으며, 때로는 '쓸데없이 지나치게 아무 일에나 참견하는 면이 있음', '염치없이 행동하는 면이 있음'을 나타낼 때 사용하기도 한다. 어미의 변형은 '오지랖이(--라피), 오지랖만(--람-)' 등으로도 쓰인다.

☞ '잠옷'에 대하여 : 잠옷이란 누에 '잠(蠶)'자를 써서, '누에의 옷'이라는 의미를 지니고있는데, 이는 뽕잎을 먹고 자란 누에가 누에 고치 속에서 잠을 자고 난 뒤에 나비로변신하기 위해 새로운 삶을 준비하듯이 잠옷을 입고 잠을 잔 뒤에 새로운 환생을 하라는 뜻에서 유래되었다고 한다.

☞ '저고리'에 대하여

저고리는 고대시대 때부터 착용한 것으로 추정되고 있으며, 삼국시대에는 이를 '유(襦)', '복삼(複杉)', '위해(尉解)' 등으로 불리워졌다고 한다. '저고리'라는 말이 언제부터 사용되었는지 정확히 알 수는 없으나 대략 고려 충렬왕 이후부터였던(1270년 전후) 것으로 추정되고 있다. 즉, 여성복 '저고리'의 어원은 몽고형 의복인 '적고리 赤告

里'에서 변화된 것으로 추측되고 있는데 이는 길이가 길고 허리에 띠를 두르는 형태였던 것으로 짐작되고 있다.

그 후 저고리는 시대흐름에 따라 남녀 공히 점차 길이가 짧아지고, 고름을 달게 되었다고 한다. 특히, 남자 저고리에 변화가 별로 없었던데 반해 여자 저고리는 변천을 거듭했다. 조선중기에는 가슴을 가릴 수 없을 정도로 짧아지기도 하였고, 고름의 폭과 소매의 폭이 극도로 좁아져서 '요사스럽다'는 이야기를 들을 정도였다가 1920-30년대에는 다시 길어져서 점잖은 모양이 되었다고 한다.

광복 이후 다시 짧아지기 시작해 오늘날과 같은 형태가 되었고 의례복이나 특별복으로 입게 됨에 따라 미적 기능을 강조하는 경향이 두드러지게 되었다고 한다. 즉, 저고리는 '길, 소매, 깃, 동정, 고름'을 기본으로 구성되며, 여자 저고리의 경우 끝동을 달기도 하였다. 이들은 다시 바느질 법과 재질에 따라 '홑저고리', '겹저고리', '누비저고리' 등으로 나뉘어 졌으며, 몇 부분에 별색의 감을 썼느냐에 따라 '삼회장', '반회장', '민저고리' 등으로 나뉘어지기도 한다고 한다..(자료출처 : 브리태니커)

☞ '저(褚 솜을 둔 옷)'에 대하여
이수광의 지봉유설에 의하면 저를 '설문(說文)'에는 '옷의 전대다' 하였고, '좌전(左傳)'에는 '나의 옷과 갓을 가져다가 전대에 넣었다'고 하였다. '장자(莊子)'에는 '저는 포(布)이다', '한서(漢書)'에는 '저는 솜을 둔 옷이다. 솜을 둔 것에 두껍고 얇음의 차이가 있다'고 하고 있다.

☞ 조젯트 : 조젯트 Georgette 라는 명칭의 사용에 대해서는 19세기 영국 양재사 부인의 이름이라고도 하며, 또는 영국의 한 포목상 부인의 이름에서, 또는 프랑스의 모장상인이었던 '마담 식물의 조제트 Mme Georgette de la plante'에서 유래되었는 등 여러 가지 설이 있기도 하다.

☞ '청바지'에 대하여
하의 의복의 한 종류인 청바지는 1850년 독인인 리바이 스트라우스(Levi Strauss)가 처음으로 만들었다고 한다. 그는 많은 금광이 발견되어 흔히 말하는 'Gold Rush' 시대를 맞이한 미국 캘리포니아 캐리샌프란시스코에 사업을 하기위하여 갔다. 실제로 당시 그 지역에는 수 많은 사람들이 금을 캐기 위해 각지에서 몰려들었고 이 청년은 이런 금을 캐는 광부들에게 필요한 원단을 팔기 위해 간 것이다. 처음 그는 천막과 마차 덮개용 등으로 사용되는 원단을 판매할 예정이었으나 뜻한 바와 달리 매출이 영 신통찮았는데, 어느 날 이 청년은 한 광부가 '금을 캐는데 충분할 정도로 질기고 질긴 옷을 구할 수 없다고 불평하는 것'을 듣고 그들에게 팔 수 있는 바리를 만들려고 노력 한 결과 마침내 새로운 바지를 만들게 되었다. 그는 하루만에 자신이 만든 모든 바지를 광부들에게 다 팔게 되었다. 그 후 그는 그 바지를 더욱 개량하게 되었다. 처음부터 그는 미술용 '캔버스 천'보다 더 부드럽고 그 만큼 질긴 직물을 사용하였는데, 그 직물은 프랑스의 섬유도시인 '닝스 Nimes'에서 구해 온 것들이었다. 즉 청바지용 직물을 '데님 Denim'이라고 불리워진 것은 이 면직물의 생산지가 닝스이기 때문이라고 하는데, 즉 프랑스의 '닝스에서 De Nimes' 온 직물이라는 뜻이 명칭으로 굳어진 것이라 한다.

☞ '치마'에 대하여

치마는 한자로는 상(裳), 또는 군(裙)으로 표기된다. 조선시대 세종 때에는 '쳐마(적마 赤亇)'로, 중종 때 '훈몽자회'에는 '츄마(裳)'로, 성종 때 '내훈(內訓)'에는 치마로 각각 표기되었고, 혜경궁 홍씨의 '한중만록(閑中漫錄)'에는 문단(文緞)치마로 표기하고 있다. 치마란 '차고(패 佩) 마는(권 卷) 옷'이라는 뜻으로, '고려도경'에는 '선군(旋裙)'이라고 표기되어 있다.

삼국시대의 치마형태는 고구려 고분벽화에 잘 보존되어 있는데 일반적으로 길이가 길고 잔주름이 허리에서 아래 단까지 잡혀 있으며 단에는 장식연(裝飾緣)이 둘러져 있기도 하다.

고려시대에는 상하가 모두 황상(黃裳)을 입었다 하며 속치마와 겉치마가 있어서 속치마는 겉치마를 퍼지도록 하는 역할을 했다. 귀족계층 여성들은 속치마를 7, 8필 겹처 입기도 하였으며, 겉치마는 길이가 길어 걸을 때는 겨드랑이 밑에 끼고 다녔다.

조선시대에는 예복용으로 '스란(膝襴)치마', '대란(大襴)치마', '전행웃치마'가 있었으며, 일상복으로는 '대슘치마', '무지기' 등이 있었다고 한다.

치마 입는 방법에 있어서는 반인(班人)계급은 좌(左)로, 서민계급은 우(右)로 여미어 입어 반상을 가렸고, 색상에 있어서는 출가하여 아이를 낳을 때까지는 '다홍치마', 중년이 되면 '남치마', 노년이 되면 옥색, 회색 계열의 치마를 주로 입었다고 한다. 개화기에는 여성들의 사회활동이 많아져 짧은 통치마가 나타났고 이에 맞추어 저고리의 길이도 늘어나게 되었다고 한다.　　　　　　　　　　　　　　　(자료출처 : 브리태니커)

☞ '한복'에 대하여

우리나라의 옷인 한복(韓服)은 의복학계나 의상학계에 있어서는 중국계열이 아니라 바지나 저고리를 입는 북방계 호복(胡服)에서 출발하였다는 사실이 이미 상식으로 알려져 있다고 한다. 즉 우리 한민족이 형성된 인종적 뿌리는 북방계 몽고인종에 많이 관련되어 있으며, 문화적으로나 언어학적으로 볼 때에도 알타이어계에 속한다고 한다. 역사가들에 의하면 선사시대 우리민족은 북방계 유목민족의 공통된 생활양식인 기마수렵생활을 하였을 것으로 추정하고 있으며, 사서에 근거하여 역사가들은 기원 전후의 우리 한민족의 역사 발전에서 핵심적인 역할을 했던 북쪽의 부여계(고구려) 사람들은 호전적인 기질이 농후한 기마민족이었던 것으로 보고 있다. 따라서 말을 타고 사냥을 하기에 알맞은 좁은 소매의 저고리와 홀태 바지를 입었는데 이러한 것으로써 중국이나 남방계열의 상의하상식과는 다른 형태의 복식문화가 발생한 것으로 보고 있다.

원래 복식은 기후와 풍토에 많은 영향을 받기 마련이라 하며, 현재의 몽고나 티베트의 옷도 그 기본 양식이 옛날 우리나라 의복과 비슷한 점이 많다고 한다. 즉, 몽고의 노인우라에서 발굴된 서기 1세기경의 유적에서는 선사시대 때 우리나라 사람들이 입었던 것으로 추정되는 옷과 비슷한 형태의 옷이 출토되었다고 한다. 이 북방계 양식의 옷은 러시아 남부에서 몽고, 동북아시아, 심지어 일본에 이르기 까지 폭넓게 분포되어 사용되었던 것으로 알려지고 있다. 실제 서기 5세기에서 8세기까지의 일본의 복식은 우리나라의 복식과 거의 유사하였던 것으로 추정되고 있으며, 이는 우리나라의 가야인과 백제인들이 도래하여 그곳의 지배층이 되었을 것으로 보는 설이 있기도 하다. 이러한 여러 가지 상황 등으로 인해 우리 한복의 기본인 바지, 저고리는 북방알타이계 호복(胡服)에서 유래되었을 것으로 보고 있기도 하다. (자료출처 : 개성상회)

도량형 이야기

도량형의 '도 度/일정 넓이가 포함된 길이, 량 量/부피, 형 衡/무게'을 일컫는 것으로 현대에 있어서는 국제표준에 따르고 있다.

우리나라의 도량형은 중국의 영향을 많이 받았는데, 중국 주(周), 한(漢)나라 등 고대 국가 때 사용된 것이 우리나라에 전래된 것이 많은 것 같으며, 그 측정은 대부분이 인체를 기준으로 하여 기본을 산정하였던 것 같다.

한편, 고대 이집트 등 서양에 있어서도 우리나라 등 동양과 마찬가지로 사람의 몸을 이용하여 도량형의 기초를 설정하였던 것으로 알려지고 있는데, 즉 Feet, Cubit(Yard의 원형) 등이 그 예이다

우리나라의 경우 1875년 체결된 '국제미터법협약'은 20세기 들어와서 본격 도입되기 시작하였다.

■ 전통 도량형의 기본단위

촌(寸) : 한 마디
분(分) : 단위의 기본
척(尺) : 한 뼘, 한 자
장(丈) : 한 길, 한 발, 척의 열배, 장(仗)으로도 쓰임
인(引) : 한 발
파(把) : 한 줌
부(負) : 한 짐
심(尋) : 한 길, 양손을 좌우로 벌려 양손의 끝까지 거리
인(仞) : 한 길
상(常) : 한 발(장 丈), 여섯 자(척 尺), 한 길(심 尋)의 두 배
보(步) : 다섯 척
리(里) : 300-360보 정도, 400미터 내외
필(疋) : 폭 일곱 촌과 길이 47척

☞ 비단(견직물)의 무늬없이 짠 옷감의 단위를 필(疋)이라 하였고, 50필을 1동이라 하였다.

■ 도량형에 대한 현대적 환산

1척(尺) = 약 30cm = 1자
1섬(憨) = 1 석(石) = 10말
1장(丈) = 10자(尺) = 3.03m
1근(斤) = 16냥 = 600g
1관(貫) = 3.75kg
1정(町) = 360자(1자=10/33m)로서 1정=360×10/33m≒109m
1리(里) = 1,296자=0.4km(1,296×1자(10/33m)
     = 12,960/33m=0.392km=약 0.4km)
1치(치) = 1/10자 = 계량법에 따르면 1.1930inch, 3.0303cm

■ 시간의 단위

1각(刻) = 15분
자시(子時) = 23:00 - 01:00
축시(丑時) = 01:00 - 03:00
인시(寅時) = 03:00 - 05:00
묘시(卯時) = 05:00 - 07:00
진시(辰時) = 07:00 - 09:00
사시(巳時) = 09:00 - 11:00
오시(午時) = 11:00 - 13:00
미시(未時) = 13:00 - 15:00
신시(申時) = 15:00 - 17:00
유시(酉時) = 17:00 - 19:00
술시(戌時) = 19:00 - 21:00
해시(亥時) = 21:00 - 23:00

■ 도량형에 대한 해설

☞ 척관법(尺貫法) : 척관법은 도량형을 나타내는 기본 단위를 규정한 것으로 길이에 대한 기본단위는 '자' 또는 '척(尺)', 무게에 대한 기본단위는 '관(貫)', 유도단위인 면적의 기본단위는 '평(坪)' 또는 '보(步)', 부피의 기본단위는 '되' 또는 '승(升)'이 등이 있다. 이러한 척관법은 옛날 중국 문명의 영향을 받아온 동남아시아 각국에서 이용되어 왔으며 1척은 약 30㎝이다. 현대적 도량형 단위계에는 척관법 이외에 미터법이나 야드-파운드법 등이 있다.

☞ 섬(石) : 섬은 석(石)과 같은 단위이며 1말의 10배이다. 섬은 신라시대 때 부피의 단위인 섬(石 : 15말)에서 유래한 것으로 알려지고 있다. 최치원(崔致遠)의 '연복사 비문(演福寺 碑文)'에 '유제일두위섬(悌除一斗爲石) 십육두위유(十六斗爲斜)'라는 표현이 전해진다고 한다.

☞ 장(丈) : 1장은 10자(척 尺)이며 미터법의 3.03m에 해당한다. 중국 주(周)나라에서는 8척을 1장이라 하였고, 성년 남자의 키를 1장으로 보았다. 사람의 키만한 길이를 '한 길'이라고 하는 것도 거기서 유래된 듯하다.

☞ 근(斤) : 1근은 16냥인 600g으로 계산하는 경우와 100돈인 375g으로 계산하는 경우가 있다. 상품이나 지방에 따라서 16냥을 1근, 100돈을 1근으로 각각 상품이 거래되고 있으나, 미터법 통일로 법률상 상거래 등에 사용하는 것을 금지하고 있다. 고대 중국의 한나라(한 漢) 이후 문헌에 나온다.

☞ 홉(합 合) : 넓이의 계량단위인 보(步)의 10분의 1이며, 평의 보조계량 단위로 1홉은 10분의 1평 즉, 약 0.33평방미터이다. 부피의 계량단위인 승(升) 또는 되의 보조계량 단위로 1홉은 10분의 1되인 약 180㎖이다.

☞ 관(貫) : 1관은 3.75kg이다. 이 단위는 옛날 중국에서 곡식의 일종인 기장의 일정한 무게를 기본 질량단위로 1천(泉 : 돈쭝)의 1,000배를 1관으로 정한 데서 유래한다. 그후 당나라 고조(高祖)가 621년에 주조한 개원통보(開元通寶)의 질량이 실용상 질량의 기준인 관으로 정립되었다.

☞ 작(勺) : 한 되의 100분의 1, 약 0.018ℓ에 해당한다. 또, 척관법에 의한 면적인 보(步 : 坪)의 보조계량 단위로서도 작이 있으며, 1평의 100분의 1, 약 0.033평방미터에 해당한다.

☞ 자 : 척(尺)이라고도 하며, 1치(촌 寸)의 10배이고, 33분의 10미터에 해당한다. 한 자는 손을 폈을 때의 엄지손가락 끝에서 가운데 손가락 끝까지의 길이에서 비롯된다. 자의 한자인 '척 尺'은 손을 펼쳐서 물건을 재는 형상에서 온 상형문자(象形文字)이며, 처음에는 18㎝정도였던 것으로 추정된다고 한다.

☞ 간(間) : 1간은 6자(尺)로서 1.8181미터이다. 주로 토지나 건물 등에 쓰인다. 척관법에 의한 길이의 단위에는 모(毛), 리(厘), 푼(분 分), 치(촌 寸), 자, 장(丈), 간, 정(町), 리(里)가 등이 있기도 하다.

☞ 말 : 두(斗)라고도 하며 1말은 10되(승 升)에 해당하는 18ℓ이다. 그러나 일제강점기 초기에 미터법이 한국에 도입되자 1되를 미터법에 의해 2ℓ로 하는 신(新)되가 출현

하여 말도 신말(20 *l*)과 구(舊)말(18 *l*)로 구분되어 사용되다가, 1961년 5월부터 현재
와 같이 통일되었다.

☞ 평(坪) : 보(步)라고도 하며, 1평은 121분의 400 평방미터이다. 주로 토지 및 건물의
넓이를 나타낼 때 사용되나, 1983년 1월 1일부터 법률상 사용이 금지되었다. 유리나
타일 등의 넓이를 측정할 때 사용되는 평은 사방 6자인 정사각형의 넓이를 말한다.

☞ 정(町) : 1정은 360자(1자=10/33m)로서 즉, '360×10/33m≒109m'이다.
또한 정보(町步)라고도 하는데 1정보는 1보(1보=400/127㎡)의 3,000배로서, 1정
=3,000×(400 /127㎡)≒1만평방미터이다.

☞ 리(里) : 1리는 1,296자이며 1,296×1자(10/33m)=12,960/33m=0.392km=약 0.4km이다.

☞ 치 : 1치는 1자의 1/10분의 1에 해당하며, 계량법에 따르면 1.1930인치, 3.0303센터
미터이다

☞ 승(升) : 되, 말의 기원은 한 줌의 량을 한 홉으로, 한 웅큼의 량을 되로 기준하기도
하지만, 표준적 수량의 척도로 삼은 중국의 황종관은 검은 기장 1,200알을 채우고 우
물물로 수평됨을 기준으로 하여 황종관과 일치하면 1합(合)으로 삼고, 10합을 1승
(升), 10승을 1두(斗), 10두를 1곡(斛)으로 정하였다고 한다.
우리나라도 이에 근거하여 작, 합 승, 두, 석 등의 양의 단위를 정하였는데, 단지 석
단위에서 10두를 1석으로 삼지 않고, 15두를 소곡(小斛) 평석(平石)으로 정하고, 20두
를 대곡(大斛) 전석(全石)으로 정하였다고 한다.

신라의 직관제(職官制)에 대하여

신라시대에 직관제가 도입은 대구경북섬유산업 뿐 아니라 우리나라 산업환경 변천사에 있어 고대부터 현대에 이르기까지 각종 경제산업 환경조성의 제도 구축과 운영에 지대한 영향을 미친 것으로 사료됨으로 삼국사기에 수록되어 있는 당시의 제도를 열람하여 보기로 한다.

신라의 벼슬에 붙이 칭호 등의 직관의 제도는 각 시대와 환경에 따라 변천하였는데 그 명칭도 중국의 제도를 많이 본 받고 있으나 사실 대부분이 우리나라 만의 독창적 제도를 수립하여 운영되어 온 것도 사실이다. 그 중에서 신라시대 때 사용된 시중(侍中), 또는 낭중(郎中)이라고 하는 것은 모두 중국식 관명(官名)으로 알려지고 있으나 이벌찬(伊伐湌), 이찬(伊湌) 등은 우리나라의 고유한 말로서 독창적으로 그 명칭(命名)된 것으로 알려지고 있다.

삼국사기에 의하면 당초 시설(施設)할 때에는 반드시 직책에 맡는 바가 있고, 관위(官位)에도 정원이 있어 지위의 존비(尊卑)를 분별하고 인재의 대소(大小)를 택하게 하였을 것인데, 세월이 오래되고 기록이 결락(缺落)되어 그 내용을 상고하여 상세히 알 수가 없다. 신라 제2대 남해왕(南海王)이 국사를 대신에게 위임하니 이를 대보(大輔)라 하였고(見下, 견하), 신라 3대 유리왕(儒理王)이 17등(等, 官品관품)을 설치하였는데, 그 후로부터 명목이 번다하여 졌다. 여기서는 상고할 수 있는 것을 모아서 차편(此篇)에 저록(著錄)하기로 한다.

삼국사기에 의하면 당초 시설(施設)할 때에는 반드시 직책에 맡는 바가 있고, 관위(官位)에도 정원이 있어 지위의 존비(尊卑)를 분별하고 인재의 대소(大小)를 택하게 하였을 것인데, 세월이 오래되고 기록이 결락(缺落)되어 그 내용을 상고하여 상세히 알 수가 없다. 신라 제2대 남해왕(南海王, 재위기간 4-24년)이 국사를 대신에게 위임하니 이를 대보(大輔)라 하였고(見下, 견하), 신라 3대 유리왕

453

(儒理王, 재위기간 24-57년)이 17등(等, 관품官品)을 설치하였는데, 그 후로부터 명목이 번다하여 졌다. 여기서는 상고할 수 있는 것을 모아서 차편(此篇)에 저록(著錄)하기로 한다.

대보는 서기 10년 신라 남해왕 7년에 탈해(脫解)에게 임명하였으며, 서기 32년 신라 유리왕 9년에 17등을 설치하였으니, 제1등은 이벌찬(伊伐湌 : 혹은 이벌간伊罰干, 혹은 간(우)벌찬干(于)伐湌), 혹은 각간角干, 각찬角粲, 서발한舒發翰, 서불감舒弗邯이라고도 함)이라 하였고, 제2등은 이척찬(伊尺湌 : 혹은 이찬伊湌이라고도 함)이라 하였고, 제3등은 잡찬(迊湌 : 혹은 잡판迊判, 소판蘇判이라고도 함)이라 하였고, 제4등은 파진찬(波珍湌 : 혹은 해간海干, 파미간破彌干)이라고도 함)이라 하였고, 제5등은 대아찬(大阿湌)이라 하였는데, 여기서 이벌찬까지는 오직 진골(眞骨)만이 받을 수 있었고 다른 신분은 등용이 안 되게 되어 있었다. 제6등은 아찬(阿湌 : 혹은 아척간阿尺干, 아찬阿粲이라고도 함)이라 하였는데, 중아찬(重阿湌)에서 사중아찬(四重阿湌)까지 있었다. 제7등은 일길찬(一吉湌 : 혹은 을길간乙吉干)이라고도 함)이라 하였고, 제8등은 사찬(沙湌 : 혹은 살찬薩湌, 사돌간沙咄干이라고도 함)이라 하였고, 제9등은 급벌찬(級伐湌 : 혹은 급찬級湌, 급벌간及伐干)이라고도 함)이라고도 하였다. 제10등은 대내마(大奈麻 : 혹은 대내말大奈末이라고도 함)라고도 하였는데 중(대)내마重(大)奈麻에서 구중(대)내마九重(大)奈麻까지 있었다. 제11등은 내마(奈麻 : 혹은 내말奈末이라고도 함)라 하고 중내마(重奈麻)에서 7중내마(7重奈麻)까지 있었다. 제12등은 대사(大舍 : 혹은 한사韓舍라고도 함)라 하였고, 제13등은 사지(舍知 : 혹은 소사小舍라고도 함)라 하였고, 제14은 길사(吉士 : 혹은 계지稽知, 길차吉次라고도 함)라 하였고, 제15등은 대오(大烏 : 혹은 대오지大烏知라고도 함)라 하였고, 제16등은 소오(小烏 : 혹은 소오지小烏知라고도 함)라 하였고, 제17등은 조위(造位 : 혹은 선저지先沮知라고도 함)라 한다고 한다.

상대등(上大等 : 혹은 상신上臣이라고도 함)은 531년 신라 법흥왕(法興王) 18

년에 처음으로 두었다. 대각간(大角干 : 혹은 대서발한大舒發翰이라고도 함),
660년 신라 태종무열왕(太宗武烈王) 7년 백제(百濟)를 멸하고 그 공을 논의하였
을 때, 대장군 김유신(金庾信)에게 대각간을 제수하였던 것이니, 앞의 17등위의
그 위에 더한 비상위(非常位) 등급이기도 하였다. 또한 태대각간(太大角干 : 혹
은 태대서발한太大舒發翰이라고도 함)도 668년 신라 문무왕(文武王) 8년 고구려
를 멸하고 유수(留守) 김유신에게 태대각간을 제수하여 그의 원훈(元勳)에 대해
상을 준 것이다. 이 또한 앞의 17등위와 대각간의 위에 다시 이 작위(爵位)를
더하여 특별히 우대의 예(禮)를 보여 준 것이다.

집사성(執事省)은 품주(稟主, 혹은 조주祖主라고도 함)인데, 651년 신라 진덕
왕(眞德王) 5년에 집사부(執事部)로 고치고, 829년 신라 흥덕왕(興德王) 4년에
또 성(省)으로 개칭하였다. 중시(中侍, 장관급)는 정원 1명으로 651년 신라 진덕
왕 5년에 두었고, 747년 신라 경덕왕(景德王) 6년에 시중으로 고쳤으며, 관등
(官等)은 대아찬(大阿湌)에서 이찬(伊湌)까지로 하였다. 전대등(典大等, 차관급)은
정원 2명으로 하고, 신라 565년 신라 진흥왕(眞興王) 26년에 두었는데, 747년
신라 경덕왕 6년에 시랑(侍郎)으로 고쳤으며, 관등은 내마에서 아찬까지로 하였
다. 대사(大舍)는 정원 2명으로, 589년 신라 진평왕(眞平王) 11년에 두었고, 759
년 신라 경덕왕 18년에 낭중(郞中)으로 고쳤으며(혹은 651년 신라 진덕왕 5년에
고쳤다고도 함), 관등은 사지(舍知)에서 내마까지로 하였다. 사지는 정원 2명으
로 685년 신라 신문왕(神文王) 5년에 두었고, 759년 경덕왕 18년에 원외랑(員外
郞)으로 고쳤다가 776년 신라 혜공왕(惠恭王) 12년에 다시 사지로 하였다. 관등
은 사지에서 대사(大舍)까지로 하였다. 사(史)는 정원 14명으로 671년 신라 문
무왕(文武王) 11년에 6명을 더하고, 신라 경덕왕이 낭(郞)으로 고쳤는데 혜공왕
이 다시 사로 일컬었으며, 관등은 선저지(先沮知, 조위造位)에서 대사까지로 하
였다.

국학(國學 : 최고학부인 대학)은 예부(禮部)에 속했는데 682년 신라 신문왕 2

년에 설치하였다. 경덕왕이 대학감(大學監)으로 고쳤다가, 혜공왕이 다시 전대로 하였다. 학장급인 경(卿)이 1명, 박사(博士)와 조교를 약간명씩 두었다. 학습교재는 주역(周易), 상서(尙書), 모시(毛詩), 예기(禮記), 춘추좌씨전(春秋左氏傳), 문선(文選), 논어(論語), 효경(孝經), 곡례(曲禮), 학업시기는 15세에서 30세까지 9년 기한이었으며 학업 성취가 미숙한 자에게는 9년을 넘어도 재학)케 하였다. 한편 음성서(音聲署 : 음악을 맡는 관서)도 예부에 속했다.

공장(工匠府)는 682년 신문왕 2년에 설치되었는데 경덕왕이 전사서(典祀署)로 고쳤다가 후에 다시 전대로 하였다. 감(監)은 1명, 관등은 대내마에서 급찬까지로 하였다. 주서(主書)는 2명(혹은 주사主事, 혹은 대사大舍라고도 함) 진덕왕 때부터 두었는데, 관등은 사지에서 내마까지로 하였다. 사(史)는 4명이었다.

염곡전(染谷典 : 간옹看翁 1명), 조하방(朝霞房 혹은 조하문朝霞紋 : 비단을 짜는 곳으로 모母가 23명), 염궁(染宮 : 염색을 맡는 곳으로 모가 11명), 소전(疏典 : 모 6명), 홍정(紅典 : 모 6명), 소방전(蘇芳典 : 모 6명), 찬염전(攢染典 : 모 6명), 표전(漂典 : 표백을 맡은 곳으로 모가 10명), 금전(錦典 혹은 직금방織錦房 : 비단을 제작하는 곳), 모전(毛典 혹은 취모방聚毛房 : 모물毛物을 맡은 곳), 피전(皮典 혹은 포인방鞄人房 : 피혁물을 만드는 곳), 추전(鞦典 혹은 피타전皮打典 혹은 운공방韗工房 : 갖바치의 작업장), 탑전(鞜典 혹은 화전靴典 : 신발류를 만드는 곳), 마리전(麻履典 : 초리草履 등을 만드는 곳), 마전(麻典 혹은 직방국織紡局 : 간干 1명, 사 8명, 종사지從舍知 4명), 기전(綺典 혹은 면직방綿織房, 혹은 별금방別錦房 : 모 8명), 침방(針房 : 봉제를 하는곳으로 여자 16명), 물장전(物藏典 : 물품을 소장하는 곳으로 대사 4명, 사 2명) 등이 있었다.

조부(調府 : 공물, 부역 등을 맡는 관사)는 584년 진평왕(眞平王) 6년에 설치하였으며, 이밖에 채칠을 관장한 채전(彩典)과 동시전(東市典 : 508년 지증왕 9년에 설치), 서시전(西市典 : 695년 효소왕 4년에 설치), 남시전(南市典 : 695년 효소왕 4년에 설치) 등이 있었다.

병부(兵部, 군부)의 영(令, 장관)은 1명으로, 516년 신라 법흥왕(法興王) 3년에 처음으로 두었고, 544년 신라 진흥왕(眞興王) 5년에 1명을 더 하였으며, 661년 신라 태종무열왕(太宗武烈王) 6년에 또 1명을 더 하였다. 관등은 대아찬에서 태대각간까지로 하였고, 또 재상(宰相)이나 사신(私臣)을 겸할 수 있었다. 대감(大監, 차관)은 2명, 623년 진평왕(眞平王) 45년에 처음으로 두었는데, 658년 태종무열왕 5년에 1명을 더 하였다.

무관(武官) 중 시위부(侍衛府 : 왕궁의 시위를 맡은 군영)에는 3도(徒)가 있는데, 651년 신라 진덕왕 5년에 설치하였다. 장군은 6명으로 681년 신라 신문왕 원년에 감(監)을 파하고 두었다. 제군관(諸軍官)인 장군은 36명으로 관등은 진골(眞骨) 상당(上堂)에서 상신(上臣)까지로 하고, 녹금당(綠衿幢) 2명, 자금당(紫衿幢) 2명, 백금당(白衿幢) 2명, 비금당(緋衿幢) 2명, 황금당(黃衿幢) 2명, 흑금당(黑衿幢)에 2명, 벽금당(碧衿幢) 2명, 적금당(赤衿幢) 2명, 청금당(靑衿幢) 2명, 그리고 지방 근무자 등이었으며, 경덕왕 때에 지방 장군 3명을 더 두어 총 39명이었다.

대관대감(大官大監)에는 무금(無衿)도 있었으며, 이밖에도 계금당(罽衿幢), 배금무당(白衿武幢), 적금무당(赤衿武幢), 황금무당(黃衿武幢), 흑의장창말보당주(黑衣長槍末步幢主) 등이 있었다.

한편, 비금감(緋衿監)은 48명인데, 당(幢)을 영솔(領率)하는 자가 40명, 마병을 영솔하는 자가 8명, 저금감(著衿監)은 벽금당에 18명, 녹금당에 18명, 백금당에 18명, 황금당에 18명, 흑금당에 18명, 자금당에 18명, 적금당에 18명, 청금당에 18명, 계금(罽衿)에 6명, 그리고 지방주재자 등 모두 175명이었다. 관등은 당에서 내마까지로 하였다.

금(衿)은 대개 서전(書傳)에 이르기를 '휘직(徽織 : 직물에 수를 놓아 아름답게 짜는 것)'으로서, 시경(詩經)에는 '직문조장(織文鳥章)'이라 하였으며, 전(箋 : 주註)에 이르기를 '직(織)은 휘직이요, 조장은 새나 새매의 문채니 장수 이하의 옷에 모두 붙인다'고 하였다. 사기(史記), 한서(漢書)에는 '기치(旗幟 혹은 기치 旗幟)'라고 하였는데, 치(幟 혹은 幟)와 직(織에는 직과 치의 두 음이 있다고 함)은 서로 글자가 다르나 음은 같다. 주례(周禮) 사상조(司常條) 9기(旗)에 그린 이물(異物)은 휘직으로서 서로 분별하기 위한 것이다. 나라에 있어서는 조정의 지위를 나타내고, 군대에 있어서는 그 제도를 상징해서 만들어 놓아 국사(國事)에 대비하는 것이었다. 신라 사람들이 휘직에 청, 적 등의 색으로써 구별한 것은 그 형상이 반월(半月) 모양이었으며, 계(罽)를 역시 옷 위에 붙였다. 그 장단(長短)의 제도는 미상이다.

대장군화(大將軍花 : 깃대 위의 장식품)는 세 개로서 길이 아홉 치, 너비 석 치 세 푼이며, 상장군화(上將軍花)는 네 개로 길이 아홉 치 오 푼, 하장군화(下將軍花)는 다섯 개로 길이 한 자이다. 대감화(大監花)는 큰 호랑이 뺨가죽(頰皮 협피)으로서 길이 아홉 치, 너비 두 치 오 푼이요, 영(鈴 : 방울)은 황금인데 둘레가 한 자 두 치다. 제감화(弟監花화)는 곰의 뺨가죽으로 길이 여덟 치 오 푼이요, 영은 백은인데, 둘레 아홉 치 이다. 소감화(少監花)는 수리의 꼬리(鷲尾 취미)로 영은 백동으로 둘레가 여섯 치 이다. 대척화(大尺花)는 소감과 같고, 영은 철인데, 둘레가 두 치 이다. 군사당주화(軍師幢主花)는 큰 호랑이 꼬리로서 길이 한 자 여덟 치 이며, 군사감(軍師監)의 화(花)는 곰의 가슴가죽으로, 길이가 여덟 치 오 푼 이다. 대장척당주(大匠尺幢主)의 화는 곰의 앞다리 가죽(臂皮 비피)으로 길이가 일곱 치 이며(혹은 호랑이 이마가죽으로 길이 여덟 치 오 푼이라고도 함) 영은 황금인데 둘레가 아홉 치 이다. 삼천당주(三千幢主)의 화는 큰 호랑이 꼬리로서 길이 한 자 여덟 치 이며, 삼천감(三千監)의 화는 수리의(鷲鳥 취조) 꼬리이다. 여러 착금당주(著衿幢主)의 화는 큰 호랑이 꼬리로, 길이 한 자 여덟 치 오 푼 이다. 화라는 것은 맹수의 가죽이나 맹금의 깃털로 만들어서 깃대 위(竿上 간상)에 다는 것이니, 이른바 표미(豹尾) 같은 것으로서, 지금(고려시대) 사람들은 면창(面槍)이라고 한다. 장군화는 물명(物名)을 말하지 않고 있고, 그 수효도 혹은 많고, 혹은 적으니, 그 뜻을 자세히 알 수 없다. 영이라는 것은 길을 갈 때 마바리 위에 얹어 두는 것인데, 혹은 탁(鐸)이라고도 한다. 이상은 본국(本國) 고기(古記)에 보이는 것이다.

(출처 : www.krpia.co.kr)

연표

역사연표

연대/도	우리나라	세계
유사이전	- 성경에서 아담이 선악과를 먹기 이전의 시간은 역사에 기록되지 않음 - 400만년전 : 인류의 조상 출현(오스트랄피테쿠스) - 40만년전 : 불의 사용법 발견 - 1만년전 : 농경과 목축의 시작	
기원전	- 2333년 : 고(단군)조선 건국 - 194년 : 위만조선 성립 - 108년 : 고조선 멸망 - 57년 : 신라 건국 - 42년 : 가야 건국 - 37년 : 고구려 건국 - 18년 : 백제 건국	- 3500년 : 메소포타미아 시작 - 3000년 : 이집트, 에게문명 시작 - 2500년 : 인더스문명 시작 - 2000년 : 황하문명 시작(중국 하나라) - 1000년 : 그리스 폴리스 성립 - 753년 : 로마 건국 - 600년 : 석가모니 탄생
1000년대 이전	- 433년 : 나제동맹 - 502년 : 신라, 우경실시 - 660년 : 백제 멸망 - 668년 : 고구려 멸망 - 676년 : 신라, 삼국 통일 - 698년 : 발해 건국 - 828년 : 장보고 청해진 설치 - 901년 : 후고구려 건국 - 918년 : 고려 건국 - 935년 : 신라 멸망 - 936년 : 고려, 후삼국 통일	- 1년 : 그리스도 탄생 - 375년 : 게르만족의 이동 - 395년 : 로마제국 분열 - 449년 : 앵글로색슨 왕국 건국 - 476년 : 서로마제국 멸망 - 622년 : 헤지라(이슬람 기원년) - 690년 : 일본천황제 도입 - 771년 : 프랑크 왕국 통일 - 829년 : 잉글랜드 왕국 성립 - 962년 : 신성로마제국 성립 - 980년 : 중국 송나라 건국
1900년대 이전	- 1231년 : 몽골 1차 침입 - 1363년 : 문익점의 목화전래 - 1377년 : 직지심경 인쇄 - 1392년 : 고려멸망, 조선 건국 - 1441년 : 측우기 제작 - 1446년 : 훈민정음 반포 - 1592년 : 임진왜란 - 1608년 : 대동법 실시 - 1613년 : 지봉유설 고추의 기록보임 - 1636년 : 병자호란 - 1750년 : 균역법 실시 - 1764년 : 고구마 전래 - 1824년 : 감자 전래 - 1910년 : 일본의 조선합병 - 1945년 : 일본항복, 한국광복 - 1948년 : 대한민국 정부수립 - 1950년 : 한국전쟁	- 1066년 : 잉글랜드 정복 - 1206년 : 몽골제국 성립 - 1271년 : 원제국 건국 - 1299년 : 오스만 튀르크제국 건설 - 1328년 : 프랑스, 발루아 왕조 성립 - 1450년 : 구텐베르크 금속활자 발명 - 1480년 : 에스파냐 왕국 성립 - 1492년 : 콜럼버스 신대륙 발견 - 1543년 : 코페르니쿠스 지동설 주장 - 1613년 : 러시아, 로마노프 왕조 성립 - 1765년 : 와트, 증기기관 완성 - 1776년 : 미국독립 선언 - 1871년 : 비스마르크, 독일 통일 - 1876년 : 벨, 전화기 발명 - 1877년 : 인도제국 성립 - 1894년 : 청일 전쟁 - 1896년 : 제1회 올림픽 개최

대구경북섬유산업 연표(기업설립사를 중심)

연도	대구지역 섬유산업동향
1900.	- 경북도, 잠업시험장 설치
1907.	- 석정염물(石井染物)공장 설립(일본인)
1910.	- 근대식 제사기도입(국내 최초)　※ 일본 도요다직기 개발
1912.	- 동양염직소(한국인) 설립(동구 지묘동)/근대식 족답기 최초 도입
1914.	- 대구조면공장 설립(조선방직의 전신前身)
1919.	- 조선제사 설립(5월, 대한생사의 전신) ※대구를 "잠도蠶道"라고 부름
1922.	- 대구서문시장 개설(10월)
1926.	- 조선잠업 창립(6월, 경북잠사의 전신)
1931.	- 제1회 대구마직물전람회 개최(대구상의)
1933.	- 상신공업(제사공장) 설립(3월, 중구 칠성동)
1934	- 방적공장 대구유치운동 전개(대구상의)
1938.	- 삼성상회 설립(3월, 중구 견동)
1939.	- 경북직물공업 설립(9월)
1940.	- 군시방적郡是紡績 대구공장 설립(12월, 대농과 삼호방직의 전신)
1941.	- 경북직물조합 염색부 설치(태평방직의 전신)
1943.	- 대구염색공장 설립 - 직물세 제정 및 족답기 40대 이하 공장 정리
1945.	- 광복(8월)과 함께 일본인의 공장경영권 한국인 접수시작(242업체)
1948.	- 흥아기계제작소 설립(1월, 섬유기계공장) - 대한민국 정부수립(8월)
1949.	- 삼호방직 설립(3월)
1950.	- 경북염직물기념전람회 개최(11월, 대구상의)
1951.	- 대구 동산동 "실상가" 개설
1952.	- 방직공업 5개년 계획 수립(12월)
1953.	- 신라섬유(5월), 내외방직(8월), 대한방직(8월), 성안직물(11월) 설립 - 석산양말, 나일론사 수입개시(나일론 테피터시대 시작)
1954.	- 제일모직공업(9월), 코오롱상사(12월) 설립
1955.	- 정부, 면방직기 배정(2,100대) - 국민 1인당 GNP 66달러
1957.	- 한국나이롱(4월), 삼공직물(6월-쟈카드기 23대) 설립
1958.	- 신한견직 설립(7월, 갑을계열사) - '뽕따러 가세' 영화제작
1961.	- 삼호방적그룹, 전재산 국가 헌납 발표(6월)
1963.	- 수출드라이브 정책 시행
1964.	- 총수출 1억달러 달성. '수출의 날' 제정(섬유수출 점유비중 27.5%,)
1965.	- 동국무역 설립(12월)
1967.	- 섬유공업시설법 제정(3월) - 섬유류 단일품목 1억달러 수출달성

대구섬유산업 연표(기업설립사를 중심)

연도	대구지역 섬유산업동향
1968.	- 미국 농무성, 한국이 세계 2위의 생사생산국임을 발표(1위 중국)
1969.	- 한국폴리에스텔(3월) 설립 - 폴리에스테르직물 수출시대 시작
1971.	- 대구시, '대구섬유의 날' 행사 거행(4월) - 동양나일론 대구공장 준공(7월), - 서문시장 나일론공판장 개장(11월)
1972.	- 한 · 미 섬유협정 조인(1월) - 제일합섬 설립(7월) - 제3공단 나일론테피터 협업단지 조성(8월)
1973.	- 영남방직(1월), 우일산업(2월), 영화방직(3월) 설립 - 동양나이론 대구제1협업단지 조성(6월) - 섬유공업육성방안 수립(10월) - 제1차 석유파동(12월)
1974.	- GATT 직물협정 체결(1월) - 대구염색공단지, 공업지구로 지정(6월) - 대구섬유협업단지 조성 활성화
1975.	- 한일합섬 대구공장 설치(1월), 동국무역 직물업수출업 진출(6월) - 삼성물산, 종합무역상사 제1호로 지정(5월) - 섬유시설에 관한 임시조치법 공포(12월)
1976.	- 동국방직(3월), 갑을방직(4월), 성안섬유(4월), 아주섬유(6월) 설립 - 동국무역, 구미협업단지 조성(6월) - 세계섬유수출 10위국으로 진입(12월)
1977.	- 경북섬유기술지도소 설립계획 수립(1월) - 고려합섬, Water Jet Loom 도입(1월, 50대) - 대한방직 월배공장 준공(9월) - 총수출 100억달러 달성(섬유수출 점유비중 29.1%,)
1978	- 코오롱, Water Jet Loom 1,000대 도입(5월) - 미국섬유공사, 한국이 세계 7위의 화섬생산국임을 발표(7월) - 삼공화섬 설립(9월) - 경북섬유회관 준공(10월) - 대구섬유전시회 개최(10월)
1979.	- 갑을협업단지 조성(2월), 남성방직 설립(5월) - 견직물 기준가격제 실시(8월) - 섬유산업근대화 촉진법 공포(12월)
1980.	- 제2차 석유파동(1월)
1981.	- 대구시, 직할시로 승격(7월)
1982.	- GATT의 다자간 섬유협정(MFA) 체결(3월)
1983.	- 대구섬유민속촌 건립 추진(9월, 대구상의)
1984.	- 국내 Water Jet Loom 설치 10,000대 돌파(12월, 세계 2위)
1985.	- 섬유백서, "대구경북섬유산업의 진로" 발간(4월)
1986.	- PET직물, 수출지도 가격제 실시(2월) - "직물업" 등 6개업종 산업합리화 대상 업종으로 지정(7월) - 섬유업체(784업체), 무역상사(128업체)와 계열화 추진 - 정부, 공업발전법 제정(12월)

대구섬유산업 연표(기업설립사를 중심)

연도	대구지역 섬유산업동향
1987.	- 한·이탈리아 민간염색공동위원회 개최(1월) - 섬유류수출 단일품목 최초로 100억달러 달성(11월, 세계3위)
1990.	- 합섬직물(폴리에스테르) 수출 세계 1위 달성 - 대구섬유산업사 발간(2월)
1992.	- 중국과의 국교수교(섬유산업의 대 중국투자 기반 마련)
1993.	- 정부, 산업발전법 제정
1995.	- WTO 출범 - 총수출 1,000억달러 돌파(섬유수출 점유비중 14.9%,) - 국민 1인당 GNP 10,000달러 돌파
1997.	- 정부, IMF 구제금융 수용발표(11월 21일)
1999.	- 제1차 밀라노프로젝트 시행(1999 - 2003) : 공공 R&D 기반조성 - 대구섬유산업 구조조정기 진입
2003	- 제1회 대구국제섬유전시회 개최(3월, PID)
2004.	- 제2차 밀라노프로젝트 시행(2004 - 2008) : 지역전략산업진흥사업 - 세계 4위의 섬유수출국으로 부상
2006.	- 제1회 대구국제섬유패션페어 개최 - 총수출 3,000억달러 돌파(섬유수출 점유비중 4.1%,)
2007.	- 대구시, 스타기업 선정(총25업체 중 섬유기업 3업체 선정) - 제3차 밀라노프로젝트 시행 추진(2009 - 2012)
2011.	- 2011 세계육상선수권대회 대구대회 개최
2012.	- 한·미 FTA 발효(협상타결 2007년)

참고자료 일람

■ 도서자료

- 경북대관. 경북대관편찬위원회. 1958.
- 고려도경. 서긍. 1123. / (재)민족문화추진회. 2005.
- 고려사절요. 김종서. 1451.
- 규합총서. 빙허각 이씨. 1869. / 이경선 교주. 신구문화사. 1974.
- 내훈. 소혜왕후. 1475. / 이경하 주해. 한길사, 2011.
- 닥터 홀의 조선회상. 셔우드 홀. 1978(영문). / 김동열 역. 좋은씨앗. 2007.
- 다산논설선. 정약용. / 김영호 역. 휘문출판사. 1985.
- 대구상공명감. 2012. 대구상공회의소. 2011.
- 대구섬유산업사. 섬유기술진흥원. 1990.
- 대구시사. 대구시사편찬위원회. 1979.
- 문직총람. 대구경북섬유직물조합. 1987.
- 산림경제(고전국역총서). 홍만선. 1718. / (재)민족문화추진위. 1986.
- 산해경. 예태일 외 편저. / 서경호. 김영지역. 안티쿠스. 2008.
- 삼국사기. 김부식. 1145.
- 삼국유사. 일연. 1285.
- 성호사설. 이익. 1740. / 정석종 역. 휘문출판사. 1985.
- 수이전. 최치원, 박인량, 김척명 / 조수학 재구성. 국학자료원. 2001.
- 신라 서역교류사. 무함마드 깐수. 단국대출판부. 1992.
- 반계수록. 유형원. 1652. / 정창열 역. 휘문출판사. 1985.
- 북학의. 박제가. 1778. / 이익성 역. 을유문화사. 2011.
- 연려실기술. 이긍익. 1776. / (재)민족문화추진회. 1976.
- 열하일기. 박지원. 1780. / 이가원 역. 휘문출판사. 1985.
- 용재총화. 성현. 1525. / (재)민족문화추진위. 1997.
- 임원경제지. 서유구. 1842. / 정명현 외 역. 씨앗을 뿌리는 사람. 2012.
- 유양잡조. 단성식(803-863). / 정환국 역. 소명출판. 2011.
- 의산문답. 홍대용. 1766. / 유승주 역. 휘문출판사. 1985.
- 잠사회 20년사. 1971.
- 제일모직 30년사. 1984.
- 조선상고사. 신채호. 1948. / 박기봉 역. 비봉출판사. 2007.
- 조선시대전기농서(촬요신서/박흥생, 농사직설/정초, 금양별업/강희맹,
  한정록/허균, 농가집성/신속) / 한국농촌경제연구원 연구총서. 1984.
- 조선왕조실록(sillok.history.go.kr)

- 지봉유설. 이수광. 1614. / 조만성 역. 을유문화사. 1980.
- 코오롱 20년사. 1977.
- 태평광기. 이방 외. 978. / 김장환 역. 학고방. 2005.
- 택리지. 이중환. 1751. / 이익성 역. 을유문화사. 2006.

■ 인터넷 및 기타 자료

- 신문매체 : 매일신문, 영남일보 등등
- 조선왕조실록
- 인터넷 매체 : 네이버, 다음 등등
- 한국문화사대계